法鼓山年鑑

2019

◆方丈和尚對 2019 年的祝福

好願在人間 有希望

阿彌陀佛！果暉向大家祝福，恭喜新年好，如意吉祥！

新年前後，大家都會口說吉祥話，互道恭喜，這樣的祝福有用嗎？非常有用，因為誠心祝福，本質來講就是一種願。我祝福你，你祝福我，從一份祝福，連結眾多人的祝福，就會變成我們大家共同的願力。這便是法鼓山每年提出祝福主題，邀請社會大眾共同發願的期許所在。

心甘情願，主動承擔

為什麼要發願？發願，雖是佛教常用名詞，它的內涵實與許願相近。大家不妨回想自己許願時的心境路程。在許願當下，我們的心往往趨於寧靜安定，而從內心深處生起一份承諾：「我願意這樣做！」也就是心甘情願，主動承擔。只要以願力與決心來深入開發自己的內心世界，就能發掘我們潛在而無限的慈悲與智慧能力。

非常榮幸與大家分享：2019 年法鼓山年度主題「好願在人間」，這是由法鼓山創辦人聖嚴師父親自題寫，留給社會大眾的勉勵。現在我們再加上兩句詮釋的話：「許個好願，讓它實現；積極行願，造福人間。」希望能再次傳遞聖嚴師父的關懷，更邀請社會大眾透過許願、行願，來轉自己的好運，也轉家庭、社會及全世界的好運。

大處著眼，小處著手

如何許好願？願，可大可小，不妨掌握「大處著眼，小處著手」兩個原則。所謂大處著眼，有兩個大方向：一個是願自己成長，另一個是願關懷利他；這兩個方向，只要其中一個成長，另外一個面向也會隨之提昇。

小處著手，則是日常生活的實踐。以個人來講，最基本的就是善盡本分，把人做好。在什麼職位，該做什麼事，盡責負責，全力以赴。與人相處，若能多一分尊重，就會多一分包容；多一分關懷，就能多一分力量。當盡責負責、關懷他人，成為我們的生活態度，甚至是一種生活方式，也就能夠轉自己的好運，進而影響整體大環境一起轉好運。

法鼓山 2019 年以「好願在人間」作為對社會的祝福，方丈和尚果暉法師與大眾共勉：「許個好願，讓它實現；積極行願，造福人間」。

利人利己，同轉大好運

發願以後，重在實踐。若能經常提醒自己：「我願意這麼做！」即使遇到挫折困難，依然鍥而不捨堅定前行，這便是願力的可貴。以佛教徒來講，從紛亂的煩惱到減輕煩惱，到解脫煩惱，均須憑藉願力來完成。因此，「願」是佛教非常重要的法門，亦為菩薩道最重要的內涵，以利他為第一，把個人的我放在其次，即是菩薩願；愈是幫助他人，就愈能夠放下自己，而得到真正的快樂。

生命的意義，是在珍惜中，做自利利人的善行好事。我們與家人、與社會大眾的因緣是無法切割的，透過願力，可使我們與其他人的關係更緊密結合，互相影響，互相分享。勸請大家都能許好願、行好願，共同轉動整體社會的大好運！

祝福大家，阿彌陀佛！

編輯體例

一、本年鑑輯錄法鼓山西元 2019 年 1 月至 12 月間之記事。

二、正文分為三部，第一部為綜觀篇，含括法鼓山方丈和尚（果暉法師）、法鼓山僧團、法鼓山體系組織概述，俾使讀者對 2019 年的法鼓山體系運作有立即性、全面性且宏觀的認識。第二部為實踐篇，即法鼓山理念的具體實現，以三大教育架構，放眼國際，分為大普化、大關懷、大學院、國際弘化。各單元首先以總論宏觀論述這一年來主要事件之象徵意義及影響，再依事件發生時序以「記事報導」呈現內容，對於特別重大的事件則另闢篇幅做深入「特別報導」。第三部為全年度「大事記」，依事件發生時間順序記錄，便於查詢。

三、同一類型的活動若於不同時間舉辦多場時，於「記事報導」處合併敘述，並依第一場時間排列報導順序。但於「大事記」中則不合併，依各場舉辦日期時間分別記載。

四、內文中年、月、日一律以阿拉伯數字書寫，如：2019 年 5 月 8 日。其餘人數、金額等數值皆以國字書寫。

五、人物稱呼：聖嚴法師皆稱聖嚴師父。其他法師若為監院或監院以上職務，則一律先職銜後法名，如方丈和尚果暉法師、僧團副住持果品法師。一般人員敘述，若有職銜則省略先生、小姐，如法鼓山社會大學校長曾濟群。

六、法鼓山各事業體單位名稱，部分因名稱過長，只在全書第一次出現時以全名稱呼，其餘以簡稱代替，詳如下：

法鼓山世界佛教教育園區簡稱「法鼓山園區」、「法鼓山總本山」

中華佛教文化館簡稱「文化館」

法鼓山社會福利慈善事業基金會（法鼓山慈善基金會）簡稱「慈基會」

法鼓文理學院簡稱「文理學院」

中華佛學研究所簡稱「中華佛研所」

法鼓山僧伽大學簡稱「僧大」

法鼓山社會大學簡稱「法鼓山社大」

法鼓山人文社會基金會簡稱「人基會」

聖嚴教育基金會簡稱「聖基會」

護法會北投辦事處簡稱「北投辦事處」

七、檢索方法：本年鑑使用方法主要有四種：

其一：了解法鼓山弘化運作的整體概況。請進入綜觀篇。

自〈法鼓山方丈和尚〉、〈僧團〉、〈法鼓山體系組織〉各篇專文，深入法鼓山弘化事業的精神理念、指導核心，及整體組織概況。

其二：依事件分類，檢索相關報導。

請進入實踐篇。事件分為四類，包括大普化教育、大關懷教育、大學院教育，及國際弘化，可於各類之首〈總論〉一文，了解該類事件的全年整體意義說明；並於「記事報導」依事件發生時間，檢索相關報導。

各事件的分類原則大致如下：

．大普化教育：

凡運用佛教修行與現代文化，所舉辦的相關修行弘化、教育成長活動。

例如：禪坐、念佛、法會、朝山、誦戒、讀經等修行弘化，佛學課程、演講、講座、讀書會、成長營、禪修營、教師營、兒童營、人才培育等佛法普及、教育成長，對談、展覽、音樂會、文化出版與推廣等相關活動，以及僧團禮祖、剃度，心六倫運動，法鼓山在臺灣所舉辦的國際性普化、青年活動等。

．大關懷教育：

凡對於社會大眾、信眾之間的相互關懷，急難救助以及心靈環保、禮儀環保、自然環保、生活環保等相關活動。

例如：關懷感恩分享會、悅眾成長營、正副會團長與轄召、召委聯席會議等信眾關懷教育，佛化祝壽、佛化婚禮、佛化奠祭、助念關懷、心靈環保博覽會等社會關懷教育，以及海內外慈善救助、災難救援關懷，國際關懷生命獎等。

．大學院教育：

凡為造就高層次的研究、教學、弘法及專業服務人才之教育單位，所舉辦的相關活動。

例如：中華佛學研究所、法鼓文理學院、法鼓山僧伽大學等所舉辦的活動，包括國際學術研討會、成長營、禪修，以及聖嚴教育基金會主辦的「聖嚴思想國際學術研討會」等。

．國際弘化：

凡由法鼓山海外分院道場、據點等，所主辦的相關弘化活動、所參與的國際性活動；以及法鼓山於海外所舉辦的弘化活動等。

例如：美國東初禪寺、象岡道場、洛杉磯道場、舊金山道場，加拿大溫哥華

道場，馬來西亞道場以及海外弘化據點，包括各國護法會，以及各聯絡處及聯絡點等。各地所舉辦、參與的各項活動，包括各項禪修、念佛、法會及演講、慰訪關懷等。

另有聖嚴教育基金會與美國哥倫比亞大學共同設立的「聖嚴漢傳佛學講座教授」，海外人士至法鼓山拜訪，海外學術單位至法鼓山園區參學等。

其三：依事件發生時間順序，檢索事件內容綱要。請進入大事記。

其四：檢索法會、禪修、讀書會等相關資料統計或圖表。

請進入附錄，依事件類別查詢所需資料。

例如：大普化教育單位所舉辦的法會、禪修、佛學課程之場次統計，主要出版品概況，以及國際會議參與情形、聖嚴師父相關主要學術研究論文一覽等。

※ 使用範例：

範例 1：查詢事件「第十三屆大悲心水陸法會」

　　　　方法 1：進入實踐篇→大普化教育→於 11 月 23 日→可查得該事件相關報導

　　　　方法 2：進入大事記→於 11 月 23 日→可查得該事件內容綱要

範例 2：查詢單位「法鼓文理學院」

　　　　進入綜觀篇→〈法鼓山體系組織〉一文→於教育體系中，可查得該單位 2019 年的整體運作概況

範例 3：查詢「法鼓山 2019 年各地主要法會統計」

　　　　進入附錄→法鼓山 2019 年各地主要法會統計

目錄

50 實踐篇

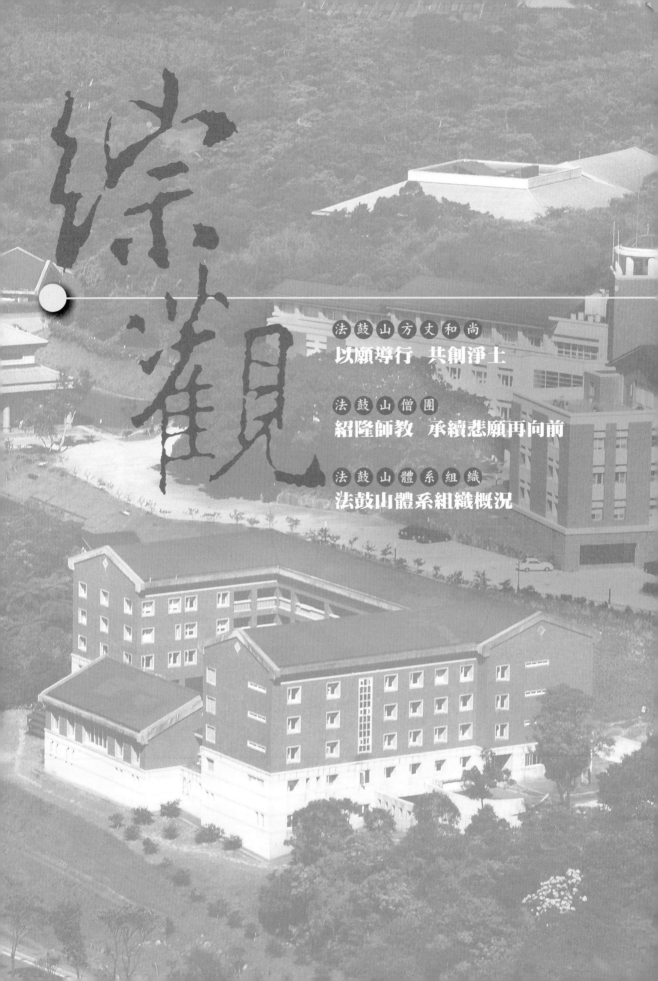

綜觀

法 鼓 山 方 丈 和 尚
以願導行　共創淨土

法 鼓 山 僧 團
紹隆師教　承續悲願再向前

法 鼓 山 體 系 組 織
法鼓山體系組織概況

以願導行　共創淨土

　　2019年，距離創辦人聖嚴師父凝聚眾緣成就的法鼓山，屆滿三十週年；更早於美國紐約創建的東初禪寺，迎來四十週年；再往歷史的深處探源，東初老和尚1949年來臺創辦的《人生》雜誌，已臻七十週年。而法鼓山僧俗四眾無限感念的法身慧命啟蒙者──聖嚴師父，也已捨報十週年。在這大事因緣重疊的週年，法鼓山以「好願在人間」為年度主題，既是回望東初老和尚與聖嚴師父無盡的教澤，也啟發後人識得一以貫之的菩提心真義。

　　2月，在緬懷聖嚴師父圓寂十週年暨法鼓傳燈法會，方丈和尚果暉法師將象徵願願相續的主燈薪火，傳給退居方丈果東法師、副住持果醒法師及果品法師等分殿引燈法師，再依序點亮各分殿集結大眾手中的燈缽，如是心燈相映，一片如海。方丈和尚致詞時，與眾共勉「三心」：一，堅定對三寶與師父教法的信心；二，永續佛陀和師父度眾生的悲願心；三，祈求人人大悲心起。

　　12月，方丈和尚於法鼓山禪堂主持中階禪七，開示禪眾，大乘的禪法，不以自利為目的，無我的智慧和慈悲才是目的；無我的功能是為了利他。

　　年初、年底兩場開示，皆勸請大眾發好願，勤勉修持，又於關鍵處，提點放捨我執，才能不斷超越，這在「好願在人間」的2019年，成為方丈和尚領眾弘化的一處特色。以下即以深化教育、普化關懷、海外行腳為切面，略見其年度行履。

深化教育，承擔悲願

　　法鼓山的使命為：「以心靈環保為核心，弘揚漢傳禪佛教，透過三大教育，達成世界淨化。」其中的三大教育，是為整體佛教培養人才。對於人才的培養，方丈和尚5月受訪時指出，學術研究與修證人才都很重要；學術研究有助於提昇佛教的形象和地位，而對社會的影響，則在實踐層次。並且分享，現代化學院體制，足以培養為數可觀的中上人才；上上人才，則往往是自我養成的。

　　期許大學院教育培養無數的「上上人才」，方丈和尚無論於授課、講座，或出席學

四眾弟子齊聚法鼓山園區，點亮蓮燈，感念創辦人聖嚴師父的教澤，發願承擔學法、護法、弘法的使命。

院校慶、畢結業典禮，其勉勵首重悲願承擔。3月，出席僧伽大學「108年度招生說明會」，方丈和尚分享自己大學畢業那年，因念觀音菩薩聖號而產生宗教經驗，從此立志出家修行。藉此同理有心報考的學子，從探求生命意義出發，尚須透過佛法的熏修及體會，與慈悲、智慧相應，才是真正走上出家路。4月，於僧大「與方丈和尚有約」，開示自修與共修的不同；自修為「自動、自律、自治」，共修如同木頭跟著木排跑，彼此連結，和樂無諍，始能相互成就。7月於畢結業典禮，期許畢結業生承擔悲願，廣結善緣，並以「第二次出家」自覺，勉勵於生活中鍛鍊心志，堅毅出家願心。

個人與團體的命題，同見於對法鼓文理學院學生之寄語。4月的校慶，方丈和尚分享自創的佛曲歌詞〈我要發菩薩悲願〉，勸勉學生效法菩薩的弘深誓願，給人快樂，助人離苦。6月，勉勵畢結業生同行菩薩道與解脫道，將校園生活中所感受「團體成就個人」的助力，轉化為日後「個人成就團體」的胸懷，奉獻所學，不斷成長。

而在學術會議場合，包括受邀擔任華嚴專宗國際學術研討會分論壇主持人，及以法鼓山園區為主場地，所舉行的日本國際真宗學會學術大會、法鼓文理學院頒贈義大利上智大學皮耶羅・高達蒙席（Msgr. Piero Coda）校長榮譽教授暨專題講座、日本日蓮宗高應寺任住持酒井菜法專題演講，方丈和尚皆親自出席，欣見與時俱進的學思發展。

普化關懷，信解行證

2019年的各項法鼓山活動皆可看到方丈和尚親切關懷的身影，如祈福皈依大典、菩薩戒、母親節暨浴佛節慶祝活動、剃度典禮、水陸法會、歲末關懷，方丈和尚皆到場出席，給予勉勵開示；又如護法總會與各基金會等會議、活動，及分院道場落成啟用典

禮，均見其入眾身影，或為主法，或為共勉。

方丈和尚關切大眾走進法鼓山，要能獲得佛法利益，2月於農禪寺舉辦的榮譽董事會新春祝福，即以「信、解、行、證」的四杯水比喻，勉勵大眾修學佛法，每一步都要踏實。4月於「自我超越成長營」關懷開示，以「井水、湖水、海水」，譬喻自我成長的三歷程：初學如鑿取井水，重在一門深入；漸進如湖水流深，得之於持戒與修定的成果；工夫成片則如海水，那是智慧展現作用，慈悲心一分分流露。

除了水的譬喻，年度四場對專職同仁的精神講話，於7月的第三季，另以「水稻」作喻，春耕、夏耘、秋收、冬藏，每個時節都要盡心盡力。而在6月，出席護法總會「悅眾共識營」，以因緣法說明「諸行無常」的表裡二面，現象是動態、無常的，心的本質則是寂靜，勸請大眾從觀念調整與修行方法的練習，發掘自心寶藏。

這一年的特別關懷行腳，從7月展開，由護法總會策畫的「方丈和尚抵溫叨（在我家）——地區巡迴關懷」，這也是承繼了早年聖嚴師父親訪地區的感恩關懷行。方丈和尚陸續到訪文山、中正萬華、淡水及板橋辦事處，與護法信眾面對面溫馨敘談，資深信眾歡喜分享早期於師父座下學法的感動，也關心方丈和尚出家因緣、接任迄今適應否？也有人對法鼓山教團弘化作為抒發意見。種種感恩、讚歎、歡喜與建言，直面往來，交換意見，最終仍是回到「法鼓山的方向」。方丈和尚與大眾共勉，學習師父的言教與身教，事多、事忙，因有大願心，而能無事忙中老。

此外，方丈和尚對於聖嚴師父的教法，在6月，由聖基會主辦的「漢傳禪法之當代流傳」論壇，有深入而清晰的申論。方丈和尚分享由其指導的學生所發表的聖嚴師父三層次傳法，並對應八正道指出：基礎為「理念傳法」，對應正見、正思惟；中間層為「戒行傳法」，對應正語、正業、正命；最上層是「悲願傳法」，與正念、正精進、正定相應。據此分析，師父所倡的中華禪法鼓宗，正是奠基於理念與戒行的基礎，而與正念、正定相應的「悲願傳法」。此一結論，或可視為方丈和尚期許人才養成的增上法。

海外行腳，闡發漢傳禪佛教

方丈和尚在忙碌緊湊的行程記事中，出訪海外關懷信眾、與教界交流，亦居顯重比例。包括上半年兩次香港關懷行、出席新加坡國際會議，下半年則訪北美溫哥華、舊金山、洛杉磯、波士頓，以及東南亞的新加坡、馬來西亞、泰國等地。

兩度訪港，分別於5月到港主持皈依典禮、專題演講，並接受《佛門網》專訪，分享法鼓山培養人才的理念與做法。6月再次行腳，出席於香港文化中心舉行的「如是我願音樂會」，與現場近二千民眾，共同感恩聖嚴師父為人間留下的美好心願。此外，6月中旬，前往新加坡出席「凝聚社會國際會議」，並於首場「信仰」論壇中，以英文發表「宗教信仰與世界和平」演說，分享漢傳佛法的智慧觀點。

另一方面，2019年於團體成長的殊特意義，海外道場也不缺席。今年適逢紐約東初禪寺創建四十週年，9月底於法拉盛喜來登飯店（Sheraton LaGuardia East Hotel）舉行的東初禪寺會團感恩聯誼會，方丈和尚以年度主題「好願在人間」，勉勵眾人從「悲智行願」，發現佛教徒的幸福；翌日於東初禪寺週日講經活動，宣講「觀音法門」，為大眾介紹八種相應的修持方法。

11月，馬來西亞道場為感恩護法因緣二十年，並同舉行新道場啟用大典，由方丈和尚親自主持，期許身處多元社會的佛教徒，不需強迫他人改變信仰，只要積極分享佛法的慈悲與智慧，便是利人利己的菩薩行。

出訪海外，方丈和尚除了於各地主持皈依典禮、頒聘榮董、勸募會員授證之外，多場公開講座，更見以釐清佛教教義及禪佛教的本來面目為主軸。如9月於舊金山道場主講「金山有鑛，鳥語花香」，強調修行重在根本掌握；10月初，於波士頓普賢講堂主持「學佛與佛學」講座，以佛教、佛學、佛法為主軸，旁述佛教發展史及分析佛教與各宗教間的異同。

11月以「生活與禪修」為題，引導新加坡護法信眾認識「自我、小我、大我、無我」的禪修四層次。另於馬來西亞《星洲日報》總社禮堂舉行「禪的生活觀——兼談永嘉大師《奢摩他頌》及禪修中的念頭」講座，分享禪佛教的兩種高階法門——話頭和默照。如此重思辨與實踐步驟的法音，實為海外信眾帶來別樣的聞法經驗。

接任後首訪北美弘化，赴鄰近道場拜會，亦為海外行添增新視角。方丈和尚由各地監院法師陪同，參訪溫哥華靈巖山寺、舊金山萬佛聖城與法界大學（Dharma Realm Buddhist University）、洛杉磯慈濟美國總會、佛光山西來寺和西來大學，以及麻薩諸塞州的巴瑞佛學研究中心（Barre Center of Buddhist Studies），除了參觀各道場建築群，對於教育、普化及社會關懷等議題，進行深入的交流。回臺後，方丈和尚小結北美關懷見聞，認為發揚漢傳禪佛教及佛教教育的特色，更容易與當今社會接軌。

結語

聖嚴師父曾言，自己並無開疆闢土的雄心壯志，只因大眾需要，隨緣建設法鼓山，分享佛法，此乃因緣法。而從年初至年底，處處走入人群的方丈和尚，同以緣起法交流四方。也說道，大乘的緣起法，是解脫道，也是菩薩道；行菩薩道之時不離解脫道，行解脫道之時不失菩薩道，其中的動力，必須發起菩提心。

籲請發起菩提心，領受聖嚴師父的傳法；釐清漢傳佛教的實踐次第，體現智慧無我而現平等利他的慈悲——方丈和尚正以其解行並重的弘化特質，邀請僧俗四眾，同願、同行法鼓山的方向，從個人的人品提昇做起，共創人間淨土，因為這不僅是個人與團體的希望，更是佛教與世界的大好未來。

法鼓山僧團

紹隆師教　承續悲願再向前

聖嚴師父曾說：「在人世間遍弘生活佛法，在火宅中建設清涼淨土。」承續師父的悲願，法鼓山僧團在三大教育、國際弘化的道業上，致力弘法利生，建設多元包容的人間淨土。

2019年聖嚴師父圓寂十週年，僧團以「如是我願Thus I Do」為主題，陸續展開法會、研討會、禪修、展覽、出版等各項緬懷師恩、實踐師願的行動，包括2月整編師父歷年開示法鼓山方向的內容，出版《法鼓山的方向》六冊套書；法鼓傳燈法會於法鼓山園區展開，海內外四眾弟子齊聚感念師恩、傳續心燈。3月，方丈和尚果暉法師帶領僧團法師、護法信眾赴印度巡禮佛陀聖跡，體驗佛菩薩與祖師大德的內心世界，涵養慈悲與智慧，堅定學法、護法、弘法的願心。

6月「漢傳禪法之當代流傳」、「佛法與社會科學國際研討會」，以及10月的「對應氣候變遷——心靈環保農業創生研討會」、12月「第五屆近現代漢傳佛教論壇」，則邀集各國學者探討善巧融合佛法與社會科學，讓佛法的義理與修行，利益現代社會。

以下就法務推廣、僧眾培育、道場建設、國際參與等四面相，介紹僧團2019年重要的弘法事務與開展。

法務推廣

因應社會脈動，以多元活潑的方式推展法務，是僧團積極努力的實踐重點，主要從佛學教育、禪修推廣、法會共修與社會關懷等四個方向投入。佛學教育上，普化中心持續從淺顯、平易近人的普化教育著手，讓佛法更能貼近現代人的生活。本年海、內外聖嚴書院佛學班、禪學班、福田班、長青班以及快樂學佛人等系列課程陸續開辦。其中，快樂學佛人共開辦二十個班次，兩千五百多人結業；福田班十四班，近兩千七百人參加；法鼓長青班全年五十二個班次，五千七百多人參加；佛學班共有一千三百多位學員圓滿三年的學習，僧眾授課人數、開班數及參與學員人數，皆穩定成長。

禪修推廣方面，禪修中心與傳燈院規畫從入門、初階、中階及高階等禪修活動，提

供新學或老參實用安全的修行方法。其中，3月舉辦中英禪七，首度邀請聖嚴師父西方法子吉伯‧古帝亞茲（Gilbert Gutierrez）主七，帶領領略師父早期禪風；也首次於法華書苑舉辦長達九十天的禪期，提供禪眾深入禪修環境，也培養傳承中華禪法鼓宗的師資與人才。

僧團法師帶領護法信眾赴印度巡禮佛陀聖跡，隨著佛陀的足跡，與佛心心相映。

5月佛誕期間，於臺北市國父紀念館中山公園廣場舉辦「心靈環保家庭日」，由僧團法師帶領浴佛、撞鐘、鈔經及各種活潑親切的禪修體驗活動、親子手作，接引民眾共度感恩佳節。此外，Fun鬆一日禪、禪悅營、青年卓越禪修營、社青禪修營、教師禪七等，則針對不同族群的需求與特性，接引大眾體驗禪修的安定與法喜，讓禪法成為簡單易學易懂的日常習慣。

法會共修上，3月的第二十六屆在家菩薩戒，來自全球近一千兩百位戒子圓滿受戒；本年舉辦五場「祈福皈依大典」，由方丈和尚果暉法師親授三皈五戒，共有三千兩百多位民眾皈依三寶，開啟修學佛法新生命。年底啟建的大悲心水陸法會，僧眾於總本山及全球各分院、道場，帶領信眾於十一壇佛事中，透過誦經、拜佛、梵唄、懺悔、禪修、布施、發願、迴向等佛事中，將佛法內化於生命，領略法喜。

社會關懷方面，包括歲末關懷、佛化聯合祝壽，除了致贈禮金與民生物資外，僧眾也帶領祈福及念佛共修，祈願心安平安。7月，莫拉克風災十週年之際，僧團法師隨著法鼓山義工走訪每月固定的關懷行程，重回進入受創嚴重的高雄市寶來與六龜社區，藉由體能、心靈茶會、手作等活動，陪伴偏鄉長者，領受佛法的溫暖。

僧眾培育

為契應時代與社會需求，2019年三學研修院舉辦「內修與外弘培訓」、「梵唄培訓」、「學思達工作坊」以及專題講座等進修課程，以提昇僧眾執事、弘化與禪修帶領的能力，俾能更契理契機地提供佛法的服務。

6月展開的結夏安居，包括放鬆五日禪、念佛禪七、精進禪十四等三個梯次，前兩梯禪期，以聆聽聖嚴師父影音開示，深化正知正見、正信正行的修學次第；禪十四邀請師父法子繼程法師帶領，接續講解2018年結夏未講完的《永嘉證道歌》，並將詩偈分為禪者、禪心、禪境、禪理與非禪等五類，引導僧眾更全面理解其中的豐富內涵。8月底舉

行剃度大典，共有十五位求度行者披剃，同時有十九位行者受行同沙彌（尼）戒，學習成為漢傳佛教宗教師，也為漢傳佛教增添新血輪。

僧團9月於北投農禪寺首度舉辦僧眾親屬聯誼會，七十餘位法師及近三百位家眷齊聚農禪寺水月道場，在如來家團聚。藉由聯誼交流，讓俗家親友了解子女出家後的學習與成長，也讓平日弘化一方的僧眾，更能安心弘法與精進道業。

道場建設

早年於農禪寺鐵皮屋時期，聖嚴師父與僧眾弟子共願：「沒有琉璃飛瓦的建築，沒有盤龍雕壁的殿堂，我們只有赤忱的願心，奉獻給你修行的家園。」2019年，在眾多因緣成就下，海內外有兩處分支道場落成啟用、一處進行擴建、一處圓滿首期購買計畫。於國內，因應禪修推廣、信眾成長、心靈環保教育的需求，北投雲來別苑於10月落成啟用，開辦各項課程，廣傳佛法的悲智。

於海外，香港道場圓滿了第一期購買計畫；聖嚴師父於美國紐約創立的弘法根據地東初禪寺，9月由方丈和尚果暉法師主持擴建工程灑淨祈福儀式；馬來西亞新道場經五年籌建，於11月舉辦啟用暨皈依大典，感念十方信眾與教界共同護持成就，讓漢傳佛法推廣工作邁向新的里程。

國際參與及弘化

2019年，僧團除持續積極與國際接軌，包括多項會議、論壇的參與，與不同宗教、族群對話，除分享法鼓山的理念，並致力漢傳禪佛法於不同文化社會中，展現多元化及適應性的特質；同時也不間斷應邀至全球帶領禪修，於跨文化間普傳漢傳禪法的芬芳。

5月，第十六屆聯合國衛塞節（United Nations Day of Vesak Celebration），慈基會副祕書長常隨法師代表僧團，出席於越南河南省三祝寺所舉辦衛塞節研討會，並以「精神富足由心六倫開始」為題發表論文；方丈和尚果暉法師6月應新加坡南洋理工大學拉惹勒南國際研究院（The S. Rajaratnam School of International Studies, RSIS）邀請，出席第一屆「凝聚社會國際會議」，與來自全球一千多位政府代表、學者及各族群領袖，共同探討「不同族群共享相同的未來」，並代表漢傳佛教，以「宗教信仰與世界和平」為主題，發表演說，籲請國際社會求同存異、和而各美，以慈悲平等心，來關懷所有族群與國家。

美國法鼓山佛教協會（Dharma Drum Mountain Buddhist Association, DDMBA）於7月，受邀參加「聯合國高級別政治論壇可持續發展會議」（The United Nations High-Level Political Forum, HLPF）於美國紐約總部召開的第四屆會議，由常濟法師分享聖嚴師父倡導的「心靈環保」，表示人類的貪婪、恐懼和無知，需藉由對生命與共的領

悟，以及智慧和慈悲來轉化；也提醒人人都必須找到自己的方式，以修行的智慧和自身獨特的能力為世界奉獻。

本年多位僧團法師也前往美國東初禪寺，洛杉磯、舊金山道場，加拿大溫哥華與馬來西亞道場，以及澳洲、新加坡等地，舉辦梵唄、禪修、佛法等專題講座與法門研習活動。其中，方丈和尚果暉法師於5

於「第十三屆大悲心水陸法會」送聖儀典上，方丈和尚果暉法師領眾發願，以眾生為福田，成就福德智慧圓滿。

月、9至11月，分別前往東南亞、北美之弘法關懷，包括主持皈依儀式、頒聘榮董、勸募會員授證等儀典、進行專題講座外，也接受媒體專訪，探討佛教對當代社會關懷議題，並代表教團前往拜會當地佛教團體，展開深入與多元交流，汲取西方弘化經驗。

另一方面，僧團法師接續聖嚴師父在西方弘揚漢傳禪佛教之願行，美國象岡道場住持果元法師受邀前往墨西哥、盧森堡、英國主持禪修，分享漢傳禪法的日常活用；溫哥華道場監院常悟法師應瑞士伯恩禪修中心（Chan Bern）之邀舉辦講座與帶領禪七。而受波蘭禪宗協會（The Chan Buddhist Union of Poland）邀請，聖嚴師父法子繼程法師、果元法師於7月底帶領為期二十一天的長期禪修，推廣師父的教法。

禪修中心副都監果醒法師、傳燈院監院常襄法師則帶領禪學系學僧，再度受邀前往俄羅斯首都莫斯科舉辦禪修活動，並關懷當地資深信眾，延續聖嚴師父1998年在俄羅斯播種的弘法因緣。不僅讓漢傳禪法於俄國發揚光大，更連續兩年接引當地青年學子前來僧伽大學就讀，促進漢傳佛法於世界各地的傳布與開展。

結語

二十一世紀，是對人類和平、地球永續等議題，充滿挑戰的關鍵世紀，驟變的時代，混沌的時刻，佛教如何在既有的基礎上，開創弘化新契機，以回應現代人需求？「沒有最好的時代，也沒有最壞的時代。」承持師教，立足漢傳禪佛教，以心靈環保理念，推廣正信、正知、正見的佛教，是僧團不變的原則。

回顧2019年，僧團展現了對於掌握及實踐聖嚴師父理念的自覺及共識，僧眾同心同願，為住持與傳承漢傳佛法，在各自的崗位上致力推動弘化工作；更在穩健的步伐中，擴大對社會與國際的參與，以佛法的慈悲與智慧，迎向多變的大千，為世間注入清淨與安定的力量。

法鼓山體系組織

法鼓山體系組織概況

　　「好願在人間」是法鼓山2019年的年度祝福主題，本年適逢聖嚴師父圓寂十週年、法鼓山創建三十週年、美國東初禪寺創立四十週年、《人生》雜誌創刊七十週年；體系組織持續貫徹「二十一世紀修行型組織」的行動綱領，由僧俗四眾秉承聖嚴師父願心，於海內外推廣法鼓山理念、弘揚漢傳禪佛教，期能願願相續，讓佛法明燈不滅。

　　以下分別就運作、發展、教育、支援四大體系，於2019年的主要工作及活動內容，進行重點概述。

一、運作體系

　　運作體系包括園區中心、全球寺院、護法總會三部分，於海內外以佛法深化教育與關懷，淨化人心。而籌建多年的臺灣北投雲來別苑、亞洲馬來西亞新道場，以及聖嚴師父法子查可・安德列塞維克（Žarko Andričević）於歐洲克羅埃西亞建設的禪修中心，於2019年相繼啟用，讓心靈環保理念及漢傳禪佛教，從臺灣走向全世界，展現弘法的多元與包容。

（一）園區中心

　　位於新北市金山區的法鼓山世界佛教教育園區，簡稱園區中心，下有弘化院、百丈院。自2月除夕撞鐘、新春系列活動開始，5月的「朝山・浴佛・禮觀音」、11月底大悲心水陸法會等，皆有逾千至上萬民眾參與，共同體驗佛法安定的力量；也透過年度例行大事，如傳燈法會、在家菩薩戒、祈福皈依大典的舉辦，接引大眾實踐菩薩行。

　　於2月舉行的聖嚴師父捨報十週年傳燈法會，逾萬名來自世界各地的四眾弟子齊聚園區十處殿堂，在燈燈相傳中，發願永續佛法光明。

　　另一方面，體系組織內各項針對安頓人心而設計的教育、文化與關懷活動，如兒童營、禪悅營、佛化聯合祝壽、歲末關懷等陸續展開，以活潑方式讓更多人接觸佛法，進而在學佛路上歡喜同行。

　　自落成以來，園區禪悅境教的特色，在社會、國際間備受肯定，本年來自海內外各機

關、團體的參訪人數，共逾十萬人次，包括美國雪城大學（Syracuse University）師生於1月，在園區初次體驗禪修身心一如的精神；越南慧光禪寺方丈竹通普法師，率領僧俗四眾百餘弟子於2月間進行參訪；6月，中國大陸閩南佛學院一百五十多位師生，前來交流推動佛教教育理念。

10月，全球歷史最悠久的跨宗教國際交流機構「世界宗教議會」（Parliament of the World's Religions），前來拍攝採訪並展開座談，將法鼓山的理念帶向國際；日本著名禪畫僧暨黃檗宗西園寺住持內藤香林、萬福寺宗務總長荒木將旭則在參訪後，讚歎其攝受人心的境教氛圍。

（二）全球寺院

法鼓山全球弘化據點，依地域分有國內各分寺院，及歐美、亞太、大中華等三區的當地道場與護法會。

於臺灣，有十三處分寺院：北投中華佛教文化館、農禪寺、雲來寺、臺北安和分院、三峽天南寺、蘭陽分院、桃園齋明寺、臺中寶雲寺、南投德華寺、臺南分院、雲集寺、高雄紫雲寺、臺東信行寺。三處別苑：北投雲來別苑、桃園齋明別苑、臺中寶雲別苑。四處精舍：臺北中山精舍、基隆精舍、新竹精舍、高雄三民精舍。其中，雲來別苑於10月落成啟用，提供大眾靜謐的修行空間，持續推廣禪修活動和成長課程，強化心靈環保教育。

水陸法會是法鼓山規模最大的共修法會。圖為統攝整體法會的總壇佛事。

歐美區，在北美有五處道場：美國紐約東初禪寺、象岡道場、加州洛杉磯道場、舊金山道場，及加拿大溫哥華道場；一處精舍：美國麻薩諸塞州波士頓普賢講堂；七個分會：美國紐約州、新澤西州、伊利諾州芝加哥、德州達拉斯、佛州塔城、華盛頓州西雅圖，與加拿大安省多倫多；以及十個聯絡處、九個聯絡點。歐洲則有盧森堡、英國倫敦聯絡處，及里茲聯絡點。

亞太區設有馬來西亞道場，另有泰國、新加坡護法會，及澳洲雪梨、墨爾本分會。大中華區則有香港道場。

1. 國內各分寺院

國內各分寺院是法鼓山理念的重要推手，除舉辦定期的念佛、禪坐等共修活動，也結合現代文化和科技，推廣經典、講座、營隊、課程、禪藝生活等各項活動，普及佛法對人心及習俗的淨化。

法會方面，各分寺院每週（月）例行展開念佛共修、大悲懺、菩薩戒誦戒會，及觀音、地藏、藥師等法會；大型活動則有新春普佛、清明報恩、梁皇寶懺、浴佛、中元地藏法會，其中寶雲寺、農禪寺分別於3月、8月啟建為期七日的梁皇寶懺法會，農禪寺首日便有六千五百多人參加，期間並同步開放網路共修；寶雲寺則有來自臺灣各地、加拿大、新加坡等地，近萬人次參與。

此外，於春節、元宵、端午、中秋等傳統節日，則以結合法會及禪藝體驗等多元活動，邀請大眾闔家回寺院，與佛菩薩團圓相聚。

禪修推廣上，除了每週的禪坐共修，各分寺院亦不定期開設禪修指引、初級禪訓班、中級1禪訓班、禪一、戶外禪等，引領現代人體驗禪修的安定與放鬆。其中，結合修行與休閒的「禪悅四日營」，全年於信行寺展開三梯次，透過禪訓班、戶外禪等課程，學習行住坐臥皆是禪的生活應用；農禪寺針對都會上班族開辦的「半日＋半日禪」，上午、下午各兩小時的共修，由禪坐會資深悅眾引導練習法鼓八式動禪、禪坐、戶外經行、拜佛、觀看聖嚴師父影音開示等，調適生活壓力，感受輕鬆自在。

青年學員於「經典‧生活研修營」中，深入《六祖壇經》的意涵，發現生命中的核心價值。

佛學課程方面，包括農禪寺、齋明別苑、

紫雲寺開設《六祖壇經》，齋明寺開設《普賢菩薩行願讚》、《金剛經》及臺南分院《地藏經》等經典共修課程，透過靜坐、誦經，聆聽聖嚴師父的「解經」；安和分院《聖嚴法師教淨土法門》、《禪門禪鑰》、齋明別苑《法華經》、《八識規矩頌》，中山精舍《華嚴經》、《天台心鑰》等佛學課程，引導大眾深入經典的奧義。

另一方面，也規畫佛法相關講座，啟迪大眾觀念，如新竹精舍「大悲懺」、紫雲寺「《六祖壇經》的懺悔法門」、三民精舍「《八大人覺經》講座」外，紫雲寺於2018年12月開課的十七堂「認識唯識關鍵字」，於本年4月圓滿，學員深入唯識妙法，釐清疑惑與誤解。

在教育成長活動上，融攝佛法、生活、文化、藝術於一體，呈現活潑的多元面貌。安和分院《教觀綱宗》講座，果醒法師提醒生活中的每一刻都是鍊心的善因緣，唯有念念修、處處修、時時修，才能體悟佛法的妙用；「佛法與醫學」講座，邀請專科醫師、營養師分享預防醫學與樂齡保健的重要。寶雲寺「經典‧生活研修營」，以「發現生命中的核心價值」為主題，從「教、觀、用」三大面向，深入《六祖壇經》的意涵。

雲來寺、寶雲寺、蘭陽分院開辦兒童故事花園，安和分院的「童趣班」，中山精舍「童趣花園」，以及臺南分院、雲集寺「兒童讀經班」等，透過表演藝術、遊戲勞作、故事分享與讀經等趣味課程，讓菩提種子深根與萌芽。此外，紫雲寺「法鼓青年開講」、齋明別苑「心光講堂」系列講座，透過深刻的對話與交流，引領青年開展生命方向，實踐生命的價值。

2.歐美區

法鼓山於歐美的弘化與發展腳步，2019年不停歇，在國際參與和發聲上，美國法鼓山佛教協會（Dharma Drum Mountain Buddhist Association, DDMBA）於7月出席「聯合國高級別政治論壇可持續發展會議」召開的第四屆會議，常濟法師於會中以聖嚴師父2002年於紐約「世界經濟論壇」提出「多元化世界人類所應認知的『神聖』是求同存異」的理念，籲請人們分享彼此經驗及所學，藉由對生命與共的領悟，加強夥伴關係並制訂政策，以智慧和慈悲為人類創建有尊嚴的世界。11月，並與全球女性和平促進會（The Global Peace Initiative of Women, GPIW）、地球憲章（Earth Charter International）共同於泰國舉辦「氣候變遷內在面向全球青年系列會議」圓滿場，近五十位來自世界各地的青年領袖，藉由討論與交流，期許力行心靈環保，成為帶動改變的領導者。

（1）道場部分

北美弘化重心所在的美國東初禪寺，除了以中文進行的念佛、禪坐、法會、佛學課程之外，為接引西方大眾，也開辦以英文講授的禪坐共修、禪訓班、禪一。法會方面，除例行的節慶法會，如2月新春普佛、4月清明地藏、5月浴佛法會外，7月初的報恩佛

東初禪寺梁皇寶懺暨三時繫念法會，由果醒法師帶領大眾虔敬共修。

七，由果祺法師帶領，大眾精進念佛；8月底於象岡道場啟建梁皇寶懺暨三時繫念法會，由禪修中心副都監果醒法師主法，祈願擴建工程順利，功德迴向所有眾生。

備受歡迎的「週日講座」，安排多場講經活動，包括《大乘大集地藏十輪經》、《坐禪儀》、《佛說八大人覺經》等，分別由監院常華法師、果乘法師、常齋法師主講，深入剖析經典要義；週六的中文佛學課程，由多位常住法師介紹觀音、淨土、止觀、默照、話頭等修行法門，除提供修行指引，也說明日常生活中的起心動念、聽聞解思、行住坐臥、內外隨緣，皆可作為修行的內容，期勉學員一門深入，長期熏修。

禪修推廣上，除了不定期的禪修指引與初級禪訓班，全年舉辦八場禪一，包括由常華法師帶領的止觀禪一和常齋法師帶領的話頭禪一；5月舉行的禪三，禪期為三天的禪一，便於禪眾參與，同霑法喜。7月「《教觀綱宗》講座」，弘化發展專案召集人果慨法師講述漢傳佛教修行的義理、次第、方法；8月「《六祖壇經》研習營」，由禪修中心副都監果醒法師從「煩惱之源」、「修行原則」、「修行方法」三面向，詳釋如何以正知見與方法尋求解脫，期勉學員無住為本，心、境不對立，善用此心來修行。

本年，東初禪寺成立邁入四十年，9月舉辦會團感恩聯誼會，東西方信眾、老中青三代聚首，互勉以精進修行護持道場，以佛法潤澤世人。

象岡道場主要活動為推廣禪修，除週日舉辦的禪一，各有三場禪修營、禪二及禪三，一場禪五、禪七、禪十四。其中，5月的默照禪九與7月的精進禪七，分別邀請聖嚴師父法子賽門‧查爾得（Simon Child）與吉伯‧古帝亞茲（Gilbert Gutierrez）主七，分享師父教法。

1月，象岡道場展開兩梯次的「冬安居」，由住持果元法師帶領，並首度對外開放，多位來自南傳內觀系統（Buddhist Insights）、一行禪師系統的出家弟子全程參與，法師們藉由打坐、拜佛、拜懺、經行，聆聽聖嚴師父的影音開示，交流道情。

美國西岸的洛杉磯道場，以念佛、菩薩戒誦戒會、大悲懺法會及各級禪訓班、禪坐共修等例行活動，發揮接引初機的功能；也藉著禪一、禪三等基礎課程，熟悉禪修的觀念與方法。9月的話頭禪七、12月的默照禪十，分別由果醒法師、常護法師帶領實修體驗漢傳禪法的法門。

5月進行的悅眾成長營，由護法總會副總會長許仁壽帶領，主題是「禪悅的人生」，分享以佛法的智慧成長自己、利益他人。

方丈和尚果暉法師9月美、加弘法行程，於洛杉磯參加信眾聯誼，並於太平洋棕櫚度假中心（Pacific Palms Resort），以「五福臨門——人類的五種能力」為題，與三百多位洛城民眾分享21世紀人類生活文明的關鍵力量，指出超越對立與統一，才能看見生命的實相，迎向五福臨門的人生。

本年，道場捐贈《聖嚴法師年譜》、聖嚴師父英文著作及生前多次於洛杉磯弘法開示影音檔等史料，予美國加州大學洛杉磯分校（University of California, Los Angeles）東亞圖書館典藏，裨益西方學界漢傳佛教研究。

於舊金山道場，全年活動不斷。每月週日開辦「兒童心靈環保課程」，讓小學員在快樂學習中，體驗四種環保、心五四、心六倫的日常運用；亦為家長開辦禪藝課程，讓大、小朋友共同成長。4月大事關懷生命教育課程，包括大事關懷七項服務、助念法器梵唄教學，演練追思祝福時的儀式，六十多位學員體會如何進行莊嚴的佛事。

5月的義工成長營，以「生活的智慧」為主題，許仁壽副總會長期勉發揮萬行菩薩難行能行、難忍能忍、難捨能捨的精神，歡喜當義工、種福田。

方丈和尚果暉法師9月於舊金山關懷期間，舉辦「金山有鑛，鳥語花香」講座，並主持皈依儀式。10月邀請聖嚴師父法子查可‧安德列塞維克帶領默照禪五，小參時，更針對個人修行問題，給予指導鼓勵，禪眾獲益甚多。

加拿大溫哥華道場定期共修活動，包括每週安排念佛、禪坐、法器練習、合唱團練唱、鼓藝練習等，每月也舉行大悲懺法會、菩薩戒誦戒會、法青活動等。多場活動皆以中、英文進行，擴大接引西方人士。

本年兩場精進禪七，於4月及10月舉行，分別由普化中心副都監果毅法師、查可‧安德列塞維克帶領體驗默照、話頭法門。12月底的跨年禪五，邀請聖嚴師父西方弟子常聞（David Listen）擔任總護，提醒大眾思考修行的目的和意義，才能從中獲得法益。

2019年，有多位僧團法師前來溫哥華弘法關懷。3月常學法師主持大事關懷課程，4月果毅法師主講「禪宗的發展與演變」，深入講說禪宗發展史，鳥瞰中國禪宗的流傳樣貌。退居方丈果東法師6月「好願在人間——觀照環境，心如明

傳燈法會中，東西方信眾接受傳燈，願開啟智慧與光明。

果慨法師於新澤西州分會主持法華三昧懺七研習營,帶領學員深入懺儀精神。

鏡」專題講座,講述佛法的修行和體驗;7月,僧大副院長常寬法師弘講《楞嚴經》,分享研讀楞嚴的領悟。

「佛教與社會變遷」學術論壇於9月底進行,五位美、加學者齊聚道場,探討並肯定佛法的現代性,可以成為改善社會的動力。

位於美國東岸的波士頓普賢講堂,以每週定期的禪坐、念佛及梵唄共修,以及每月的禪一等,引導大眾認識禪佛教。佛學講座上,除副寺常玄法師主講《普門品》、《永嘉大師證道歌》;退居方丈果東法師分享年度主題「好願在人間」的具體落實方法。7月果慨法師導讀聖嚴師父著作《天台心鑰》,強調天台思想於漢傳佛教思想史中的重要性。

8月中華佛研所所長果鏡法師講授「淨土思想的演變」,介紹聖嚴師父提倡念佛即是禪觀的念佛思想。10月方丈和尚果暉法師於波士頓弘法關懷時,在講堂分享「學佛與佛學」,期勉大眾善盡本分,悲智行願,才是學佛的積極實踐。

設於美國紐約的法鼓出版社,2019年持續每季定期出版英文《禪》雜誌(*Chan Magazine*)。

(2)各分會

歐美區各分會據點,因應地域文化、信眾需求,除大型諸如新春活動、傳燈及浴佛、中元報恩法會等,另安排有禪坐、念佛、讀書會、佛學課程等各式定期共修接引大眾,僧團法師也不定期前往弘法,讓佛法甘露,潤澤人心。

美國新澤西州分會、芝加哥分會每月週日舉辦半日禪。其中,新州分會每月另有「認識佛教」佛學課程,內容包括八正道、六度與四攝、因果與因緣、業與輪迴,以及佛教的生命觀、世界觀、心理觀等,引導學員建立學佛的正知見與信心。

3月新州分會舉辦「《法華經》的療癒力量」講座,邀請新加坡漢傳佛學院學術副校長王晴薇、美學藝術工作者莊芷凡主講「《法華經》的療癒力量」,帶領大眾體驗禪觀與藝術的清涼法喜;7月由果慨法師主持「法華三昧懺七研修營」,學員契入懺儀與法華經典的意涵;8月《六祖壇經》講座,由果醒法師分享壇經的義理與實修。

芝加哥分會3月底舉辦兩場清明報恩念佛禪一,由果元法師帶領在佛號聲中,將身心調整到放鬆但集中的狀態,並將功德祝福迴向十方法界眾生。

西雅圖分會於3月舉辦悅眾成長課程,由常華法師傳授《法華經》的領導哲學,包括

觀念、方法與技巧，期勉學員在職場或是擔任義工，都能從自利利他的出發點來服務大眾；4月溫哥華道場監院常悟法師帶領義工培訓課程，解說義工的角色、形象與行儀。

6月，退居方丈果東法師於分會在貝爾維尤圖書館（Bellevue Library）舉辦的專題演講中，主講「活出精彩快樂的人生」，提點大眾，需要提起時，勇於承擔；必須放下時，沒有罣礙地放下，就是慈悲與智慧的展現。

塔拉哈西分會成員多數為西方眾，例行活動為每週的禪坐共修，2019年並舉辦一場禪一、三場禪五與一場禪七。禪七於12月起展開，近二十位禪眾以安定心迎接新年。

加拿大多倫多分會本年舉辦多場佛學講座，如2月常先法師講「生活中的法跡」，分享律制生活的重要性；常玄法師7月講〈永嘉大師證道歌〉、果增法師8月弘講《地藏經》，深入教理，提醒大眾將佛法融入日常生活，轉化為實際可行的智慧。

歐洲方面，果元法師與常護法師7月前往盧森堡、英國，常悟法師8月於瑞士，分別舉辦初級禪訓班、禪一及禪七等，帶領禪眾體驗安定身心的漢傳禪法。

3. 亞太區

（1）馬來西亞道場

馬來西亞道場，定期共修活動包括中英文禪坐、念佛、合唱團練唱、菩薩戒誦戒會。法會的舉辦上，除了每月的大悲懺法會，尚包括年初的除夕拜懺、新春普佛、傳燈、元宵燃燈供佛，另有4月清明報恩地藏、5月浴佛法會；11月，與園區水陸法會大壇同步連線，每日皆有近百人透過網路共修禮拜《梁皇寶懺》。

禪修推廣上，全年度開辦多場中英文初級禪訓班、禪一、戶外禪等，其中，1月於八打靈精武華小禮堂舉辦Fun鬆一日禪，常迪法師提醒兩百多位禪眾，習禪要有恆常心，化感動為行動，方能精進有成；8月中在巴生龍華寺舉辦初階禪七，內容包括禪坐、法鼓八式動禪、托水缽、經行等禪修體驗，並觀看聖嚴師父的開示影片，引領禪眾解決禪修的疑惑。

佛學課程與講座，除了每週進行的《學佛五講》，5月與《星洲日報》共同舉辦專題講座，由果慨法師主講「《金剛經》與無悔的人生」，講析以「無我」的智慧讓生命更有意義；8月果徹法師講「禪心解纏心」，分享禪宗日用智慧。

本年三場「心靈環保」工作坊，青年學員藉由互動遊戲與

馬來西亞道場兒童生命教育課程「慈心班」，學童探索學佛趣。

分組討論，學習以佛法照顧身心；兒童生命教育課程「慈心班」、「悲心班」，以及同步開課的「心靈環保父母成長工作坊」，則是讓親子有共同的學習體悟和成長。

此外，2月進行的悅眾工作坊，由常迪法師帶領，體驗從「小我」（個人、自覺）走向「大我」（團體、自覺覺他），直到「無我」（菩薩道）的奉獻精神；4月及6月，另有兩梯次義工培訓課程，建立修行與奉獻的正確觀念及方法。

另一方面，道場亦應多所學校、團體邀請，前往推廣漢傳禪佛教，包括常迪法師受邀於雙威大學（Sunway University）佛學會培訓課程中，擔任課程講師，分享「四它」；前往列俊華小分校舉辦「當我們『童』在一起」回饋活動，主題是「拯救地球任務」，由法青帶領認識自然環保；應拉曼大學雙溪龍校區（University Tunku Abdul Rahman, UTAR）之邀，於該校舉辦初級禪訓班。8月，常慧法師、常寂法師於太平佛教會舉辦全國教師佛學研修班中，指導禪修。

歷經五年籌建的新道場於11月落成啟用，以「感恩二十‧報恩行願」為主題，感念十方信眾與教界，二十年來共同護持成就；也舉辦「找到心的GPS──遇見心自己」青年工作坊及「承先啟後‧願行相續──漢傳禪法之當代實踐」座談會等活動，呈現新道場的活潑氣象。

（2）各地護法會、分會

亞太區有新加坡、泰國兩處護法會，及澳洲雪梨、墨爾本兩處分會。

新加坡護法會2月起舉辦八堂基礎梵唄培訓課程，由常耀法師授課，課程解行並重，增進學員對梵唄、法器的認識與理解；4月舉辦清明報恩佛二，每日有近百位信眾參與，以念佛安心起信。5月的「念佛禪」講座、念佛禪三，由常乘法師自臺灣前來帶領，以阿彌陀佛聖號，為心靈滌淨塵垢。

8月，系列弘法活動包括「《法華經》與改變的力量」講座、「《法華經》懺儀與禪觀研修營」，由果慨法師帶領體驗懺儀與禪觀；於「《金剛經》悅眾和義工成長營」中，法師播放護法會成立迄今的照片，學員再次認識法鼓山和聖嚴師父的理念，也對護法弘法的使命，有更深的認知。

11月，方丈和尚果暉法師於東南亞關懷期間，在新加坡護法會主持皈依暨生活禪講座，期勉眾人成為快樂的學佛人。

泰國護法會於8月舉辦大事關懷課程，內容包括法鼓山禮儀環保理念、大事關懷作法與

雪梨分會與法鼓山園區同步連線，舉辦歲末感恩分享會。

細則、助念梵唄法器教學等；11月方丈和尚果暉法師前來關懷護法信眾及悅眾，期勉透過佛法開發自性寶藏。

本年泰國護法會於春武里府的臨湖縣（Ban Bueng）設立「春武里共修處」，每週舉行禪坐共修，擴大接引更多當地人士認識漢傳禪法。

大洋洲的澳洲雪梨、墨爾本分

香港道場於香港中文大學舉辦青年五日禪，新世代青年在禪修中回歸自心。

會皆於2月舉辦「法鼓傳燈日」活動，進行傳燈法會，其中雪梨分會以網路同步與園區連線，常續法師期勉大眾學做觀音，就是報答師恩最好的方式；9月，果禪法師於兩地分會指導法器練習與禪修活動，帶領體驗念佛與禪悅的法喜。

4.大中華區

大中華區主要為香港道場，設有九龍、港島兩會址。5月，舉辦永久會址購置簽約儀式，僧團副住持果品法師、香港道場監院常展法師及悅眾代表等出席，見證眾願成就的時刻，也為弘化工作開啟新的里程碑；方丈和尚果暉法師接任之後首次海外弘法行，也於5月在香港展開，除主持皈依典禮、榮董頒聘、為勸募會員授證、接受當地網路媒體專訪外，並以「五福臨門 ── 人類的五種能力」為題進行公開演講，分享如何走向真、善、美、智、信的世界。

定期共修包括念佛、禪坐、大悲懺法會、菩薩戒誦戒會及讀書會等，年度的大型法會，包括2月新春普佛、傳燈，5月的浴佛，皆有逾五百人參加。9月底至10月初的「都市地藏週」活動，開放網路共修，以「祝福」為主題，有逾五千人次參加。

禪修活動上，全年開辦多場初級禪訓班、禪一、禪二，10月舉行禪五，邀請繼程法師主七，法師釐清禪修心態觀念，也指導基礎放鬆、覺照與專注等方法。而為讓初級禪訓班結業學員更能活用禪法心要，2019年首度開辦禪修入門課程，由悅眾帶領掌握禪修的方法，建立安心的力量。

7月，「青年五日禪」於香港中文大學展開，透過禪修、動靜兼備的藝術活動，與自我對話，放鬆身心，也放下身心；由果醒法師主持的生活禪工作坊、法鼓八式動禪工作坊，則引領學員在騷動不安的環境中，自安安人。

佛學講座方面，除佛學入門、《探索識界 ── 八識規矩頌講記》經教研讀課程，5月「承先啟後 ── 中華禪法鼓宗」講座由常寬法師介紹法鼓宗的傳承與創新，9月果慨法師講「法鼓山水陸法會的修持與時代意義」；10月兩場網路直播講座，分別由常寬法

師主講「遇見提婆達多 —— 轉惡因緣成善知識」、繼程法師分享「生機處處」，說明生滅無常不斷變化，但無常示現，也是另一個契機的出現，只要散發慈悲的善意，便能為社會帶來安定的力量。

本年的禪藝活動，首先於1月進行「鼓磬・音色」禪藝體驗系列活動，邀請港日臺藝術家對談鼓磬聲色，藉藝入禪；6月的「如是我願音樂會」則以多種藝術形式感念聖嚴師父的教化與恩澤，也為擾動不安的人心，帶來火宅中的清涼。

（三）護法總會

護法總會包括護法會團、關懷院、青年發展院及服務處。2019年10月，作為信眾教育據點所在地雲來別苑啟用，護法總會服務處、專案祕書室、教聯會、合唱團、義工團、念佛會等會團，喬遷至此繼續推展各項法務，為不同屬性社會大眾，提供服務，共同成長。

1.護法會團

僧俗四眾協力成就的護法會團，轄下有會團本部、各會團及各地辦事處、共修處。

（1）會團本部

年度例行大事，包括「歲末感恩分享會」於1月舉辦，九千多位海內外護法鼓手於全球十二處分支道場團聚，透過視訊連線，共勉以「好願在人間」實現對聖嚴師父的感恩，以大弘願為方向，發心利他；「2019勸募會員授證典禮」則於10月舉辦，共有兩百二十位新進勸募會員加入鼓手行列，共同耕耘護法弘法的福田。

2018年10月起與僧團合辦的「護法信眾印度朝聖團」於本年3月圓滿，有近四百位護法信眾及三十餘位僧眾共同參與，最後第六梯次由方丈和尚果暉法師帶領，全程禪修、念佛，並聆聽聖嚴師父開示影片，藉由親身踏訪遺跡，感念佛陀、祖師大德傳承佛法的恩澤，深入與法相應。

6月，舉辦「悅眾禪修營」及「悅眾共識營」，禪修營讓鼓手們透過禪修淨化身心，提昇人品；共識營課程則引導悅眾將心五四活用於團隊溝通，以同理心傾聽，讓法務推動更順暢。10月首度舉辦「主持人研習基礎班」，邀請資深媒體人劉忠繼、陳月卿及葉樹姍擔任講師，共有六十餘位學員學習做個關照全局的主持人。

為延續聖嚴師父對地區的關懷精神，凝聚護法願力，7月起展開的「方丈和尚抵溫叨 —— 地區巡迴關懷」，由方丈和尚果暉法師、僧團都監常遠法師、護法總會服務處監院常應法師等，前往各地區辦事處關懷信眾，感恩信眾無私奉獻，推廣法鼓山淨化社會的理念。

（2）各會團

各會團主要由在家居士組成，現有法行會、法緣會、榮譽董事會、社會菁英禪修營共修會、教師聯誼會、禪坐會、義工團、合唱團、念佛會、助念團等。2019年各會團除

推展例行的會務外,也彼此協力支援,更配合各項體系組織舉辦的大型活動,成就道業。

法緣會除例行讀書會,閱讀聖嚴師父著作外,2019年分別於齋明寺、信行寺舉辦禪二。法行會全年舉辦十場例會,由僧團法師講授佛教的生死觀、禪修的理論與

合唱團悅眾於分享會中,交流佛曲演唱經驗。

實踐;12月舉辦成立二十週年活動,會員互勉結合專業與佛法,學習無我與利他。中區分會3至6月舉辦三場「好願在人間」講座,7月起展開四堂「千江映月 —— 聖嚴法師與觀音法門」講座,由常慧法師帶領,啟發對觀音菩薩與觀音法門的堅定信心。

義工團於1月舉辦悅眾交流分享會,來自接待、護勤、環保、交通、攝影、醫護義工跨組交流,分享關懷義工的經驗與作法。兩梯次新進義工成長課程,則分別於3月及12月展開,學員深入學習義工心性與行儀。

合唱團悅眾交流分享會於3月在員林辦事處舉辦,來自本團及全臺八個地區的正副團長、老師等,交流團務運作、歌曲教唱等經驗。助念團於10月舉辦新任正、副團長授證典禮,方丈和尚果暉法師提醒時時省思生命的意義,落實助念與關懷的理念。

榮譽董事會本年兩場頒聘典禮於4、7月舉行,其中有家族三代、或是職場團體共同成就,傳承學佛護法心;12月全球悅眾聯席會議,來自全臺、美、加海內外悅眾跨區交流,堅定願心。另一方面,三場禪悅營及多場分支道場參學活動,則透過豐富的課程,深入了解聖嚴師父建設人間淨土的理念。

教聯會寒、暑假期間舉辦兩場心靈環保自我成長營及一場禪七;另有五場心靈環保一日營,由常獻法師帶領戶外禪,以禪法為教學注入安定的力量。

2019年教聯會持續編輯兒童心靈環保「心五四教案」,提供教師下載運用;並於臺北,也首度於臺南、高雄,共展開三場「心靈環保教學研習營」,期在校園推廣心靈環保,落實於學生的品格教育中。

（3）各地辦事處、共修處

2019年,全臺共有四十二處辦事處、十二處共修處,是地區推展弘化工作的重要據點,推動各項共修、佛學、讀書會、生活禪藝等課程,方便大眾就近修學佛法;同時也協力執行百年樹人獎助學金頒發、聯合祝壽、歲末關懷等活動,為地方注入培福修慧的心活力。

5月，三鶯共修處新址正式啟用，也是第一個由青年發展院與護法體系結合、以專案規畫而成立的共修處，因位處臺北大學學區，先後開辦花藝、書法等禪藝課程，以及生活佛法講座，接引教師、學子及社區民眾，親近佛法。

地區各別活動，如中正萬華辦事處舉辦「悅眾成長系列課程」，由常慧法師帶領學員深入認識法鼓山的理念；淡水辦事處與淡水區公所合辦社區成長講座，由悅眾陳武雄分享「幸福生活之鑰」；豐原辦事處「佛法與醫學」講座，邀請專業醫師與學者，傳授身心照護觀念與方法；嘉義辦事處舉辦勸募聯誼分享會，由悅眾分享勸募經驗與心法。

屏東、潮州兩地辦事處於3至5月舉辦佛學講座，由常齊法師主講《八大人覺經》，講述八項大人覺悟、覺知的過程；勉勵大眾修習自覺覺他、自利利他的菩薩道；8至9月的《法華經》系列講座，學員深入認識大乘佛教的教理。

2.關懷院

關懷院著力於推動以心靈環保為核心的生命教育、臨終關懷、佛化奠祭、環保自然葬等，為提供大眾生死教育的學習，2019年於蘭陽分院、寶雲寺、臺南分院與紫雲寺舉辦大事關懷課程，內容包括禮儀環保理念、法鼓山大事關懷作法與細則等，傳遞正向面對老病疾苦的生命態度。

關懷院監院常學法師3至4月至北美弘法關懷，於美國洛杉磯、舊金山道場，以及加拿大溫哥華道場舉辦「大事關懷培訓課程」，介紹大事關懷理念及實踐，並闡述助念的心態、觀念、威儀及原則，也指導執掌法器的儀軌，演示助念場景，獲得廣大回響。

3.青年發展院

致力於接引年輕人親近佛法、接觸禪修的青年發展院，各項活動及課程設計，多元活潑，行之有年的「青年卓越禪修營」，於1、8月在法鼓文理學院展開，將禪修與佛法的觀念與方法運用在團康遊戲中，帶領學員探索生命的方向；4、9月兩梯次的社青禪修營，帶領學員以禪修練習放鬆身心、清楚覺察，並學習法器與梵唄，認識運用耳根修行的方法，共有一百八十多位學員參加。

生命關懷方面，包括「悟吧！二日營」、「生命關懷工作坊」，課程結合臨終關懷與佛教的生死觀，帶領青年學習向死學生的智慧，也安排參訪活動，認識生死的實相，進一步實踐對生命的關懷。兒少關懷上，青年院2019年與護法總會合作，首度於兒童節前夕首辦「兒童日」，邀請學童於園區探索佛法的心靈寶藏；也持續於全臺二十三處分支道場及辦事處，開辦「悟寶兒童營」，藉由話劇、唱誦、手作等，將佛法向下扎根。

社會服務面相，除定期至各地安養機構進行關懷，帶動念佛、藝文表演；並參與淨灘、協助高雄市甲仙區小林村永久屋清掃家園、關懷長者，青年在服務奉獻中，體現自我成長。

法青會於各分支道場定期開辦梵唄、念佛、禪坐等課程，接引青年學子學習各種修行方法；「生活覺招研究室」每月於農禪寺進行，藉由不同主題的交流討論，及動禪體驗，學習以佛法覺照生活。本年首度舉辦的「般若法門研修營」，於4月底在法鼓文理學院展開，由果慨法師、常啟法師帶領研討《金剛經》，提點運用佛法，破除執著，如實生活。

法青於農禪寺舉行的歲末關懷活動中，以鍋碗瓢盆為樂器，為關懷戶帶來活力的祝福。

5月舉行全臺法青交流會，分享學佛及生命經驗，互相增上；10月的義工成長營，期許學員薪火相傳，為利益他人而奉獻。

10月，演無法師與十三位法青代表參加臺北市私立道明外僑學校舉辦的「宗教與科學持續對談」（Science & Religion: The Dialogue Continues）座談會，帶領法鼓八式動禪、托水缽、吃飯禪等體驗活動，讓學子們領略佛法的多元運用。

11月水陸法會期間，法青除在各壇場內精進用功，並第四度加入「送聖供養人」行列；法會圓滿次日，並投入出坡、普請，復原如來家。

二、發展體系

發展體系包括普化中心、禪修中心、文化中心及相關基金會（慈基會、人基會、聖基會），以積極入世的態度，於海內外推廣各項針對安頓人心的修行、教育、文化與關懷工作，提供現代人實用可行的安心之道。

（一）普化中心

普化中心其下有信眾教育院、弘化發展專案，主責於規畫、研發、推廣各式佛法課程、共學培訓、弘化專案，並結合現代科技，以數位弘法的活潑與實用，啟蒙現代人的心靈。

1.信眾教育院

信眾教育院規畫分齡、分眾，完整而有次地的學佛地圖，普及信眾的佛法教育。

2019年，聖嚴書院「法鼓講堂」全年共七講，主題包括《法華經》、《六祖壇經》、《金剛經》等，同時於「心靈環保學習網」線上直播，全球學員認識經藏、參與課程討論；1月舉辦的特別講座，邀請美國新澤西學院（The College of New Jersey）社會學系副教授李世娟（Rebecca Li），分享親近聖嚴師父學禪、協助英文翻譯的師徒

長青班學員，開心展示禪藝手作課程的成果。

因緣。

其他例行開辦課程還包括：佛學班、福田班、禪學班，以及快樂學佛人、長青班。於2004年設立的佛學班，十五年來為普化教育建構了穩定的基礎學習，助益每位學員踏實學佛的腳步，將漢傳佛法的精神，放諸生活中實踐。2019年共新開十三班，總計五十三班；5、7月，分別於寶雲寺、農禪寺舉辦中區、北區聯合結業典禮，有近一千一百名學員圓滿三年的學習。

福田班全年共十四班次，除國內道場及辦事處外，美國舊金山及香港道場亦同步舉辦，共逾一千四百人參加，從中開展自利利人的福慧人生；專為學佛新手開辦的快樂學佛人，於全球開辦二十梯次，提供新皈依弟子或對佛法有興趣的民眾就近參與，本年有近兩千人結業。

鼓勵六十歲以上長者參與團體而開辦的長青班系列課程，2019年共辦理五十二班次，遍及臺灣及香港、新加坡，引領五千多位長者快樂學習，建立樂齡心生活。

推廣共讀共享的「心靈環保讀書會」，2019年海內外共有一百五十五處，包括臺灣一百四十七處、香港三處、加拿大溫哥華五處，皆由讀書會培訓課程結業的學員帶領；而「心靈環保讀書會帶領人基礎培訓課程」，也於11月在農禪寺舉辦，由果毅法師、常用法師、資深讀書會帶領人方隆彰老師帶領，深化帶領人的領導技巧。

在數位學習推廣方面，「心靈環保學習網」除線上直播「法鼓講堂」佛學課程，並整合運用實體與數位課程，同時提供行動裝置服務，廣與各地民眾共享法鼓山的學佛資源。截至2019年年底，累積課程逾三百門，學員人數達三萬人。

2.弘化發展專案

弘化發展專案包括傳戒、梵唄統一、水陸推廣研究等，在傳統佛教修行活動中，賦予佛法淨化社會人心及風氣習俗的功能。其中，第二十四屆在家菩薩戒於2至3月在園區展開，共有來自全球各地一千一百六十三位戒子圓滿受戒，共學菩薩精神。

水陸推廣研究上，2至6月於安和分院舉辦十三場「以法相會 淨心淨土」水陸法會專題講座，由多位僧團法師介紹各壇佛事的殊勝意義；11月，啟建第十三屆大悲心水陸法會，親臨園區參與達五萬人次，海內外三十四處分院道場同步直播，累計二萬五千人次共修；全球四十九處國家地區，超過三十萬人次超越時空限制，在誦經、拜佛、梵唄、禪修中，堅定菩薩道的修持。

（二）禪修中心

禪修中心其下設有禪堂、傳燈院，除舉辦各項禪修活動，並研發系統化、層次化的課程，推廣生活化的漢傳禪法，協助現代人透過禪修放鬆身心，找回自心輕安。

1.禪堂

禪堂統籌辦理各項精進禪修活動，2019年共舉辦二十三場，包含初階、中階、精進、中英禪七，及念佛、默照、話頭等進階法門，內容如下：

類別	初階禪七	中階禪七	精進禪七	中英禪七	話頭禪七	念佛禪七	默照禪四十九	禪九十
場次	13	2	1	2	1	2	1	1

2019年，於聖嚴師父在法鼓山最初帶領禪修的法華書苑首辦禪九十，為方便禪眾參與，禪期分為五梯次的話頭及五梯次的默照，有二十八位禪眾全程參與，深入體驗話頭棒喝逼拶、默照放鬆數息的法喜和身心清明。

十三場初階禪七，分別於園區、天南寺、信行寺進行；天南寺另有青年禪七及粵語禪七，接引不同族群人士。中階禪修活動，包括一場精進禪七，以及中階、中英、念佛禪七各兩場；其中，邀請聖嚴師父美籍法子吉伯・古帝亞茲主持的兩場中英禪七，帶領體驗師父早期禪風，近一百二十位禪眾參與，從禪修新學到二、三十年的老參，年齡層從二十五歲橫跨到七十四歲，也包括許多非佛教徒。

2.傳燈院

以推廣各項禪修方法、理念及活動為主要任務的傳燈院，在入門課程方面，有十二場初級禪訓班、四場引領初學者在身心放鬆中體驗禪味的「Fun鬆一日禪」。基礎禪修，包括於雲來寺及德貴學苑共舉辦五場禪一，四場禪二則於園區及三義DIY心靈環保教育中心進行；此外，針對初級禪訓班結業學員，全年開辦四場中級1禪訓班，提供進一步深入了解、體驗與適應禪七規矩與作息。

為培養更多禪修的師資及種子人才，傳燈院持續開辦初級禪訓班輔導學長、立姿動禪培訓、中級1禪訓班輔導學長、坐姿動禪培訓等成長課程，共逾兩百人接受培訓；1月起，每月週三於雲來寺、園區舉辦讀書會共學活動，由常正法師、演定法師帶領閱讀聖嚴師父禪坐共

5月「心靈環保家庭日」，大眾體驗法鼓八式動禪。

修開示，包括生活的策勵、禪法的應用，諄諄提點精進心易發、長遠心難持。

企業禪修方面，除派遣師資至企業內指導課程，帶領禪坐與動禪體驗，包括將捷集團、香港商生生股份有限公司等；也應住商不動產之邀，於天南寺舉辦舒活三日營，由監院常襄法師指導放鬆身心的法門。

國際禪坐會（International Meditation Group, IMG），除了每週六例行共修，全年共舉辦兩場初級禪訓班、六場禪一，廣泛接引在臺外籍人士體驗漢傳禪修方法。

（三）文化中心

文化中心為法鼓山主要的文化出版、推廣單位，其下設有專案規畫室、文化出版處、營運推廣處、史料處。其中，文化出版處下有叢書部、雜誌部、文宣編製部、影視製作部、產品開發部；營運推廣處下有行銷業務部、通路服務部、客服管理部；史料處下有文史資料組、數位典藏組、文物典藏組、展覽組。對外出版單位為法鼓文化。

2019年叢書部共出版三十二項新品，包含書籍三十一種，影音產品一種，其中聖嚴師父著作十九種，包括：《好願在人間 —— 許個好願，讓它實現；積極行願，造福人間。》、《法鼓山的方向：弘化》、《法鼓山的方向：關懷》、《法鼓山的方向：護法鼓手》、《法鼓山的方向：萬行菩薩》；新改版的《法源血源》、《祈願‧發願‧還願》、《兩千年行腳》、《五百菩薩走江湖》、《神會禪師的悟境》、《福慧自在 —— 金剛經講記與金剛經生活》，大字版的《找回自己》、《聖嚴法師教淨土法門》、《聖嚴法師教默照禪》、《從心溝通》，簡體版的《福慧自在 —— 金剛經講記與金剛經生活》、《聖嚴法師教觀音法門》、《聖嚴法師教淨土法門》、《聖嚴法師教默照禪》。

《好願在人間》為法鼓山年度主題書，精選聖嚴師父著作中關於許願、還願的觀念與方法，期盼大眾透過發願帶來信心與幸福，為社會與世界增添光明的希望。《祈願‧發願‧還願》則延續發願主題，收錄聖嚴師父有關發願的精神與具體實踐的開示，以及法鼓山「三佛、三觀音、一鐘」的造像與行願方法，提供發願、行願的學習典範。

為呈現聖嚴師父對於法鼓山發展的定位和方向，法鼓文化整編師父歷年的開示及文章，編輯為六冊六大主題：理念、創建、弘化、關懷、護法鼓手、萬行菩薩，總書名定為《法鼓山的方向》，介紹法鼓山的各項弘化、關懷工作，以及四眾弟子共同投入護法工作的奉獻精神與願心。

針對大眾在學佛過程可能遇到的種種疑惑，出版了《文殊菩薩50問》、《地藏菩薩50問》、《普賢菩薩50問》、《居士50問》，介紹各菩薩的信仰緣起，以及修行法門，進而分享如何成為一位如法修持的居士。

漢傳佛教典籍系列的《《勝鬘寶窟》校釋》、《《釋淨土群疑論》提要校註》分別於2月、6月出版，詳實的註釋，助益於研究者深入佛教義海。7月、8月出版的《雲水

十方——淨海法師佛教文集》、《晚霞集》則收錄淨海法師、李志夫教授解析重要佛典、佛學作品，並提供修行指南，展現佛學研究的大視野。

在現代社會普遍尋求翻轉機會的風潮中，心理治療師楊蓓老師的《翻轉人生的禪機》於3月出版，從佛法禪修、心理學的多元角度，深層探索自我修練、助人專業與世界變局，協助翻轉各種人生考驗，以禪心改寫人生劇本。

法鼓文化出版多種書籍及《人生》雜誌、《法鼓》雜誌，落實漢傳佛法的生活實踐。

影音系列，5月出版佛曲CD《大悲觀音》，製作人康吉良透過音聲供養，傳唱聖嚴師父一生與觀音菩薩深厚的因緣，勉勵大眾念觀音、求觀音、學觀音、做觀音，並以平等廣大的觀音精神「大悲心起」，為此次專輯概念的主題。

雜誌部2019年出版十二期《法鼓》雜誌（349～360）、十二期《人生》雜誌（425～436）。其中，2019年為《人生》創刊七十週年，《人生》雜誌本年將2018年6月27日舉辦的兩場「世界佛教村座談會」內容翻譯、整理，並邀請東西方不同傳承的法師、佛教學者，以及聖嚴師父法子撰文佛教的傳法與發展，於5月（429期）以「悟吧！在世界佛教村」專刊出版，且於6月發行英文版專刊 Global Buddhist Awakening。

專題方面，包括以佛法智慧回應現代人關心的失智、情緒、宅現象等議題，3月號（427期）「與記憶的美好告別」、6月號（430期）「認識恐懼　你在怕什麼？」、9月號（433期）「獨處，找回心力量」。用佛法智慧處理世間情愛、助人，7月號（431期）「愛情覺招 向佛陀學愛情智慧」、8月號（432期）「不一樣的父親」、10月號（434期）「好心不NG」。

佛教修行法門與經典的現代運用，則有1月號（425期）「無畏施，施無畏」、4月號（428期）「無常的功課　《佛說無常經》」、11月號（435期）「居士學佛樂」、12月號（436期）「今夜共臨 瑜伽焰口法會」。

專欄方面，「悟吧！在世界佛教村」專題發酵，連載各單元精彩文摘。新專欄則有「世界佛教觀察」，洞察佛教在世界的最新動態。另外，延續2018年的口碑專欄，聖嚴師父的開示「人生導師」、惠敏法師的「佛學新視界」、繼程法師書畫雙璧「爾然禪話」，以及「一種觀看」、「清心自在」、「電影不散場」（電影與人生）、「雙味好料理」、「人生戲中戲」、「三生有幸」等，皆引導讀者於花花世界中體驗禪。

此外，「大覺智海」的「佛學人物」，由以宗教社會學為職志的汲喆教授，剖析法

國社會學學術傳統研究佛教的優勢，以及近現代漢傳佛教研究的困難；「佛學論文」則翻譯美國社會學界第三代中國研究學者趙文詞教授的主題演說「社會學和佛法智慧的修持」，剖析社會學與佛法在現代社會為人民所用，精闢入裡地演說引起極廣的共鳴與省思。

《法鼓》雜誌持續以八個版面，報導大學院、大普化、大關懷三大教育，以及國際弘化活動。本年度適逢法鼓山創辦人聖嚴師父圓寂十週年，自350期（2019年2月號）起，持續報導「如是我願 Thus I Do──2019聖嚴師父圓寂十週年系列活動」，包括聖嚴師父圓寂十週年法鼓傳燈法會、為期三日的東西方法子交流座談及國際研討會、首度舉辦心靈環保農業創生研討會，皆翔實記載於本年各期雜誌。

為表達對護法信眾的感恩與關懷，凝聚大眾對法鼓山理念的認同，353期報導護法信眾六梯次印度朝聖團圓滿、355期深度報導時隔二十一年，護法總會於三峽天南寺舉辦兩梯次「悅眾禪修營」，悅眾重溫師教；此外，百年樹人獎助學金第二十年頒發（354期）、走過八八風災十年（356期、357期）、尼伯特颱風援建卑南國中柔健館落成（360期），則呈現法鼓山大關懷教育的具體落實。

有關禪修活動重點報導，包括法鼓山首度舉辦禪九十（352期）、聖嚴師父法子查可·安德列塞維克於克羅埃西亞的禪修中心啟用（354期）；其他重要報導，如方丈和尚果暉法師美、加巡迴關懷（358期、359期）、雲來別苑落成（359期）、馬來西亞新道場啟用系列活動（360期）等，皆以豐富圖文記錄。本年《人生》雜誌創刊七十週年，353期《法鼓》雜誌整版摘錄《人生70》特刊中，世界各地四眾佛子為佛教未來所做的省思與努力。

專欄部分，重新整編出版的《法鼓山的方向》六本，自349期（1月）起，連載套書內容，期許四眾弟子，透過文字，實踐人間淨土的願景，更能成為修學佛法、護持佛法、弘揚佛法的依歸；350期起，新闢「師徒禪話」專欄，由資深悅眾姚果莊分享早期在美時期，協助聖嚴師父錄稿時的小品故事。另一方面，聖嚴書院學員心得、生活佛法分享等專欄，持續刊載，與讀者分享大普化教育的深耕果實。

關懷勸募會員的《護法》季刊，2019年發行第17至20期。17期「護法心聞」報導四百多位護法信眾於僧團法師帶領下，循著聖嚴師父三十年前印度朝聖的足跡，朝禮佛陀弘化的聖跡，並於第17、18期四版分享悅眾「朝聖行憶師恩」心得，護法願力益加堅定。

18期以聖嚴師父圓寂10週年傳燈法會為主軸，頭版報導悅眾鼓手們參與法會的感恩與感動，二、三版以「護法願心，十年願行」為專題，鼓手們回憶當年於師父圓寂佛事上以願供養師父，十年來感念師恩、行願報恩的歷程，永傳護法心燈；19期報導「悅眾禪修營」及「悅眾成長營」系列活動，二、三版則由悅眾鼓手分享參與成長營的收穫

與回饋，以「利益眾生，廣結人緣」的菩薩道精神，傳續法鼓山的理念。

接續聖嚴師父當年關懷各地的足跡，方丈和尚果暉法師於本年7月起，展開地區巡迴關懷，20期報導護法總會法師、正副總會長隨行至地區關懷的觀察與感動，二、三版邀請當地資深鼓手，分享數十年來於地區學法、護法、弘法的故事，溫熱每一顆護法心。

專欄部分，四版「處處好讚」本年報導宜蘭、林口、中正萬華三個辦事處發展歷程；「鼓手心行」、「讀書分享會」持續選錄聖嚴師父開示、介紹法鼓文化新書，分享佛法智慧及學習資訊。

接受體系內各單位委託製作文宣、結緣品的文宣編製部，2019年主要出版品包括《2018法鼓山年鑑》、法鼓山《行事曆》、《金山有情》季刊等，以及《如是我願 —— 聖嚴法師的故事》、《圓滿人生的最後一課》、《好夫好妻好家庭》等六本中、英文結緣書籍。而廣受歡迎的《大智慧過生活》校園版套書，本年全臺共有一百五十一所學校提出申請，總發行量逾五萬冊。

其中，連結法鼓山與北海岸四區鄉親情感的《金山有情》季刊，出版第67至70期，分別於1、4、7、10月出刊。頭版「本期焦點」以在地關懷或即時新聞為焦點，如新住民（67期「新住民媽媽分享家鄉味」）、長者（69期「金山推動在地長照」），以及科技教育（70期「新北市金山自造教育及科技中心落成」）等。二、三版為「專題特寫」，每期規畫不同主題，深入探索人文采風，如北海岸小學音樂、藝術、體育等特色社團（67期），集閱讀、學習、健康於一地的圖書館（68期），創意農村（70期）。四版「北海鄉情」，挖掘在地趣味的人、事、物，包括半嶺古道踏查記（67期）、萬里候車亭漂書櫃（69期）、金包里慈護宮登錄歷史建築（70期）；另有地方短波及法鼓山園區相關資訊，邀請鄉親參與課程、體驗修行活動。

影視製作部於2019年的自製影片，包括《2019方丈和尚新春祝福》、《2019法鼓山大事記》、《寬寬的鐘生幸福》、《雲來別苑簡介》、《禪堂簡介》，以及動畫《聖嚴法師頑皮童年》（第一至三集）等數十部。而在教學類的影片方面，共完成《方丈和尚精神講話之師父開示》四則、《禪坐共修》三則、《出家是從新開始》等聖嚴師父開示的字幕製作。

研發涵容心靈環保理念的環保用品、生活飾品、修行用品為主的產品開發部，2019年共開發七十三項新品，包括隨身音箱、不鏽鋼真空馬克杯、收納盒，以及棉麻提袋、聖嚴師父墨寶復刻壁掛等，以禪修與佛法的日用，豐富現代人的生活。

史料部於園區規畫「告別向前」、「法鼓三十　無盡緣起」、「書寫法鼓山」等特展；也在農禪寺安排「在農禪寺遇見聖嚴法師」、「一花開五葉 —— 六祖惠能」、「二十一世紀安定身心之道」，以及德貴學苑「好願在人間」等展覽，分享法鼓山傳

承、歷史與對社會的祝福。

（四）相關基金會

慈基會、人基會、聖基會，為法鼓山推展大普化、大關懷、大學院三大教育理念的重要相關單位。

1.慈基會

為大關懷教育重要推手的慈基會，2019年於國內，在例行大型關懷活動方面，首先是「107年度歲末關懷」，延續自2018年12月中旬展開的活動，至2019年2月初圓滿，合計關懷近三千戶家庭；5月及8、9月間，則分別舉行端午、中秋關懷活動，除攜帶應景素粽、月餅前往關懷家庭表達祝福外，慰訪義工並至社福機關、安養機構等地與民眾歡度佳節。

而緣起於921震災後的「百年樹人獎助學金」，本年邁入第二十年，於4至11月期間，在全臺各地舉辦第三十四、三十五期頒發活動，共有兩千五百多位學子受益；在後續關懷上，包括「服務回饋日」活動，安排學子參與淨灘、慰訪等活動，引導學習用奉獻心回饋社會、體驗施比受有福的意涵；「分享卡聯誼會」則由學生共同製作卡片，發揮創意，6月起並舉辦分享卡巡迴展，向社會表達感恩。

為落實對偏鄉與關懷家庭學童的照顧，除例行的年節關懷與不定期派遣義工慰訪與探視，慈基會於大臺北、臺中等四區辦理國小、國中學習輔導，不僅輔導課業，也陪伴學童成長；7月的兒童營，則引導孩童學習在生活中落實自然環保的理念。

另一方面，慈基會亦結合各界資源，本年捐贈新北市、雲林縣政府採購住宅用警報器，落實防災減災的理念；捐助新北市貢寮衛生所醫療福祉車，接送長者及有需要的人就醫、復健，守護偏鄉行的安全。於校園，4月為新北市平溪國小學生提供家用書桌、護眼桌燈及書架，充實學習設施；10月，援建臺東縣卑南國中柔道建力館落成，優質場館助益選手夢想起飛。

百年樹人獎助學金頒發典禮於寶雲別苑進行，鼓勵學子努力向學。

義工教育訓練亦是慈基會的重點項目。2019年舉辦多場教育訓練課程，其中，4至10月於紫雲寺進行的「與樂拔苦相約建淨土」培訓系列課程，邀請專業醫師、社工與輔導心理師授課，學員學習相關知能，深入了解關懷內涵，接引更多人體驗佛法的潤澤。

2.人基會

以心靈環保的理念、心五四的方

法，落實「人文社會化，社會人文化」願景的人基會，本年持續與教育廣播電台合作製播《幸福密碼》節目，廣邀社會賢達分享以感恩心傳遞幸福；「2019好願在人間心靈講座」全年十一場，邀請各領域專家學者傳授安心之道，共創和諧的人文社會。

心六倫宣講團種子教師培訓課程，學員發願以「心六倫」的理念讓社會更祥和。

「心六倫」推廣方面，「心六倫宣講團」不定期受邀至各機關行號演講、舉辦體驗營，如6月於法鼓文理學院舉辦「企業心幸福體驗營」，引導學員思索幸福企業、永續經營的關鍵及條件；8月於法務部臺南地方檢察署，以「世界上的另一個你 —— 改變的力量」為主題，分享「心五四」的核心精神與價值。2019「心藍海策略 —— 企業社會責任」系列課程，則於5至11月間進行，以「創新・創心」為主題，分享以佛法經營企業的視野與方法，協助領導人找到創新與安心之道。

於校園，本年持續於小學推廣香草課程，透過觀察植物的生長、榮枯，引導學童五感體驗，尊重生命。8月心六倫宣講團講師應臺南市敏惠醫護專科學校之邀，於該校新生訓練課程中為住宿生授課，傳授心的改變力量。

培訓課程上，2至3月舉辦心六倫宣講團種子教師培訓課程，共有三十多位種子教師結業，加入推廣行列；香草教師培訓，於4月展開，由常宗法師、臺灣大學農藝系名譽教授劉麗飛等授課，提醒學員，多關注植物、善待植物，學習植物的智慧，就能體會萬物都在說法。

而歷經七個月、三階段專業培訓，「關懷生命專線」第三期義工培訓於4月22日圓滿，並於5月由方丈和尚果暉法師為一百二十二位義工授證，期勉以佛法觀念結合助人技巧，協助受助者轉化身心困擾。

3. 聖基會

聖基會以推廣、弘傳聖嚴師父思想與理念為目標，重點工作包括舉辦經典、專題講座等。1月及12月分別舉辦第四、五屆近現代漢傳佛教論壇，主題為「近現代漢傳禪宗與禪修之挑戰與發展」、「剎境不隔 —— 漢傳佛教的傳播」，來自亞洲、歐洲、美洲各國學者，契理契機探討漢傳佛教的弘傳。

經典講座舉辦上，包括邀請中央研究院歷史語言研究所研究員顏娟英主講四堂「佛教藝術的起源與開展」，全面介紹佛教藝術的承先啟後，大眾藉由造像藝術領略萬德莊嚴的華藏世界與般若性海；成功大學經濟學系教授許永河在兩場「佛教經濟學」講座

中，回顧主流經濟學、佛教經濟學、心理學與希臘哲學的幸福觀，從佛教基本教理，整理師父「心靈環保」與「建設人間淨土」的思想，主張從入世的心靈環保幸福，漸修漸斷，最後達致出世的淨福。

12月「禪修正見」講座，聖嚴師父西方法子吉伯・古帝亞茲分享師父的禪法與身教，將禪修導向漢傳禪法與當代的結合。

三、教育體系

教育體系是推動大學院教育的基石，從宗教出發，融合人文、社會等學科，建構佛法與世學兼備的教育環境，培養在研究、弘法、服務各項領域中，啟迪觀念的專業領導人才。其下包括法鼓文理學院、中華佛學研究所、僧伽大學、法鼓山社會大學及三學研修院等單位。

（一）法鼓文理學院

以「博雅教育」為辦學方針的文理學院，包括佛教學系博、碩、學士班，及人文社會學群之生命教育、社區社群再造、社會企業與創新、環境與發展等四個碩士學位學程，除了各學科的專業課程，更藉由國際交流、學術講座及研討會、跨領域合作與校園活動等多元管道，培育學子術德兼修，以宏觀視野奉獻社會。

在學術研討與交流上，1月與加拿大英屬哥倫比亞大學（University of British Columbia, UBC）佛學論壇、中國大陸廣州中山大學人文學院佛學研究中心共同主辦「2019佛教與東亞文化寒期研修班」，以「技術、災變與宗教 —— 東亞的視野」、「二十世紀佛教考古學」、「大乘佛教思想史反思」三大系列演講為主，另有四場關於佛教修行、哲學、資訊等面向的研究成果講演，以及青年學者論壇，在建立多學科佛學研究平台、培養青年學術人才、擴大學術視野及學習多元研究方法等面向，獲得學者的熱烈回饋。

5月，兩年一度的「IASBS國際真宗學會學術大會」首度在法鼓文理學院舉行，匯集日本、臺灣、北美、歐洲等三十多位佛教學者、近三十篇論文，分享淨土思想的研究。10月與中央研究院歐美文化研究所合辦「佛教現代化在臺灣的發展 —— 探索宗教哲學的可能性」學術工作坊，會中共發表七篇論文，建構近現代臺灣佛教系譜。

「全國佛學論文聯合發表會」亦於10月在法鼓文理學院展開，共有十三所學校、十九位研究生的論文發表，主題包括佛教戒律、經論、修行、文獻研究，以及佛法應用於社會的跨領域研究等。

另一方面，校長惠敏法師3月受邀參加日本岐阜聖德學園大學舉辦「臨終關懷 —— 從佛教與醫學之實踐，討論生命真相」論壇，介紹臺灣「預立醫療照護諮商」（Advanced Care Planning, ACP），分享佛法在醫學上的落實。

5月，國際入世佛教協會（International Network of Engaged Buddhists, INEB）與佛教弘誓學院共同舉辦的國際青年菩薩培訓營隊師生一行四十二人，參訪法鼓文理學院，由惠敏法師、佛教學系主任鄧偉仁代表接待；惠敏法師並以死亡質量指數報告（Quality of Death Index）、《念住經》之「四念住」、環保自然葬等，分享佛教臨終關懷與安寧療護之實況。

為拓展師生研究思惟與視野，本年舉辦多場專題講座，邀請各專業領域的學者專家分享所學，包括德國漢堡大學（University of Hamburg）沼田惠範佛學研究中心研究員康易清（Carsten Krause）主講「農禪並重在近代中國佛教復興歷史中的角色」，分享雲居山真如禪寺、曹山寶積寺、龍泉寺、藥山寺等四所寺院的農禪實踐；日本東京大學人文社會系研究科教授高橋晃一兩場講座，主題是「從『菩薩地·真實義品』到『攝決擇分·菩薩地』的思想發展：以 vastu 概念為中心」、「《解深密經》的成立與思想」及「佛教用語用例集 Bauddha Kośa（五位七十五法關連用語的定義）」；日本聖德學園大學院教育學部教授河智義邦主講「親鸞的佛教思想 —— 做為大乘佛教的淨土真宗」（親鸞の仏道観 —— 大乗仏教としての浄土真宗），說明親鸞的佛道觀是以自覺到有限的自己為起點，深化與佛之本願力相遇的過程，將自我中心的世界觀轉換為以佛（阿彌陀佛）中心的世界觀，積極參與佛子救度事業的人生觀，證明雖是凡夫，也能實踐「他力大乘佛道」。

2019年，人文社會學群教師的跨領域學術交流，由社會企業與創新學程助理教授楊坤修主講「結構平衡理論與法界緣起之對話」，開展社會網絡關係與法界、緣起的對話；生命教育學程助理教授蕭麗芬主講的「覺察與自由 —— 莊子之樂」，藉由甲骨文圖像化的解說與生動的譬喻，介紹莊子的思想。

暑假期間，環境與發展學程主任張長義、助理教授黃信勳，帶領人文社會學群師生一行，前往日本展開「四國環境與發展實地考察研習教學計畫」，了解香川、德島、愛元、高松四縣國家公園、自然保育、環境災害、食農教育的實踐現況；四位佛教學系學生，也前往美國馬里蘭州進行實習課程，包括參與課程、參訪宗教團體，開闊國際視野。

校園活動方面，4月起的校慶系列活動，以「印度文化日」為主題，包括「慈悲之路 —— 佛教聖地和印度藝術遺產」攝影展、印

法鼓文理學院2019年校慶主題「印度文化日」，邀請印度臺北協會副會長賈旭明（Sandeep Jakhar）介紹導覽聖地攝影展。

度古典樂舞演出，另有法鼓盃運動大會、綜合語言競賽、五分鐘書評等，分享學習成長；6月舉行畢結業典禮，由師長搭菩薩衣、傳燈，四十餘位畢結業生彼此互勉運用所學，利益眾生。圖書館週活動於10月7日起展開，活動有五分鐘書評、中西參大賽、主題書展和書食主義茶會等，鼓勵師生善用圖書館資源。

秉持回饋社會的理念，2019年文理學院持續舉辦研習營、工作坊與演講等，與大眾共享學習資源與研究成果，包括兩場大型講座，邀請聖嚴師父法子繼程法師主講「禪者悲心」、「禪心看世情」，分享以佛法的正知見，開發智慧與慈悲的心；「心‧希望——生命美學研習營」，引導高中生展開探索自己的心冒險；多位文理學院教師，也於紫雲寺舉辦的「法鼓文理講堂」中，引導大眾提昇人文關懷的視野。

禪文化研修中心於10月舉辦禪文化研修體驗營，內容包括茶禪、禪詩、禪繞畫等，近四十位學員深入認識禪文化的內涵。

於推廣教育，法鼓文理學院推廣教育中心在德貴學苑開辦課程，共開辦兩期、二十餘門課程，含括快樂生活、佛法教理、佛學語言、佛教應用等四大類，提供大眾修學佛學、充實心靈的平台；同時也開辦佛教學系隨班附讀學分班、人文社會學群的碩士學分專班，為有意入學就讀者，提供先修管道。「樂齡大學」也於9月起在法鼓山園區開辦，透過多元的終身學習課程，鼓勵長者保有學習的興趣，享受歡喜自在的樂齡生活。

（二）中華佛學研究所

致力推動漢傳佛教學術研究與出版的中華佛學研究所，1月與聖基會共同舉辦第四屆近現代漢傳佛教論壇，主題為「近現代漢傳禪宗與禪修之挑戰與發展」，邀集臺灣、中國大陸、法國、加拿大，共三十餘位學者專家，齊聚探究漢傳禪宗於近現代的發展契機；9月的「漢傳佛教研究和教育的實務開展」圓桌論壇，集結兩屆「青年學者論壇」的優秀青年學者、佛研所畢業校友及僧團法師等，聚焦於漢傳佛教育及學術的研討，承續聖嚴師父弘揚漢傳佛教的薪火。12月出版《中華佛學研究》第二十期。

佛研所舉辦「漢傳佛教研究和教育的實務開展」，聚焦於漢傳佛教教育及學術的研討。（左起依序為越建東老師、蔡耀明老師、鄧偉仁老師、廖肇亨老師、果鏡法師）

所長果鏡法師於4月，帶領文理學院佛教學系六

名學生前往越南交流參訪，引領越南青少年體驗禪坐及茶禪，領略漢傳佛法的安定與法喜。

佛研所發行的《中華佛學學報》、《中華佛學研究》，2019年獲頒國家圖書館「人社最具影響力學術期刊：哲學／宗教研究學門」之獎項，肯定兩期刊提供學界發表與研究的平台，提昇學術能見度。

（三）僧伽大學

以培養解行並重、道心堅定僧才為教育理念的僧伽大學，學制設有佛學、禪學兩系。2019年有六位男眾、十三位女眾入學；並有十五位行者剃度出家，荷擔弘法利生的如來家業。

1月，首先舉辦「第十六屆生命自覺營」，共有一百三十四位來自臺灣、美國、西班牙、印尼、馬來西亞、新加坡、香港、澳門等各國學員，透過梵唄、戒律、禪修、出坡等修行體驗，省思人生的方向。3月起，與法青會開辦「自覺工作坊」，除於臺灣各地，更將關懷線延伸至海外的澳門、香港及新加坡，以「自覺覺他」為主軸，串連起「覺悟好生活」、「傾聽與表達」、「破繭而出」及「生命轉彎處」等不同主題，引導學員練習佛法、自利利他。

招生說明會3月於園區舉行，多位師長介紹辦學理念及課程規畫，香港、澳門、馬來西亞等地同步連線視訊，鼓勵海內外青年加入僧眾培育行列。

課綱方面，包括解門、行門課程，其中「教務專題」，另邀請中山大學哲學研究所教授越建東主講「當代佛教修行觀」，從禪修、禪法及禪技，探討佛教修行觀的嬗變；文化中心副都監果賢法師導讀《法鼓山的方向》，深入聖嚴師父創辦法鼓山、教導四眾弟子的思想與行誼，領略師父致力於人間淨土、人文關懷的理念與悲願。

「作務與弘化」專題課程，包括防災、修繕、影片製作等，展現佛法的活潑應用，以及新時代僧眾的全方位學習。另一方面，4月舉辦講經交流會，九位學僧分享心的對話；5月的畢業製作暨禪修專題發表，共有六位學僧運用多元媒材，展現學習成果。兩場活動皆邀請生命自覺營歷年學員返校觀摩，重溫解行並重的出家生活。

5月的慰訪見習活動，安排三、四年級學僧與慈基會義工慰訪新北市萬里區關懷家庭，學習以傾聽、

「世界公民教育坊」中，學僧分組討論當前世界面臨的氣候危機，集思廣益以具體行動，帶動自我改變。

同理來關懷，深入了解大關懷教育的精神。

由學僧企畫、採訪、編輯的刊物《法鼓文苑》於9月出刊第十期，本期專題「家教聖嚴 —— 緬懷聖嚴師父圓寂十週年」，從僧眾教育、國際弘化、學術研究各面向，分享接續師志的新世代菩提道路。

（四）法鼓山社會大學

法鼓山社大設有北海、新莊及北投三個校區，提供地方鄉親終身學習的重要平台，2019年共開辦近百門課程，涵蓋生活技能、心靈成長、語文學習、藝術陶冶、自然環保層面，學員包括學童、主婦、上班族與銀髮族，落實全人學習的理念，全年學員逾五千八百人次。

其中的樂齡課程，接引長者輕鬆快樂學習，啟動樂齡人生；於新北市石門區自然環保戶外教室開辦的系列課程，包括種植香草植物、蔬菜、地瓜等，學員以自然農法推動自然環保，不僅友善大地，也連結人與土地的情感。此外，也為來自中國大陸、越南、印尼的媽媽們，開辦認識臺灣鄉土語文、風俗文化、飲食料理等課程，協助新住民媽媽融入家庭與社會，促成族群更融合、社會更和諧。

除開設各項課程，深耕社區，社大本年亦舉辦多項活動，如新莊校區的「幸福人生方程式」系列講座，由人基會心六倫宣講團師資主講，內容包括人際、家庭、職場等領域，鼓勵大眾以心六倫的內涵創造幸福人生，做自己生命的主人，進而讓周遭環境更美好和諧；4至6月的「創客體驗營」，學員積極樂觀面對生死。面對高齡化社會與長照問題，10至12月，並舉行三場講座，介紹失智症的知識、溝通技巧，以及家庭照顧者如何轉念減壓，學習以佛法照護自己與長者的身心。

本年社大於臺大醫院金山分院舉辦兩場展覽，「遇見心自己 —— 禪繞畫創藝作品展」及「共學安老·銀髮飛揚成果展」，引導病友及醫護人員體驗人文之美。其中，「共學安老·銀髮飛揚成果展」，為與金山區慈護宮關懷照顧據點共同開辦「作夥畫圖寫字真趣味」課程，展現多位高齡學員的歡樂學習成果。

（五）三學研修院

三學研修院不具學院形式，其下設有僧才培育院及僧眾服務院，於出家修道、弘法利生中，養成戒、定、慧三學並重，福智雙運之美德。

2019年，首先於1月舉辦歲末圍爐及辭歲禮祖，終年於各地弘化一方的法師們，齊聚園區，接受方丈和尚果暉法師的祝福及鼓勵；6月展開結夏安居，上百位僧眾藉由團體修行的力量，凝聚道誼、精進用功。

9月首度舉辦僧眾親屬聯誼會，俗家親眷與出家兒女一同在如來家團聚，參與禪味DIY、蔬食饗宴，以及感恩分享等活動，僧眾與親屬溫馨互動交流，不只是親眷，也是法眷，在學佛路上相互提攜，共同成長。

本年為聖嚴師父圓寂十週年。僧團舉辦了多場專題研討會，包括「漢傳禪法之當代流傳座談會」、「佛法與社會科學國際研討會」、「對應氣候變遷——心靈環保農業創生研討會」等，連結佛教對整體環境的關懷，不僅延續聖嚴師父的理念，也保護地球環境與共同的未來。

文宣處製作「百工好願」的訪攝報導，於法鼓山園區第二大樓展出。

四、支援體系

支援體系主要單位為行政中心，包括人力資源處、文宣處、活動處、資訊處、總務處、財會處等，是法鼓山主要行政服務單位，除整體統籌相關業務，也配合體系組織各單位活動舉辦、運作的需求，並提供行政協助及服務。

2019年，資訊處、總務處與人資處協力完成「辦公室動禪」軟體建構，3月中旬起在北投雲來寺實施，於上班日固定上、下午兩時段，每次各六到七分鐘，邀請專職與義工藉由簡單的動作與運用動禪心法，練習在工作中放鬆身心；而配合年度主題「好願在人間」，文宣處透過「百工好願」的訪攝報導，呈現社會各層面、各角落庶民百工的願心、願行與願力。另外，人資處全年主要舉辦四場「方丈和尚精神講話」，凝聚專職及義工向心力。

活動處本年於臺灣共舉辦五場「祈福皈依大典」，共有三千兩百多人皈依三寶，開啟修學佛法新生命；9至10月，協助全臺分支道場舉辦佛化聯合祝壽活動，內容包括祈福延壽法會、念佛、供燈、佛曲表演、感恩奉茶等，有近三千位長者接受祝福。

結語

「好願在人間」是創辦人聖嚴師父於2008年開示，並留給大眾的勉勵，本年適逢法鼓山創建三十週年，體系組織以此作為年度主題，同時傳遞法鼓山對社會的祝福。「許個好願，讓它實現；積極行願，造福人間」，2019年體系組織立足臺灣、放眼國際，持續於海內外積極展現法鼓山弘揚佛法的多元與活力，同時帶領四眾弟子秉承願心，於社會各角落實踐三大教育及心靈環保理念，無遠弗屆建設人間淨土。

實踐

大普化教育
啟蒙心靈　接引大眾淨行精進

大關懷教育
積極行願　建設淨土在人間

大學院教育
四十年時雨　為世界注入良善動能

國際弘化
繼起師願　漢傳禪佛教當代流傳

壹【大普化教育】

大普化教育是啟蒙心靈的舵手，
引領眾生從自心清淨做起，
培養學法、弘法、護法的菩薩，
敲響慈悲和智慧的法鼓，
建設人間為一片淨土。

啟蒙心靈
接引大眾淨行精進

2019年，大普化教育融攝佛法修行、文化教育、科技與趨勢，
持續於禪修推廣、佛學教育、法會共修、文化出版等面向，
賦予啟蒙心靈的使命及教育功能；
同時，首辦禪九十、舉辦國際學術及農業創生研討會，
接續實踐聖嚴師父對法鼓山理念、三大教育、漢傳禪佛教的堅持，
也回應現代人的不同需求，廣傳利益人間的教法。
大普化教育於「好願在人間」的年度，接引大眾淨行精進，
共踐好願：以佛法甘露，利澤世間。

本年適逢聖嚴師父圓寂十週年，2月的傳燈法會上，逾萬名來自全球的四眾弟子齊聚法鼓山園區，方丈和尚果暉法師領眾繼起「師父三願」，從信心到願心，發展為廣大平等的慈悲心，祈願眾生大悲心起，利益一切有情眾生。感念師父教澤，信眾手捧缽燈發願，以師願為己願，並以願為路，發揚法鼓宗風，共創人間淨土。

同時，在傳承中亦有開展，承續聖嚴師父透過「心靈環保」跨界弘傳佛法的願心，6月舉辦「漢傳禪法之當代流傳座談會」、「佛法與社會科學國際研討會」，10月展開「對應氣候變遷——心靈環保農業創生研討會」，將佛法轉化為符合現代人所需的生活實踐，與會人士透過熱烈對話，迸發思辨火花，探究佛法與社會科學領域相互借鑑、增上的

方向，為永續全人類的福祉，共同擘畫願景。

禪修推廣

禪修推廣，是法鼓山大普化教育的主軸之一。接續聖嚴師父弘揚漢傳禪法的使命，繼2017年默照禪四十九、2018年話頭禪三十及默照禪四十九之後，禪堂在3至5月首辦禪九十，是法鼓山舉辦為期最長的禪修活動。禪期全程共包含十梯次的話頭及默照，由堂主果醒法師及多位僧團法師帶領契入禪法實相的多元途徑，體驗話頭棒喝逼拶、默照放鬆數息的法喜。舉辦長期的禪修，是師父的期許，亦是禪宗道場的使命，不僅提供禪修者深入學習禪法的環境，也藉此培養傳承中華禪法鼓宗的師資與人才。

年度最大型活動為5月母親節當日，

結合一年一度的浴佛節，於臺北國父紀念館廣場舉辦「心靈環保家庭日」活動，數千位民眾參與浴佛報恩發好願，也透過生活禪的體驗，如鈔經、禪繞畫、慢步經行、托乒乓球、禪心拓葉、心手相印等，以「身在哪裡，心在哪裡；清楚放鬆，全身放鬆」的安定，感受禪法的自在。

禪修中心及各地分寺院本年持續以各類禪訓課程、禪悅活動及精進修行，接引初學及老參，不僅提供安全、完整的禪修學習次第，也加強禪修者在法義上的理解，讓禪法與生命結合，使生命更踏實。其中，「Fun鬆一日禪」、「禪悅四日營」等結合休閒與修行的活動，除了坐禪的觀念和方法，內容著重走路禪、吃飯禪、出坡禪、戶外禪等動禪的學習，引領大眾如實體會禪修在生活中的活潑應用；「半日＋半日禪」、水月禪跑，接引民眾動中練禪心，體驗禪的生活。「禪的行解」禪修營，則是解行並重，行門上安排動禪、靜坐、立姿與拜佛、出坡等，體驗「身在哪裡，心在哪裡」的覺受，解門課程由果醒法師演繹無我、空與禪修三主軸，認識佛法的核心意涵。

校園禪修推廣上，除以禪修指引與法鼓八式動禪，廣與全國各級教師分享；另有禪七，以及心靈環保自我成長營、一日營，為教學注入安定的力量。8月的「校園靜心——動中清楚放鬆教師研習營」，則藉由融入動禪心法的靜心課程，以接受當下、正面思考、時時感

恩、找到方法四大面向為主軸，結合生活禪的放鬆體驗，讓師生共學共好。

青年院全年舉辦兩場青年卓越禪修營、兩梯次社青禪修營，帶領海內外的年輕學員，藉由靜中觀察自心、動中覺察情緒，以禪修的減法哲學，回歸簡單生活，探索生命方向。「心·生活高中營」，則有來自德國、法國、大陸及臺灣一百多位學子，在僧大和文理學院師長的引導下，展開探索心靈的冒險。

為應機接引上班族群分眾修行，不定期接受公私立機關團體申請，進行各項禪修課程，包括6月應長春集團之邀，為高階主管舉辦禪修營，以禪修體驗引領學習安頓員工身心，認識幸福企業經營之道。

佛學教育

「佛法是這麼好，可是誤解它的人是那麼多，而真正了解和接受的人是那麼少。」聖嚴師父曾說明佛學教育的重要性，同時提出心靈環保、四環、心五四、心六倫等生活佛法的觀念，讓大眾受用佛法的利益；2019年大普化教育，在佛學教育推廣上，持續著力於廣化、深化各式課程，除聖嚴書院、快樂學佛人、長青班與法鼓講堂等課程，再輔以讀書會等共學推動，走進社區，以佛法觀念疏導生活中的煩惱，接引一般社會大眾認識佛法的妙用。

聖嚴書院則涵蓋基礎與進階佛學課程，包括福田班、佛學班及禪學班，藉由完備的普及教育，深入了解法鼓山的

近八百位聖嚴書院北部佛學班結業學員，感恩法師和老師們的教導，會更堅定走在菩薩道上。

理念、佛法知見與漢傳禪佛教內涵，也學做福慧具足的萬行菩薩。其中，佛學班採三年學制，課程內容以漢傳大乘佛法的基礎佛學為主，第一年講授基礎佛法、法鼓山理念、觀音法門及淨土法門；第二年教授《學佛五講》，帶領學員更深入佛法的義理，以及漢傳大乘佛法三大系行門，般若、唯識、如來藏，擇一專修；第三年的《菩薩戒指要》，鼓勵求授菩薩戒。成立十二年來，引導學員次第且有系統地熏習佛法，建立以佛法應對進退的生活習慣，本年於5、7月分別舉辦中區、北區聯合結業典禮，共近一千一百位學員圓滿三年的學習，堅定地走在菩薩道上，為自己及身邊的人深植安定力量。

針對已有佛學基礎的信眾，除了開設各項進階佛學課程，提供精進學習的管道之外；也展開多場關懷員培訓課程，鼓勵擔任快樂學佛人、福田班、佛學班或是讀書會帶領人的關懷員，藉由服務他人、與人互動，體會佛法自利利他的真義。

數位學習推廣方面，心靈環保學習網除開辦直播課程「法鼓講堂」，整合運用數位課程與實體課程，並同步上傳至YouTube、土豆網等影音平台；並整合文字、影音、出版品等資源，製作APP，提供行動裝置服務，讓現代人學佛更便捷。

另一方面，各分支道場及相關基金會亦因地制宜、結合社會趨勢，舉辦生活佛法課程、講座，如人基會「2019好願在人間心靈講座」，臺北安和分院佛法與醫學、迎著光照亮生命等系列講座，桃園齋明別苑「心光講堂」，蘭陽分院「蘭陽講堂」，臺中寶雲寺「經典‧生活研修營」，臺南分院「心靈環保對談」等，皆由僧團法師及社會各領域專家學者，分享安心之道和生命智慧。

法會共修

具足教育與修行意涵的法會共修，不僅凝聚大眾精進共修的力量與願力，

也普及佛法對社會人心及風氣習俗的淨化；更讓法會「慈悲」與「祝福」的精神無限延伸。本年除定期念佛共修、藥師法會、地藏法會、大悲懺法會外，隨著時序推進，也分別舉辦新春普佛、元宵燃燈供佛、清明報恩、中元等法會，大眾藉由梵唄音聲、持咒、禮佛、誦念經文等，將佛法內化於生命。

一年一度的大悲心水陸法會於11月展開，「雲端牌位」結合慈悲觀修持與三檀等施觀念，轉化與提昇傳統消災超薦的形式，從寫牌位開始，回歸佛法修持的內涵；「分處共修」透過現代科技將清淨攝受的壇場，延伸至各分支道場；「網路共修」則把壇場跨時空延伸，讓法會成為方便修持的法門。法會前更舉辦十三場「以法相會　淨心淨土」水陸法會專題講座，介紹水陸法會於二十一世紀的修持與時代意義，引導認識「說法聽法、修行佛法、弘揚佛法」的本然。

全年共舉辦五場祈福皈依大典，共有三千兩百多位民眾皈依三寶，開啟修福修慧的學佛之路；在家菩薩戒則於2至3月分兩梯次舉行，逾一千人受戒，成為推動淨化人心、淨化世界的一份力量。

文化出版與推廣

大普化教育在出版與推廣上，是透過文化傳播的力量，落實「弘法利生，普及佛法」的理念。在出版方面，法鼓文化全年出版三十二項新品，涵蓋佛法義理、禪修指導、心靈成長等主題，取材多元，契入現代人的需求；各十二期的《人生》雜誌、《法鼓》雜誌，則以漢傳佛教修行結合日常生活為出版方向，專題涵括佛教經典、修行法門及人生困境，接引大眾認識法鼓山，也拓展佛法於生活中的活用面向。

多項藝文展覽，包括聖嚴師父圓寂十週年特展「告別向前」、師父墨迹展「書寫法鼓山」、「在農禪寺遇見聖嚴法師」、法鼓山三十週年特展「法鼓三十　無盡緣起」等四項特展，以文字、書法及照片，引領大眾從不同面向，走入師父實踐佛法的生命歷程。

另一方面，由中華佛研所集結優秀譯者、編輯者與校對者，將聖嚴師父著作翻譯成英、法、德等多國語言出版，本年文化中心以Kindle電子書形式，將英文版陸續於美國亞馬遜網路書店上架發行，也出版英文版結緣書《如是我願──聖嚴法師的故事》（*Thus Have I Vowed: The Story of Master Sheng Yen*），與西方人士分享漢傳佛法的智慧與師父的悲願。

結語

聖嚴師父曾於1960年為文指出：「但願我們的時代，是中國佛教史上的一個轉捩點，是一個新紀元的開始，不是舊時代的苟安」，六十年後，法鼓山作為國際間精神啟蒙的團體，大普化教育持續接引大眾在學佛路上歡喜、精進同行，各種安頓人心、啟蒙心靈的佛法甘露，隨之跨越時空，利澤世間。

● 01.01

海內外分支單位迎元旦
法會、禪修、早課共精進

臺南分院於元旦早課後舉辦佛一暨八關戒齋，果明法師帶領共修。

迎接2019年的到來，海內外各道場及分院於1月1日，分別舉辦包括念佛法會、早課、持咒、禪修等共修活動，大眾以佛法沉澱身心，邁向嶄新的年度。

於臺灣，北投農禪寺邀請大眾於元旦伊始，共持《心經》、〈大悲咒〉做早課，以清淨莊嚴、自在安定的方式，邁入新的一年；臺中寶雲寺齊聚六百八十多位民眾，以持誦〈楞嚴咒〉迎接自心第一道曙光；臺南分院「大悲心起學觀音」早課後，舉行佛一暨八關戒齋，由果明法師帶領近一百六十位信眾誦持八關戒儀，眾人於佛前發願受持，將受戒功德迴向一切眾生離苦得樂，共成佛道。

高雄紫雲寺於2018年12月29日起，首次舉辦跨年念佛禪三，由禪堂監院常乘法師擔任總護，禪修中心副都監果醒法師出席關懷時，勉勵禪眾「隨時用方法」；臺北安和分院也於元旦，舉辦《法華經》共修，由監院果旭法師帶領，共有五百多位信眾參加。

海外方面，美國東初禪寺於2018年12月26日至2019年元旦舉行念佛禪七跨年祈福，東、西方信眾共有三百多人次參與，或安步念佛，或快步繞佛、安坐念佛；加拿大溫哥華道場於12月28日起展開跨年禪五，禪眾練習專注、覺照、清楚、放鬆，迎接新年。

● 01.04～12.27期間

人基會製播《幸福密碼》節目
以感恩心分享幸福能量

人基會與教育廣播電台合作製播《幸福密碼》節目，於1月4日至12月27日期間，每週五上午十時至十一時在該台各地頻道播出，2019年邀請各界人士及專家學者，分享生命故事及人生經歷，傳遞幸福能量，分季由資深媒體工作者劉忠繼、石怡潔、音樂工作者趙詠華、《點燈》節目製作人張光斗擔任主持人。

本年度的名家專訪以藝文界及公益人士為主要對象,包括表演工作者杜滿生分享克服困境,翻轉人生的心路歷程,體會到心懷感恩,永懷善意,不斷為他人付出,並不斷向善知識學習,就是幸福;聯合文學發行人張寶琴表示,文學應是生活中的必需品,要讓大眾都看得懂,進而喜愛閱讀,提昇生活品質。

杜滿生(左)表示,心懷感恩,不斷為他人付出,就是幸福。右為主持人張光斗。

臺灣展臂閱讀協會創辦人陳宥達說明透過募款獲得上千本的童書,結合偏鄉醫療資源和志工培訓,在各地偏鄉衛生所,推廣親子共讀,扭轉兒童閱讀的城鄉差距;國際藝術公益協會祕書長陳德需則分享,推動藝術與公益結合,協助弱勢族群或議題透過藝術展演方式,發揮美的影響力,讓更多人關懷社會,促進世界和諧。

《幸福密碼》除於電台播出,亦在全臺監所播放,引導收容人建構正確積極的人生觀,期許能傳達正向力量,讓社會幸福美好。

● 01.05

臺南分院、紫雲寺佛法講座
果器法師、常隨法師分享法義

1月5日,臺南分院、高雄紫雲寺分別舉辦佛法講座,由慈基會祕書長果器法師、副祕書長常隨法師主講,各有兩百六十多人、一百六十多人參加。

果器法師在臺南分院「一事無成的自在」講座中,以北投農禪寺、法鼓山、慈基會三個階段,分享出家修行與領執的學習過程,1999年在農禪寺第一年的行者生活中,練習把顛

果器法師於臺南分院分享一事無成的自在。

倒想由熟轉生；再透過每天早晚課誦、梵唄練習及背誦「佛遺教三經」等練習，打好心性的基礎，由生轉熟；2001年法鼓山園區建設時期，是做中學、學中做的階段，學習以愛護自然環境的理念，設計山上節能及資源的友善運用；2006年後，被派任護法總會、關懷院、慈基會等執事，傳遞大關懷教育及四安的理念。任何執事，皆是做中學、學中做，更是培福修慧的學習。

在紫雲寺「淨土在何處？」佛法講座中，常隨法師首先概述《無量壽經》、《觀無量壽經》及《阿彌陀經》的要義，表示「念」字由今與心所組成，故應不離當下，以心念佛；同時除了求生他方淨土，念佛亦可開發自心淨土，共創人間淨土。法師並帶領大眾，以放鬆的身心，體驗念佛時的安定感，以及聲聲佛號對內心的觸動，發願珍惜有限生命，腳踏實地精進修行。

● 01.05　01.12　09.08

安和分院「佛法與醫學講座」
以病為師的生命關懷

个入生活 守護生命
從生到死的關懷
我們不是在看病

黃勝堅院長介紹「醫療社區化」與「居家醫療」的人性關懷，共創社會和諧。

臺北安和分院於1月5日及12日，舉辦兩場「佛法與醫學講座」，邀請臺北市立聯合醫院總院長黃勝堅、陽明大學附設醫院內科加護病房主任陳秀丹、醫師劉秀枝講說安寧醫療的推展歷程，並由前花旗銀行（Citibank Taiwan）董事長管國霖、遠東聯合診所身心科醫師吳佳璇分享照護失智親人的心路歷程，文化中心副都監果賢法師也分享佛法的生命觀，共有七百六十多人次參加。

講座中，黃勝堅院長介紹「醫療社區化」與「居家醫療」的人性關懷，不僅結合了自助、互助、共助、公助四個面向，讓病人、家屬以及醫療體系互相尊重，在照護過程中降低負能量，共同創造社會和諧。擔任失智症治療專業的劉秀枝醫師說明，失智症雖然無法完全預防，但可以延緩發生，預防之道是多動腦、多動手、多活動、睡得好、多走路、清淡飲食與良好人際互動；此外，找出自己的強項、建立自信，心境更從容圓熟自在，才能為自己打造一個健康的老年。

管國霖分享提早退休，照護父親從亞健康轉變成臥床的過程，多年的照護功

課讓彼此關係重新洗牌，面對同樣肩負照護責任的母親，則以柔軟方式溝通，與職場大相逕庭，人生也因此轉變。吳佳璇醫師強調運用社區的力量，為失智症患者建構安全的在地網絡。

果賢法師則從佛教的因緣、因果觀來建立生命觀及生死觀。強調將佛法知見運用在生活中，就不會以病為苦；也期勉承擔照護責任的家屬們，了解每個眾生都是菩薩示現生、老、病、死與無常，對於任何因緣抱持感恩，心就不苦。

由於回響熱烈，9月8日另邀請中醫師黃浩瑞、職能治療師王柏堯、營養師邱雪婷，分享預防醫學與樂齡保健的重要；果賢法師則以「法的療癒」為題，深刻探索佛陀對生死、病苦、醫療的教導，共有五百多位聽眾學習「以病為師、用法作藥」的智慧。

● 01.05～26期間

安和分院「迎著光照亮生命」系列講座
探索照亮生命的正能量

1月5至26日，臺北安和分院週六舉辦「迎著光照亮生命」系列講座，共三場，有近四百一十人次參加。

首場由僧大教務長常啟法師主講「迎著光讓僧命前行的推力與拉力」，分享出家因緣與修行成長。法師回憶，少時得病，老菩薩四處求醫、拜佛禮懺，祈求自己平安健康；在這長達十年的病苦中，感謝專業醫師、護理人員照護，因此有因緣在醫院擔任義工，成了滋養慈悲心的資糧，進而引導走向殊勝的出家之路。法師期許大眾，發願奉獻就是生命之光的泉源，在黑暗中照亮自己，也照亮別人。

19日邀請點燈文化基金會董事長張光斗主講「傳播希望，看到愛的生活正能量」，分享從聖嚴師父的行誼中，觀照自己的貪、瞋、癡、慢、疑五毒，進而改變習氣。第三場邀請資深媒體工作者陳月卿主講「最有效率的身心健康方法」，介紹「全食物」的飲食觀念，用食物為自己做化療，每日清除癌細胞；而在心靈上則活在當下、放下我執，每天清除心靈癌細胞，過無漏的生活。

有民眾分享，三場演講從不同面向探索生命的正能量，獲益良多。

常啟法師於安和分院分享出家因緣與修行成長。

● 01.06～2020.12.20期間

「福田班」多元課程解行並重
學習自利利人的服務奉獻

福田班學員修福又修慧,感恩有學習奉獻的機會,實踐自利利他的菩薩行。

1月6日至2020年12月20日期間,普化中心分別於法鼓山園區、北投農禪寺、臺北安和分院、桃園齋明別苑、臺中寶雲寺、高雄紫雲寺,護法會多處辦事處以及美國舊金山道場、香港道場,舉辦聖嚴書院「福田班」義工培訓課程,全年共開辦十四班次,逾一千四百人參加。

「福田班」每月上課一次,共計十次課程,內容多元,包括三大教育、四種環保以及各項修行法門、關懷服務等,提供學員以綜觀視角,完整認識法鼓山的理念、組織及各項弘化工作,奠定學佛基礎;也有資深義工於課堂上分享交流、與學員彼此勉勵,學習服務奉獻的正確心態。

課程設計結合義工的實際作業,不僅上課期間必須輪流出坡,協助場布、齋清與善後,並安排學員前往各分院道場參訪或參與活動,體驗法鼓山理念內涵,進一步開展自利利人的福慧人生。

● 01.06　07.06　10.06

齋明別苑三場「心光講堂」
大眾學習照護身、心、靈

許悔之分享以佛陀的智慧來轉化心念。

桃園齋明別苑於1月6日至10月6日,舉辦三場「心光講堂」,邀請大眾學習身、心、靈的照護之道,有近一千人次參加。

首場由聖嚴書院講師郭惠芯主講「學生死,有幸福」,介紹臨終的心態與應對之道,說明善生、善老、善終,才能活出生命的尊嚴;為瀕死病患強迫進行無效醫療,就等同臨終酷

刑,選擇緩和治療與做好照護基本功,才能讓病患享有尊嚴而自然的死亡,也是生命的學習。

作家許悔之在7月6日「但願心如大海」講座中,分享面對低潮時,如何運用佛陀的智慧來轉化心念,「心若是一杯水,一滴墨即能染黑所有;心若如大海,一滴墨便無法汙染之」,期勉大眾珍惜人身、勤修佛法,心如大海般寬廣。

10月6日,邀請身障發明家劉大潭主講「用創意活出快樂人生」,講述身體殘廢,但堅持不放棄,利用頭腦和雙手成為發明家的心路歷程;強調以堅定的態度、充實的本職學能,就能化挫折為動力,一步步朝向成功前進。

● 01.10　01.16～11.20期間

「法鼓講堂」佛學課程全年七講
心靈環保學習網線上直播

普化中心於1月16日至11月20日,週三晚間於北投農禪寺開辦「法鼓講堂」佛學課程,課程同時在「法鼓山心靈環保學習網」進行線上直播,提供全球學員上網聽講,並參與課程討論。

「法鼓講堂」佛學課程2019年的主題,包括《法華經》、《六祖壇經》、《金剛經》等,帶領學員認識經藏,並學習將佛法應用在生活上。禪修中心副

果醒法師於1月「法鼓講堂」,導讀聖嚴師父著作《華嚴心詮》。

都監果醒法師於1月「《華嚴心詮》與禪」講座,講說當自身的認知心不再抓取、不再取對立相,能反聞聞自性,由聞思修入三摩地,亦即以禪門,入華嚴,終能達到「外境內心,豁然無隔」之境;法鼓文理學院校長惠敏法師也在4月的講座中,導讀《瑜伽師地論》,說明《瑜伽師地論》是印度大乘佛教瑜伽行派和中國法相宗之源流,亦是玄奘西行取經求法之動機,法師導讀本論「阿賴耶識」、「聲聞地」、「菩薩地」等三個主題,引導學員自主學習。

此外,於1月10日的特別講座中,邀請美國新澤西學院(The College of New Jersey)社會學系副教授李世娟(Rebecca Li),主講「師徒因緣——我與聖嚴師父」,分享親近師父習禪、擔任隨行英文翻譯的因緣,並在過程中體會到菩薩道的修行,是以利他為第一,優先考量幫助他人得到法益,而忘卻自己的煩惱、疲累,結果是自己受益最多。

2019「法鼓講堂」佛學課程一覽

時間	講題	主講人
1月10日	師徒因緣──我與聖嚴師父	李世娟（美國新澤西學院社會學系副教授）
1月16至30日	《華嚴心詮》與禪	果醒法師（法鼓山禪修中心副都監）
3月6至27日	《妙法蓮華經‧譬喻說》	常諦法師（法鼓山僧團法師）
4月10至24日	《瑜伽師地論》導讀	惠敏法師（法鼓文理學院校長）
5月8至29日	《六祖壇經》與無相頌	果徹法師（法鼓山僧團法師）
7月3至24日	《金剛經》的生命智慧	胡健財（法鼓山聖嚴書院佛學課程講師）
9月4至25日	天台教觀	陳英善（法鼓文理學院兼任副教授）
10月2日至11月20日	教觀綱宗	果慨法師（法鼓山弘化發展專案召集人）

●01.12～11.09期間

「法鼓青年開講」紫雲寺舉行
鼓勵青年開發智慧、實踐夢想

安頓於生命中的每一刻，不斷努力活出自己想要的樣子，是段鍾沂給青年人最大的勉勵。

高雄紫雲寺於1月12日至11月9日期間，週六舉辦「法鼓青年開講」系列講座，全年四場講座，共有三百多人次參加。

首場邀請影片工作者蘇奕瑄主講「慢慢電影路」，分享從事影片工作的心路歷程，學生時期原本想當科學家，大學選讀微生物免疫與生物藥學系後，才發現興趣是看電影、寫故事、編劇、拍片，畢業後前往法國學習電影相關課程，踏上電影之路，從中體驗人生比戲劇更不能預測。蘇奕瑄期許青年多嘗試新事物、關注世界，培養興趣和國際觀，並養成獨立思考能力，將走過的每一步路轉化為前進的資糧。

3月16日邀請滾石文化董事長段鍾沂主講「翻滾樂壇，點石成金」，說明音樂除了能愉悅身心，更是反映時代、文化特色的重要媒介；也分享搖滾精神與創業挫折，並勉勵年輕人實踐夢想時，學習給予，不怕失敗，隨時反省，讓世界變得美好。公益青年黃柏堯在9月28日「健康海洋，善愛環境」講座中，強調我們如何看待自己，就會如何對待環境。人與環境是相互連結的，只要選擇一件善愛環境的事，無論是減塑、減碳、種樹，持續做下去，整體環境會因此改善變得更好。

表演藝術工作者曾筱庭於11月9日「微笑的力量」講座中，介紹「紅鼻子醫生」組織的緣起與發展，小丑醫生藉由幽默詼諧的戲劇表演，以及同理心陪伴的精神，讓病童找回笑容，舒緩醫護人員的工作壓力，喚起大眾對友善醫療的關注。

●01.12～12.14期間

蘭陽分院「蘭陽講堂」系列講座
分享人間好願

蘭陽分院於1月12日至12月14日，週六舉辦「蘭陽講堂」系列講座，全年共十場，邀請多位在「生命關懷」、「自然關懷」和「社會關懷」領域中積極行願的人間行者，分享如何以行動關懷世界，實踐回饋社會的願心，有近一千一百人次參加。

生命關懷方面，首場邀請成功大學護理學系名譽教授趙可

郝廣才強調，父母就像是孩子的翅膀，能幫助孩子展現天賦，並且在愛中無所畏懼前進。

式，以「寫下生命最美的永恆」為題，分享多年在生死現場的親身經歷，並說明安寧緩和醫療，與安寧照護的基本概念，就是讓末期病人透過專業醫療團隊的積極照護、愛與關懷，走過有品質、有尊嚴的最後一哩路。3月的講座中，格林文化發行人郝廣才列舉許多在世界各地的兒童善舉，強調父母就像是孩子的翅膀，給予鼓勵及支持，就能幫助孩子展現天賦，並且在愛中無所畏懼前進。

自然關懷方面，小事生活創辦人洪平珊主講「沒有垃圾的一年」，提出學習大自然智慧，物盡其用，力行零廢棄減塑生活，從小處著手，可以讓世界更美好。田董米創辦人林哲安主講「有『雞』認證——守護宜蘭水田棲地」，分享採用生態友善的耕種方式，透過水田留住水鳥，為鳥禽、棲地、農夫、水田串連出共存共榮的和樂生活。

社會關懷方面，甘樂文創執行長林峻丞分享開創社會企業的經驗，透過社區推動商業模式，建立支持系統，不僅發展在地產業文化，維護環境生態，同時協助弱勢家庭的孩子及家長就業，與社區共生共好。南迴醫院籌建發起人徐超

斌醫生於10月講座中，分享籌建南迴醫院的初心，除投入當地醫療工作，也致力於提供居民身心靈的健康照護。

法鼓山弘化發展專案召集人果慨法師講「綠色環保的先驅——地藏菩薩」，指出大地承接、淨化一切髒汙，回饋人類所有需求，正如地藏王菩薩，願度盡眾生方成佛道，期勉大眾也要用相同願心守護地球；普化中心副都監果毅法師則於12月主講「師願·我願」，藉由閱讀聖嚴師父的手稿，領略師父的悲心弘願，帶領大眾體解師願，啟發我願。

2019 蘭陽分院「蘭陽講堂」系列講座一覽

時間	講題	主講人
1月12日	寫下生命最美的永恆	趙可式（成功大學護理學系名譽教授）
3月16日	為孩子的夢想裝上翅膀	郝廣才（格林文化發行人）
4月13日	挑戰生命的巨人	劉大潭（速跑得機械股份有限公司董事長）
5月11日	綠色環保的先驅——地藏菩薩	果慨法師（法鼓山弘化發展專案召集人）
6月15日	從四分地到「倆佰甲」	楊文全（「倆佰甲」發起人）
7月13日	沒有垃圾的一年	洪平珊（小事生活創辦人）
8月17日	有「雞」認證——守護宜蘭水田棲地	林哲安（田董米創辦人）
9月7日	一塊麵包的價值	林峻丞（甘樂文創執行長）
10月19日	等待曙光的公路	徐超斌（南迴醫院籌建發起人）
12月14日	師願·我願	果毅法師（法鼓山普化中心副都監）

● 01.15

《如是我願——聖嚴法師的故事》出版
綜覽師父實踐佛法的生命歷程

文化中心於1月15日出版《如是我願——聖嚴法師的故事》結緣書，收錄三十則師父的生命故事，引導大眾體會師父「盡形壽、獻生命」實踐佛法的生命歷程和綿長影響。

從聖嚴師父童年、出家、從軍、留學、弘化、興學、創建法鼓山到圓寂，循著樸質精簡的文字、歷史光影的照片，讀者可以此書為線索，穿越時空與師父相遇，走進師父的一生行履，領受師父從佛法典籍、禪修實踐中，萃取出的慈悲與智慧，以及對當代世界的悲願與影響。

《如是我願——聖嚴法師的故事》綜覽聖嚴師父的生命故事。

01.17　04.18　07.18　10.17

方丈和尚全年四場精神講話
期勉專職同仁精進成長歡喜奉獻

2019年，方丈和尚果暉法師於北投雲來寺對僧團法師以及體系專職同仁、義工進行四場精神講話，全臺各分院道場也同步視訊連線聆聽開示，每場有近三百人參加。

第一季的精神講話於1月17日舉行，方丈和尚開示2019年年度主題「好願在人間」意涵，期勉專職同仁藉由發願、祈願、許願、行願、還願，在工作中，學習體驗並落實佛法，從自己做起，進

第二季精神講話中，方丈和尚扼要說明法鼓山的藍海策略。

而影響他人，才能真正「提昇人的品質，建設人間淨土」。

4月18日，方丈和尚說明法鼓山的藍海策略，即以佛法的慈悲與智慧，妥善整合並運用社會資源，來面對年輕化、國際化與普及化等三化的挑戰，達成募人、募心、募僧、募款的目標，同時為信眾和大眾提供優質的服務。

第三季精神講話於7月18日展開，方丈和尚勉勵大眾耕心田、種福田，在職務上不爭權位、不比較，但求盡責，就會有成長；把個人小我融入團體大我，藉由禪修的方法，擴大心量，成長自己。

於10月17日第四季的精神講話中，方丈和尚分享北美弘法見聞，感恩並讚歎海外信眾的護持，透過弘化活動的蓬勃推展，讓漢傳佛教在西方社會生根。

每場精神講話之前，均會先播放一段聖嚴師父的開示影片，主題分別是「法鼓山的希望」、「開山的意義」、「求法、護法、弘法」以及「互濟互補的共同體」，勉勵所有專職、義工更深入認識法鼓山的理念，淨化自己的身、口、意，個人與團體精進成長，為社會大眾服務。

01.20

社大新莊校區敦親睦鄰活動
「感恩有里，好願迎春」共成長

迎接豬年新春，法鼓山社大新莊校區於1月20日，在新莊國小舉辦「感恩有里，好願迎春」歲末敦親睦鄰活動，內容包括茶禪、社大學員作品展，以及心

靈環保自然農法講座、自然環保友善農耕市集，社大校長曾濟群到場關懷，表達對在地居民的感恩與祝福，共有一百二十多人參加。

「心靈環保自然農法講座」由法鼓山副住持果祥法師主講，分享從事友善農耕的經驗，農園生態豐富，農作成果斐然，是值得推動的農耕方式；法師籲請大眾從自身做起，以心靈環保精神落實自然環保。

社大新莊校區歲末敦親睦鄰活動，與鄉親共同迎接好願在人間的新年。

現場並邀請來自金山、石門、五股、貢寮等地農友，以及社大新莊及金山校區心靈環保自然農法班、種子盆栽班，帶來天然健康的稻米、蔬果、盆栽及手作好物等，與大眾分享成果；另有烘焙班「呷甜呷鹹配好料」、咖啡班「啡來幸福」、春聯祝福、平安茶禪，以及歌唱班及烏克麗麗班的活潑快閃表演，氣氛熱鬧歡喜。

敦親睦鄰活動，不僅增進鄰里關係，也讓社區居民認識、親近法鼓山，迎向好願在人間的新年。

● 01.20～02.03期間

果醒法師講《教觀綱宗》
講說教理、分享修行體驗

果醒法師講《教觀綱宗》，分享修行體驗。

臺北安和分院於1月20日至2月3日，每週日舉辦《教觀綱宗》講座，共三堂，由禪修中心副都監果醒法師主講，說明教理也分享修行的體驗，共有一千四百多人次參加。

講座中，果醒法師循序引導契入《教觀綱宗》甚深法義，心隨境轉完全是自己操作、認知錯誤所致，由於無明與顛倒，所以遇到境界卻用不上方法，也因為妄想執著，本來具足萬法，具有無窮功能的心因而被局限困圍；法師表示，生活中若出現令人瞋恨、痛苦等影像時，不妨先練習接受這僅是被自己認知的影像而已，沒有瞋恨痛苦的自己、沒有被瞋恨痛苦的對方、也沒有瞋恨痛苦的事。

法師並以數十年禪修經驗帶領大眾進入實修方法，說明眾生總是從真起妄，

以致煩惱覆心,流轉生死,若能從而體悟五蘊之身非「真我」,練習放捨諸相,就能安定自在。「一切唯心造」,除了了解「無我」,以不取不捨,取代取捨,還要練習「第一順位」的概念,以禪定無我的修行為第一順位,圓教的修行毋需離開色、聲、香、味、觸、法,但必須練習心不取色、聲、香、味、觸、法,練習入流亡所,才能體驗無念、無住、無相的妙義。

● 01.21

僧團圍爐、辭歲禮祖
方丈和尚帶領發願弘揚佛法

僧團1月21日中午在法鼓山園區舉辦歲末圍爐,共有兩百多位僧眾參加;下午於開山紀念館辭歲禮祖,除了觀看聖嚴師父的開示影片,也接受方丈和尚果暉法師的祝福。

辭歲禮祖中聆聽聖嚴師父影音開示勉勵:「辭歲,是為了繼往開來、承先啟後,懷念、感恩自己的祖源。報恩的方法,是發願繼承祖先的遺志,弘揚佛法、廣度眾生。利益眾生就是報答三寶的恩、報答祖先的恩。」

方丈和尚果暉法師帶領僧眾禮祖,並展望僧團未來,延續清淨、精進、和樂的道風。

方丈和尚也分享接任近五個月的心得,並展望僧團未來,延續清淨、精進、和樂的道風,廣集優秀青年,培養成具有大悲願心的宗教師,四眾弟子通力合作、適當應用科技弘化,平衡內修與外弘,並遵循佛陀所制律法,以及六和敬精神來安僧。

● 01.22～24　01.25～26

安和分院、中山精舍冬季兒童營
體驗禪修的專注與放鬆

臺北中山精舍、安和分院分別於1月22至24日、1月25至26日舉辦「冬季兒童心靈環保體驗營」,由教聯會師資帶領,透過各種互動課程,體驗禪修的專注與放鬆,共有一百二十多位國小學童參加。

中山精舍課程的小學員,從《笑臉阿婆》生活教育動畫中,學習「微笑」可

中山精舍冬季兒童營中，學童歡樂學習心靈環保的理念。

以讓世界變得更美好，並認識心靈環保的理念，培養知足、感恩的良好品格。第二日，小學員走進三峽天南寺禪堂，體驗矇眼走路、聆聽缽的聲音等活動，在「專注當下」中，獲得快樂、平靜與自信。營隊尾聲，小朋友虔誠地在佛前供燈，並於祈願卡上寫下新年新希望，留下美好回憶。

安和分院的兒童營課程，以禪修體驗為主，其中「心猴在哪裡」，學童在遊戲中練習「身在哪裡，心在哪裡」，將心念止於當下身體的感受與動作；也安排體驗呼吸、走路、托水缽、法鼓八式動禪、吃飯禪，以安定與放鬆做為新年的心禮物。

● 01.25～27

紫雲寺「悟吧！」冬季青年營
帶領思考人生最後課題

高雄紫雲寺於1月25至27日舉辦冬季青年營，以「悟吧！」為主題，由常導法師擔任總護，並引導思考「如何說再見」，其他內容還包括佛教生死觀、練習說再見、生命工作坊等，帶領青年思考人生最後課題，共有五十五人參加。

「生命工作坊」邀請蓮花基金會董事張寶方帶領學員從角色扮演、模擬留下遺言、演練臨終往生等過程，體悟生命僅在呼吸之間，從認識無常的實相中，練習好好說再見；於「善終的困境」中，學員體驗視障和身障的不便，在信任中給予對方扶持。張寶方老師強調，照顧病人的基本需求、保持社會連結、永不放棄希望，才是平等的對待與關懷。

「悟吧！高雄冬季青年營」中，青年學員一起探討生命的必修課。

「人生的最後期末考題」邀請安寧緩和專科醫師朱為民主講，探討生命、死亡、預立醫療決定與《病人自主權利法》，並以「四它」勉勵學員，「面對」家人有一天將離開，「接受」自己有一天將離開，生前「處理」預立醫療決定，最後「放下」讓生命圓滿。

「如何說再見」由常導法師引導學員，想像自己是空難的乘客，抓緊生命最後二

分鐘寫下遺言。有學員分享，平靜地聽著佛號聲，更可以切身感受到助念的利益。

● 01.26～30

冬季青年卓越禪修營展開
以禪法探索生命的方向

青年院於1月26至30日在法鼓文理學院舉辦冬季青年卓越禪修營，由演柔法師擔任總護，藉由基本的禪修方法與觀念教學，帶領七十位青年學員探索生命的方向。

營隊內容以禪修體驗為主軸，包括初級禪訓班課程、生活禪應用，以及觀看聖嚴師父的開示影片，也將禪修的基本觀念與方法運用在團康活動中，青年放下3C產品與網路的制約，以禪修的減法哲學，回歸簡單生活，體驗身心。

學員於心靈工作坊中，體驗到人與人真正的相識相應，是因為能夠彼此同情共感。

27日由文理學院生命教育學程主任楊蓓帶領心靈工作坊，引領學員從感受一個人的孤獨，到享受一個人的自在，再從人際互動中，發現人與人真正的相識相應，並非取決於年齡、性別、學經歷等，而是相同的情感。29日，演柔法師帶領的自我探索工作坊，則藉由情緒卡，揭開緊張、焦慮等情緒面紗，發現心有所求的「期待」，是諸多情緒的根源；晚間的「無盡燈之夜」，學員互相交換手中的燈燭，互道祝福，也相約以法再會。

有甫就業的學員分享，參與營隊最大的收穫，是學習到「不快樂，是因為離開了當下」，多數人習慣向外追求轉移注意力，但最重要的是面對，去感受並接納，才能處理煩惱的本質。

● 01.26～30　07.06～10

教聯會兩場成長營
分享心靈環保教學法

教聯會於1月26至30日、7月6至10日，在三峽天南寺舉辦教師心靈環保自我成長營，由僧團法師、法鼓文理學院師資分享身心安頓的方法，兩梯次共有兩

在成長營中，藉由動態遊戲，重溫初為人師的歡喜。

百七十多人參加。

營隊以「心靈環保」為核心，內容包括心靈體驗、講座、靜心小時光、教案設計等，讓學員從「心」建立起對自我的認同。除了藉由禪修體驗及動態遊戲，練習實踐「身在哪裡，心在哪裡；清楚放鬆，全身放鬆」的動禪心法，學習安定自己的身心；文化中心副都監果賢法師、法鼓文理學院生命教育學程主任楊蓓及助理教授辜琮瑜等，也分別從佛法的觀點、教育使命和生命的意義，分享心靈環保的精髓和應用。

教案設計DIY則引導學員將心靈環保理念，透過繪畫塗鴉和短劇角色扮演，轉化為實際的教學活動。學員在饒富趣味和創意的教案交流中，重溫初為人師的熱情與歡喜。

有在大學執教的學員表示，對於四感中的「感動」與「感化」印象深刻，期許自己不一定能感動他人，但也要感化自己，時刻不忘感恩，並將他人的恩惠，轉換為感動他人的力量。

● 01.27～12.07期間

農禪法青出「覺招」
提起放下有方法

生活覺招研究室讓學員透過討論，了解佛法如何看待與回應問題。

法青會於1月27日至12月7日期間，每月週六或週日於北投農禪寺舉辦「生活覺招研究室」，全年九場，由常提法師等帶領，藉由不同主題的交流討論，學習以佛法面對並解決人生的難題與困境。

2019年討論的主題，包括「我是為你好」、「工作，就是為了賺錢？」、「真正的自由」、「我有自信嗎？」等。於4月21日以「我是為你好」為主題的研討上，六十一位青年學員透過互動遊戲、觀看影片、小組討論，探討「情緒勒索」議題。法師先請學員在黃紙條寫下「對象」，橘紙條寫下「感受」，貼在兩面牆上，藉由紙條傳達心聲，多數人對

「我是為你好」這句話備感壓力、不耐煩,也有人認為是接收到真心關懷;隨後法師引領討論,如何達到有效的溝通。

接著,小組一起合作,針對母親與孩子、男女朋友以及閨密之間三種情境,討論如何回應,各組透過演戲、小組分享等方式,發想故事橋段,逼真演出面臨三種情境時的不同處理方式,現場笑聲不斷。

農禪寺監院果毅法師表示,「生活覺招研究室」提供一個以佛法觀念為基礎的實用平台,主題皆針對青年常面臨的困惑,透過小組討論、影片欣賞、禪修體驗以及生活佛法的運用引導,進一步深入探索自我的生命。

● 01.31～12.19期間

「長青班」全年開辦五十二班次
倡導「活到老、學到老」的終身學習

專為六十歲以上長者舉辦的「法鼓長青班」系列課程,2019年除於全臺各地分院、護法會辦事處、共修處舉行,也在香港道場、新加坡護法會舉辦,全年計五十二個班次,共有五千七百多人次參加。

長者在長青班歡樂學習,領受人生的黃金時代。

長青班每梯八次課程,採隔週上課方式,內容包括動禪保健、禪藝課程、語言學習、新知分享、肢體展演、戶外踏青等,學員在課堂中學習新知、活化思維,也相互激盪腦力、分享創意。藉由互動分享,引導長者維持積極而有活力的生活態度。

長青班沒有結業式,是「活到老、學到老」的終身學習,陪伴長者以安定充實的心智,歡喜領受人生的黃金時代。

● 02.01

《法鼓山的方向》系列六書出版
四眾弟子建設人間淨土的指引

為提醒四眾弟子,回歸創辦人聖嚴師父所立下的理念、精神、方針、方法,朝往「提昇人的品質、建設人間淨土」的菩薩道方向,法鼓文化策畫《法鼓山

的方向》系列六書，自2018年12月起陸續出版，全系列於2019年2月1日出版完成。

從1989年法鼓山的創立，到2009年聖嚴師父捨報，二十年之間，師父對法鼓山、四眾弟子們殷殷叮囑的智慧法語，猶如無盡的智慧寶藏。重新整編的《法鼓山的方向》全部文稿，由《法鼓全集》召集人果毅法師訂定出六冊六大主題：理念、創建、弘化、關懷、護法鼓手，以及萬行菩薩，套書名定為《法鼓山的方向》，透過文字認識法鼓山歷史與團體，實踐人間淨土的願景，成為四眾弟子學佛、護法、弘法的依歸。

《法鼓山的方向》系列六書是實踐人間淨土的指南。

《法鼓山的方向》原是出版於1995年的結緣小冊，是當時聖嚴師父帶領法鼓山教團重點性、原則性的指示方向，但此書從未發行單行本，因此，《法鼓全集》新編小組於編輯新版《法鼓山的方向》時，即將師父所有對體系成員的開示、致詞等新收文稿整編出版，發行單行本，也讓《法鼓全集》更臻完備。

● 02.04

除夕夜法鼓鐘響
祝福臺灣、世界平安無事

法鼓山園區於2月4日農曆除夕晚上至5日大年初一凌晨舉辦「除夕撞鐘」祈福活動，由方丈和尚果暉法師、總統蔡英文、前總統馬英九、內政部長徐國勇、新北市長侯友宜、雲門舞集創辦人林懷民等來賓，共同圓滿第一百零八響法華鐘聲。

隨後，方丈和尚與蔡英文總統啟動蓮花「心燈」，揭示2019年法鼓山社會關懷主題「好願在人間」，方丈和尚祝福開示時，邀請社會大眾共同來實踐許好願、存好心、說好話、做好事、轉好運。「聖嚴師父告訴我們，佛教是一個報恩、感恩和懷恩的宗教，因此要把所有人

除夕夜，民眾於園區參與法會及撞鐘典禮，祈願法鼓鐘聲常回響。

當作菩薩來看，以感恩、感謝的心來對待，如果每個人都能做到，便能夠轉自己、家庭、社會，乃至全世界的大好運。」

方丈和尚表示，2019年適逢聖嚴師父圓寂十週年，來參與撞鐘的民眾乃至社會大眾，都可能曾直接、間接地接受過師父身教與言教的感動，他的教導與願心如同法華鐘聲，時常在我們心中回響；他所敲響的法鼓鐘聲，就是「提昇人的品質，建設人間淨土」。

蔡總統致詞時，表示新的一年除了祈願國泰民安、風調雨順，也會帶領全體執政團隊以效率、決心和執行力，繼續為臺灣的進步發展努力；連續十二年出席的馬前總統，也以「未來一年敬祝中華民國國運昌隆，全國人民安居樂業，兩岸關係和平繁榮」，作為對大眾的新春祝福。

● 02.05～02.21期間

法鼓山園區、全臺各分寺院道場新春活動
法喜迎接「好願在人間」

迎接2019年「好願在人間」，法鼓山園區及各分寺院自2月5日大年初一至元宵新春期間，展開各項新春法會暨系列活動，包括供燈、鈔經、各種禪藝手作DIY、藝文特展及禪修體驗等，廣邀大眾闔家參與，以禪悅法喜過團圓好年。

法會方面，各地分別舉辦新春普佛、千佛懺、慈悲三昧水懺、大悲懺等法會，帶領大眾清淨精進。桃園齋明寺舉辦慈悲三昧水懺法會，禪堂板首果興法

民眾闔家上法鼓山園區走春，參與拓印版畫、手作環保紙藝作品。

師主法時開示，初一拜水懺要許好願，修正我們的身口意，開發自性寶藏，為人間帶來希望；初二回寺院就像回功德的娘家，將拜懺功德迴向一切眾生。高雄紫雲寺的新春千佛懺法會，已是多年的傳統；主法常應法師分享禮拜八十八佛的親身經歷，病弱的身體因而好轉，如願出家，鼓勵大眾每天拜懺，藉由懺悔不斷自我覺照，戒掉不好的習性，產生正向力量。

各分院道場規畫的新春活動，親子共同參與，廣受民眾歡迎。其中，北投農禪寺除了為闔家大小規畫「五種心團圓的方法」，法青們還運用創意巧思，將大、小水桶、平底鍋、鍋蓋變成打擊樂器，結合高蹺表演向民眾拜年。臺北安和分院展出水墨及書法，還有現場音樂演奏；臺南分院則有供花班學員展出花

藝作品、以佛法為主題的書法展，還有「與法師有約」茶禪，由法師擔任茶主人，民眾於茶席間向法師請法，領受新年智慧禮。三峽天南寺的「減速減塑心生活」，帶領民眾在遊戲中體驗清楚放鬆，還有「悟哥&悟妹」造型人偶接引眾人練習法鼓八式動禪。

蘭陽分院以花、果為主題布置空間，「喜功略」、「福功略」、「慧功略」等「如意延喜賀新春」活動，讓大、小朋友在音樂欣賞、桌遊、木作課程中，體驗放鬆與法味。今年逢豬年，臺東信行寺特別設計豬圈造景，以廢紙製作大豬、小豬，廢棄錄音帶、磁帶做成泥沼，體現廢物利用、自然環保的精神。

17至21日，農禪寺、齋明寺、南投德華寺、信行寺及基隆精舍分別舉辦元宵燃燈供佛法會；其中，農禪寺除應景的猜燈謎、吃湯圓，還有最受歡迎的手作「好願在人間」燈籠，監院果毅法師帶領大眾持誦聖嚴師父寫的「觀音祈願文」，願學觀音菩薩「侍多千億佛，發大清淨願」，圓滿新春活動。

2019 全臺分院道場新春主要活動一覽

地區	地點	日期	活動名稱／內容
北部	法鼓山園區	2月5至9日（初一至初五）	祈福法會、版畫拓印、茶禪、藝文表演、靜心風鈴、玩象更心等創意環保DIY
		2月5日起	聖嚴師父圓寂十週年特展「告別向前」、法鼓山三十週年特展「法鼓三十 無盡緣起」、聖嚴師父墨迹展「書寫法鼓山」
	北投農禪寺	2月5至7日（初一至初三）	祈福法會、五種心團圓的方法、藝文表演
		2月5日起	「在農禪寺遇見聖嚴法師」特展
		2月17日	祈福法會、吃元宵、提燈籠、猜燈謎
	北投文化館	2月5至7日（初一至初三）	千佛懺法會
	臺北安和分院	2月5日（初一）	普佛法會、書法特展、音樂饗宴、布緞手作、親子闖關遊戲
		2月6日（初二）	祈福法會
		2月7日（初三）	大悲懺法會
	三峽天南寺	2月5至9日（初一至初五）	祈福法會、供燈、禪修體驗、鈔經、茶禪
	桃園齋明寺	2月5至7日（初一至初三）	慈悲三昧水懺法會
		2月8至9日（初四至初五）	園遊會、茶禪、藝文表演
		2月19日	燃燈供佛法會
	桃園齋明別苑	2月5至7日（初一至初三）	普佛法會、點燈、茶禪、親子DIY
	蘭陽分院	2月5日（初一）	普佛法會、鈔經、環保花草拓印、Fun鬆玩桌遊

北部	基隆精舍	2月7日（初三）	大悲懺法會
		2月10日（初六）	普佛法會
		2月19日	燃燈供佛法會
	新竹精舍	2月8日（初四）	普佛法會
中部	臺中寶雲寺	2月5日（初一）	普佛法會
		2月6日（初二）	大悲懺法會
		2月7日（初三）	慈悲三昧水懺法會
	南投德華寺	2月5日（初一）	普佛法會
		2月7日（初三）	大悲懺法會
		2月21日	燃燈供佛法會
南部	臺南分院	2月5日（初一）	普佛法會、茶禪、心靈處方籤、手帕拓染、鐘聲幸福、鈔經御守
		2月7日（初三）	大悲懺法會
	臺南雲集寺	2月5日（初一）	普佛法會
		2月7日（初三）	大悲懺法會
	高雄紫雲寺	2月5至7日（初一至初三）	千佛懺法會
	高雄三民精舍	2月8日（初四）	普佛法會
東部	臺東信行寺	2月5日（初一）	普佛法會、祈福撞鐘、轉印轉運、手帕拓印、鈔經
		2月6日（初二）	觀音法會
		2月7日（初三）	大悲懺法會

● 02.05起

法鼓山園區、農禪寺新春特展
多元面向呈現聖嚴師父的生命歷程

2月5日起，法鼓山園區舉辦聖嚴師父圓寂十週年特展「告別向前」、法鼓山三十週年特展「法鼓三十　無盡緣起」、聖嚴師父墨迹展「書寫法鼓山」；北投農禪寺亦舉行「在農禪寺遇見聖嚴法師」特展，四場特展從不同的面向，引領大眾走入師父實踐佛法的生命歷程。

其中，於園區第二大樓活動大廳與行願館旁長廊展出的「告別向前」特展，以「幼年保康」、「沙彌常進」、「軍人張采薇」、「文學博士張聖嚴」、「弘法足跡遍及國際的聖嚴師父」，回顧師父一生隨順因緣的行履，如何在不斷告別與向前中，逐步地完成心願，成為「出家無家，處處是家」，帶給人心無限希望的宗教師。

「告別向前」特展，回顧聖嚴師父一生行履。

而「法鼓三十 無盡緣起」展覽，則回顧法鼓山艱辛的創建歷程，以及信眾、弟子在聖嚴師父捨報後，依教奉行、承續師願，讓法鼓山堅定朝向推動心靈環保、建設人間淨土的目標邁進；「書寫法鼓山──聖嚴法師圓寂十週年墨迹展」，則是聖嚴師父對於法鼓山園區一景一物、有情無情的獨特視角，從件件書法的時間與空間中，展延無限；在字字金句的光明與希望中，照見永恆。「在農禪寺遇見聖嚴法師」特展，則以珍貴相片記錄，呈現師父早年的日常生活。

有義工分享，彷彿走進時光隧道，與聖嚴師父顛沛、堅毅的生命相遇、對話，生起「如是我願」的使命感，啟發成長自己、利益他人的願心。

● 02.10～05.26期間

新竹精舍開辦初階梵唄課程
音聲弘法利修行

2月10日至5月26日，新竹精舍週日舉辦初階梵唄課程，由副寺常湛法師授課，內容包括認識梵唄威儀和精神，介紹各種法器、板眼與節拍等，有近四十位學員參加。

常湛法師首先介紹梵唄的起源、特色和意義，說明從佛陀時代即有唱誦的傳統，漢傳佛教更進一步發展出豐富而有特色的梵唄，不僅透過音聲佛事，讓法會儀軌的進行更莊嚴流暢，也幫助修行者止息妄念、斷除外緣。

法師強調，唱誦和執掌法器，最重要的是要回歸禪修的要訣──放鬆，清楚身在哪裡，心在哪裡；而梵唄具備和雅、正直、清澈、深滿和遍周遠聞五種特質，因此，不能帶著情緒來唱誦，而是以恭敬心供養諸佛、合眾消融自我的心態，在音聲佛事中修行，培養道心。

常湛法師於新竹精舍講授梵唄課程。

課程也安排學員分組練習法器的執掌。有學員分享，課程解行並重，法師教學生動有趣，認識了各項法器的節奏與生命，期許能熟稔法器的執掌，共同成就大眾的修行。

02.16

緬懷聖嚴師父圓寂十週年
四眾弟子傳燈念師恩、發願共創淨土

聖嚴師父圓寂十週年，僧團於2月16日在法鼓山園區巨蛋主現場、大殿、祈願觀音殿等十處殿堂，舉辦傳燈法會與「承師願」活動，在燈燈相傳中，四眾弟子發下共同的願心，永續佛法光明，共有逾萬名來自世界各地的信眾參加。

大眾首先在茶香中放鬆身心，分享生命故事，並領取聖嚴師父墨迹《六祖壇經・無相頌》法寶。法會開始前，方丈和尚果暉法師於大殿，將主

近兩百位法青及八十位合唱團團員演唱青春版、臺語版〈四眾佛子共勉語〉，並分享因聖嚴師父的教導所帶來的生命改變。

燈中象徵佛法悲智的燈火，傳給退居方丈果東法師、副住持果品法師、果醒法師，及中華佛研所所長果鏡法師等分殿的引燈法師，隨後，各殿堂同誦阿彌陀佛聖號，念佛報師恩。

「承師願」活動中，曾任聖嚴師父侍者多年的常寬法師，藉由投影片，與悲智、和敬兩位小沙彌對話，引領眾人思考「法鼓山的方向」；僧團副住持果祥法師、長年為師父整理文稿的姚世莊，以及現任護法總會總會長張昌邦，分別分享師父對佛教高等教育的願心、對四眾共同推動三大教育的期許，並再次省思師父所揭櫫的「一師一門、同心同願」的意義。

多位法青接續分享聖嚴師父的教導，對各自生命的啟發後，與合唱團共兩百八十人演唱〈四眾佛子共勉語〉及〈好願在人間〉等佛曲，不同世代以動人音聲，化為對人間真摯的祝福。

在〈開山祖師讚〉及〈傳燈偈〉中，傳燈法會展開，僧團法師逐一點亮信眾缽燈。方丈和尚開示「傳燈即是傳法」，期許僧俗四眾深入實踐聖嚴師父留下的豐富法寶，發揮各項培養人才的制度，在既有基礎之上，互勉、互助，同願同行，對佛教、對社會，發揮貢獻的力量。

如是我願——
發好願、行好願、募好願

2月16日講於法鼓山園區「傳燈法會」

◎果暉法師

法鼓山創辦人聖嚴師父捨報已十週年，今年也是我們連續第十年舉辦法鼓傳燈法會，具有特別意義，既是四眾弟子共同緬懷師父無盡的教澤，也是大眾追隨師父教導的一次精進共修。

剛才觀看《師父三願》影片，聖嚴師父叮嚀我們要發大願心。如何發起大願心？第一要堅定對三寶、對師父教法的信心；第二要永續佛陀和聖嚴師父度眾生的悲願心；第三要祈求眾生，人人都能「大悲心起」，自度度他。這便是2005年法鼓山落成開山主題訂為「大悲心起」的深意，從信心至願心，由願心發展為廣大平等的慈悲心，利益一切有情眾生。

我們每個人走進法鼓山的時間雖有先後，或曾親炙聖嚴師父，或者未曾見過師父，但是不論舊學新學，不分先來後到，大家都是法鼓家人，同是聖嚴師父的弟子。誠如《梵網經》所云，尊重上座，不輕新學。也如師父提醒：只要我們大家同行「法鼓山的方向」，那就可以了。

傳燈即是傳法，禪宗依據《維摩詰經》的「無盡燈」法門，以心傳心，燈燈相傳，誓願度化一切有情眾生，因此以傳燈來鼓勵人人皆發菩提心願。此外，《華嚴經》亦有「菩提心燈」法門，經云：「菩提心燈，大悲為油，大願為炷，光照法界。」我們每個人都有一盞菩提心燈，這盞燈，以大悲為油，大願為炷，點亮智慧的光明，照遍全世界、全宇宙。因此，勸請大家，時時刻刻都不要忘了我們的初發心，並且要持續地發願，堅持大悲願心，使得大悲油炷常燃，菩提心燈常明。

「願」是方向，我們修行是為了成佛，修成大圓鏡智，又稱一切種智、一切智智，即是佛果圓滿。事實上在修行過程中，以利他的大慈悲為「因」，而得到的「果」是自利的大智慧。四弘誓願所講的「眾生無邊誓願度」是菩薩的因地初發心，而「佛道無上誓願成」，即自利利他的果位圓滿。

「行」是大行，也就是大乘四大菩薩的修行法門：「大悲」觀世音菩薩、「大智」文殊師利菩薩、「大願」地藏菩薩、「大行」普賢菩薩。大悲貴初心，大智為佛果位，大願領總方向，大行重階段過程。若能效法四大菩薩精神，悲心利他，以願導行，以行踐願，個人身心安頓和待人接物的智慧，必能精進成長。

（摘錄）

 **特別報導**

大悲心燈　以願爲路

聖嚴師父圓寂十週年法鼓傳燈法會

　　2009 年 2 月 3 日，創辦人聖嚴師父圓寂捨報；2019 年 2 月 16 日，於師父圓寂十週年舉辦的法鼓傳燈法會，細雨霏霏中，逾萬名來自世界各地的弟子，齊聚法鼓山園區，緬懷師父教澤，發起報恩的願心。

如是我願　同行法鼓山的方向

　　聖嚴師父圓寂十週年，同時也是法鼓山邁向第四個十年之際，傳燈法會中安排「承師願」特別節目，由三位弟子引領大眾尋思「法鼓山的方向」。首先是師父親自剃度第一批臺灣出家弟子，也是中華佛研所第一屆校友果祥法師，分享 2007 年「法鼓佛教研修學院」揭牌典禮上，師父回望一路篳路藍縷的感觸：「三十年前我即主張：今天不辦教育，佛教就沒有明天！這三十年來，我們一步一步堅持、努力，如今，研修學院正式揭牌成立，今天是我最高興的一天。」表達出師父對於培育佛教人才之鍥而不捨，也彰顯師父一生對佛教高等教育的悲心弘願。

　　第二位分享者姚世莊，協助聖嚴師父謄稿、錄稿多年，誦讀師父的〈後代子孫的大希望〉。師父不僅將法鼓山的所有成就，歸功、感恩於全體四眾弟子，更鼓勵大眾持續「以正統、正確、正信的佛法，配合時代社會脈動，提供前瞻性的觀念、教育性的關懷、建設性的方案、實用性的設施；以普遍『提昇人的品質』為使命，以永遠『建設人間淨土』為任務。」這正是法鼓山三大教育，在契合人心與時代需求外，維持正信佛法不變的根柢。

　　護法總會總會長張昌邦則恭誦 2002 年聖嚴師父於北美年會的開示：「目前我們正在提倡『一師一門，同心同願』」，「一師」是本師釋迦牟尼佛 —— 回歸佛陀本懷，推動世界淨化；「一門」是禪門 —— 體驗

張昌邦（右起）、果祥法師、姚世莊與李青苑誦讀聖嚴師父開示的理念與方向。

禪法，弘揚漢傳禪佛教；「同心」是同發菩薩心——奉獻我們自己，成就社會大眾；「同願」是共同發願推動。同時也表示，要以實踐心靈環保，即心五四運動，落實對人間的關懷。

三段分享，具體傳達聖嚴師父對法鼓山的期許及定位：「以心靈環保為核心，弘揚漢傳禪佛教，透過三大教育，達到世界淨化。」

燈傳萬人　永續佛法慧命

法會並播放《師父三願》影片，影片中，聖嚴師父一願，求佛菩薩，成就我利人的願心；二願，求弟子們，發恆常心利人利己；三願，求眾生們，精進學佛解脫煩惱；而師父於1990年宣講〈四眾佛子共勉語〉的錄音及隨堂考，則讓全場弟子感受猶如回到當年農禪寺現場般，熱烈地與師父呼應問答。也藉由聆聽師父的開示，以及回顧其一生悲智願行，提醒每位弟子精進修行。

當僧團法師逐一點亮信眾缽燈之際，方丈和尚果暉法師勉勵：「我們每個人都有一盞菩提心燈，這盞燈，以大悲為油，大願為炷，點亮智慧的光明，照遍全世界、全宇宙。」勸請大眾，時時刻刻都不要忘了初發心，並且要持續地發願，堅持大悲願心，使得大悲油炷常燃，菩提心燈常明。

正如佛陀入滅前對弟子的交代：「以法為洲，以己為洲。」聖嚴師父也提醒：「肩擔如來家業，要靠我們自己的力量。」感念師父教澤，四眾弟子捧燈發願，願發揚法鼓宗風，同願同行法鼓山的方向，共創人間淨土。

法的禮物〈無相頌〉

傳燈法會上，大眾從法師手中，收到一份法的禮物——聖嚴師父所書寫的墨迹〈無相頌〉。出自《六祖壇經》的〈無相頌〉，是一部耳熟能詳的禪門偈頌，內容精要闡述如何不執著於表相、事相的無我智慧。

「實相無相而無不相，法身無身而遍在身，便是無漏智慧所見的空性。」這是聖嚴師父住世時對弟子們的提點，即使師父已捨報十年，這段話言猶在耳。僧團法師們於2018年結夏安居時，親手裝摺這一份法寶，不僅做為師父圓寂十週年傳燈法會的禮物，同時希望四眾弟子都能藉由〈無相頌〉來自勉互勉，學習放捨諸相，將煩惱消歸自心，開啟自性寶山；宗奉師教，實踐人間淨土。

● 02.17

教師禪修聯誼臺南分院展開
學員學習以禪發揮正向力量

教聯會於2月17日，在臺南分院首度
舉辦「教師自我成長營暨禪七學員聯誼
會」，由悅眾帶領禪修體驗，共有二十
多位嘉義、臺南地區學員參加。

聯誼會中，學員們重溫禪修法喜，也
從一封封感恩信函及寫給未來自己的祈
願信中，感受時光流轉的因緣變化及以
願導行的期許。在和「未來」自己對話
的單元中，教師們寫下給一年後自己的

教師們體認將佛法用於生活、工作，利人又利己。

激勵與感動，期許「好願在人間」，用願心和願力，提起良善的正念，在教職
中揮灑正向的力量。

常獻法師關懷時，提醒學員把心專注當下，覺察呼吸從鼻端進出的感覺，若
有妄念或身體的疼痛，則要學習「放掉」，回到呼吸。法師勉勵學員，每天抽
出一點時間練習禪坐，當成定課，定能有益於教學與生活。

有在大學執教的學員表示，透過遊戲更認清自己的無明，而非只是指責他
人；也有國中老師分享，藉由學習佛法，用於生活、工作上，不僅自己受益，
看待他人的態度也不同，利人也利己。

● 02.17～05.26期間

蘭陽分院開辦自然農法實務課程
人與大地共生共榮

蘭陽分院於2月17日至5月26日期間，
週日開辦心靈環保自然農法實務課程，
共八堂，由僧團副住持果祥法師、法鼓
山社大講師謝美玲授課，傳授人與大地
共生共榮的實相，介紹有機友善自然農
法、田園規畫實作，有近四十人參加。

果祥法師指出以自然方式農耕，不僅
可吃到最天然健康的食物，更可復育土
地、保護動、植物，讓大地眾生和諧共

自然農法實務課程，安排學員參訪農莊，體驗自然農法。

存，食安和環保問題也都能獲得改善。

除課堂講授，課程並安排學員實際耕作，謝美玲老師也隨機教導翻土、除草，示範種植的深度、寬度及距離，不論是茼蒿、茄子、皇宮菜、秋葵、番茄的種植，皆讓學員感到生趣盎然。

有學員表示，印象深刻的是修剪番茄老葉，將番茄綁在竹架上，但又要隨時適時鬆綁，才能讓蕃茄健康又安全的成長，就像人際關係也要鬆緊有度，才能和諧共處。

● 02.17～06.02期間

安和分院開辦水陸法會講座
深入法會的修持與時代意義

安和分院水陸法會講座，常藻法師介紹大悲心水陸法會萬行壇的精神。

臺北安和分院於2月17日至6月2日期間，週日舉辦「以法相會　淨心淨土」大悲心水陸法會專題講座，共十三場，由僧團法師主講，介紹二十一世紀水陸法會的修持與時代意義。

17日首場主題「總說」，由弘化發展專案召集人果慨法師介紹法會結合時代的各種創新做法，其中雲端祈福、網路共修、萬行壇等，受到各界矚目與肯定；期勉大眾回歸內心自我檢視，透過法會讓自己的行止更清淨，並發起利他的大願心、大悲心，匯聚眾人的善念、善願及善行，為社會帶來幸福安樂。

禪修中心副都監果醒法師主講「瑜伽焰口壇」，結合禪修方法與經教詳述「放焰口」的義理，強調在日常生活中，練習去除「能」、「所」的分別，以「平等心」面對外境，學習心不取相，就是焰口施食的觀念與修持。中華佛研所所長果鏡法師於「楞嚴壇」課程中，講析《楞嚴經》是觀音法門，修行層次經由認識自我到消融自我，鼓勵眾人學習觀音菩薩上求佛道、下化眾生，不只自利，更要利他。

4月，「華嚴壇」由文化中心副都監果賢法師主講，介紹華嚴世界是佛的境界，成佛就從當下一念開始，建設人間淨土的著力點也是當下一念，只要把握當下為善，每個人都可創造自己的華嚴世界。僧才培育院監院常藻法師主講大悲心水陸法會創舉的「萬行壇」，法師以菩提達摩大師的「二入四行」心法，及從聖嚴師父為僧俗弟子撰寫的〈四眾佛子共勉語〉切入，分享萬行壇的修持

在於鼓勵菩薩們承擔義工工作時，莫忘初衷，時時回到自己身心上用功。

6月2日，最後一場講座由法鼓文理學院校長惠敏法師講授「總壇」，以「請、供、送」詮釋總壇儀軌的深意，目的在於引導大眾生起恭敬心、感恩心及捨心，並期許大眾「生活儀軌化、儀軌深廣化」，在日常中時時處處都能抱持一份感恩及恭敬心，以「身心健康五戒（好習慣）」為健康資糧，「終身學習五戒」為智慧資糧，自利利他，生活就會充滿法喜。

2019 安和分院「法鼓山水陸法會講座」一覽

日期	主題／壇別	主講人
2月17日	總說	果慨法師（弘化發展專案召集人）
2月24日	瑜伽焰口壇	果醒法師（禪修中心副都監）
3月3日	楞嚴壇	果鏡法師（中華佛學研究所所長）
3月10日	大壇	果旭法師（臺北安和分院監院）
3月17日	地藏壇	果舟法師（桃園齋明寺監院）
3月31日	淨土壇	果燦法師（僧團副住持）
4月7日	禪壇	常啟法師（僧伽大學教務長）
4月14日	祈願壇	常慧法師（臺中寶雲寺監院）
4月21日	萬行壇	常藻法師（僧才培育院監院）
4月28日	華嚴壇	果賢法師（文化中心副都監）
5月19日	藥師壇	果高法師（園區中心副都監）
5月26日	法華壇	果理法師（寺院管理女眾副都監）
6月2日	總壇	惠敏法師（法鼓文理學院校長）

● 02.23～03.23　04.28

人基會培訓心六倫種子教師
培訓推動幸福的舵手

人基會於2月23日至3月23日，週六於臺北德貴學苑舉辦心六倫宣講團種子教師培訓課程，共四堂，由僧團法師、心六倫宣講團講師等主講，有近四十人參加。

培訓首日，副祕書長許薰瑩介紹人基會的創辦緣起與特色，同時以聖嚴師父的開示期勉學員：「實踐心六倫的目的，就是讓每個人在平安快樂的同時，也提昇自己的品質、創造更和諧的社會。」

文化中心副都監果賢法師接續分享「認識法鼓山與聖嚴師父」，以法鼓山的四大堅持、三大教育，期勉宣講師做到「內修外弘」，以自身的修行為表率。

方丈和尚果暉法師為心六倫種子教師們授證,期許齊心為淨化社會和人心做奉獻。

課程另有禪修體驗、「人基會與心六倫」的沿革、組織介紹,以及「心六倫宣講團」的團隊使命及功能,讓種子教師了解宣講團的定位,擔負起宣講使命,也期待種子教師能扮演「心六倫」運動的詮釋者、先驅者,齊心共行,以利益他人來成長自己。

4月28日,人基會於法鼓山園區為結業學員舉辦授證典禮,由方丈和尚果暉法師為三十多位種子教師授證,感恩眾人力行菩薩道,分享自身在職場、家庭生活的佛法體驗,為淨化社會、淨化人心奉獻心力。

● 02.27～12.25期間

人基會心靈講座全年十一場
「2019好願在人間」共耕心田

人基會於2月27日至12月25日,每月最後一週週三於臺北德貴學苑舉辦「2019好願在人間心靈講座」,邀請各領域專家學者分享安心之道和生命智慧,全年十一場,共有逾一千人次參加。

首場邀請前臺灣大學校長李嗣涔主講「氣功的科學觀與保健原理」,說明氣功以調整呼吸和姿勢來調息、調身,進而達到身心穩定的狀態,與禪修有相通之處;3月邀請美術工作者嚴榮宗主講「追逐生命的光影」,分享雖罹患小兒麻痺症、家境清苦,面對挑戰卻勇往直前的心路歷程,他以「白日夢鼓勵法」自我勉勵,並表示只有不願做的事,沒有不可能的任務;鄭石岩教授於5月的「活出生命的光彩」講座中,強調生命的光彩不在於崇高的社經地位,而是每個人以自覺和熱情,開啟慈悲喜捨,活得福德莊嚴、智慧莊嚴,才能找到永恆的自己。6月講座邀請音樂工作者

鄭石岩教授說明,生命的意義不在時間的長短,而在活出價值。

趙詠華分享在人生困境中，除有音樂陪伴，更感恩身旁善知識引導，體會到簡單的幸福來自單純的心靈，願敞開心胸感受生命的美好。

下半年的講座中，黃鳳英教授於8月引導大家透過感覺呼吸進出、冥想，有意識地感受當下，學習「正念覺察」，提昇情緒管理與專注能力，進而轉化煩惱、減緩壓力，促進身心健康，改善人際關係，歡喜自在應對生命。9月，園藝療癒工作者黃盛璘則介紹接觸或照料花草植物，與土地、植物的緊密互動，可以改善人們身、心、靈狀況，進而喚醒對自然環境的關注。

法鼓山僧團常諦法師於7月「《法華經》與心靈環保」講座中，講說《法華經》與「心靈環保」理念，教導大眾觀念的轉變和方法的練習，觀念的轉變可以引發內在的佛性，並透過利他來消除心靈的貧窮，而「心五四」則是實踐心靈環保的方法。法師提醒學佛之人應當堅「信」自己本具佛性，並在生活上付諸「行」動，同時發「願」提昇人的品質。

2019 人基會「好願在人間心靈講座」一覽

時間	講題	主講人
2月27日	氣功的科學觀與保健原理	李嗣涔（前臺灣大學校長）
3月27日	追逐生命的光影	嚴榮宗（美術工作者）
4月24日	從小草書屋談社會企業	林峻丞（甘樂文創社會企業負責人）
5月29日	活出生命的光彩	鄭石岩（心理學家）
6月26日	簡單的幸福	趙詠華（音樂工作者）
7月31日	《法華經》與心靈環保	常諦法師（法鼓山僧團法師）
8月28日	正念的覺察和實踐	黃鳳英（國立臺北教育大學教授）
9月25日	植物療癒	黃盛璘（園藝療癒工作者）
10月30日	生活佛法	陳武雄（前農業委員會主委）
11月27日	找到心方向	連智富（法鼓山悅眾）
12月25日	心靈環保與自我慈悲 ——學習如何在菩薩行中自我照護	常諗法師（法鼓山僧團法師）

● 02.28～03.03　03.07～03.10

兩梯次在家菩薩戒園區展開
近一千兩百位戒子圓滿受戒

法鼓山「第二十四屆在家菩薩戒」，於2月28日至3月3日、3月7至10日分兩梯次在園區展開，由方丈和尚果暉法師、首座和尚惠敏法師、副住持果品法師擔任菩薩法師，包括男眾兩百六十九位、女眾八百九十四位，共有來自全球各

新戒子們恭敬搭上菩薩衣，發願學習菩薩的慈悲與智慧。

地一千一百六十三人受戒。

四天的戒期，以聖嚴師父說戒開示及演禮為主，師父提醒，學習做一位菩薩，不僅在日常生活要以佛法的正知見為引導，具備身、口、意三儀，才足以化眾，並且以慈悲與智慧的心態，來修養自己，利益他人。每日的懺摩，戒子們以懺悔、慚愧、感恩與恭敬之心禮拜，每一次的頂禮是一次的自省與身心的淨化。

「受戒的過程，其實是在開發自性寶藏。」惠敏法師鼓勵戒子們，將四天三夜演禮、說戒、懺摩的歷程，當作日後行菩薩道的借鏡與出發點，提醒時時憶念戒期中所生的「恭敬心」，練習將貪愛轉換成敬愛，把瞋恨心轉換為敬畏，保持適當的身心態度，共享利益與相互成就。

3月3日及10日圓滿日的正授，方丈和尚讚歎戒子們受戒的功德，祝賀全體戒子「生日快樂」，並祝願從今生得到色身，今天得到菩薩身，未來能和諸佛一樣得到法身。

有十四歲的戒子，從小參與法鼓山共修，表示謹記聖嚴師父所說：「菩薩戒是學習做菩薩，止惡行善利益眾生」，發願要將領受到的利益法喜，分享給有緣人；以九十一歲高齡受菩薩戒的長者，感動分享共修力量大，也對三寶更有信心。

● 03.02～09

法子吉伯首度來臺主七
禪眾體驗聖嚴師父早期禪風

吉伯說法不時提點修行方法，讓禪眾能自我檢測方法是否正確。

3月2至9日，禪堂舉辦中英禪七，由演健法師擔任總護，並首度邀請聖嚴師父法子吉伯‧古帝亞茲（Gilbert Gutierrez）主七，有近一百二十位來自美洲、歐洲及東南亞等十六國學員參加。

禪七作息，每日有三個時段的佛法開示，吉伯以近似聖嚴師父早期帶禪修的風格來帶領禪眾，結合正見與禪修方法；說法主要講解禪師語錄，包括臨濟、黃檗禪

師與虛雲老和尚等。吉伯強調「正見」的重要，指出正見代表心運作的方式，唯有知道心的運作，才能從根本去除煩惱。

本次禪期，特別於說法後開放提問，吉伯的答覆突破許多修行的盲點。如有禪眾提問：「直觀的對象是花時，內心可以很寧靜，但如果對象是肇事者，如何安定受害人及家屬的心？」，吉伯舉聖嚴師父的開示，一位計程車司機撞死一個家庭的妻子與孩子，由於受害者家屬承諾會好好照顧司機的家人，讓司機安心地接受了刑責。

吉伯表示，了解因緣法，不會採取看似最直接、公正的制裁，而是選擇原諒、放下，不再結惡緣，也結束彼此累世的糾纏，也許今日的罪犯也曾是受害者，可能此刻也正受著苦。

有法國禪眾表示，吉伯活潑的說法，打破以往對佛教的傳統印象，想更進一步了解佛教；澳洲禪眾也分享，從未拜過佛，但吉伯提醒拜佛是禮拜自己的佛性，所以愈拜愈歡喜。

● 03.02～04.13期間

新竹精舍佛學講座
果賢法師講「華嚴與人生」

3月2至9日、4月6至13日，新竹精舍每週六舉辦佛學講座，由文化中心副都監果賢法師主講「華嚴與人生」，有近一百三十人參加。

果賢法師說明，《華嚴經》是佛陀證悟後所講的第一部經典，論述緣起、因緣觀，一切世間的現象都離不開因緣因果，每個當下都隨著因緣而變化莫測，例如泡茶從茶葉的選定，到水質、溫度、時間，以及喝茶的人，每個過程環

果賢法師於新竹精舍講解《華嚴與人生》，引導大眾領略華嚴智慧。

環相扣，每個因緣也在這個過程中隨之變化。了解因緣觀後，看待事情的角度就會有所不同，只要用心觀察，世間萬物都在放光說法。

法師強調，因緣觀讓我們生起平等心：怨親平等、遠近平等、親疏平等、他人和自己平等無差別；懂緣起法，了解一切現象都是因緣所成，便會以包容心看待萬事萬物，將心轉染成淨，更無懼逆境現前，因為唯有逆境才能轉境。

果賢法師勉勵大眾，注重因地的修行，修行福德智慧，成佛乃是要上求佛

道，下化眾生。有學員分享，法師帶領體會華嚴之美、感受華藏世界的莊嚴，進而開拓生命的視野與心量。

● 03.02～05.26

法鼓山首辦禪九十
近千人次深入體驗默照、話頭禪法

於聖嚴師父在法鼓山最初帶領禪修的法華書苑首辦禪九十，別具意義。

3月2日至5月26日，禪堂於法鼓山園區法華書苑首辦禪九十，為方便禪眾參與，禪期包含各五梯次的話頭及默照，每梯次有七十至近百餘位不等的學員參加，共有二十八位禪眾全程參與，體驗清涼禪法。

禪期全程皆以聖嚴師父的影音開示為指導，輔以禪堂堂主果醒法師的解說。師父深入淺出的禪修方法指引、悲智兼具的佛法觀念解說，加上果醒法師的生動妙喻，為學員們帶來契入禪法實相的多元途徑。

果醒法師分享，以禪九十接續聖嚴師父弘揚漢傳禪佛教的使命，尤其地點選在師父於法鼓山最初帶領禪修的地點法華書苑，別具意義。有第一梯次禪期擔任義工，後續梯次轉為禪眾的學員表示，曾經參加過2001年聖嚴師父於臨時寮主持的默照禪四十九，當時僅參加為期三週，已感受到禪法的受用，因此除固定於園區及農禪寺擔任義工外，並每年打七，因為禪法的法益，愈實踐，愈能夠體驗。

本年的禪九十，是法鼓山繼2017年舉行默照禪四十九、2018年話頭禪三十及默照禪四十九之後，舉辦為期最長的禪修活動。

● 03.02～11.03期間

「快樂學佛人」2019年開辦二十班次
學員踏上快樂學佛路

專為學佛新手設計的「快樂學佛人」系列課程，3月2日起於臺北中山精舍舉行，隨後在全臺各地分院、辦事處，以及海外的美國洛杉磯、西雅圖、加拿大多倫多、香港、新加坡等地分別展開，提供新皈依弟子或對佛法有興趣的民眾就近參與，全年共開辦二十個班次，近兩千人結業。

「快樂學佛人」每班次三堂課程，主題包括「認識三寶」、「認識法鼓山」以及「踏上學佛之路」，除了引導學員認識佛教的基本精神與內涵，更透過學佛行儀、體驗出坡禪等單元，讓學員練習將新學到的觀念與方法應用於日常生活，提昇心靈層次，進而了解佛法不只是文字般若，而是隨時隨處都可以運用自如的生活智慧。

快樂學佛人課程上，學員體驗禪坐。

除了為新皈依弟子，或有意願參與法鼓山會團同修福慧的大眾，提供一個輕鬆入門的學佛管道，學員也能藉由學習各種基礎修行法門，概略認識法鼓山心靈環保與禪修，踏出快樂學佛第一步。

● 03.03～06.16期間　09.22～2020.01.05期間

安和分院開辦「童趣班」
引導學童建立良善品格

3月3日至6月16日、9月22日至2020年1月5日，臺北安和分院隔週週日開辦「童趣班」課程，每梯次八堂，由教聯會師資帶領，每堂課有近五十位國小學童參加。

「童趣班」課程多元，包括五感體驗、生活美學、趣味佛法等，學童學習知足與分享，啟發感恩心與惜福的良善品格。於趣味佛法單元中，老師將佛曲與小故事，透過有趣的聽、說、唱、動，讓佛法潛移默化滋養心靈；生活美學方面，包括禪繞畫及手作美勞課程，提昇觀察力、創造力；生活禮儀上，則運用感恩與祝福的慈心練習，培養同理與感恩心。

另一方面，也運用情境模擬，透過角色扮演，引導學童體驗施與受的不同立場，認識喜、怒、哀、樂的情緒密碼，從表情、聲音、肢體語言體察他人的心境，以及在悲傷、生氣時，如何轉換情緒，正面思考。

開辦「童趣班」同時，亦為父母安排親職系列講座，邀請心理諮商師陳茉莉主講，主題分別是「了解溝通型態」、

安和分院「童趣班」課程，學童在歡樂學習中，建立良善品格。

「身體語言的表達」、「同理心的力量」、「了解孩子的特質」等八場,從佛法與心理學的面向,分享歡樂、正向的親子溝通。

● 03.08

社大舉行講師共識營
參學天南寺、分享心靈環保

社大舉辦講師共識營,凝聚教學共識。

法鼓山社大於3月8日在三峽天南寺舉辦「講師共識營」,由校長曾濟群等帶領,有近六十位金山、北投、新莊三校區講師及義工參加,充實的課程內容,讓學員收穫豐碩。

由曾濟群校長主講的「萬法唯心與心靈環保」,首先介紹萬法唯心的基本觀念、四種環保的理念,進而解說六根與心的汙染,貪瞋癡與戒定慧的關聯性;曾校長強調,心靈環保的功能,即在去除煩惱心,轉為布施、奉獻、利他,學習慈悲、智慧的清淨心。

「心靈環保的演繹」課程,由丁淑惠老師帶領,藉由影片和互動遊戲,引導學員認識心靈環保在生活中的實踐與運用:從回到自己開始,能夠清楚當下、身心放鬆,心念清淨,便能帶給他人幸福喜悅。

共識營中,學員也在導覽義工帶領下,參學天南寺選佛場、紀念碑、大地園等,認識天南寺創建因緣,體驗境教之美。

參與活動的講師表示,在共識營中和許多講師互相認識、學習,也對法鼓山的理念,有更深入的體會,對於日後教學,有很大助益。

● 03.09～30期間

聖基會經典講座
顏娟英教授介紹佛教藝術

3月9至30日,聖基會每週六舉辦經典講座,邀請中央研究院歷史語言研究所研究員顏娟英主講「佛教藝術的起源與開展」,以佛教在亞洲的傳播流變為背景,介紹印度、中國、日本等地佛教造像與石窟藝術的演變歷程,有近一百二十人參加。

　　首場講座，顏娟英教授介紹佛教藝術的源頭「桑奇大塔」，初建於阿育王時期，此時期的藝術特色，基於「佛不可思議」，大多以象徵物如金剛座、菩提樹、佛足印、法輪、塔等，做為佛的代表，主題則包括佛傳、本生故事，以及「過去七佛」組合等。佛陀入滅前，曾叮囑弟子於重要的生前事蹟地點造塔禮拜，更使佛塔成為佛陀的象徵，形塑出

顏娟英教授在聖基會經典講座中，講授佛教藝術的起源與開展。

「佛塔信仰」。直到西元一世紀後，佛像才逐漸問世，並在犍陀羅與秣菟羅兩地開啟佛像造像藝術先河，影響日後東亞佛教藝術的發展。

　　第二場講座介紹雲岡石窟，深度賞析五世紀北魏曇曜五窟的大佛造像細節。第三、四場，則分別帶領學員認識敦煌石窟及日本奈良大佛。

　　有學員分享，四場講座彷若穿越四個時空，領略佛教藝術與歷史文化交融的豐厚底蘊，更深刻體會佛教藝術安定人心的功能。

● 03.10

信行寺《地藏經》專題講座
果慨法師介紹誦經意義及修持方法

　　3月10日，臺東信行寺舉辦佛學講座，由弘化發展專案召集人果慨法師，以「《地藏經》與超薦」為題演講，共有七十多人參加。

　　果慨法師指出，法會要有教育與關懷的功能，參加法會前，首要了解法會的意義。「清明報恩地藏法會」，於清明時節舉行，其中有一個重要的意義是「報恩」，亦即慎終追遠，飲水思源；報恩最主要是報親恩，與被稱為孝經的《地藏經》有很深刻的連結。前來道場參加法會共修，誦持《地藏經》，可以超薦、拔度、報親恩，更能提昇人品、淨化社會。

　　法師進一步分析，所謂超薦，真正要度的是活著的人，讓他人不起煩惱，就是超度；而「地獄」指的其實是所有受苦難的眾生，由於人的心念不好，才造

果慨法師介紹《地藏經》經義及修持方法。

成環境不好，所以最重要在於人心。法師期勉大眾從自己做起，提昇人品，社會也將愈祥和。

● 03.10　10.27

五校聯合大學禪跑
跑者體驗專注與安定

跑者體驗放下比較，以專注自在的心跑步。

為推廣禪修，普化中心於3月10日，與臺北科技大學、政治大學、臺北大學、體育大學、龍華科技大學等，在臺北大學三峽校區舉辦「五校聯合大學禪跑」，有近八十位來自十四所大專院校師生、校友，以及社區居民，在刻有聖嚴師父所題，蘊含禪意的「心湖」二字石碑旁展開禪跑、禪走，體驗身心清楚放鬆；並在法師、禪坐會義工引領下，透過吃飯禪、經行、觀身受法與托水缽，建立禪修觀念與方法，感受靜心的美好。

臺北大學公共事務學院院長黃朝盟表示，禪修的觀念與方法，不僅能為課業繁忙的學生注入心靈能量，也為生活帶來寧靜與和諧；普化中心副都監果毅法師指出，期望將禪修從寺院中帶進校園、社區，日常生活如同在大禪堂，引導大眾學習遇到任何事情用安定的身心，面對、接受、處理與放下，而這也是禪修的過程。

禪跑開始前，跑者在義工帶領下練習法鼓八式動禪，體驗「身在哪裡，心在哪裡，清楚放鬆，全身放鬆」。隨後由禪跑教練王仁宏指導，分組進行暖身、禪跑、禪走與收操，大眾以專注安定的心跑動，用不同以往的行進節奏，環繞心湖，領略每一腳步的禪悅。下午由常邃法師帶領練習在日常生活中禪修，領略「踏實的體驗生命，就是禪修」。

由於迴響熱烈，10月27日另於體育大學舉行的「五校聯合大學禪跑」，有近九十位跑者放下比較，以專注自在的心跑步。

經過一天的動靜體驗，許多年輕學子回饋，在面對課業、生活壓力時，可以運用禪修來安頓身心，沉澱心靈，也引發進一步學習禪法的動機。

● 03.11

傳燈法會、除夕撞鐘分享會
感恩眾緣成就圓滿

　　為感恩共同圓滿聖嚴師父圓寂十週年傳燈法會及除夕撞鐘活動，僧團於3月11日在臺北德貴學苑舉辦感恩分享會，包括方丈和尚果暉法師、僧團都監常遠法師、副執行長常炬法師、園區中心副都監果高法師、文化中心副都監果賢法師等，皆出席感謝所有工作人員的護持與成就，護法總會總會長張昌邦、顧問連智富、陳韋仲，導演蔡旻霓、義工團團長鮑育宏、各會團與法青代表，以及提供各項專業技術的協力廠商，有近六十人參加。

方丈和尚果暉法師代表僧團致贈師父墨迹〈無相頌〉及《法鼓山的方向》套書，向支援傳燈法會的技術廠商表達感恩。

　　常遠法師首先感恩表示，法鼓山所有的活動，皆由四眾弟子盡心盡力共同成就，點點滴滴，僧團皆感念在心；不管台上台下，每位參與者都是圓滿活動的大功臣，而協力廠商的用心與專業度，更提昇了活動品質，讓整體更加圓滿。

　　會中以影片回顧傳燈法會當日流程，氛圍莊嚴、四眾弟子的安定與感動，以及活動傳達的法義與聖嚴師父的悲願，眾人彷彿再次置身現場，深受啟發。

　　為了讓傳燈當天堅守崗位的執勤人員，也能領受到佛法的祝福，現場特別舉行供燈儀式，並致贈聖嚴師父墨迹《六祖壇經・無相頌》及《法鼓山的方向》套書。方丈和尚勉勵眾人多運用〈無相頌〉，以及師父留下的諸多法寶，如〈四眾佛子共勉語〉及心五四等，必能帶來許多受用。

　　感恩分享會的緣起，始於1998年，於新北市林口體育館「我為你祝福——全民祈福平安大法會」圓滿後，聖嚴師父對所有參與人員的感恩，感恩大眾同心努力，並指出圓滿一場活動有其功德，佛法的光明也將利益更多眾生。

● 03.17～05.19期間

清明報恩法會各地接續展開
大眾虔敬共修報親恩

　　3月17日至5月19日，法鼓山海內外各分支道場相繼舉辦清明報恩法會，大眾透過念佛、法會、拜懺來淨化身心，迴向累劫父母、六親眷屬及十方法界眾

農禪寺清明報恩佛七，大眾攝心念佛，用功修行。

生，共有數萬人次參加。

各地的法會以持誦《地藏經》、地藏法會為主，於臺灣，臺北安和分院、臺南分院、臺東信行寺及蘭陽分院先後舉辦清明報恩地藏法會。其中，信行寺於3月21至24日進行的法會，有多位八十歲以上長者全程參與；蘭陽分院則於4月7日舉辦法會，監院常法法師勉勵大眾，對祖先最好的供養是分享佛法，除了可利益先亡眷屬，更能與有緣的無形眾生結法緣。

北投農禪寺3月30日至4月6日舉辦清明報恩佛七，精進組加上隨喜組，每日有逾六百位信眾參與共修，從念佛、繞佛經行、坐念、止靜、拜佛、拜懺到大迴向，總監香果慨法師不斷叮嚀大眾攝心念佛、用功修行。臺中寶雲寺自3月31日起啟建梁皇寶懺法會，至4月6日晚間瑜伽焰口法會後圓滿，共有來自臺灣各地、加拿大、新加坡等地近萬人次信眾及義工參與；法會期間，方丈和尚果暉法師至壇場關懷，期勉大眾生命有限，當時時以慚愧心、懺悔心看自己，並以感恩心看世界，唯有透過修學佛法，才能超越輪迴。

於海外，美國舊金山道場於3月30日舉辦清明報恩佛一，由常源法師帶領，法師提醒虔心念誦阿彌陀佛佛號，將念佛功德迴向給親友先亡；同時以修行的清淨心和安定心來修正自己的行為，並轉化自己與他人的關係。31日，近一百七十位信眾齊聚馬來西亞道場，共同持誦《地藏經》為先祖及亡靈超薦、為親朋好友祝福；監院常迪法師鼓勵大家，在日常生活中實踐佛法，就是對往生親友最好的報恩。

2019 法鼓山全球清明報恩法會活動一覽

地區		地點	日期	活動名稱／內容
臺灣	北部	北投農禪寺	3月30日至4月6日	清明報恩佛七
		北投文化館	3月22日至5月19日	清明報恩《地藏經》共修
		臺北安和分院	3月25日至4月7日	清明報恩祈福法會
		桃園齋明寺	4月4至7日	清明報恩佛三暨八關戒齋
			4月27至28日	春季報恩法會
		蘭陽分院	4月7日	清明報恩地藏法會

地區		地點	日期	活動名稱／內容
臺灣	北部	桃園齋明別苑	4月6至7日	清明報恩地藏法會
		臺北中山精舍	3月24至31日	清明報恩地藏法會
	中部	臺中寶雲寺	3月30日至4月6日	清明報恩梁皇寶懺法會
	南部	臺南分院	3月30日至4月6日	清明報恩地藏法會
		臺南雲集寺	3月23至29日	清明報恩地藏法會
		高雄紫雲寺	3月24至30日	清明報恩地藏法會
			3月31日	清明報恩慈悲三昧水懺法會
	東部	臺東信行寺	3月21至24日	清明報恩地藏法會
海外	北美	美國東初禪寺	4月5至7日	清明報恩地藏法會、清明報恩地藏懺法會
		美國洛杉磯道場	4月7日	清明報恩佛一暨八關戒齋
		美國舊金山道場	3月30日	清明報恩佛一
		美國普賢講堂	4月7日	清明報恩地藏法會
		美國新澤西州分會	3月30日	清明報恩地藏法會
		美國芝加哥分會	3月30至31日	清明報恩念佛禪一
		美國西雅圖分會	3月31日	清明報恩地藏法會
		加拿大溫哥華道場	4月20至21日	清明報恩地藏法會
		加拿大多倫多分會	3月31日	清明報恩地藏法會
	亞洲	馬來西亞道場	3月31日	清明報恩地藏法會
		馬來西亞怡保共修處	3月17日	清明報恩彌陀法會
		香港道場（九龍會址）	3月31日	清明報恩佛一
		新加坡護法會	4月6至7日	清明報恩佛二

● 03.17～06.09期間

中區法行會系列講座
傳遞「好願在人間」的祝福

　　3月17日至6月9日，中區法行會週日於臺中寶雲寺舉辦「好願在人間」系列講座，分享佛法的祝福，每場皆有一百多人參加。

　　首場講座，由首任會長彭作奎主講「人生，要有歸零的勇氣」，談及在不同階段的人生過程中，循序建立三識：「知識、見識、膽識」，創造因緣，並表示在高壓力、步調快的現代生活中，每個人都需要一種「可以慢、可以快、可以悠悠而行、可以靜靜聽禪音、觀自心」的心境。彭作奎引用聖嚴師父「108自在語」期勉大眾：「過去、未來、名位、職稱，都要看成與自己無關，但求

「談心」座談會,與談人分享以願力轉化業力。(左起依序為張聖時董事長、卓伯源會長、退居方丈果東法師、果賢法師)

過得積極、活得快樂,便是幸福自在的人生。」

「談心」座談會,於4月21日展開,由文化中心副都監果賢法師主持,由退居方丈果東法師、中區法行會會長卓伯源,以及立凱公司董事長張聖時三位與談人,從自身生命故事出發,分享心念的轉化、發願,並以願力來轉化業力,包括寺院管理女眾副都監果理法師、寶雲寺監院常慧法師、護法總會副總會長陳治銘等,共有兩百多人參加。

6月9日由悅眾陳武雄主講「默照禪的生活美學」,援引聖嚴師父開示「在生活中能自在應對,就是智慧」,介紹默照禪的三個階段:只管身體、把環境當作身體的一部分、以空作為觀照;強調學好基本功,從放鬆做起,再進入默照,而走路禪、茶禪、吃飯禪等,都是生活禪法的應用。

● 03.18起

雲來寺推廣辦公室動禪
練習在工作中放鬆身心

推廣辦公室動禪,3月18日起,法鼓山行政中心的北投雲來寺每日兩次各三至五分鐘,藉由簡單的動作與動禪心法運用,體驗身心的放鬆。

上午十時三十分、下午三時,引磬聲響,「請大家將身體動一動,準備下坐,一起來體驗動禪。」廣播系統傳來提醒,電腦同步切換成動禪示範畫面,專職聽著引導,共同體驗動禪的放鬆與安定。

雲來寺在上班固定時段,專職與義工一起做動禪,練習在工作中放鬆身心。

都監常遠法師親身力行後分享,有時批閱公文,正在思考處理方式時,電腦瞬間跳出做動禪的畫面,起初不習慣,但正是提醒自己,練習生活中要隨時提起,隨時放下。

「辦公室動禪」由都監辦公室規畫,期盼大眾在盡心工作時,仍能保持身心放鬆和清楚專注。籌備期間,資訊處、總務處與人資處團隊集思廣益,完成軟

體建構,並在各自部門率先響應試行;從試行的回饋與建議,改善與調整後,才正式實行。

03.21 04.22

退居方丈臺北、臺南演講
分享身心安頓結好緣

退居方丈果東法師於3月21日,應臺北市中小企業榮譽指導員協進會之邀,在北市藝文推廣處舉辦專題講座,主題是「現代企業人的身心安頓」,解說初心、安心的層次,以及如何透過「心五四」觀念,為生命帶來真正的平安快樂,回到慈悲與智慧的初心。

退居方丈以數則幽默的故事,解析安住身心的層次,期許大眾將身心安於道業的修行,體會肉體的生命無常,應當珍惜生命,做有意義的事;精神的生活無限,重在安頓身心,健全圓滿人格;智慧的生命無盡,學習六度萬行,福慧自在雙運。

4月22日,退居方丈接受南臺科技大學邀請,於該校「通識教育大師講座」中,為兩百多位師生主講「從心溝通結好緣」,鼓勵大眾先與自己內在溝通,並站在對方立場以同理心真誠溝通,融合感性與理性,以慈悲對待人,以智慧處理事,就能和諧無礙。

03.22～24

農禪寺「青年Fun心輕旅行」
年輕族群認識佛教與修行生活

北投農禪寺於3月22至24日,舉辦「青年Fun心輕旅行」,由常提法師擔任總護,帶領學員體驗梵唄、供燈、茶禪、鈔經、早晚課誦,以及禪坐、動禪等,認識佛教與寺院的修行生活,有近七十位青年參加。

在「認識梵唄」教學中,每位學員練習四種常在法會上見到的法器,包括大磬、木魚、引磬及鐘鼓,照著板眼標示打出節奏。課堂後,學員並組成「梵唄

農禪寺「青年Fun心輕旅行」,年輕學員體驗寺院生活。

樂隊」，在法師的協助下，全體一起唱誦。

茶禪體驗時，從茶葉放入茶杯，法師引導觀察茶葉色澤、形狀，以及加入熱水之後，茶的變化；等待時間短暫體驗禪修，再次品茶時，有學員表示喝出茶的香味。法師說明，等待因緣成熟，才能喝出茶的味道，遇事內心煩亂擔心，不如靜心等待時機成熟，自然水到渠成。

23日晚間的「與法師有約」，多位法師以輕鬆座談的方式，解答「為什麼選擇出家」、「出家後有什麼不一樣」、「人生的意義是什麼」等提問，幽默具啟發性的回答，引領學員進一步思索生命的意義。

法師提醒學員，離開寺院返回日常，要時時用上方法，才有能量面對生活的種種壓力。

● 03.22～24

「悟吧！二日營」文理學院展開
青年學員探索從生到死的實相

青年學員兩人一組，學習放下自我、彼此信任。

3月22至24日，法青會於法鼓文理學院舉辦「悟吧！二日營」，主題是「生命關懷」，由常導法師擔任總護，並邀請安寧緩和專科醫師朱為民、佛教蓮花基金會董事張寶方授課，從長照、醫學、宗教學角度，帶領學員學習面對生死的慈悲與智慧，共有七十位學員參加。

朱為民醫師在「練習說再見」課程中，詳細介紹預立醫療決定，包括急救意願的表達、維生醫療的抉擇、醫療委任代理以及書寫預立醫囑等；也解說如何以「四它」圓滿地走向生命盡頭。

「臨終關懷」工作坊，邀請張寶方老師帶領，透過短片、肢體遊戲等，帶領學員逐一分享、聆聽自己和他人的優、缺點，並練習轉念、跳脫成見，從彼此的缺點中發現優勢長處，進而站在他人的角度去關懷。

由常導法師講授的「佛教生死觀」，法師說明每一期生命都有不同的目標，應積極讓每一期的生命，發揮對人群有益的價值，以「不怕死、不等死、不追

求死」的樂觀心態生活，而當生命無法延續時，就要放下身體、不執著色身。透過器官捐贈可以造福他人，讓有限的生命發揮無限的功能。

有學員分享，課程探索自我、練習告別，感恩這一期生命所遇到的人、事、物，也祝福已結束這一期生命者，安然自在。

● 03.23　05.18　08.04　11.09

紫雲寺四場法鼓文理講堂
拓展人文視野與關懷

為拓展大眾人文關懷的視野，3月23日至11月9日期間，高雄紫雲寺週六或日舉辦四場「法鼓文理講堂」，有近四百人次參加。

佛教學系主任鄧偉仁在首場「佛教禪修傳統現代化的省思」講座中，解析佛教傳統概念、正念禪修與現代禪修的異同，講析身心療癒不

藍吉富老師於紫雲寺，介紹大慧宗杲及宏智正覺禪師的修行風範。

是佛教禪修的主要目的，如法的禪修是諸惡莫作、眾善奉行，最後達到自淨其意、了脫生死輪迴，期許學員以正確的禪修安頓身心，朝般若智慧領域邁進。

5月18日，社會企業與創新碩士學位學程主任楊坤修在「國際背包志工生命探索＆社會企業在臺灣」講座中，以在印度、尼泊爾國際志工服務的經驗，說明藉由多元學習、累積能量與關懷自省來實踐生命意義；並探討國內社會企業發展概況與面對的問題。

中華佛學研究所研究員藍吉富於8月4日「大慧宗杲與宏智正覺——其人、其事、其行」講座中，介紹臨濟大慧宗杲及曹洞宏智正覺兩位禪師的修為與風範，並說明佛教自印度流傳到世界各地，不同的時空背景融合各國當地社會文化思想，產生各種不同樣貌及型態的佛教，而禪宗正是因應華人社會文化相互融合產生的修行體系，透過自身真修實證，將禪法融入日常生活。

11月9日由生命教育碩士學位學程助理教授郭文正主講「智慧人生，心啟航」，以親身經歷病痛來分享人生困境的因應之道，期勉大眾「心量變大，困不住你，修禪觀心，不困自己」，時時觀照覺知，並在悲智和敬的修行中，增長智慧過生活。

● 03.28

臺南二中師生訪臺南分院
茶禪滋味心體驗

臺南二中靜心靜坐社參訪臺南分院,由常宗法師及義工帶領認識法鼓山。

3月28日,臺南二中靜心靜坐社團師生十二人參訪臺南分院,由監院常宗法師及義工帶領體驗禪坐與茶禪。

一行人首先觀看《師徒故事(四)禪修生活》動畫,了解法鼓山簡單、易懂、正確、安全的禪修方式。隨後,由禪坐會義工帶領放鬆禪坐,體驗呼吸;鼓勵同學在學校及生活中,每日善用時間靜坐五至十分鐘,練習身心放鬆與自在。

茶禪中,第一聲引磬響起,茶人奉上第一杯茶,主持人引導同學分成三口入喉,體驗茶湯的味道進入鼻、舌,擴展至身、心的覺受。三次巡茶後,同學感受到茶席中溫潤的茶滋味,有別於一般茶飲料。

茶禪後,監院常宗法師分享小牛的故事,小牛因為臉上天生的箭靶記號而自卑,忘卻自己有著美妙的歌聲,一天收到音樂家讚歎鼓勵的信後,學會肯定自己的優點,並以歌聲帶給大家快樂。法師鼓勵同學發揮自身優點,建立自信也利益他人。

● 03.31～04.07

粵語禪七天南寺展開
禪眾練習身放鬆心清明

禪堂於3月31日至4月7日,在三峽天南寺舉辦粵語禪七,由香港道場監院常展法師擔任總護,果興法師擔任小參,共有九十多人參加。

常展法師說明,修行的目的就是修行,期勉大眾放鬆身心,把握當下學習的因緣,安心用功。禪七期間除了靜坐,還包括早晚課、聆聽聖嚴師父的影音開示、戶外經行、聽溪禪、瑜伽運動、出坡、拜佛、過堂等,同時安排每位禪眾至少兩次的小參,大眾以相同的作息節奏,和諧共住、精進修行。

大堂分享時，有禪眾表示，聖嚴師父的開示，從觀念的建立、方法的引導，總與當時身心狀態相應；也有禪眾分享，師父精簡的開示，沒有深奧的佛學名相，卻讓自己了解何謂踏踏實實的人間佛教。常展法師則提醒，離開禪堂，還得不斷練習，繼續在生活中用上方法，才能保持身心清楚。

把握難得的粵語禪七，大眾於戶外精進用功。

● 04.04～07　09.20～22

兩梯次社青禪修營文理學院展開
學習以穩定的情緒面對職場挑戰

4月4至7日、9月20至22日，青年院於法鼓文理學院、法鼓山園區舉辦社青禪修營，分別由演信法師、演謙法師擔任總護，以禪修體驗為主軸，藉由靜中觀察自心、動中覺察情緒，兩梯次共有一百二十多人參加。

活動安排觀看聖嚴師父的開示影音，引導學員建立禪修的觀念與方法，師父說禪法即是佛法，練習不給名字、不形容、不比較；禪修是要練習切斷眾流，外境如戲，不要隨之起舞，把心留在當下，佛就在當下。

營隊中，演信法師、演謙法師帶領學員進行禪坐、鈔經、戶外禪等。學員隨著法師的引導，「把注意力回到方法上，專注數呼吸」，體驗清楚與放鬆；也在法師適時的提醒、勉勵中，更進一步體驗在禁語時，觀察自我身心，與自己相處。

由文理學院助理教授辜琮瑜主持的「幸福工作坊」，藉由小組討論，學員分享幸福的體驗、探討幸福內涵，進一步發現幸福的真諦。辜老師也帶領桌上遊戲「三生有幸」的生活回顧，引導青年了解、面對自身的煩惱，學習運用四它轉化生命的困境。

社青禪修營中，法師引導學員以穩定的情緒面對職場挑戰。

有學員表示，曾抄寫過《金剛經》，當時認為經文深奧難懂，抄了幾日後就放棄，在營隊中由法師帶領大眾誦念，並用佛法故事引導，了解「應無所住，而生其心」的不執著，心不隨境轉，提起智慧與光明的心，內心有豁然開朗的喜悅。

● 04.07

臺南分院供果教學課程
體驗心安定、手穩定的禪修工夫

臺南分院供果教學課程，李中明老師（左）示範心安定、手穩定的供果心法。

4月7日，臺南分院首次舉辦供果教學課程，由資深悅眾李中明分享供果擺設的技巧與方法，帶領學員體驗心安定、手穩定的禪修工夫，監院常宗法師到場關懷，共有二十多人參加。

李中明老師分享，排供果時以恭敬而安定的心出坡，不攀緣、不雜話，專注一心，用耐心、細膩的手法運用善巧智慧，呈現供果的莊嚴；各種水果須依照大小及不同角度緊緊相砌，依序層層上疊，形成完美的水果山。如遇障礙無法順利完成，不妨先暫停工作，誠心禮佛懺悔，祈求三寶加持，心安定後便能莊嚴完成。

常宗法師關懷時，說明同樣的水果，隨著擺設手法、組合不同，產生的美感和內涵也不同，期勉學員以供果莊嚴法會，同時莊嚴自己的道心，更與大眾廣結善緣。

● 04.10～05.22期間

臺南分院「念佛生淨土」講座
果本法師分享念佛好修行

4月10日至5月22日，臺南分院週三舉辦佛學講座，由果本法師主講「念佛生淨土」，共四堂，介紹淨土法門的修行，有近一百三十人參加。

法師以流暢的國、臺雙語，講述念佛的意義及其功德，並介紹持名、觀像、觀想、實相四種念佛方法。並解釋都攝六根、持名念佛的要點。無論出聲或默念佛號，皆須念從心起，聲從口出，音入於耳，相續不斷，字字清楚分明。

課程中，法師引述《無量壽經》、《觀無量壽經》以及《阿彌陀經》三部淨土經典中，以持名念佛為往生極樂淨土之易行道；更進一步說明隨淨念而現的人、事、環境等種種功德成就淨土，令人發願嚮往；指出讀誦經典之重要與利益，鼓勵大眾每日定課，可於早晚誦念大乘經典。

果本法師於臺南分院介紹淨土法門的修行。

果本法師提醒，修行者除了念佛，還要修「三福業」，以淨業正因，精進修行，才能積聚福德資糧。

04.12

安和分院長青班淨街
美化市容掃塵埃

4月12日，臺北安和分院長青班舉辦淨街活動，共有八十二位長者參加。

長者在分院一樓領了掃具，在交通組義工引導下，沿著敦化南路一段、安和路口外圍人行道、行道樹撿拾垃圾，包括空啤酒罐、菸蒂、廣告單、面紙包裝袋等。

三十分鐘的淨街，長者們都覺得收穫滿滿。有七十八歲的長者表示，能夠幫環境做點事，造福社區，很有成就感；也有長

安和分院長青班學員於十字街頭掃塵埃。

者分享看不見的垃圾，就像自己的習氣，必須時時勤拂拭。長青班班長坦言，過往自己也曾經製造過垃圾，親近佛法後，人生重新開始，也改變了習性。

04.13

淡水辦事處社區成長講座
陳武雄分享幸福之鑰

淡水辦事處與淡水區公所於4月13日，在市民聯合服務中心大禮堂共同舉辦社區成長講座，邀請前農業委員會主任委員陳武雄主講「幸福生活之鑰」，包括區長巫宗仁，有近七十人參加。

講座中，陳武雄說明幸福和外在的名利無關，因為財富、地位、名聲、享受、健康、親情、友情不能全部擁有，也不可能永遠擁有；強調萬法唯心造，所有的好惡都是心的投射，抗拒是痛的放大鏡、苦的來源，幸福最重要的是尋求內在的祥和寧靜。

陳武雄表示，幸福不是擁有多少，而是滿足多少，鼓勵大眾活在當下，開發覺察力，學習境隨心轉，才能領悟真正的幸福不假外求，而是心的練習。

● 04.13～09.01期間

祈福皈依大典全年舉辦五場
學佛新鮮人發好願利人利己

農禪寺祈福皈依大典後，方丈和尚果暉法師與僧團法師向新皈依弟子送上關懷與祝福。

法鼓山2019年於臺灣共舉辦五場「祈福皈依大典」，皆由方丈和尚果暉法師親授三皈五戒，共有三千兩百多位民眾皈依三寶，開啟修學佛法新生命。

4月13日於臺南雲集寺舉行的首場祈福皈依大典中，方丈和尚提醒新皈依弟子福慧雙修、悲智雙運，信佛、學法、敬僧的同時，也要以慈悲和智慧，尊重不同的宗教信仰，創造家庭的和諧。20日，一千三百多位民眾齊聚於北投農禪寺，在學習學佛行儀及祈福法會後，方丈和尚開示指出，皈依就像坐上慈航普度的安全大船，佛陀會教導我們如何出離生死苦海；皈依後就像來到有佛陀的智慧、有佛法的法義、有僧團指導的三寶學校「註冊」，既然有了學籍，就要開始有次第地學佛。

27日於臺中寶雲寺展開的皈依大典，方丈和尚開示，皈依是認同將佛陀教導的方法，以及觀念落實於生活中，人人未來都能成佛，共有六百六十一位民眾成為三寶弟子。高雄紫雲寺舉辦的祈福皈依大典，於5月5日舉行，方丈和尚勉勵大眾以〈四眾佛子共勉語〉中的「勤勞健康最好」，時時提醒修習佛法、用佛法照顧好身心、將佛法融入生活中。

9月1日於法鼓山園區舉辦的皈依大典中，方丈和尚開示皈依的意義，是以佛、法、僧三寶帶領人格成長、指導生命方向，勸請新皈依大眾，善盡三寶弟子的責任，安定自己身心、提昇人品，進而幫助親友成長，帶動整個社會、世界的幸福。

為推廣正信及生活化的佛法，2019年法鼓山除於臺灣舉辦五場大型皈依大典，也於全球各分院道場舉辦地區性的皈依活動，接引大眾成為信佛、學法、敬僧的三寶弟子。

04.22　05.20　06.10

社大創客體驗營
輕鬆歡笑面對生死

4月22日、5月20日及6月10日，法鼓山社大分別於北海校區、臺北德貴學苑、新莊校區舉辦「與你生死有約——創客體驗一日營」，邀請生活美學講師黃也瑜分享自身與親友的生命體驗，在輕鬆歡笑中談生死，並帶領學員發揮巧思，完成座右銘、墓誌銘的「幸福告別」創意小卡，共有六十多人參加。

社大創客體驗營中，學員發揮創意，製作自己的「幸福告別」小卡。

黃也瑜老師說明座右銘就是想完成卻未完成的事，鼓勵學員，勇敢做自己、訂定目標，全力前行，在實踐創客精神DIY手作卡片時，也發起自利利人的好願，期許自己，積極增添生活色彩，也要能成就社會大眾。有學員以書本的形式，寫下人生目標；也有學員以碎花剪紙點綴，完成色彩繽紛的「生前契約」，並留下空白頁面，期望在未來為自己增添更多實踐完成的人生好願。

在墓誌銘的繪製中，黃老師釐清人們懼怕死亡的原因，提醒學習面對人生的失落，活在當下，有願就行，才能無憾。有學員以立體造型創作墓誌銘，表達往生者與親人間仍能互相感知，生命永恆存在，往生即是另一個生的開始。

最後，黃老師以「活好、病好、死好、走好」，鼓勵大眾正向審視死亡，對於死亡就能坦然以對。

04.26～28

青年院舉辦般若研修營
學習《金剛經》與如實生活

青年院於4月26至28日，在法鼓文理學院舉辦般若法門研修營，由弘化發展專案召集人果慨法師、僧大教務長常啟法師帶領研討「《金剛經》與如實生

活」，有近九十人參加。

果慨法師以《金剛經》教理為軸，分別從「教」、「觀」、「用」三面向，帶領學員學習處理心的困境，包括不離手機、盲從跟風、人際關係溝通困難、情緒難紓解等，提醒學員以經文中的「應無所住而生其心」如實生活。

常啟法師藉用內在自覺模式的心理分析，帶學員觀照流變中的生活諸相，再從「觀番茄」的分組體驗，讓學員們體

研習營中，學員體察僅僅是一顆小番茄，也會因人而有差別相。

察僅僅一顆小番茄，也會因人而異，體現諸多差別相。「凡所有相，皆是虛妄。」意味深奧的經文，瞬間變得親切易懂，也讓學員受益良多。

有學員分享，番茄不會講話，就像很多情境，都是中性的，但每人觀看角度各各有別，解讀就不一樣，需在生活中提醒自己，允許別人有其他觀點，才不會落入我執我見。

● 04.27～05.20期間

全臺分支道場慶佛誕
浴佛報恩發好願

慶祝佛誕日暨母親節，全臺各分院道場在4月底至5月的週末假期，接續舉辦浴佛法會及相關活動，除了以法會祈福外，並藉由朝山、供燈、展覽、專題講座與茶席體驗等，廣邀信眾闔家親近道場，以法相會，憶念佛恩與親恩。

臺北安和分院於4月28日舉辦浴佛法會，監院果旭法師開示，參加浴佛儀式，淨自心、報佛恩，讓心靈感受清涼法喜；分院亦準備各式糕點及藝文表演節目，讓闔家共度溫馨佳節。

農禪寺舉行浴佛法會，民眾在大殿浴佛、拜願、佛前大供，莊嚴攝受。

5月5日，桃園齋明別苑除舉辦浴佛法會，下午進行兩場蓮花茶席，邀請大眾以五感來品茶。同日，蘭陽分院有兩百多位民眾到場參與祈福點燈及供花儀式；監院常法法師開示，5月是感恩月，感恩滋養我們慧命的佛陀，也感謝培

育我們生命的父母。

三峽天南寺、臺東信行寺於11日舉辦浴佛法會。天南寺在法會圓滿後，舉辦專題講座，由主法常悟法師主講「Oh！My Buddha佛陀對我說」，分享佛陀事蹟與帶給後人的啟發；有兩百多位民眾在信行寺戶外帳篷區，體驗各式遊戲，看佛陀故事展覽。

12日母親節當日，臺中寶雲寺、高雄紫雲寺分別舉行浴佛法會。其中，有近兩千位民眾在寶雲寺浴佛、禮觀音，有年輕媽媽闔家四代前來共沐佛恩，表示照顧好自己，多陪伴長輩，就是對親恩最好的報答。

北投農禪寺於18日舉辦浴佛活動，包括豐盛的佛誕餐、戶外浴佛、許願菩提以及行願館的佛陀展，好吃、好玩又知性；監院果毅法師期勉大眾，跟隨佛陀的教導，用積極的態度面對自己的人生，並幫助他人離苦得樂。

18、19日，法鼓山園區舉辦「朝山・浴佛・禮觀音」，共有近一千四百位來自中部及北部板橋、永和、三芝、石門、基隆、桃園、北投、林口等二十一區辦事處的信眾，自清晨七點起，分別沿臨溪步道、藥師古佛迴環步道、法華公園朝山步道，以三步一拜禮敬朝山。有民眾分享，跪地朝山感受到大地對眾生寬懷容納，如佛陀護念一切的慈悲。

2019 法鼓山全臺分院道場浴佛節暨母親節活動一覽

地區	主辦單位	時間	活動名稱／內容
北部	法鼓山園區	5月18至19日	朝山・浴佛・禮觀音
	北投農禪寺	5月18日	浴佛法會、佛陀故事展
	北投文化館	4月28日	浴佛法會
	臺北安和分院	4月28日	浴佛法會、藝文表演
	三峽天南寺	5月11日	浴佛法會、專題講座
	蘭陽分院	5月5日	浴佛法會
	桃園齋明寺	5月12日	浴佛法會
	桃園齋明別苑	5月5日	浴佛法會
	基隆精舍	5月14日	浴佛法會
	新竹精舍	5月11日	浴佛法會
中部	臺中寶雲寺	5月12日	浴佛法會
	南投德華寺	5月12日	浴佛法會
南部	臺南分院	5月18日	浴佛法會
	臺南雲集寺	5月12日	浴佛法會
	高雄紫雲寺	5月12日	浴佛法會
	高雄三民精舍	4月27日	浴佛法會
東部	臺東信行寺	5月11日	浴佛法會、佛陀故事展、戶外遊戲

● 04.27～28　10.26～27

齋明寺春、秋兩季報恩法會
以「心香」落實環保精神

春季報恩法會中，大眾在常應法師帶領下，隨文入觀，以「心香」落實禮儀環保。

桃園齋明寺於4月27至28日、10月26至27日，舉辦春季、秋季報恩法會，兩日的法會，分別進行地藏、三時繫念法會，有近四千人次參加。

春季報恩法會由護法總會服務處監院常應法師主法，法師提醒，除了學習地藏菩薩不斷學、不斷修的「正行」，也要具足修一切善的「助行」，時常提起佛號練習方法，並回道場共修、做義工，讓「正行」與「助行」都能圓滿，才能往生無障礙。

秋季報恩法會由禪堂監院常乘法師主法，方丈和尚果暉法師於首日到場關懷，說明修行難得，要把握精進的因緣，讓自己每個念頭都與佛菩薩的慈悲智慧相應，也勉勵大眾內起大悲心，外具行動力，幫助自己與他人成長，共同推廣佛法、建設人間淨土。

法會現場以清淨蓮花供佛，簡單素雅的環保方式，邀請大眾以「心香」誠懇專注地誦念經文；也藉由法師的帶領及義工們的護持，收攝並放鬆身心，將功德迴向一切眾生，在「增福增慧」、「早成佛道」的互道祝福聲中，圓滿法會。

● 04.30～05.01

南區香草教師培訓課程
學習植物智慧

4月30日至5月1日，人基會於臺南分院舉辦香草教師培訓課程，由臺南分院監院常宗法師、臺灣大學農藝系名譽教授劉麗飛等授課，有近四十人參加。

由常宗法師講授的「心靈環保與心五四」，說明香草只是一個媒介，主要是陪伴學童，讓孩子從做中學、學中覺，透過觀察植物的生長、榮枯，進而認識

尊重生命、感恩生命，也創造和諧的校園環境。

劉麗飛教授以「學習植物的智慧」為題，分享當植物遇到生命威脅時，會提早開花結果，留下種子；沙漠中的植物為減少水分流失，葉子變得細尖以適應環境；提醒學員，多關注植物、善待植物，學習植物的智慧，就能體會萬物在說法。

常宗法師分享透過觀察植物的生長、榮枯，進而尊重生命、感恩生命。

課程並安排現任香草教師分享教學經驗，有老師在課程進行中適時加入心五四、心六倫、四種環保的理念，為學童種下善的種子；也有老師表示，「以生命關懷生命、以生命感動生命」的體驗方式，能啟發孩童理解與萬物的關係，吸收更多良善的養分。

● 05.11

全臺法青共聚農禪寺
分享學佛及生命經驗

青年院於5月11日，在北投農禪寺舉辦2019全國法青交流會，以「愛在安己安人」為主題，由高雄法青組成的「純淨樂團」和臺北法青的「純心樂坊」分別演出佛曲，並安排光影劇、鈔經等活動，護法總會副都監常遠法師到場關懷，共有七十多人參加。

全臺法青齊聚農禪寺，彼此交流學佛及生命經驗。

活動安排藝文演出、知性演講、資深法青分享學習與成長，展現各地法青的創意及特色。有臺中法青分享，以往只在地區當義工，參加讀書會後，認識了一群志同道合的朋友，在佛法中發現自我、為社會服務，讓人感動；也有大學生表示，年紀相仿的青年聚在一起，透過交流，彼此打氣、互相感恩、傳遞經

驗，學佛護法更精進。

常遠法師關懷時表示，參與法青會，不只是出坡或辦活動而已，最珍貴的是佛法的滋養；期勉青年在各項奉獻服務中，不僅發揮所長，更能找到歸屬感和修行的著力點。

● 05.12

心靈環保家庭日感恩慶佛誕
七千民眾歡喜浴佛體驗生活禪

方丈和尚果暉法師、藍世聰局長等來賓一同浴佛，為人間好願祈福。

5月12日母親節，適逢農曆四月初八佛誕日，法鼓山於臺北國父紀念館中山公園廣場舉辦「心靈環保家庭日」，以浴佛、撞鐘、鈔經及各種活潑親切的禪修體驗活動、親子手作，接引近七千位民眾共度感恩佳節。

上午九點，各地區代表列隊入場，大眾收攝身心，隨著舞台上示範的法師們進行法鼓八式動禪，享受清楚放鬆。接著，方丈和尚果暉法師偕同法鼓文理學院校長惠敏法師、護法總會會長張昌邦及臺北市民政局局長藍世聰、國父紀念館副館長楊同慧、青年代表蔡旻霓等，一同為好願在人間祈福。

「當今社會需要的正是溫暖的慈悲與清涼的智慧。」方丈和尚開示，母親代表永遠的愛與慈悲，也是無私的奉獻者與施恩者，而佛教是懷恩、報恩與感恩的宗教，期勉大眾學習佛陀的慈悲與智慧，同時分享到家庭、社區、社會，乃至全世界。

祈福儀式之後，分散在國父紀念館各處的生活禪體驗同時展開，包括感恩浴佛、鈔經手作御守、鐘生幸福，以及多項禪修體驗遊戲，讓人在趣味中領略禪滋味，並可過關集點，兌換懷舊小吃枝仔冰、爆米花、棉花糖等。此外，中央舞台的表演節目也接續展開，包括法鼓山社大學員的古箏演奏、兒童英文劇團「好願堡」逗趣表演、合唱團演唱、法青創意擊樂演出、長青班學員分享佛曲動禪等。

有首次與家人參加心靈環保家庭日的八十歲長者，感動於各項活動中的教育意涵，表示「明年還要再來」；合唱團成員則分享，演唱佛曲與眾同樂，也是一種虔誠的布施。

● 05.24～26

雲集寺舉辦禪修營
果醒法師帶領「禪的行解」

臺南雲集寺於5月24至26日舉辦「禪的行解」禪修營，由禪修中心副都監果醒法師帶領，共有八十多人參加。

首日課程著重於行門，包括練習法鼓八式動禪、靜坐、立姿與坐姿瑜伽、拉筋與拜佛，以利身心調整；並安排學員至戶外出坡，體驗身在哪裡，心在哪裡的覺受，也練習從奉獻的過程中消融自我。

次日的課程聚焦在解門，法師演繹「無我」、「空」與「禪修」三大主軸，說明

果醒法師帶領「禪的行解」禪修營，講說「無我」、「空」與「禪修」。

了解一切都是因緣聚散、生滅不停變化的影像，就能漸漸沖淡執著之心，亦即「無我」的核心觀念；然後時時檢查、警惕、結合日常生活中實際的身心經驗，就能體悟「緣起性『空』」；再加入禪修觀照，懂得取相、不取相，如此不但能改變與外界的互動，生命經驗也會翻轉而大不同。

有禪眾分享，法師將三十餘年的禪修經驗及佛法的體悟，轉換成生活語言，搭配實際案例，讓迷惘的大眾，能夠明白佛法的真實意涵。

● 05.25～11.03期間

人基會舉辦幸福體驗親子營
讀懂孩子的情緒密碼

人基會於5月25至26日、6月1至2日，以及10月26至27日、11月2至3日在臺北德貴學苑舉辦四梯次的「幸福體驗親子營」，共有兩百二十多位學齡前兒童與家長，在安定的磬聲傳遞下，專注吸氣與吐氣，讓親子在動靜之間，學習放鬆身心。

營隊融合戲劇體驗與結合多元教案的模式，以戲劇表演、遊戲勞作、故事分享、親子共學等方式，引導孩子認識平靜、難

寓教於樂的幸福體驗親子營，引導親子建立深層關係。

過、害怕、開心、生氣各種情緒，並練習建立情緒的「暫停鍵」，與父母透過暗號形成默契約定，當遇到緊張情境時，可以先讓心平靜下來。

為引導家長讀懂孩子的情緒密碼，營隊並為父母安排親職講座，邀請臺東桃源國小校長鄭漢文、親職教育講師魏瑋志、心理師陳德中，與家長分享有效的溝通與教養。魏瑋志說明，當心中焦慮、困惑與煩躁時，許多孩子會沉迷電玩、網路宣洩情緒，但只能獲得暫時麻醉與紓壓；建議最好的方法是帶著孩子親近大自然、培養廣泛興趣以及運動習慣，建立親子間的深層關係。

● 05.26

三鶯共修處啟用灑淨
接引學區教師、學子親近佛法

三鶯共修處啟用灑淨，接引學區教師、學子親近佛法。

護法總會三鶯共修處於5月26日舉辦啟用灑淨法會，由三峽天南寺監院常順法師主法，護法總會服務處監院常應法師、青年院監院常炬法師等到場關懷，有近兩百人參加。

常應法師表示，三鶯共修處是由青年院與護法體系結合，以專案規畫而成立的據點，也是最大的共修處，因位處學區，具有地利之便，將用全新的面貌接引大眾修學佛法，安定身心。常順法師也期許此處鄰近臺北大學的淨土，能跨越區域發揮影響力。

海山辦事處召委呂理勝特別感恩僧團、悅眾團隊與地方信眾大力護持，希望在學區內接引教師、年輕學子以及社區民眾接觸佛法，共沐佛恩。

● 05.29　07.06

聖嚴書院佛學班聯合結業典禮
逾千人圓滿三年課程

普化中心聖嚴書院於5月29日、7月6日，分別於臺中寶雲寺、北投農禪寺舉辦聖嚴書院佛學班中區、北區聯合結業典禮，共有近一千一百名學員圓滿三年

的學習。

於中區結業典禮上，寶雲寺監院常慧法師、授課老師郭惠芯等出席祝福兩百四十二位學員學佛常精進。典禮中，由兩位班長帶領全體關懷員及學員，發願在菩薩道上學觀音、做觀音，成就他人，利益眾生。常慧法師期勉以三年的學習為基礎，常

果毅法師期勉學員將三年來習得的佛法，帶著清楚的方向在生活中落實。

回道場參加禪坐、念佛、法會等共修，聚集資糧，找出自己的修行法門。

北區結業典禮包含中山、大安、北投、基隆、新店、中正與三重地區等九個班級，共近八百人結業，普化中心副都監果毅法師勉勵學員，三年熏習佛法的時光，看似短暫，但滴水卻能化為滋養生命的開始，結業不是結束，而是以更好的基礎去深入、精進、體驗世間佛法，也鼓勵大眾將佛法實踐在自己身上，成為幫助別人的力量。

典禮中，各班準備《純真覺醒》、《法鼓頌》、《好願在人間》、《佛法的力量》等四首佛曲表演，並融合肢體舞蹈、法鼓八式動禪與彩帶舞；多位結業生也分享三年的成長。有學員在唯識學的課程中，學會觀照自己的起心動念；也有學員學佛後，對周遭的人更有耐心，並進一步放下自我中心，及不必要的情緒，懂得用方法轉念。

● 05.31　08.30　11.22

三堂「心藍海策略」系列課程
「創新‧創心」開啟行動力

人基會於5月31日至11月22日，週五於臺北德貴學苑開辦「心藍海策略——企業社會責任」課程，主題是「創新‧創心」，共三場，有近五百人次參加。

首場邀請導演曲全立主講「美力臺灣」，介紹如何以3D科技開啟實踐夢想的行動力，表示「創新一定要用心。」曲全立十七年前歷經腦部手術後，獨自摸索3D拍攝技術，作品題材包含臺灣海洋、自然景觀等，屢獲國際大獎，同時推動3D科技進入偏鄉，增廣孩童的視野。面對人生曲折與挑戰，曲全立以聖嚴師父所言「試著去轉念」，讓自己學習轉換心情，用專業做對社會有正面影響力的事。

　　8月30日，邀請立法委員許毓仁主講「創新永續競爭力」，分享以數位方式記錄世代成長故事，散播世界的正向能量；強調只要有勇氣站出來做對的事，背後就會有無窮的希望。

曲全立勉勵學員，用專業去做對社會有影響力的事務。

　　第三場邀請中華電信前董事長鄭優主講「從中華電信MOD & 5G談起」，說明迎接5G行動互聯網時代，個人和企業如何提昇競爭力、掌握最佳時機；也針對企業轉型、資訊安全及人工智慧，提出願景。

　　每場講座中，並由「心六倫宣講團」講師分享打造幸福企業的職場倫理，善用「四它」及「四要」，營造快樂幸福、永續發展的企業環境。

● 06.01

聖嚴師父著作亞馬遜網路書店上架
接引英語系人士親近佛法智慧

　　文化中心以電子書形式，將聖嚴師父禪修系列、經典系列、生活佛法系列等十三本外文著作，包括《禪與悟》（*Chan and Enlightenment*）、《禪的世界》（*The World of Chan*）、《聖嚴法師學思歷程》（*Chan Master Sheng Yen : A Journey of Learning and Insight*）等，陸續於亞馬遜網路書店上架全球發行，接引英語系佛教徒親近佛法智慧。

聖嚴師父多本英文著作於亞馬遜網路書店上架，接引英語系人士親近佛法智慧。

　　2015年起，中華佛學研究所集結國內外佛學界優秀的譯者、編輯者與校對者，將聖嚴師父的著作翻譯成英、法、德等多國語言出版，法鼓文化並以Kindle電子書形式於全球電商亞馬遜網路書店上架。

　　透過亞馬遜書店請購聖嚴師父著作的讀者，遍及美國、英國、歐洲、日本、印度、加拿大、巴西、墨西哥、澳洲等國，只要將

著作下載到電腦、平板與手機上閱讀，隨時隨地深入智慧寶藏。

亞馬遜網路書店：https://www.amazon.com。

● 06.01

閩南佛學院師生參訪法鼓山
交流佛教教育理念

中國大陸福建省廈門市閩南佛學院常務副院長界象法師帶領一百五十多位師生、居士，於6月1日參訪法鼓山園區，由方丈和尚果暉法師、僧團副住持果品法師代表接待，交流推動佛教教育理念。

方丈和尚以「發大菩提心，做佛門龍象」與學僧們共勉，同時期許年輕的學僧們，持續發揚漢傳佛教。界象法師表示，此行已是第六次訪問法鼓山，對於當年聖嚴師父「學習要和現實生活連結」的開示，以及迎接師父率團廈門參訪的經歷，至今印象深刻；期望能和臺灣寺院保持法脈間的互動，祈願佛日增輝、法輪常轉。

為了解臺灣佛教高等教育的現況，一行人也參訪法鼓文理學院，認識臺灣將宗教研修學院納入高等教育體系的歷史，以及聖嚴師父「今天不辦教育，佛教就沒有明天」的興學大願。

閩南佛學院師生參學法鼓山，交流佛教教育理念。

● 06.01～02

紫雲寺舉辦萬行菩薩成長營
常炬法師分享「學觀音，做觀音」

感恩義工的發心奉獻，高雄紫雲寺於6月1至2日舉辦萬行菩薩成長營，青年院監院常炬法師到場關懷，共有六十多人參加。

常炬法師關懷時，分享如何學觀音、做觀音，鼓勵義工學習「來迎觀音」千手護持、千眼照見，主動關懷接引來到法鼓山道場的每位有緣眾生，並且能如「祈願觀音」傾聽眾生的聲音，了解對方的需求，以慈悲關懷為目標，進一步學習「開山觀音」，用所學的佛法智慧，開啟眾生心中的寶山。

成長營豐富而深入的課程，讓萬行菩薩願行加分。

成長營除禪修體驗外，並邀請社工師謝云洋、心理諮商師郭敏慧，帶領課程及遊戲，學習認識自我、肯定自我、成長自我、消融自我，將佛法智慧應用在日常生活中，轉煩惱為菩提。

有義工表示，兩日豐富而深入的課程，彷彿充足了電，帶著滿滿的願心，期待將學到的佛法利益更多人。

● 06.01～26

僧團展開結夏安居
精進共修為利他

僧團結夏安居第二梯念佛禪七，由總護常乘法師兼任維那，帶領僧眾動中念佛。

僧團於6月1至26日，在法鼓山園區舉辦結夏安居，期間展開放鬆五日禪、念佛禪七、以及精進禪十四，共有來自海內外各分支道場逾兩百位僧眾參加。

三梯次禪期中的放鬆五日禪、念佛禪七，全程聆聽聖嚴師父影音開示，俾使僧眾深化正知正見、正信正行的修學次第，在拜懺、拜佛、禪修、念佛等法門上漸次沉澱攝心。精進禪十四邀請聖嚴師父馬來西亞法子繼程法師帶領，接續講解2018年結夏未講完的《永嘉證道歌》，並將歌中的六十餘首詩偈分為禪者、禪心、禪境、禪理與非禪等五類，引導僧眾更全面理解其中的

豐富內涵。

　　繼程法師勉勵，大乘佛法特別強調「他受用」，然而，唯有在日日持續不懈的精進中，對佛法有多一分體會及受用，清淨解脫的「自受用」才能扎根，轉化成慈悲利他的「他受用」，進而俾利於人類社會的安定，實踐自利利他的佛陀本懷。

● 06.15

《人生》創刊七十年
出版英文專書

　　創刊於1949年的《人生》雜誌，繼5月出版「悟吧！在世界佛教村」七十週年專刊後，6月15日接續發行*Global Buddhist Awakening*英文專書，內容分成四大單元：回應驟變、佛教文化、禪法西來、世界佛教村，綜覽佛教在當代世界的發展與機遇。

《人生》雜誌創刊七十年，特別出版 *Global Buddhist Awakening* 英文專書。

　　書中收錄2018年6月，《人生》邀請不同傳承的法師大德，包括美國索諾瑪山禪修中心（Sonoma Mountain Zen Center）創辦人關寂照（Jakusho Kwong-Roshi）、加州夏斯塔寺（Shasta Abbey）住持梅安法師（Rev. Meian Elbert）、法國梅村（Plum Village）香港基金會執行總監法欽法師（Ven. Phap Kham）、法鼓山方丈和尚果暉法師，以及美國智慧出版社（Wisdom Publications）執行長丹尼爾‧艾特肯（Daniel Aitken）、《三輪》（*Tricycle: the Buddhist Review*）雜誌讀者開發總監山姆‧茂（Sam Mowe）等共同分享佛法悲智，提供修行指引的兩場主題演講和座談會內容。

　　聖嚴師父與多位西方弟子結下的深厚法緣，吉伯‧古帝亞茲、賽門‧查爾得（Simon Child）、麥克斯‧柯林（Max Kalin）、卡門‧米哈勒內（Karmen Mihalinec），則分享師徒故事與在西方弘揚漢傳禪法的努力。另有美國菩提長老（Ven. Bhikkhu Bodhi）反思社會制度對人的壓迫，分享從傳統僧侶生活轉而投入社會倡議的歷程；義大利籍法樂法師（Dhammadinnā Bhikkhunī），分享少女時期，因學習芭蕾舞而開啟學佛契機，後成為女性出家人，從義大利到臺灣的學術與修行之路。

● 06.21～23

人基會舉辦「企業心幸福體驗營」
長春集團高階主管體驗禪修

　　人基會應長春集團之邀，於6月21至23日在法鼓文理學院舉辦「企業心幸福體驗營」，內容包括禪修體驗、茶禪、心靈環保理念與運用，由中華佛研所所長果鏡法師、僧大教務長常啟法師、心六倫宣講團種子教師等帶領，共有四十三位高階主管參加。

　　課程豐富多元，融合企業管理與禪修，包括常啟法師指導禪修，學員學習從自身出發，從心開始體驗自己，進而逐步體驗禪與生活的結合；果鏡法師帶領茶禪體驗，則介紹茶文化的深厚底蘊；文理學院佛學系主任鄧偉仁主講「心的鍛鍊──高效、快樂與智慧」，說明未經鍛鍊的心，有著各種無明、煩惱，經過禪法鍛鍊的心，才能閃耀出智慧的光芒，發揮破暗的力量。

　　心六倫宣講團講師陳韋仲、戴萬成分別講授「企業的溫度」、「主管全方位修鍊與幸福企業」，引導思索「幸福企業」的關鍵及條件、領導者扮演的角色，如何提昇凝聚力，與個人、團隊共同面對逆境。

　　有學員回饋表示，課程以互動式引導，結合體驗與遊戲等活潑方式，加上境教的沉澱，不僅認識佛法與禪法的真諦，體驗到放鬆覺察的入門方法，更學習到可帶回職場應用的團隊領導與管理思維。

果鏡法師於「企業心幸福體驗營」中，介紹茶文化的深厚底蘊。

● 06.28

「漢傳禪法之當代流傳」座談會
東、西方法子分享禪法弘傳

　　緬懷聖嚴師父圓寂十週年，僧團於6月28日在法鼓山園區舉辦「漢傳禪法之當代流傳」座談會，邀請師父海內外弟子，包括吉伯・古帝亞茲、賽門・查爾得、查可・安德列塞維克（Žarko Andričević）、繼程法師，以及禪修中心副都監果醒法師、中華佛研所所長果鏡法師，分享漢傳禪法於東、西方弘傳的現況、挑戰與開展，有近一千人參加。

上午的兩場座談，首場由香港道場監院常展法師主持，並提問「禪法如何因應現代社會需求？應如何確認弘法方式不離正信佛法？」，繼程法師表示，教學沿著禪法脈絡並融入從聖嚴師父學到的技巧，再因時因地及學員因緣而調整，即可契理契機

第一場座談會中，探討禪法的弘傳須以正知見為基礎，方便善巧地運用現代工具，讓弘法更得力。

；吉伯則是善用網路、直播開示及演講，也運用社交軟體，讓學員可隨時於群組內發問、即時得到解答。果醒法師也指出，因時代、對象不同而運用不同方法接引，例如法鼓八式動禪，便接引許多人接觸禪法，並且運用於生活上。

第二場座談由寺院管理歐美區副都監常悟法師主持，聚焦於漢傳禪法的教學與傳承。果鏡法師分享每年帶領法鼓文理學院期初禪七和禪一，也將漢傳禪文化推廣到臺灣科技大學的通識教育課程；而文理學院的禪七等行門實踐，更為臺灣校園首創。帶領「西方禪學會」（Western Chan Fellowship）的賽門指出，禪學會注重制度，除了禪修體驗外，也需有佛法、監香、小參的完整訓練。甫於克羅埃西亞創建第一個漢傳禪修中心的查可，同樣感受傳承禪法的任重道遠，指出禪修老師需保持一顆開放、敏銳的心，不只是分享知識，還要能回應來自不同背景的學生需求。

延續聖嚴師父解行並重的教學方法，法子們於座談後，與禪修老師卡門・米哈勒內（Karmen Mihalinec）、李世娟等，分別在園區大殿、副殿、彌陀殿等區域，傳授修學禪法的心要，並引導大眾透過放鬆、默照、禪瑜伽等方法，體驗禪味。

● 06.29～30

「佛法與社會科學國際研討會」
融貫佛法與社會科學的關懷精神

接續6月28日「漢傳禪法之當代流傳」座談會，僧團於29至30日舉行「佛法與社會科學國際研討會」，融貫佛法與社會科學的關懷精神，從經濟、公共治

理、財務會計企管、社會學等面向展開對話。

其中,四場專題演講,經濟方面,包括著有《正念經濟學》(*Mindful Economics: How the U. S. Economy Works, Why It Matters, and How It Could Be Different*)的美國經濟學者喬爾‧麥紐森(Joel Magnuson),以「迎向2030的正念經濟學」(Mindful Economics and the Countdown to 2030)為題演說,認為唯有透過面對欲望所帶來的苦(苦),試圖理解苦的成因(集),也就是消費背後由貪、瞋、癡所構築的虛幻自我,才能進而參與社會變革(滅);社會學方面,美國加州大學聖地牙哥分校(University of California, San Diego)社會學系名譽教授趙文詞(Richard Madsen)在演講「社會學與佛法智慧之養成」(Sociology and the Cultivation of Buddhist Wisdom)中指出,當代人間佛教的可貴,即在「入世」與「超越人我對立」的精神,期許佛法智慧能深植人間,幫助人們學習接受差異,如此才能在崩壞中的社會中,建立普世共通的和平秩序。

財會企管方面,香港恆生大學校長何順文,以「企業倫理——佛學的一些啟示」為題,進行演說,呼籲借鑑佛教哲學,讓佛學今用,為企業管理注入不一樣的思維,將私利追求轉為社會公益;公共治理方面,美國公共事務與行政協會聯合會(National Academy of Public Administration)前主席法蘭西斯‧貝瑞(Frances Berry),在「企業倫理——佛學的啟示」(Applying Buddhist Principles to Managing People in the Public, Private and Nonprofit Workplaces)演講中,肯定佛教理念的管理原則,並進一步探討如何與西方管理學結合,以讓組織成長達到兼具社會利益雙贏的局面。

另一方面,會議中發表的五十六篇論文,各領域學者論述佛法與社會科學跨領域相融的研究成果,多篇論文結合法鼓山理念,如「心靈環保」、「心六倫」、「人間淨土」,更彰顯出法鼓山理念的現代意義。

社會科學領域學者於「佛法與社會科學國際研討會」開啟熱烈對話。

以佛法利益當代社會

聖嚴師父圓寂十週年國際學術研討會

特別報導

聖嚴師父曾言：「建設人間淨土，就是希望我們這個世界上苦難的人，不一定他們全部都變成佛教徒，但是他們能夠得到佛法的慈悲和智慧的力量。」2019年，適逢師父圓寂十週年，承續師父透過「心靈環保」跨界弘傳佛法的願心，僧團於 6 月 28 至 30 日，於法鼓山園區教育行政大樓及法鼓文理學院，舉辦一日的「漢傳禪法之當代流傳」座談會，與兩日的「佛法與社會科學國際研討會」。

法鼓山的方向　法子同行同願

28 日兩場座談會以「漢傳禪法之當代流傳」為主軸，六位聖嚴師父東、西方法子分享各自融合國家、地域文化、順應信眾根機，以方便善巧方式，展開禪法教學及弘傳的心得，另外，也交流探問佛法不變的內涵與精髓，更進一步面對法脈相續等問題，思考師生關係的轉化。

馬來西亞法子繼程法師爬梳漢傳禪法的演變，並強調禪法重點：一是祖師心法，二是菩提心。因應網路世代的崛起，美國法子吉伯・古帝亞茲表示善用網路直播開示及演講，可跨越時空障礙，讓弘法教學零距離；禪修中心副都監果醒法師說明，運用不同方法、媒材是必要的，如融合生活的法鼓八式動禪，或以動畫、影片作為弘法工具；中華佛研所所長果鏡法師則分享將茶藝、插花等生活禪，推廣至大學通識教育的回響；對於禪法的傳承，英國法子賽門・查爾得強調，師生之間的心心相會是不可取代的；克羅埃西亞法子查可・安德列塞維克進一步指出，佛法是良藥，但需要對症下藥，因此老師需保持一顆開放、敏銳的心，才能具體回應學生需求。

座談會圓滿後，並舉行由法子及禪修老師帶領的禪修體驗，指導大眾透過放鬆、默照、禪瑜伽等方法清涼身心，具體傳達禪的體現，超越語言與文化；而不同方法的運用與創新，也顯揚法有道、禪無門的內涵。

心靈環保　跨領域對話

29 至 30 日的「佛法與社會科學國際研討會」，融貫佛法與社會科學的關懷精神，涵跨經濟、社會學、公共治理、財務會計企管等四個論壇，包括四場專題演講、五十六篇論文發表，議題豐富、角度多元，與會學者透過熱烈對話，迸發思辨火花，探究佛法與社會科學相互借鑑、增上的方向，為淨化人心、淨化世界，發揮關懷和教育的力量。

講座後，大眾分三個場地，在法子與禪修老師的帶領下體驗禪法。

論文發表，成功大學經濟學系教授許永河在〈經濟富足與心靈安樂——聖嚴法師「建設人間淨土」思想對「佛教經濟學」理論之啟示〉中，強調實踐「心靈環保」的重要，並以「痛苦最小化」、「欲望簡單化」作為目標，期望達到永續幸福發展的經濟。澳洲墨爾本大學（The University of Melbourne）社會工作系研究員陳維武，從佛性的平等觀、緣起的變革觀，以及普賢第九願恆順眾生行動觀，重新建構佛教對社會正義的論述。

法鼓文理學院人文社會學群學群長陳定銘，與中央大學客語暨社科學系博士生徐郁雯，共同發表〈至善社會福利基金會都市原住民照顧計畫之社會投資報酬分析〉，採取英國社會價值學會推動的「社會投資報酬」（Social Return On Investment，SROI）分析為標準，針對都市原住民計畫利害關係者進行深度訪談與問卷調查，具體描繪及衡量公益活動投入、產出與成果之間所造成的改變，並以貨幣為統一衡量單位，計算並表達其社會價值與社會影響力。香港大學佛學研究中心助理教授吳志軒發表的〈「緣起領導」管理模式——佛法與領導管理〉，則從「緣起」和「無我」面向，重新定位領導者與管理者，將組織管理的精神提昇到自利利他的高度，探索悲智雙運的可能。

實踐與超越　擘畫人間淨土的願景

為期三天的活動，同時提供中、英譯網路直播，全球近六千六百位信眾於線上同霑法義。正如方丈和尚果暉法師於開幕時指出，聖嚴師父以「心靈環保」為核心理念，致力推廣世界人心的淨化，跨越宗教、階層、文化等藩籬，將禪法轉化為符合現代人所需的生活實踐，期勉四眾弟子承續師父的理念，秉持實踐精神，讓更多人受用佛法的好。

東、西方法子及學者齊聚一堂，探討修行深化的必須、傳承的必然，以及跨界對話應用的必要，而研討會多篇論文探究領導管理、企業社會責任、永續發展等命題，為當代社會關注的議題注入佛法思惟，展現出佛法修行與社會科學實踐的共融共通。

方丈和尚果暉法師欣見三天的交流與研討，由內而外方能為這個充滿危機與轉機的世界，提供佛法的智慧，進而達到建設人間淨土的願景。傳承中有開展，是漢傳佛教的當代演繹，也是人間淨土願景的擘畫。

兒童心靈環保體驗營海內外展開
學員歡樂學習守護大地

7月1日至8月6日暑假期間，海內外各分寺院、辦事處、分會等，共舉辦二十梯次「2019兒童心靈環保體驗營」，以四環體驗為主軸，透過遊戲、活動和戲劇，帶領小學員認識地球暖化、環境汙染等議題，並發揮創意，思考應對之道成為守護大地的小小尖兵，共有逾兩千位國小學童參加。

在臺灣北部地區，於法鼓山園區展開的兩梯次營隊，在「拯救未來・全面啟動」遊戲中，反思全球垃圾議題，小學員扮演各國領導人、閣揆與意見領袖，學習運用慈悲與智慧的方法探索新可能，將危機化為轉機，提供無包裝商店、無塑運動、城市修理站、印尼垃圾銀行等環保行動，引導思考並練習在生活中具體實踐。

7月16日起接連四日，包括從芬蘭、加拿大等地區來的一百二十位學童齊聚北投農禪寺，面對「全球暖化」、「氣候異常」日趨嚴重，小隊輔以寓教於樂的戲劇表演，教導認識食物碳足跡、學習健康飲食、落實節能減碳等生活環保，小學員們表示願從自身做起，食用在地食材，自行攜帶餐具，為環保盡一份心力。

蘭陽分院舉辦的營隊中，六十四位小學員歡喜化身為當家小廚師，把家鄉味變為「家香味」，完整參與飯菜的製作過程、善後清潔，料理出美味可口、色香俱全的餐點，透過觀察、討論，認識環境和食品安全中存在的危機，從心建立起環保不分你我的生活觀念。

中部地區，臺中寶雲寺兩梯次兒童營，以「小悉達多的航海驚奇」為主題，一百八十六位學員觀看海洋生態影片、以紙黏土捏製小船，並藉由包紮手臂單手托水缽，體驗鯊魚被割鰭、海龜鼻孔塞著吸管的感受，在海洋垃圾障礙的五個關卡奮力突破，從中體驗四種環保對個人、對所有生命的重要。

高雄紫雲寺兒童營將農村意象搬入寺院，透過戲劇表演、製箏放飛、紅豆派DIY、遊戲體驗等活動，帶領孩童走進自然、感受自然，進而關懷土地環境；機器人課程講師蔡錦豐教導學童利用積木結合動作感應器，驅逐影響收成的鳥類，幫助農夫解決問題，帶動思考人與

法鼓山園區兒童營，學員商討對策，拯救環境。

自然間達到雙贏的方法。

海外地區，美國洛杉磯道場於7月13日舉辦心靈環保親子體驗營，東初禪寺於7月31日至8月4日，在象岡道場展開暑期親子營，兩地皆以「生活環保」及「禪修體驗」為主軸。其中，象岡道場規畫學佛行儀、故事繪本、手工製作、團康活動等，引導小學員將佛法精神內化於日常生活中，也安排親子互動遊戲，在活潑創新氛圍中，小手牽大手，大小朋友歡樂共學。

2019 法鼓山兒童心靈環保體驗營一覽

區域		活動單位（地點）	舉辦日期	梯次	主要參加對象
臺灣	北部	法鼓山園區	7月11至14日	第一梯次	國小高年級
			7月18至21日	第二梯次	國小高年級
		北投農禪寺	7月16至19日	共一梯次	國小中年級
		臺北安和分院	7月12至14日	共一梯次	國小中、高年級
		蘭陽分院	7月5至7日	共一梯次	國小中、高年級
		臺北中山精舍	7月1至3日	第一梯次	國小高年級
			7月4至6日	第二梯次	國小中、低年級
		桃園齋明寺	7月27至28日	共一梯次	國小高年級
		桃園齋明別苑	8月3至4日	共一梯次	國小低年級
		社大（法鼓山園區）	8月3至4日	共一梯次	國小學童
	中部	臺中寶雲寺	7月8至9日	第一梯次	國小高年級
			7月10至11日	第二梯次	國小中年級
	南部	臺南雲集寺	7月13至14日	共一梯次	國小中、高年級
		臺南分院	7月13至14日	共一梯次	國小中、高年級
		高雄紫雲寺	7月26至28日	共一梯次	國小中、高年級
	東部	臺東信行寺	7月31日至8月4日	共一梯次	國小中、高年級
海外	北美	美國東初禪寺（象岡道場）	7月31日至8月4日	共一梯次	親子營
		美國洛杉磯道場	7月13日	共一梯次	親子營
		美國普賢講堂	7月6日	共一梯次	親子營
		美國西雅圖分會	8月5至6日	共一梯次	國小學童

● 07.06～08.24

禪堂舉辦默照禪四十九
堅固禪眾的道心與信心

7月6日至8月24日，禪堂於園區法華書苑舉辦默照禪四十九，由監院常乘法師擔任總護，為方便禪眾作息，禪期分三梯次的禪七、兩梯次的禪十四，共有

十四人圓滿四十九日的精進修行。

為期七週簡單規律的生活，禪眾清晨四點起板，晚間十點安板，每日觀看聖嚴師父的開示影片，依著師父的指導，坐禪、經行、拜佛，不斷地體驗方法，收心、攝心、安心。無論是新學老參，隨著個人的身心狀況，選擇適當的方法，腳踏實地按部就班用功，氛圍相當凝聚。

禪期中，常乘法師提醒，漢傳禪法是一念用方法、一念得解脫，念念用方法、念念得解脫，禪修「不是沒有妄念」，而是要有「著力點」，能知道、發現。知道有妄念，發現自己在昏沉、腿痛，表示自己的心是清楚，念念都是新的、念念都是初發心，以這種心態來禪修，隨時都會感覺到法喜和禪悅。

有全程參與的禪眾分享，會以聖嚴師父開示「智慧是無我的態度，沒有自我執著」，藉此提醒自己將每一天當成第一天，每天都是新的體驗，每天都要重新認識自己。

● 07.07

紫雲寺《六祖壇經》講座
常啟法師詳釋無相懺悔

高雄紫雲寺於7月7日舉辦佛學講座，由僧大教務長常啟法師主講《六祖壇經·懺悔品》，分享無相懺悔的生活實踐，共有一百五十人參加。

常啟法師說明「無相懺悔」的意義，不只是懺悔惡業，要不被憍誑嫉妒等負面心所染，也不被幸福快樂所染，即是「離兩邊」；《壇經》的懺悔法門，關鍵在於當下的這一刻。法師指出，不同於「有相懺

常啟法師於紫雲寺講述無相懺悔的生活實踐。

悔」從「事相」上著手，「無相懺悔」不強調對與錯，而是在起心動念的根源處，從「自性」起修，修行要回到自心，相信、肯定自心即佛。

法師提醒，無相懺悔是「念起即覺，覺之即無」，生活上就是用「現在觀」來落實，一是「離」過去未來，也就是不追悔過去，不擔憂未來，懺悔當下的錯誤，承擔起責任；二是「不離」過去未來，方能清楚過去未來是流動的因緣，了解整體緣起，於懺悔後重新出發。

常啟法師並以開車比喻修行，如同車子必備的後照鏡，讓我們時時知懺悔，在生活中練習從「後知後覺」轉入「念起即覺，覺之即無」，進而成長自我。

● 07.11～09.27

社大禪繞畫作品展
以禪藝安定人心

社大禪繞畫作品展，於臺大醫院金山分院舉辦啟展茶會。

法鼓山社大於7月11日至9月27日，在臺大醫院金山分院舉辦「遇見心自己——禪繞畫創藝作品展」，共展出北海、北投、新莊三校區六十四位學員的七百六十三幅作品；11日並舉行啟展茶會，包括方丈和尚果暉法師、社大校長曾濟群，以及金山分院院長張志豪等，有近一百位鄉親參加。

茶會中，方丈和尚表示，金山分院提供在地鄉親優質的醫療資源及場域，社大開辦涵養心靈的優質課程，希望透過畫展能讓更多人參與終身學習、豐富人生的行列；張志豪院長感謝社大的展覽為醫院注入人文藝術氣息，讓病友和醫護人員感受到社區人文之美，增進身心靈的健康美麗。

校長曾濟群則說明，秉持聖嚴師父以推展藝文，提昇人品的期許，社大每年都與院方合辦各項展覽，2019年希望透過禪繞畫，鼓勵大眾學習用禪的靜心、畫的藝術，從心看自己。

● 07.14　08.25　09.15　09.29

果賢法師導讀《法鼓山的方向》
共勉實踐聖嚴師父教法

六冊《法鼓山的方向》出版後，文化中心副都監果賢法師於7月14日至9月29日，前往臺中寶雲寺、齋明別苑、新竹精舍帶領導讀，重溫聖嚴師父過往於各地關懷時，對大眾的期勉及叮嚀。

其中，7月14日及9月15日於臺中寶雲寺進行的導讀會，果賢法師介紹《法鼓山的方向》收錄了1989至2009年聖嚴師父的重要開示、關懷及勉勵。法師分享師父面對不同的人士，會視對方需求，回應契理契機與實用的法義；在六本書中，不僅可以讀到師父的智慧，還有對四眾弟子交付的任務。

果賢法師說明，聖嚴師父的教法與行誼，彰顯出師父將體現佛法的空性智慧，在待人處事中履踐而行；因此法鼓山的理念，就是推動心靈環保，建設人間淨土。只要一念清淨，便一念在淨土；念念清淨，則念念在淨土。

果賢法師於寶雲寺，與中部悅眾重溫聖嚴師父對四眾弟子的叮嚀和期勉。

有讀書會悅眾表示，聖嚴師父一生只做一件事，就是分享佛法，而讀書會的功能，就是分享師父的教法；也有資深勸募鼓手發願邀約大眾共讀《法鼓山的方向》，接引更多人認識、親近法鼓山。

● 07.21～28

教師禪七天南寺舉行
將安心方法帶回校園

教聯會於7月21至28日，在三峽天南寺舉辦教師禪七，由常正法師擔任總護，共有一百三十位中小學校教職員參加。

由於學員均有兩次以上精進禪二的經驗，禪七期間主要聆聽聖嚴師父開示，並由法師指導坐禪、數息，進一步認識放鬆身心、精進修行的方法；也在大自然中，以草地為方墊、巨石為蒲團，靜默觀照身心的變化。

大堂分享時，有學員表示，規律的作息，能調和緊繃的生活，感恩能在暑假參加禪修活動，讓疲憊的身心充分放鬆。圓滿日方丈和尚果暉法師也到場關懷，並以手機充電比喻修行，禪七的短期修行猶如快速充電，每日持續的定課則像涓流充電，期勉學員將禪法運用於日常生活，為奉獻教育的願力充電。

教師禪七在三峽天南寺展開，禪眾置身自然，為奉獻教育的願力充電。

● 07.21～09.02期間

2019中元法會全球展開
教孝月共修懺悔報恩

雲集寺三昧水懺暨三時繫念法會由常應法師主法，帶領大眾祝福眾生離苦得樂。

農曆七月為佛教的教孝月、報恩月，為倡導教孝報恩，法鼓山全球各分院道場於7月21日至9月2日期間，陸續舉辦各項共修法會，邀請大眾透過誦經、念佛、禮懺，將修行功德迴向歷代祖先及一切眾生，並為現世親友祈福；同時藉由法會，收攝身、口、意，懺悔自省，長養慈悲心。

於臺灣，系列法會由北投文化館7月21日起舉辦的「中元報恩《地藏經》共修」肇始，為期一個月的共修活動，共有三千八百多人次參加。臺中寶雲寺於8月2日起，舉行三日的中元地藏法會，八百多位信眾虔心禮拜地藏懺，恭誦《地藏經》；監院常慧法師說明，對父母最大的報恩，就是用父母給予的色身，做對社會及眾生有利的事，期勉大眾回到日常生活中奉獻利他，持續為在世及往生的親人，做出具體的報恩行動。

8月4至29日期間，除了北投農禪寺啟建梁皇寶懺法會外，臺北安和分院、桃園齋明寺、齋明別苑、蘭陽分院、南投德華寺、臺南分院、雲集寺、高雄紫雲寺以及臺北中山精舍、基隆精舍及新竹精舍，也先後舉辦一天至七天的中元地藏法會。此外，臺南分院、臺東信行寺和高雄紫雲寺，則舉辦慈悲三昧水懺法會與三時繫念法會，透過誦念《阿彌陀經》、持咒、念佛、迴向祝福亡靈。本年適逢921大地震二十週年、莫拉克風災十週年，臺南分院特別於法會中為受苦受難的眾生祈福。

海外的美國東初禪寺、洛杉磯道場、舊金山道場、普賢講堂及加拿大溫哥華道場等，也自8月3日起，分別舉辦梁皇寶懺、中元地藏法會及慈悲三昧水懺法會。其中，舊金山道場連續兩日的地藏暨水懺法會，由常源法師主法；監院常惺法師於法會圓滿後，感謝信眾、義工的參與，更懇切提醒藉由禮佛拜懺，研讀經文深入教理，開發自心的佛性。

2019 法鼓山全球中元系列法會一覽

區域		主辦單位（地點）	時間	內容
臺灣	北部	北投文化館	7月21日至8月29日	中元報恩《地藏經》共修
			7月26至28日	中元報恩地藏法會
		北投農禪寺	8月4至10日	梁皇寶懺法會
		臺北安和分院	8月14至29日	中元報恩地藏法會
		桃園齋明寺	8月12至17日	中元報恩地藏懺法會
			8月18日	中元報恩地藏法會
		桃園齋明別苑	8月10至11日	中元報恩地藏法會
		蘭陽分院	8月11日	中元報恩地藏法會
		臺北中山精舍	8月11至18日	中元報恩地藏法會
		基隆精舍	8月12至17日	中元報恩《地藏經》共修
	中部	臺中寶雲寺	8月2至4日	中元報恩地藏法會
		南投德華寺	8月11日	中元報恩地藏法會
	南部	臺南分院	8月3至4日	中元報恩地藏法會
			8月10日	中元報恩慈悲三昧水懺法會
			8月11日	中元報恩三時繫念法會
		臺南雲集寺	8月18日	中元報恩地藏法會
		高雄紫雲寺	8月11至17日	中元報恩地藏法會
			8月18日	中元報恩三時繫念法會
	東部	臺東信行寺	8月16至17日	中元報恩慈悲三昧水懺法會
			8月18日	中元報恩三時繫念法會
海外	北美	美國東初禪寺	8月26日至9月2日	梁皇寶懺暨三時繫念法會
		美國洛杉磯道場	8月10日	中元報恩地藏法會
			8月11日	中元報恩慈悲三昧水懺法會
		美國舊金山道場	8月3至4日	中元報恩地藏暨慈悲三昧水懺法會
		加拿大溫哥華道場	8月17日	中元報恩地藏法會
			8月18日	中元報恩慈悲三昧水懺法會
		美國普賢講堂	8月17日	中元報恩地藏法會
		美國西雅圖分會	8月11日	中元報恩地藏法會
		美國新澤西州分會	8月17日	中元報恩慈悲三昧水懺法會
	亞洲	泰國護法會	8月3日	中元報恩地藏法會
			8月4日	中元報恩慈悲三昧水懺法會
		新加坡護法會	8月25日	中元報恩地藏法會

● 07.21～10.13期間

中區法行會「千江映月」講座
跟隨聖嚴師父學做觀音

中區法行會「千江映月」講座，常慧法師引導學員隨著聖嚴師父學做觀音菩薩。

7月21日、8月18日、9月22日、10月13日，中區法行會每月週日於臺中寶雲寺舉辦「千江映月——聖嚴法師與觀音法門」系列講座，由寶雲寺監院常慧法師主講，分享聖嚴師父一生不同階段的生命經歷，了解師父修學觀音法門的歷程，啟發大眾對觀音菩薩與觀音法門信心，共有近八十人參加。

四堂課程中，常慧法師從《歸程》、〈江心上的月影〉等聖嚴師父自傳與文章，整理出師父一生與觀音菩薩相遇的過程：童年隨母親參加觀音會，生起助人的心；沙彌時期，因拜觀音而開智慧，對佛法有了信心，人生也因此有了方向與定位；當兵時，以信仰來堅定出家身分，用法門來持續堅忍力；閉關時，以拜大悲懺來克服障礙；留日時，一心堅持所學是為了奉獻；及至創立中華佛研所、創建法鼓山，是師父一生願心的圓滿，也展現了觀音菩薩的大悲願力。

法師進一步說明師父學觀音法門的次第，在童年、沙彌、當兵、閉關等時期，從接觸觀音菩薩，到念觀音、求觀音、拜觀音，在自利的過程中，體會到觀音的悲願力，立下學觀音、做觀音的利他志向，最終成為眾生的觀音。

常慧法師期勉學員，思考自己學佛的過程，以及觀音菩薩、聖嚴師父和自己的連結，並實地體驗觀音法門，每天持誦〈大悲咒〉二十一遍，或念「觀世音菩薩」聖號一千聲，透過實踐和體驗，讓自己宗教信仰的歷程，進一步內化成生命，普利世間眾生。

● 07.22

方丈和尚分享幸福密碼
感恩知足　廣結善緣

方丈和尚果暉法師於7月22日，應人基會與國立教育廣播電台共同製播的《幸福密碼》節目之邀，分享學佛「僧」涯的幸福密碼，訪談內容並於8月30日播出。

方丈和尚表示，自己的幸福密碼就是感恩、知足、廣結善緣；一生當中受到的恩惠太多，佛法說感恩圖報，要報眾生恩、父母恩、師長恩以及三寶恩，因此需要與更多人廣結善緣，同行菩薩道。方丈和尚也分享在日本求學時的觀察見聞，讚歎佛法深植於日本文化之中，例如曾在街邊的花圃中，看見「草木皆有佛性」的告示說明；各種傳統技藝如茶道、劍道、花藝、書道等，均可看出佛法的底蘊。

方丈和尚於廣播節目《幸福密碼》中，分享學佛「僧」涯的幸福密碼。

針對主持人張光斗請教如何面對壓力的提問，方丈和尚以聖嚴師父經常提醒的「要記得微笑」，鼓勵大眾遭遇困境難關時記得Stop（暫停）、Relax（放鬆）、Enjoy（享受當下），更期勉發揮生命的光彩與價值，利益他人，便是成長自己。

● 07.27～28

社大「福慧傳家禪悅營」
祖孫三代共創家的和諧

法鼓山社大於7月27至28日舉辦「福慧傳家禪悅營」，以寓教於樂、老幼共學的形式，促進親子感情交流，共有二十三組家庭、八十位祖孫三代參加。

首日活動在北投雲來寺展開，由傳燈院常襄法師帶領生活禪體驗，進行闖關禪玩、托水缽、吃飯禪、鈔經等；其中，闖關禪玩的疊螺絲、釣瓶子等遊戲，孩童不僅體會動禪的專注與放鬆，也培養體貼關懷的柔軟心。

28日上午於社大石門戶外教室進行採摘茶葉、咖啡盆栽等課程，並邀請青草專家翁義成介紹臺灣青草植物，大、小學員打開感官、接觸土地，認識自然環保的理念和實踐。同時，安排小朋友體驗「揹西瓜」，感受農忙時，農夫揹孩子下田耕種的辛勞，進而學習珍惜與感恩。

下午在法鼓山園區舉辦感恩奉茶，邀請茶道老師傳授茶藝，由小學員為父母及祖父母奉茶，親子間的笑容和擁抱，也讓家庭關係更和諧。

親子共同體驗動禪的專注與放鬆。

● 08.04～10

農禪寺啟建梁皇寶懺法會
贊普展演聖嚴師父生命史

農禪寺啟建梁皇寶懺法會，信眾拜懺同精進。

8月4至10日，北投農禪寺啟建梁皇寶懺法會，由僧大副院長常寬法師等主法，首日即有六千多位民眾虔誠拜懺。法會除於壇場精進共修，亦同步開放網路共修，9日利奇馬颱風來襲，線上逾三千人同時連線共修，讓實體道場的力量無限延伸。

方丈和尚果暉法師4日到場關懷時，開示拜懺的六種功能，包括：增強對佛法的信心、開發智慧、培養慈悲心、修行禪定、超度與祈福，勉勵大眾將觀念帶回生活，淨化職場、家庭、社會。法會期間，也由果徹法師詳說懺悔法門及功用，鼓勵眾人修學善法，悔過就是得道的因緣，懺悔能使自己行為有積極增上的動力；強調做自己心的主人，便是種下菩提道業的業種。

本年為聖嚴師父圓寂十週年，10日瑜伽焰口法會四十八個贊普區，有十六個贊普桌主題，展演師父童年、青年、中年到晚年，不同階段的生命故事，呈現師父弘法利眾的一生。監院果毅法師說明，贊普不只於物質上的布施，最重要的是法布施，希望召請來的有情眾生都能在聽聞佛法的當下，心開意解，離苦得樂。

法會圓滿後，所有來自十方護持的贊普物資，也承續聖嚴師父對法鼓山扮演「輸血管」角色的期勉，致送給社福單位，與大眾分享。

● 08.12～18

青年卓越禪修營
學習探索自我

8月12至18日，青年院於法鼓文理學院舉辦夏季青年卓越禪修營，由演柔法師擔任總護，有近一百位來自印尼、新加坡、馬來西亞及臺灣的青年學員，領受禪法的清涼，同時在課程與禪修體驗互動中探索自我。

課程主要是禪修基礎，融入早晚課、聖嚴師父影音開示，學員循序漸進親近

佛法、禪修，不僅照見心念的起伏，也增進自我覺察的能力。並安排兩場工作坊，「幸福工作坊」邀請成功大學中文系副教授陳弘學帶領，藉由安樂死、第三者、前世等主題，引導學員認識佛法對「我執」、「無常」的觀點，以及三世因果觀。

陳弘學老師帶領青年學員探討生命主題。

由演柔法師帶領的「孤獨勇士」，透過戴上眼罩、獨自摸索道路的體驗，讓學員面對「看不見」的恐懼，引起熱烈回響。有學員在迷路過程，憶起求學生涯總跟別人選擇不同方向，陷入無助感受；也有學員透過嬉鬧，逃避面對內在的真實。

有來自中國大陸四川的大學生分享，在課程中理解了佛法的因果觀，明白信仰是可以理性地辯證；也有因意外車禍，造成他人傷害的學員表示，參與營隊，學會「面對」自己，「處理」事件帶來的情緒，「接受」它成為人生的一部分，並「放下」對自己的束縛。演柔法師期勉學員，領受佛法的好，重整自己的心靈，重拾幸福人生。

● 08.14　08.19～20　10.20

「教師心靈環保教學研習營」南、北舉行
以禪法耕耘幸福校園

教聯會於8月14日至10月20日期間，分別在臺南分院、高雄紫雲寺及臺北德貴學苑舉辦「心靈環保教學研習營」，有近兩百位教師體驗禪修心法，並以心靈環保在教學實務及教案上的運用為題，交流分享。

研習營除由常獻法師帶領禪修體驗，練習放鬆身心；並邀請臺北醫學大學臨床醫學研究所教授張育嘉，以環境破壞及海洋悲歌等迫切議題，直指世人心靈貧窮的問題根源，對治之道則是運用心靈環保中的四安，轉變觀念，從自我身心的提昇，進而達到人間淨土的願景。

「教學實務與交流」單元，安排多位實際運用心靈環保兒童生活教育教案的

參與教學研習營的教師們期許時時觀照自己的心，在校園帶來正面的影響。圖為於臺南分院進行的場次。

老師分享經驗，並分組討論。多位桃園地區國小教師分享禮儀環保，以及在班級中引導靜坐，結合教聯會的教案教材進行教學所帶來的正面成效；也有新竹地區老師表示，心靈環保教案的資源，能運用在改善教師、學生和家長三方的互動，若將教學化為服務，問題也會迎刃而解。

大堂分享時，有學員回饋，「身在哪裡、心在哪裡；清楚放鬆、全身放鬆」的禪修心法，能提昇生命能量和教學動力；有於屏東任教的國小教師肯定經由聯誼交流，可獲得教學經驗，進而改善教學困境。

● 08.17　08.27～28　08.29

2019剃度大典
十五位新戒法師開展新僧命

十五位新戒法師發願弘法利生。

僧團於8月29日在法鼓山園區舉辦剃度典禮，由方丈和尚果暉法師擔任得戒和尚，退居方丈果東法師擔任教授阿闍梨，為十五位求度行者披剃，圓滿受沙彌（尼）戒出家儀式，同時有十九位行者受行同沙彌（尼）戒，共有六百多人觀禮祝福。

「第一刀：願斷一切惡；第二刀：願修一切善；第三刀：誓度一切眾生。」方丈和尚提醒，出家不是逃避現世、厭離世間，而是為了學習《金剛經》中的降伏其心，將煩惱消歸自心，並經由弘揚佛法，消除眾生的煩惱；出家之後，要放下我執，與僧團一同荷擔如來家業。並勉勵新戒法師發感恩報恩心、大願菩提心、長遠不退心、慚愧懺悔心，實踐地藏菩薩「地獄不空，誓不成佛」的精神。

退居方丈以「僧僧不息、生生不息；願願相續、燈燈相傳」，期許新戒法師提起願心、住持佛法，讓法鼓山的理念傳承不息。期勉求度者放下世俗包袱，透過象徵戒、定、慧的三刀，剃除無明煩惱，開展慈悲與智慧的僧命。

有新戒法師表示，透過僧大的學習，修練自心、放下習氣，期盼未來能承擔更大的責任；也有法師期勉自己老實修行，活在每一個當下，讓所有相遇的人都感到安心。

為了感恩親友、師長、各方善緣成就，僧大先於17日，在園區為十五位求度者舉辦溫馨茶會，邀請親友們共享求度者在法鼓山上的學習和成長，方丈和尚

向家屬致謝關懷；27至28日並舉辦「剃度大悲懺法會」，祝福新戒沙彌、沙彌尼。

08.19　08.26～27

心六倫宣講團推廣「心五四」
分享心的改變力量

人基會心六倫宣講團隊六位種子教師，8月19日受邀前往法務部臺南地方檢察署，以「世界上的另一個你──改變的力量」為主題，分享「心五四」的核心精神與價值，有近一百七十人參加。

宣講前，種子教師先帶領放鬆與專注呼吸的體驗。接著透過影片分享「心五四」，說明「心五四」的

心六倫宣講團引導敏惠醫專新生體會放鬆與呼吸。

核心精神與價值，是「尊重別人就是尊重自己」、「心念力量的強大」、「改變需從自己做起」；也提醒「快樂是一種習慣」，需要不斷的練習，心量放大，眼界就寬，遇到境界時就不會身陷苦惱泥濘而無法自拔。

26至27日，則應臺南市敏惠醫專之邀，於新生訓練活動中，為四百位住宿生授課。種子教師以手遊「陰陽師」主題曲《結界》，「以慈悲智慧張開結界，使眾生平安、世界祥和安寧」，引導同學面對問題時，學習運用「智慧與慈悲」，以智慧保護自己，以理智解決困境，以慈悲同理別人，並以悲憫心對待世界。另一方面，也藉由遊戲互動、手語教學，提問愛是什麼？談戀愛的考驗？如何好聚好散？提醒學子運用四它、四感、四要、四安、四福，處理情感的挫折。

08.21～22

「校園靜心研習營」文理學院展開
動靜中體驗放鬆

法鼓山於8月21至22日，在文理學院舉辦「校園靜心──動中清楚放鬆教師研習營」，由普化中心副都監果毅法師、法鼓八式動禪顧問陳武雄帶領，引導學員體驗融入動禪心法的靜心課程，認識安定身心的學習方法，有近八十位教

校園靜心研習營中，學員從走路禪中，體驗動靜中的清楚與放鬆。

師參加。

果毅法師表示，研習營除了引導以禪修方法，感受身心的安定外，也希望能藉由教師在教學當中的潛移默化，在校園當中傳延、融合人與環境、人際相處的觀念，營造共好共學的校園氛圍。

課程中，陳武雄帶領學員以簡單的方式體驗禪法，從身體的動作，清楚身體的變化，從而把心安定下來；也分享在校園帶領靜心，學生將動禪心法的觀念，運用於日常生活中，進而產生正面助益的經驗。

教學近二十年的體育老師表示，對陳武雄顧問分享的「接受當下的所有條件環境」，印象深刻，明白自己「放不下」設下的教學目標，是教學當下的壓力，也了解只有專注去體會身體鬆緊的變化，才能獲得身心的放鬆與自在。

● 08.29～09.01

寶雲寺首辦「經典‧生活研修營」
青年從《六祖壇經》探尋生命方向

臺中寶雲寺於8月29日至9月1日，首度舉辦「經典‧生活研修營」，由弘化發展專案召集人果慨法師、寶雲寺監院常慧法師，共同帶領研討《六祖壇經》，共有六十五位來自全臺及澳門的學生、社會青年，於「教、觀、用」三大面向的共修課程中，發現生命核心價值，找到未來努力的方向。

透過早晚課誦讀《六祖壇經》，深入惠能大師的智慧。

「教」的課程中，果慨法師著重於教理觀念的引導，說明修行不僅要「自覺」，不讓自己起煩惱，從而生起智慧；還要能「覺他」，幫助他人消融煩惱，就是慈悲。提醒學員，修行須以無我的態度，隨順當下因緣，最重要的是

先發菩提心，從解脫道走上菩薩道，就是具足智慧慈悲的成佛之道。

於「觀」的課程，常慧法師則帶領禪坐。「唯有定的基礎，才有慧的作用」，法師以《六祖壇經·定慧品》的觀念，引導學員練習放鬆、體驗呼吸、自我觀照、捨去念頭，踏實熟練安心之法。

每日於「教」、「觀」課程後，並安排「用」的實作探討。透過分組問題討論、觀看影片、互動遊戲，法師與法青團隊引領學員回溯過去人生經驗，分享生命體會，釐清既有的慣性思考與價值觀。

除了課堂提問、請法，大堂分享時，學員踴躍回饋。有大學生表示，了解到禪修的每個動作，背後都有意義；也有社青學員分享，法師的講解，讓自己明白要行的是大乘菩薩道，而不是停留在解脫道，也發願持續精進，與人分享佛法，為弘法盡心力。

● 08.31

退居方丈出席「與佛同行」公益座談會
分享禪心看世界

8月31日，退居方丈果東法師受邀參與「與佛同行」公益座談會，此為中華佛教青年會成立三十週年慶祝活動，於新北市新店慈濟靜思堂國議廳舉行。退居方丈與中央大學認知神經科學研究所教授洪蘭、音樂家李哲藝，從禪法、大腦科學、藝術等角度，分享生命美學，有近五百人參加。

退居方丈果東法師（左二）分享禪法的安心之道。

退居方丈以「禪心看世界」為題，談及在驟變的時代如何將禪法運用在生活與生命中，表示用安定的身心去體察個人身心以及整體環境，即是禪法所說的止觀、默照。覺察自己情緒產生波動時，不妨以觀呼吸來應對，就能讓呼吸平順，情緒平穩；建議念「阿彌陀佛」，將瞋怒轉化成善念的祝福。

會中，退居方丈以「人生須要管理，互動須要倫理。做人須要情理，做事須要條理。問題須要處理，溝通須要明理。壓力須要清理，情緒須要疏理。心態須要同理，處世須要達理。」祝福大眾在「理」中營造幸福人生。

● 09.01～14期間

法鼓山分支道場慶中秋
廣邀大眾與佛菩薩團圓

農禪寺水月過中秋晚會,以柚子與大眾共度團圓夜。

9月1至13日期間,法鼓山園區與北投農禪寺等五處分支道場分別舉辦中秋活動,廣邀義工、民眾來到寺院,共沐滿月光輝。

臺東信行寺與桃園齋明別苑分別於1、7日提前與大眾過節。信行寺邀集街坊鄰居歡聚,盼大眾常回慈悲智慧的心靈之家;齋明別苑舉辦「感恩義工中秋晚會」,由法青與各組義工擔綱演出,並以影片述說法鼓山在桃園弘化的歷程,凝聚眾人傳承的願心。

13日中秋當晚,法鼓山園區於大殿外露臺舉辦中秋晚會,內容包括機智問答、佛曲演唱,僧大教務長常啟法師帶領月光禪,引導大眾在月光下放鬆身心,共有三百多人參加。農禪寺的「農禪水月過中秋」,內容包括祈福法會、藝文表演、水月池畔經行等,由監院果毅法師帶領,勉勵眾人將佛法祝福與安定的力量傳播出去,從而獲得身心真正的平安與快樂。

天南寺的中秋晚會,大眾在月光下、草地上,體驗茶禪、電影禪,並由法師引導放鬆、禪坐,感受禪味、法味、幸福味。

中秋連假期間,臺北安和分院於13至14日連續第五年舉辦《法華經》共修,中山精舍以網路連線,共有逾八百位民眾藉著誦讀經典,以法團圓。

● 09.08

僧團首辦僧眾親屬關懷聯誼會
親眷、法眷共修菩薩行

僧團於9月8日在北投農禪寺首度舉辦僧眾親屬聯誼會,內容包括祈福法會、禪味DIY、蔬食饗宴及感恩分享等活動,共有七十多位法師及近三百位俗家親屬參加。

在莊嚴攝受的祈福法會後,退居方丈果東法師代表僧團關懷並開示,感恩每一位親眷成就孩子的出家,雖然過程中可能心中不捨百味交集,勉勵眾人將辛

酸甘苦都轉化為「三德六味」，珍惜殊勝的善緣及法緣。

接著，僧眾與親屬歡喜聯手做蘋果派，現場溫馨和樂。午後，透過影像紀錄，展演法師一路從僧大學習、出坡、禪修、梵唄到領執的成長，讓親屬們進一步了解親人出家之後

僧眾與親屬溫馨互動與交流，不只是親眷，也是法眷，在學佛路上相互提攜，共相成長。

的生活點滴，也為僧團清淨、精進的生活型態所感動。同時，僧眾們也親手製作御守，送給親友作為祝福。

正在北美關懷弘化的方丈和尚果暉法師，也透過影片表達僧團會擔負起照顧、教育僧眾的責任，鼓勵親眷與僧眾成為共修菩薩行的同學伴侶，以佛法協助自己和他人成長。

有女眾老菩薩分享，對於女兒出家初期難捨難忍，後來轉念開始學佛，參加助念、禪修、念佛、法會等活動，帶給法師堅定的道心，在菩提道上不退轉。

● 09.11～10.16期間

紫雲寺《金剛經》講座
深入經典的尋「空」之旅

高雄紫雲寺於9月11日至10月16日，每週三舉辦佛學講座，邀請華嚴專宗學院教師許洋主主講六堂《金剛經》，分享由凡轉聖的智慧法門，有近兩百人參加。

《金剛經》無一「空」字，如何說「空」？許洋主老師說明《金剛經》全

許洋主老師於紫雲寺分享《金剛經》的智慧。

名為《金剛能斷般若波羅蜜多經》，其中「金剛能斷」是由vajra（金剛）和chedikā（能斷）二梵字組成的複合詞。「金剛能斷」有兩種解法，一是比喻

「般若」，能破壞一切戲論妄執；二是比喻「煩惱」，即煩惱如金剛般難以破壞，唯有般若能摧斷它；經題之義是指以無堅不摧的般若智慧，破除一切煩惱執著，超越生死而達到永恆安樂的彼岸。

許洋主老師強調，《金剛經》中所蘊含的智慧，是要讓修行者在日常生活中，作為「路標」或「燈塔」使用，成為每日修行的實踐項目。

● 09.28～29

雲嘉南五百信眾園區朝山
果醒法師帶領體驗「星空夜語」

雲、嘉、南地區五百位信眾回法鼓山園區朝山。

臺南分院於9月28至29日，於法鼓山園區舉辦朝山活動，由監院常宗法師帶領，共有四百九十多位雲林、嘉義及臺南地區信眾參加。

28日晚間，由禪堂堂主果醒法師帶領體驗「星空夜語」，勸勉大眾從朝山中學習「藉人成事，藉事成人」，增加向心力、包容力，鍛鍊剛強的心，成就好的人品。果醒法師提醒，要經常從禪法鍊心，了解心中的感覺不是自己，如此一來，放不下的人、事、物都能放下。

29日清晨朝山前，常宗法師分享以感恩心、慚愧懺悔心、慈悲心、恭敬心與菩提心朝山，並帶領大眾隨著「南無觀世音菩薩」聖號，以恭敬心頂禮大地，專心一意地朝拜，淚水、汗水與雨水，交織成安定喜悅的法喜。

朝山圓滿後，退居方丈果東法師勉勵大眾，將朝山精神應用在日常生活中，隨時修正身口意行為，學習放下情緒的波動，並在謙卑中提起感恩，在奉獻中放下得失，在眾生中學做觀音，學觀眾生皆為自己的觀音。

● 09.30　10.27

守成長老示寂
方丈和尚出席告別式　誦文追思

桃園佛緣講堂創辦人暨現任導師守成長老於9月28日晚間示寂，退居方丈果東法師於30日前往念佛祝福；方丈和尚果暉法師於10月27日出席告別式，並誦

文追思，感念長老為佛教選才育才的用心。

守成長老生於1922年，原籍江蘇，是聖嚴師父在上海靜安佛學院時期的師長，1964年在南亭老和尚座下受法為南山律宗千華第三十七世，光孝寺法脈第十七代傳人。

守成長老長期對聖嚴師父及法鼓山關懷備至，法鼓山園區落成開山大典時，是大殿三尊佛像開光的主法法師之一，亦是許多僧眾的得戒和尚。

● 10.06

社大108年秋季開學典禮
推廣終身學習

10月6日，法鼓山社大於園區舉辦「108年秋季聯合開學典禮」，方丈和尚果暉法師、退居方丈果東法師都到場關懷，有近四百五十位北投、新莊、北海校區的師生和義工，及北海岸四區里長、中小學校長參加。

開學典禮上的體驗課程，民眾體會禪悅歡喜的學習氣氛。

方丈和尚致詞時，分享自學英語、國畫、鋼琴及作詞的心得，勉勵學員持續終身學習，同時也要許個好願，積極行願，造福人間。「知恩報恩恩相續，飲水思源源不斷，社大風華一十七，師恩無限發願行。」社大校長曾濟群感念創辦人聖嚴師父，特別寫下〈報恩行〉於典禮中發表，帶領師生感念師恩。

典禮中也安排學員展演，彩繪、新住民、兒童雙語戲劇、佛曲共修、烏克麗麗、二胡、古箏等各班都上台演出，展現三校區學員的學習成果。

● 10.10～13

「法青義工成長營」天南寺展開
學員提煉生命的高度與廣度

青年院於10月10至13日，在三峽天南寺舉辦「法青義工成長營」，由演柔法師擔任總護，帶領學員提煉生命的高度與廣度，有近一百位法青參加。

成長營鼓勵學員提起勇氣，從各項活動中，找回最單純的自己。

成長營內容豐富多元，包含野炊料理、攀索登山健行、心靈成長工作坊，及老鼓手分享跟隨聖嚴師父的義工史等。由心六倫宣講團講師陳昆榮帶領的「四福工作坊」中，藉由佛法因果因緣觀看待生命的難題，「房貸苦，表示我還有房子可住；家有老小，則不孤單。工作多，至少還有工作可做。」陳昆榮引導學員以「知福，惜福，培福，種福」四種思維轉念，令人煩惱的問題可以帶來截然不同的感受。

「心靈成長工作坊」由法鼓文理學院副教授楊蓓帶領，提醒法青，法鼓山是修行的團體，所有的活動都是藉境鍊心的修行，義工經驗可以幫助自己看到更多不足，讓生命有所歷練；勉勵學員透過義工服務時時修行，並以更深刻的自我分享，做到真正的「悲智雙運」。

有學員表示，參與成長營了解到修行不複雜，若能帶著分享之心，將自己的領受化為充滿感動的影片或文字傳播給人，既能有益收看者的生命，也能將自己經歷的過往，留下具體的痕跡。

● 10.12

中正萬華辦事處舉辦講座
惠敏法師分享從心腦養成好習慣

惠敏法師於中正萬華辦事處分享從心腦養成好習慣。

迎接高齡化時代，中正萬華辦事處於10月12日舉辦專題講座，由法鼓文理學院校長惠敏法師主講「從『心‧腦』養成『博學雅健』的生活習慣──運動與跑香」，有近一百五十人參加。

法師說明，透過微笑、刷牙、運動、吃對、睡好，與閱讀、記錄、研究、發表、

實行的身心健康五戒和終身學習五戒，搭配番茄時間管理（工作二十五分鐘、休息五分鐘），博學多聞、雅健生活，更能因應高齡化社會的來臨。

有學員提問：「面對人生的苦樂和順逆，該如何運用佛法？」惠敏法師表示，一般人認為快樂就是順、痛苦就是逆，習慣避苦趣樂；其實應該了解苦樂本質，將快樂構築在離欲、破執著、改掉壞習慣的喜悅上，並且了知無常，便不會受順逆境左右。

● 10.19

雲來別苑落成啟用
深化推廣心靈環保教育

北投雲來別苑於10月19日舉辦落成啟用典禮，由方丈和尚果暉法師、慈基會會長柯瑤碧、潤弘精密工程公司董事長賴士勳、建築師李文勝，與護法總會總會長張昌邦等，共同揭佛幔，共有五百多位信眾觀禮祝福。

方丈和尚致詞感恩所有護法信眾，並引用早年北投農禪寺鐵皮屋時期，聖嚴師父與僧眾弟子們的共願：「沒

方丈和尚果暉法師（中）、潤弘精密工程董事長賴士勳（右一）、建築師李文勝（左二）、總會長張昌邦（右二）、慈基會會長柯瑤碧（左一）共同為大殿佛像揭幔。

有琉璃飛瓦的建築，沒有盤龍雕壁的殿堂，我們只有赤忱的願心，奉獻給你修行的家園。」為新啟用的雲來別苑做出深切期許。

方丈和尚並代表法鼓山，頒發感謝狀給潤泰集團總裁尹衍樑，由賴士勳董事長代表接受，感謝尹總裁長期對法鼓山建設的專業協助，也支持法鼓山淨化人心、淨化社會的弘化工作。

張昌邦總會長表示，雲來別苑落成後，護法總會也遷入進駐，提供便捷的服務，期盼信眾多方利用，接受佛法的薰陶。

雲來別苑位於臺北市北投奇岩重劃區內，為一棟地上七層、地下四層的建築，外觀沉穩質樸，距臺北捷運奇岩站僅五分鐘路程，交通十分便利，是信眾教育的據點，同時也為兩天以上禪修活動和成長課程提供住宿空間，持續推廣心靈環保教育。

農禪家風雲來集

法鼓山接眾、弘化新據點

因應禪修推廣、信眾成長、心靈環保各項教育需求而籌建的北投雲來別苑，10月19日舉行落成啟用典禮，典禮以「法鼓家風，祥雲來集」為主題，方丈和尚暉法師於典禮上分享不可思議的籌建因緣，表示早年由於關渡平原列入保護區，農禪寺面臨拆遷，於是陸續在北投地區尋找用地，準備興建新道場，但因區塊、位置分散，所以僅先興建了雲來寺；其餘分散的土地，經臺北市政府土地重畫、重新抽籤後，換得了現今別苑的用地，成為興建的契機，也圓滿聖嚴師父感念及照顧信眾的願心。

建築簡約質樸　體現禪修精神

雲來別苑延續法鼓山建築沉穩質樸、呈現「本來面目」的特色，與當地環境融合，以現代環保工法與美學，實踐心靈環保精神。大地色調的建物一進一退，巧妙組合出「山」字形布局，以禪的意象傳達出建物功能。

臨街一樓留設寬敞的人行步道，提供徒步空間，兩側退縮的街角廣場，打造接引眾人親近的溫暖關懷。外牆以具現代設計感的陶磚牆，改變傳統封閉型態，兼具接眾的開闊與修行的靜謐。

多元教育空間　實踐人間淨土

以信眾教育、禪修推廣教育和心靈環保教育為主軸的雲來別苑，為了因應多元教育及活動的需求，在內部空間規畫上，提供多樣化的運用。一樓的多功能教室及三樓的大殿，可依各項長、短期禪修、教育訓練及悅眾成長營等活動需求，多元使用；四樓至六樓則是住宿空間，提供參加活動及精進修行的信眾安頓身心。

雲來別苑的興建，是法鼓山為了實踐社會關懷與大眾教育的一方淨土，在聖嚴師父圓寂十週年之際，落成啟用，別具意義；不僅延續了師父關懷眾生的願，更將匯聚如雲來集的眾人之力，以這方清涼地，持續在禪修推廣、信眾成長與心靈環保教育上，領眾前行。

雲來別苑建築沉穩質樸，以現代環保工法與美學，實踐心靈環保精神。

● 10.26～27

法鼓山首辦農業創生研討會
落實自然環保　慈悲眾生

10月26至27日，僧團於臺北市張榮發
基金會國際會議中心舉辦「對應氣候變
遷——心靈環保農業創生研討會」，就
心靈環保與農業創生、生產、通路及消
費意識等四大議題，邀請專家、學者、
生產者及農產通路工作者進行研討與對
談，並有兩場專題演講、一場交流工作
坊，有近一千人參加。

研討會中學者、生產者、通路營銷及消費者，進行多方交流對
話，企盼發展出可行合作模式，改善食安、生態與地球暖化等
困境。

法鼓文理學院校長惠敏法師於開幕致
詞中指出，面對生態系統的崩解，要透
過群體力量促成個體行動。臺大生物資源暨農學院院長盧虎生則表示，氣候變
遷是因為人類活動所造成的氣候變化，解決之道必須回到人類行為及心理的調
適，而「心靈環保」正是核心解決之道。

26日第一場專題演講由方丈和尚果暉法師以「從心出發——地球環境的永續
發展」為主題，透過「四環」提出實踐方針：從生活環保，發展尊重生命的科
學農業、環境教育的藝術農業；從禮儀環保，落實互助與服務的農業；從自然
環保，開展人與土地共存共榮的農業；從心靈環保，推廣淨化心靈的農業。第
二場講座於27日進行，邀請仰山文教基金會創辦人游錫堃從政策與防災面向，
探討臺灣轉型為有機農業的急迫性。

會議召集人僧團副住持果祥法師表示，誠如佛陀遺教：「如蜂採花，但取其
味，不損色香。」期盼大眾經由聞、思、修，建構對農業更寬廣的認知，了解
萬法緣起的道理，進而從生活中改變，學習淡化自我中心，慈悲善待土地上的
一切眾生。

● 10.26　11.09

聖基會心靈環保經濟學講座
少欲知足創造幸福經濟

10月26日、11月9日，聖基會舉辦兩場經典講座，邀請成功大學經濟學系教
授許永河主講，分享心靈環保的經濟學，共有一百二十多人次參加。

許永河教授提出「心靈環保國富論」，主張人類應以覺醒的態度從事經濟活動。

首場主題是「從主流經濟學到佛教經濟學」，由師大全球經營與策略研究所教授何宗武、文理學院佛教學系主任鄧偉仁擔任與談人。許永河教授指出，佛教經濟學以節制欲望達到痛苦最小化、欲望簡單化，作為經濟活動的目標，研究或論述方向主要包括生產、消費和生態環境保護，即個人在生產、消費活動中，追求幸福時也要考慮環境保護的重要性，就是佛法精神的運用。

第二場講座以「聖嚴法師心靈環保思想對當代經濟永續發展理念之啟示」為題，分析主流經濟成長模式所產生的問題，從「心靈環保」理念，發展出當代的經濟生活模式，提出「心靈環保國富論」的架構；強調在追求經濟富足與心靈安樂的社會，人類應該以心靈環保覺醒的態度，實現永續發展的經濟生活目標。

● 10.28

果祥法師帶領學者、農友參訪三農場
交流融貫佛法與科學的栽種心法

融貫了佛法與科學栽種心法的茶園一片綠意，生機盎然。

10月28日，僧團副住持果祥法師帶領三十餘位參加「對應氣候變遷——心靈環保農業創生研討會」的學者及農友，參訪彰化縣壽光自然農場、稻香休閒農場，以及南投縣恆誠茶園，交流環保農耕技術與經驗。

壽光自然農場園主陳吉利說明採行有機或自然農法，作物雖然偶有被吃食，但病蟲害卻不治而癒，收成與品質反倒比過去實行慣行農法時更佳；稻香休閒農場主人陳瑤騰介紹以回復物種多樣性為初衷，打造有機栽植的香草園；恆誠茶園張顯嚴分享如何採樣土壤，觀察土壤中地、水、火（生物）、風（空氣）四大元素的互為整體，並借助科學的分析，讓生態回復平衡。

來自臺東的小農表示，無論是果園或茶園，都是從父母傳承的土地，開創出

新的發展，展現生生不息的希望；甫從農藝系畢業的社會新鮮人觀察到三座農場皆是雜草旺盛，驚奇於自然農法種出的果實不易腐壞，能自然風乾，重新思考心靈環保的意義，認為自然農法就像全人教育，內在具足了，才能更健康。

● 10.31

方丈和尚師範大學演講
期許科技與人文相融並濟

方丈和尚果暉法師於10月31日，應臺灣師範大學機電工程系之邀，以「人工智慧VS人生智慧」為主題，與近六十位師生分享如何以佛法的智慧，面對即將來到的人工智慧時代，期勉師生運用科技，造福更多的人群。

方丈和尚首先引用資料說明，人工智慧是為回應人類追求更美好的生活而生，在發展過程中產生如傳統產業被取代、大數據下個人隱私

方丈和尚鼓勵師範大學師生，以宗教智慧開發精神生活。

被剝奪等問題。方丈和尚強調，科技發展本身是中性的，如何運用取決於人心，像是以資訊科技將人文學科的文獻資料數位化，如中華電子佛典集成CBETA的成果就讓更多人受惠。

方丈和尚表示，人生的智慧由生存走向生活，再由生活昇華至生命，宗教便是人類挑戰生命極限所發展出來的智慧。鼓勵學子，積極發展自己的潛力，學習提起與放下，不要跟過去的自己比較，活在當下，結合專業與人文理念為人類服務。

● 10.31～11.01

法青參與「宗教與科學持續對談」座談會
引領外僑學子認識佛法內涵

10月31日至11月1日，法青會受邀參與臺北市道明外僑學校舉辦的「宗教與科學持續對談」（Science & Religion: The Dialogue Continues）座談會，由演無法師與十三位法青代表參加；常諗法師也以「生態菩薩——佛教式的生態危

機治癒」為題發表演講。

從人文社會科學角度思考人我關係的對應之道，法青以「心靈環保」為題，為道明學校逾百位國、高中生演出心靈短劇，引導同學們練習面對心靈難題，並帶領學生進行分組討論。「對未來感到茫然」、「爸媽給我的壓力好大」、「人際關係讓我苦惱」，演無法師與法青針對一連串心靈問題表單，分享如何轉換思考角度，鬆開心結；更藉由托水缽活動，帶領同學練習身心的專注與放鬆。

常諗法師在演講中，以影片說明法鼓山建設過程，如何護生愛生，以生態工法進行移樹，落實自然環保；並贈與聖嚴師父的《108自在語》，作為心靈處方籤。

參與此次活動的法青學員自9月起，即針對活動主題進行密集討論；演無法師表示，青年面對的煩惱，無世代之別，顯見心靈照顧的重要性。

● 11.02～03

讀書會帶領人培訓課程
共學啟發心視野

讀書會的主角是學員，帶領人在過程中作為連結、引發與催化的角色。

普化中心於11月2至3日，在北投農禪寺舉辦心靈環保讀書會共學活動帶領人基礎培訓課程，由副都監果毅法師與讀書會資深帶領人方隆彰講授，一百五十三位來自加拿大多倫多、香港、全臺各地學員，以及八位僧大學僧齊聚共學。

第一堂課由果毅法師介紹《法鼓全集》的內容與分類，法師建議可先依興趣類別、輯別系列及主題系列三個方向切入閱讀，也進一步將全集架構成四類：向佛陀學習、向師長學習、向生活學習、向世界學習，在此四大項下可再細分小類，逐類進行主題閱讀。

方隆彰老師講授讀書會與帶領人的對話、材料重點的解讀與掌握、共思原理與有效的提問法、靈活討論的心法修為等課程，強調讀書會是經由共讀、共

享、共思，同行的動態過程，產生由外而內、由內而外的共振歷程。方老師提醒，讀書會的主角是學員，帶領人在過程中作為連結、引發與催化的角色，重點在營造令人安心的氛圍，讓每一個人將所知、所想、所感，順利表達，相互交流。

來自多倫多的學員表示，老師啟發學員的技巧實用善巧，返回加拿大後，將籌組讀書會，以閱讀《正信的佛教》為首要目標；具有助人專業的學員則分享，帶領人毋須知道全部的知識，因為學員才是主角，交流的過程中所激發的共振，才是最珍貴的。

● 11.09

水月禪跑農禪寺舉行
跑者體驗步步安穩自在

11月9日，北投農禪寺舉辦「第三屆水月禪跑」，共有三百一十二位跑者於水月池畔，在鼓聲中展開一百零八分鐘的禪跑，學習以禪鍊心、以禪養生，體會禪跑帶來的身心自在；大殿及禪堂內，則有三百六十六位民眾在法師引導下，體驗禪坐、禪走，一同感受心在當下的安定。

跑步時加入禪修心法，讓跑步不只是運動，更達到放鬆、覺照的效果。

監院果毅法師說明，將禪修結合跑步，讓熱愛運動的大眾藉由禪修學習，保持專注、放鬆、安定，做自己心的主人；並勉勵跑者透過禪跑，練習隨時隨地收攝身心，讓心不隨境轉。

此次水月禪跑的跑衣為環保材質，由咖啡渣與寶特瓶提煉製成，跑衣上印有禪跑心要：「跑在當下每一步，清楚放鬆不比較。」提醒跑者運用禪修心法，讓跑步不只是運動，更達到放鬆、覺照的效果。

有參加過馬拉松賽事的跑者表示，儘管跑步範圍不大，但藉此機會得以感受農禪寺每一處空間角落，非常有趣；也有在銀行擔任主管職的跑者分享，工作遇難題時的不愉快，如跑步時的腿痛，唯有先接受痛感的存在，練習放下不適感，才能繼續向前。

● 11.17

退居方丈紫雲寺演講
以「提起與放下」分享佛法智慧

高雄紫雲寺於11月17日舉辦專題講座,由退居方丈果東法師主講「提起與放下」,有近五百位民眾共學聆聽法益,領略佛法智慧。

退居方丈指出,「放下」是放下自我中心的起心動念;放下後則要提起願心,學習站在對方的立場設想與尊重,才能產生同理心去理解,達到良好的溝通,這就是初發菩提心。「提得起是慈悲,放得下是智慧」,退居方丈提醒,若起了情緒,記得說出「阿彌陀佛」,生氣了記得轉換「菩薩臉」,才是真正的平安無事。

退居方丈並分享,「珍惜相遇的每個因緣,感恩生命的起承轉合,順境成功是好的收穫,逆境失敗則是好的體驗。」學習緣起、承擔、轉化、和合,就是尊重、提昇、淨化生命;放下世俗權勢名利,提起弘法利生願力,開展慈悲、智慧的生命。

退居方丈果東法師於紫雲寺分享「提起與放下」。

● 11.23～30

第十三屆大悲心水陸法會園區啟建
跨越時空成就淨土

11月23至30日,法鼓山於園區啟建「第十三屆大悲心水陸法會」,八天七夜的法會,十一個法壇,總計五萬人次參與現場共修;全球各地同步參與各壇網路共修者,共達三十萬人次,透過誦經、拜佛、梵唄、懺悔、禪修、布施、發願、迴向等佛事中,超越時空限制,人間處處淨土。

大悲心水陸法會以禪修心法引導大眾以法相會,各依根器找到相應法門修持,各壇均安排法師說法。其中,首座和尚惠敏法師於總壇說法中強調「儀軌生活化」,勉勵以恭敬、感恩、簡潔、法喜的態度面對生活,明瞭善惡苦樂的因緣性,盡可能地促成善因緣,斷除造惡因緣。法師指出,透過法會反覆禮

方丈和尚於水陸法會送聖時，以2020年度主題「培福有福」，期許大眾「廣結善緣，大家來培福。感恩知足，人人有幸福。」

懺，更能細微觀照日常的起心動念，而參加法會的目的，便是幫助自己身心清淨，所緣清淨。

30日送聖時，方丈和尚果暉法師讚歎共修大眾的清淨精進、悅眾法師帶領的攝受安定，也特別感恩萬行壇超過一萬九千人次義工們協力護持，指出有福的人，並不是享福的人，歡喜培福才是有福報的人，期許大眾「種善根，結善緣」，盡可能做到「有我的地方，就有佛法」，以安定自己提昇人的品質，建設人間淨土。

香港信眾分享，對瑜伽焰口法會感受最深，過往對鬼魂心懷恐懼，隨著金剛上師與大眾的唱誦，深感冥界眾生需要救拔，體會到平等布施的精神；參與送聖和普請的法青表示雖僅參加兩天兩夜，接觸了許多善知識，覺得時時在自動充電，處處充滿法喜。

● 11.24～30

水陸法會分支道場網路共修
連結善緣共法喜

2019年大悲心水陸法會，11月23日於法鼓山園區進行灑淨儀式後啟建，海內外各分寺院、精舍、分會及護法會辦事處，自11月24至30日，同步與園區視訊連線，各地信眾跨越時空，參與年度共修勝會。

於臺灣，北投農禪寺每日接引近六百位民眾，與總本山法華壇同時精進，除

法會首日因重大交通事故，管制溫哥華道場聯外道路，七十餘位信眾冒雨步行至道場，為眾生禮懺祈福。

於壇場內共修，並由監香法師帶領，沿著水月池繞佛，專注誦持「南無靈山會上佛菩薩・南無妙法蓮華經」，體驗佛陀時代的靈山勝會。臺北安和分院於前三日禮誦《法華經》，後三日誦《地藏經》及禮《地藏寶懺》，每日有近四百人參加。

臺南分院、高雄紫雲寺與大壇連線，禮拜《梁皇寶懺》，信眾禮敬諸佛、發露懺悔，隨文入觀，讓身、口、意三業與修行相應，並邀請累劫怨親眷屬聽聞佛法，願眾生出離煩惱、解脫生死、共成佛道。

海外方面，美國洛杉磯道場以大壇及瑜伽焰口壇為主，贊普物資於法會圓滿後，分送當地慈善機構，資助貧困低收入居民。加拿大溫哥華道場於法會首日凌晨，因為臨近道路發生重大交通事故，導致聯外交通管制，仍有七十餘位信眾無畏低溫，從各地冒雨步行至道場，把握共修因緣。亞洲的馬來西亞道場，每日均有近四十位信眾參加大壇共修，並有十餘位義工護持大眾修行。

有連續兩年從鳳凰城飛至洛杉磯參加大壇網路共修的信眾，表示父母往生時家族同拜《梁皇寶懺》，因此對這部懺典有特殊情感，感恩有機會來道場攝心修行。

● 12.05

退居方丈對談「醫與佛」
結合佛法與世法關懷病人

退居方丈果東法師於12月5日受邀於臺大醫院金山分院，與院長張志豪進行「醫與佛的對話」，有近九十位員工及聽眾參加。

對談會由法鼓山社大校長曾濟群擔任引言人，骨科部出身的張志豪院長分享，開刀後向家屬說明手術狀況時，家屬經常回以：「阿彌陀佛！」年輕時不解動刀解決問題的人是自己，為什麼反向阿彌陀佛稱謝。後來理解「阿彌陀佛」代表家屬「如釋重負」的感謝，因此對於執刀的辛苦也甘之如飴。

對談中，張志豪院長詢問病人不遵循醫囑的解決之道，退居方丈表示，從病人的角度，為了健康，醫囑當然要盡量遵從，或者找替代方法；從醫師的角

度，則是學習隨順因緣，佛即是覺，練習心不受順逆現象影響。

退居方丈勉勵大眾，身體的病痛交給醫生，心理的煩惱交給自己的宗教，心好病就好；也指出，世法與佛法，如鳥之雙翼，相互配合，便能恰到好處地關懷病人。

退居方丈果東法師（前中坐者）與張志豪院長（前左坐者）進行醫學與佛法的跨界對話，金山分院醫師亦參與討論。

● 12.15

聖基會專題講座
吉伯·古帝亞茲分享禪修正見

聖基會於12月15日舉辦禪修講座，邀請聖嚴師父西方法子吉伯·古帝亞茲主講「禪修正見」（How To Meditate With Right View），並同步進行網路直播，共有四百多人參與，一同解開「心」的謎題。

吉伯從《金剛經》的「實無眾生得滅度者」切入，說明心中若存在得度的眾生，即有我相、人相、眾生相、壽者相，然而修行的目的，則是為了度自性中虛妄的眾生，通向「不二」的無分別心。至於如何在修行中保持正見，吉伯指出以心觀心，清楚知道心中投射出的影像，也是心，「絕觀」表示最高的一種理解。

「因緣、因果永遠不會滅失，即是正見。」講座中，吉伯描述佛陀三轉法輪的發展：初轉法輪解說四聖諦；二轉法輪由《心經》體證的空性，開展出對眾生無條件的慈悲；三轉法輪更直指眾生皆有佛性，強調「當下此刻即為不二」。鑑於「因果不爽」，吉伯勉勵大眾精進用功，在每一個當下提起方法。

吉伯於聖基會分享禪修正見。

● 12.15

新店分會新址啟用
四眾弟子同心開展護法大願

方丈和尚頒發感謝狀，向歷年提供共修空間的護法悅眾表達感恩。圖為張震宇伉儷。

12月15日，護法總會於新店分會舉辦新址啟用儀式，包括方丈和尚果暉法師、護法總會副都監常遠法師，與總會長張昌邦、副總會長周文進等，有近六百人參加，一同為新道場灑淨祈福，典禮莊嚴溫馨，交織著感恩與願力。

方丈和尚開示時，指出分會的意義在於「分」享佛法，以法相「會」，從最早期的「家家蓮社，戶戶禪堂」開始，即是為了接引當地的民眾，而弘法、護法，更需要在家居士與僧團共同努力才能成就，勉勵大眾秉持分享佛法、利益大眾的初衷，廣開接引大門，以善巧方便耕耘眾生心田。

張昌邦總會長代表信眾，感恩創辦人聖嚴師父留下的理念，讓大眾有佛法可以修學，更感恩僧團的成就，並引用師父的開示分享：建築物要產生意義，必須要拿來做對社會有意義的事。勸請大眾護持法鼓山，為社會做更多的奉獻。

儀式中，方丈和尚頒發感謝狀，向歷年提供共修空間的資深悅眾李文心、賴秋蓉、林本基、楊美雲、張震宇賢伉儷等致謝。走過三十年歲月，從早期悅眾家中客廳、到處商借場地、頂樓加蓋，到擁有固定共修據點，顯見信眾對佛法的信願，及護法的熱忱。

● 12.22～29

禪堂舉辦中階禪七
方丈和尚首度主七

禪堂於12月22至29日舉辦中階禪七，由常正法師擔任總護，方丈和尚果暉法師首度主七，有近一百五十人參加。

七日的禪期中，每日觀看聖嚴師父影音開示，深入解說《六祖壇經·定慧

品》、中觀的修行觀念，以及中觀、直觀、止觀等修行方法。方丈和尚每日一次的大堂分享，則針對禪眾用功的狀態，以及方法使用上的問題，進一步提供引導；並強調師父教導的方法雖有多種，但沒有高低的分別，適合自己的就是好方法，提醒禪眾選擇與當下因緣最相應的方法，一門深入。

方丈和尚果暉法師首度於禪堂主七，期勉禪眾選擇與當下因緣最相應的方法，一門深入。

方丈和尚也分享個人的修行歷程，聖嚴師父曾叮嚀他多微笑，因此隨身攜帶鏡子，對照觀世音菩薩聖像的笑容，對著鏡子練習微笑。

常正法師表示，聖嚴師父的開示豐富而深入，對於部分禪眾在初階禪七過度至中階時，方法的銜接上出現問題，方丈和尚為了掌握禪眾的用功情況，每日固定與內護法師開會，開示內容適時切合禪眾的需要，在禪眾心態上的調整及方法的適應上，更有助益，也讓禪堂整體用功的氛圍，更為凝聚。

● 12.25～2020.01.04

全球分支道場跨年迎2020
以安定的心除舊布新

12月25日至2020年1月4日，法鼓山全球分支道場分別以念佛、拜懺、禪坐的方式，帶領大眾以安定的心邁向嶄新的2020年。

於臺灣，北投農禪寺於31日晚間舉辦「2020跨年迎新在農禪」，包括持誦《金剛經》共修、禪坐、禮拜〈叩鐘偈〉等，方丈和尚果暉法師到場關懷，

跨入新年之際，方丈和尚果暉法師以「應無所住，而生其心」勉勵民眾不斷學習成長、奉獻服務，成為幸福的人。

有近兩千五百人參加。

方丈和尚從「20」英文「Twenty」諧音「團體」，分享「以和為貴」的修行方法，達到我和、人和、事和、團體和與眾生和；並以《金剛經》中「應無所住，而生其心」的精神詮釋年度主題「培福有福」，勉勵大眾不斷自我學習成長，不斷奉獻服務他人，一旦能時時刻刻心存感恩，就會是最幸福的人。

桃園齋明別苑也於31日舉辦歲末祈福法會，由副寺常林法師帶領，期盼大眾在新的一年，學習觀音菩薩的精神，溫暖人間社會。

在海外，美國洛杉磯道場於25日至2020年1月4日舉辦跨年默照禪十，由象岡道場監院常護法師擔任總護，為方便禪眾作息，禪期分兩梯次的禪五，有近一百人次參加，禪悅法喜迎心年；31日，加拿大多倫多分會則舉辦念佛法會，在精進共修中，帶著法喜迎向新的一年。

● 12.29

臺南分院「幸福很近」座談會
常遠法師、饒夢霞教授分享幸福之道

12月29日，臺南分院舉辦「心靈環保對談」，邀請成功大學教育研究所教授饒夢霞與僧團都監常遠法師對談「幸福很近，非遠非夢」，帶領聽眾「覓、見、有」，找到幸福，共有兩百多人參加。

饒夢霞教授點出「萬般皆由抱怨起」，幸福沒有絕對的答案，關鍵在於生活態度，心要先安住，才會有幸福；擁有幸福的方法，包括廣結善緣、與人為善、關懷分享、表達感激等，並且多傾聽與陪伴，傳遞善的力量。

常遠法師提及出家前時最嚮往的幸福是擁有一部車，但是物質欲望堆砌出的幸福通常很短暫，總會有新的欲望不斷冒出；出家後因為少欲，反倒更易知足。法師表示，善用禪修的放鬆方法，將注意力從紛擾的外在環境回歸內心，放下罣礙，幸福就會出現；提醒大眾從「四它」開始練習，遭遇考驗時秉持「信因果、明因緣」，轉念之間明白逆增上緣，反而更能感受到幸福。

常遠法師（中）、饒夢霞教授（左）對談少欲知足的幸福觀。（右為主持人尚潔醫師）

貳【大關懷教育】

從生命初始到生命終了，
以「心靈環保」出發，
落實各階段、各層面的整體關懷，
安頓身心、圓滿人生，
實現法鼓山入世化世的菩薩願行。

積極行願
建設淨土在人間

1999年九二一震災後，法鼓山發起「百年樹人獎助學金」，
協助清寒學子順利求學，二十年來受獎對象從重建區擴至全國、海外；
2009年八八水災造成高雄甲仙小林部落遭土石流掩埋，
慈基會以「四安工程」扎根，十年來安心陪伴，關懷不間斷。
2019年，大關懷教育持續以具體作為落實創辦人聖嚴師父的提醒：
「為人間發一個好願，為人間儲存一份至善的心願。」
期許願願相續，領眾積極行願，並共許好願：
實踐入世化世菩薩願行，建設淨土在人間。

大關懷教育秉承「以關懷完成教育的功能，又以教育達成關懷的任務」的目標，以對整體社會的關懷為著力點，2019年持續致力於慈善救助、整體關懷、信眾關懷等面向，落實普遍而平等的關懷，為社會注入安定的力量。

同時，踏著聖嚴師父當年關懷各地的足跡，7月起，方丈和尚果暉法師率同護法總會的法師與悅眾團隊，展開「方丈和尚抵溫叨——地區巡迴關懷」，除了解地區需求，也凝聚願心、傳承護法薪火，期許信眾在從事關懷他人的行動中，感化、奉獻及成長自己，藉由分享佛法，以法相會，接引更多人親近法鼓山、修學佛法。

慈善救助　為人間匯集好願

法鼓山的慈善救助關懷，主要可分為兩方面：一為對弱勢族群及清寒家庭、學子的關懷，一為緊急救援關懷。對弱勢族群及清寒家庭、學子的關懷，長年以來持續不斷，包括由東初老人首辦冬令救濟、超過一甲子的歲末大關懷活動，近年來從關懷弱勢個體，擴大到團體單位的扶助，本年共關懷了近三千戶的低收入戶、失業清寒、急難貧病等家庭；也前往臺北市榮民服務處捐贈上千份即食調理餐，協助清寒、獨居的榮民，安心度過年關。

端午及中秋、重陽的年節關懷，則分別於5月及8月起在各地舉行，共計關懷兩千三百多戶家庭和十餘處社福機構。9月於臺北市芝山岩區民活動中心舉辦的中秋關懷，邀請關懷家庭成員、地區慰訪義工相聚，並安排義剪，為團圓佳節帶來清淨與歡喜。

而為引導關懷戶建立生命目標，5月與臺北市北投社福中心合辦「觀心自在‧身心安頓」，邀請關懷戶成員參訪北投農禪寺，體驗走路禪、托水缽、靜坐、法鼓八式動禪和吃飯禪，學習身心的放鬆。

另一方面，緣起於九二一大地震災後重建的「百年樹人獎助學金」，邁入第二十

護法悅眾於共識營中，重溫聖嚴師父的教法，凝聚弘法願力。

年。由聖嚴師父「十年樹木，百年樹人」好願肇始，募集傳遞社會愛心，從協助受災地區清寒學子順利求學，到獎助對象擴及全臺弱勢、單親或隔代教養家庭，並建立認養人制度，配合長期慰訪，至今已陪伴逾四萬五千名學子，安心完成學業。本年於4至11月期間，在全臺各分寺院及辦事處舉行八十八場頒發活動，各場活動結合在地特色，安排佛教影片觀賞，或於浴佛法會、佛化祝壽活動中舉行，深化教育與關懷。

除助學金的發放，也藉由後續關懷活動，包括舉行分享卡創作聯誼會，與認養人分享學習心得或近況；安排學子參與淨灘等「學習服務」，回饋社會。本年6月並首辦分享卡巡迴展出，鼓勵學子以感恩心讓美善循環流轉。

本年的慈善公益，尚包括捐助臺東海山寺附設海山扶兒家園、宜蘭幸夫愛兒園所需教具及充實相關設備的經費；捐贈新北市、雲林縣政府住宅用火災警報器，加強民眾居家安全；也協助臺東

縣政府推動「全民CPR急救訓練推廣計畫」，捐贈三百七十五組充氣式訓練安妮與五十五台AED訓練機，守護大眾生命安全。

整體關懷　四環深入各角落

整體關懷上，大關懷教育從四種環保出發，持續推動各類社會關懷，期能讓各階層大眾獲得身心安頓。例行活動上，9月起於全臺舉辦十一場「第二十六屆佛化聯合祝壽」，逾三千位長者在兒孫陪同下，歡喜參加祈福延壽法會、感恩奉茶等活動，落實禮儀環保與家庭倫理的精神。方丈和尚果暉法師也透過影片期勉長者以終身學習、發好願的心，讓身體放鬆、心情開朗，就能時時感到安心自在。

於校園關懷，包括以提昇學童品德教育為主要重點內容，課業輔導為輔，並結合法鼓山義工及大專青年組成輔導團隊的「兒童暨青少年學習輔導專案」，2019年在臺北市北投、文山

莊，以及新竹、臺中等地區辦理，透過正向支持與鼓勵，陪伴學童成長，也獲得向上、向善成長的動力；也於新北市濂洞、成福、長坑、瓜山，以及高雄市灣內等國小，舉辦心靈環保一日營，以結合「心五四」的大地遊戲，帶領孩童體驗四安、四感、四要、四它、四福，並學習團隊合作與信任。

此外，持續關懷偏鄉教育，於4月2日「國際兒童閱讀日」，在新北市平溪國小舉行「法鼓山愛心書桌·溫馨平溪學習情」捐贈典禮，改善學童的閱讀環境；也補助臺南市佳興國中、屏東縣春日國小學子午餐經費。為鼓勵學子發揮所長，實踐夢想，本年捐助新北市石碇國小英語社、表演藝術社等社團設施，有逾一千三百人次受益。

而緣於2016年尼伯特風災為臺東帶來重大災情，慈基會整合社會資源援建的臺東縣卑南國中「柔道健力館」，則於10月落成啟用，場館設計保有原住民文化特色、卑南族圖騰意象，館內依標準國際賽事場地規畫，期許透過設備完善的訓練環境，助益選手夢想起飛。

於社區，除地區義工定期前往關懷戶家庭，進行慰訪，也不定期至養護之家、康復中心、育幼院等社福安置機構，帶領美勞、藝文表演、團康遊戲與念佛、法鼓八式動禪等活動，傳遞佛法的祝福。其中，於八八水災重建、安心站圓滿階段性任務後，在高雄市六龜區寶來社區活動中心每月的關懷行程，除由法師帶領觀看聖嚴師父影音開示及互動遊戲，也開設課程，透過體能、心靈茶會、手作等活動，陪伴與關懷長者，也讓長者身心更安定健康。

護法總會與法青會於臺北市、新北市、基隆、桃園、新竹、高雄、臺東等二十三處地區，舉辦七十場「悟寶兒童營」，藉由團康、話劇等多元方式，引導國小中、低年級學童，探索佛法的心靈寶藏。2019年更首辦「兒童日」，於3月30日邀請北臺灣近兩百五十位學童，齊聚法鼓山園區，體驗結合童趣與

方丈和尚果暉法師地區巡迴關懷，勉眾一步一腳印，共許護法好願。

禪味之旅的兒童節。

以佛法為體、心理諮商為用,提供社會大眾傾聽、協談和諮詢服務的「關懷生命專線」,2019年啟用十週年,第三期義工培訓課程於4月底圓滿,本年也擴大服務時間,持續以同理心、慈悲心和智慧心協助轉化求助者的身心困擾,創造和諧人生。

信眾關懷 共許利他大弘願

2019年在信眾的教育與關懷上,首場大型活動是1月舉辦的「歲末感恩分享會」,九千多位海內外護法鼓手聚集於全球十二處分支道場,透過視訊連線共勉以年度主題「好願在人間」實踐對聖嚴師父的感恩;而護法總會與僧團合辦的六梯次「護法信眾印度朝聖團」於3月底圓滿,近四百位護法信眾參與,第六梯次由方丈和尚果暉法師帶領。朝聖行程全程聆聽師父1989年前往印度朝聖之旅的影音開示,也藉由巡禮佛陀聖跡,對佛法升起更深的信心與慧解。

本年適逢許多地區正副召委、轄召換屆新任,4月起,系列悅眾成長營、禪修營及共識營接續展開,悅眾鼓手透過課程的熏習、禪修方法的體驗以及凝聚共識的深入討論,用佛法成長自我,提起願心,以「利益眾生,廣結人緣」的菩薩道精神,推廣法鼓山的理念。其中,六梯次的成長營,由僧團都監常遠法師、護法總會服務處監院常應法師與專業講師等,為學員充電和解惑,學習以佛法調柔身心、關懷他人,也對承擔悅眾的使命更具信心。

各地分院及辦事處2019年皆為勸募會員舉辦說明會或成長課程,分享勸人學佛、募人護法的心法;10月「新勸募會員授證典禮」,共有兩百二十位新進鼓手加入護法行列,發願從關懷出發,走上募人募心的菩薩道。

慈基會與護法會各會團也持續透過成長課程、讀書會、聯誼會、研習營,引導信眾在生活中活用佛法,感化自己、感動他人。

包括慈基會舉辦二十場救災與慰訪演練及專職教育訓練課程,讓學員更了解關懷救助的核心價值,提供適時、適切的關懷與服務;也應臺北市、新北市、宜蘭縣等公部門之邀,參與二十場防治災害會報、演習,建立與各災難防救組織合作默契與團隊精神。

結語

大關懷教育涵融生命教育的觀念與落實,運用心靈環保、心五四、心六倫的觀念和方法,於地區深耕信眾關懷,為社會化解生活中的壓力與困境,同時廣傳法音,彰顯關懷及教育雙向互動的精神。聖嚴師父曾叮嚀「為人間發一個好願,為人間儲存一份至善的心願」,大關懷教育始終以願導行,以行踐願,於2019年再次傳遞師父的關懷,廣邀大眾透過許願、行願,關懷不同角落、層面與年齡的民眾,從心裡找回力量;更串連並凝聚以一己小小的好,匯集成大大的好,讓佛法甘露潤澤人間。

● 01.02～02.01期間

107年度歲末關懷全臺展開
合計關懷兩千八百多戶家庭

德華寺的關懷活動中，安排義剪，為關懷戶服務。

1月2日起，慈基會舉辦107年度「法鼓山歲末關懷」，延續2018年12月8日起展開的系列活動，至2019年2月1日圓滿，陸續於全臺各地分院、護法會辦事處，共二十個據點舉行，共同關懷當地低收入戶、獨居老人、急難貧病等民眾，合計關懷兩千八百多戶家庭。

匯集民眾的愛心，並結合地區資源，107年度的歲末關懷，除了準備慰問金與民生物資，並舉辦祈福法會或念佛共修，如法鼓山園區、北投農禪寺、北投文化館、桃園齋明寺、高雄紫雲寺、臺東信行寺，皆由法師帶領祈福；護法會辦事處、共修處則安排念佛共修，傳遞佛法的祝福。

其中，臺南分院於5日舉行關懷活動，首先由義工帶領合唱〈四眾佛子共勉語〉、〈菩提心〉及〈我為你祝福〉等佛曲，台上台下交流熱烈，氣氛溫馨感人；監院常宗法師在供燈儀式中，帶領祈福發願，也邀請眾人觀想「我是大家心中的觀音菩薩，大家是我心中的觀音菩薩」，發願學習觀音菩薩聞聲救苦的慈悲心。5日在紫雲寺展開的關懷活動，共有兩百零二戶關懷家庭參與，法師關懷時，說明所有的關懷物資都來自社會大眾，知福惜福才會人人有福；也鼓勵大眾發利人利己的好願，並積極實踐好願，能帶來信心、帶來幸福。

26日於信行寺進行的歲末關懷，有近四百戶南迴線、縱谷線及海線等三處不同區域的關懷戶參與，由監院常覺法師帶領眾人供燈祈福，迴向給親友及世人，祝願平安、健康及快樂。

各地的關懷活動，也結合在地特色多元呈現，例如護法會員林辦事處安排藝文表演，並帶領法鼓八式動禪，讓民眾體驗動禪的安定力量；豐原辦事處舉行的歲末關懷，活動結合百年樹人獎助學金分享卡聯誼會，雖然當日細雨濛濛氣溫寒冷，關懷戶多是親子同行，感受滿滿的溫馨祝福。

另一方面，臺中寶雲寺及護法總會多處辦事處更提供「關懷送到家」服務，由義工直接將物資送至關懷戶家中，傳遞最直接的關懷。

透過歲末關懷活動，慈基會希望藉由物質與精神上的扶持，讓關懷家庭感受到佛法與社會的溫暖。

107 年度「法鼓山歲末關懷」活動一覽

區域	時間	活動地點	活動內容	關懷地區（對象）	關懷戶數
北部	2018年12月8日	北投農禪寺	祈福供燈、園遊會、致贈禮金與物資	臺北市、新北市關懷戶	327
	2018年12月9日	北投文化館	祈福法會、義剪、致贈禮金與物資	臺北市、新北市關懷戶	860
	2018年12月15日	法鼓山園區	祈福供燈、心靈饗宴、致贈禮金與物資	北海岸行政區、基隆市關懷戶	145
	2018年12月15日	桃園齋明寺	祈福供燈、藝文表演、致贈禮金與物資	桃園市、新竹地區關懷戶	240
	2019年1月10至18日	宜蘭辦事處	關懷送到家	宜蘭縣市關懷戶	20
	2019年1月24日	蘭陽分院	關懷送到家	宜蘭縣市關懷戶	11
	2019年1月26日	苗栗辦事處	關懷送到家	苗栗縣市關懷戶	38
中部	2018年12月16日	南投德華寺	祈福供燈、義剪、致贈禮金與物資	南投縣魚池鄉、國姓鄉、仁愛鄉關懷戶	84
	2018年12月24日至2019年1月18日	彰化辦事處	祈福供燈、致贈禮金與物資、關懷送到家	彰化縣市關懷戶	23
	2019年1月2日至2月1日	臺中寶雲寺	關懷送到家	臺中市關懷戶	109
	2019年1月5至15日	竹山共修處	關懷送到家	南投縣竹山鎮關懷戶	68
	2019年1月6日	員林辦事處	致贈禮金與物資	彰化縣員林市關懷戶	99
		東勢共修處	關懷送到家	臺中市東勢區關懷戶	53
	2019年1月12日	南投辦事處	關懷送到家	南投縣市關懷戶	55
	2019年1月20日	豐原辦事處	藝文表演、法鼓八式動禪、致贈物資	臺中市豐原區關懷戶	30
南部	2019年1月5日	臺南分院	祈福供燈、藝文饗宴、致贈禮金與物資	臺南市關懷戶	56
		高雄紫雲寺	祈福供燈、藝文表演、致贈禮金與物資	高雄市關懷戶	202
	2019年1月14至22日	潮州辦事處	關懷送到家	屏東縣潮州鎮關懷戶	33
東部	2019年1月15至25日	花蓮辦事處	關懷送到家	花蓮縣市關懷戶	21
	2019年1月26日	臺東信行寺	致贈禮金與物資	臺東縣市關懷戶	357
合計					2,831

● 01.06～05.25期間　08.10～12.29期間

地區悟寶兒童營二十三處展開
用佛法陪伴孩子成長

　　1月6日至5月25日、8月10至12月29日，護法總會與法青會於基隆精舍、桃園齋明別苑、新竹精舍、高雄紫雲寺、臺東信行寺，以及護法會新店、新莊、中

地區悟寶兒童營中，法青學員引導學童輕鬆親近佛法。

永和、松山與中正萬華等辦事處，共二十三處地區，舉辦七十場「悟寶兒童營」，藉由話劇、遊戲、唱誦等多元方式，引導國小中、低年級學童認識法鼓山、建立基本佛法觀念。

「悟寶兒童營」內容，包括「靜心」系列的兒童茶禪及打坐、「與佛菩薩打招呼」的學佛行儀、「兒童梵唄」的佛曲帶動唱、「心情罐子」系列的環保手作，並藉由繪本話劇、團康遊戲等多元方式，潛移默化「心五四」的理念。

每兩個月一次的「悟寶兒童營」，活潑地引導小朋友建立基本佛法觀念，播下菩提種子。許多家長因為孩子參加兒童營，看見孩童的轉變及團隊的用心，不僅認識了住家附近的法鼓山道場，近而參與活動，共同護持活動圓滿。

● 01.13

護法總會舉辦歲末感恩分享會
邁向 2019 好願在人間

雲集寺安排小朋友上台持誦《心經》，可愛虔誠模樣令人歡喜讚歎。

護法總會及各地分寺院於1月13日聯合舉辦「邁向2019好願在人間——歲末感恩分享會」，國內法鼓山園區、北投農禪寺、三峽天南寺、桃園齋明寺、臺中寶雲寺、臺南雲集寺、高雄紫雲寺、臺東信行寺、蘭陽分院以及護法會花蓮辦事處，與海外澳洲雪梨分會、新加坡護法會，共十二個地點同步展開，方丈和尚果暉法師於主現場園區大殿，透過視訊連線，與各地僧團法師、九千多位信眾，互道祝福，凝聚護法弘法的向心力。

方丈和尚開示指出，2019年適逢創辦人聖嚴師父圓寂十週年、法鼓山創立三十年、美國東初禪寺創建四十年、《人生》雜誌七十週年，法鼓山規畫一系列

緬懷師恩的活動，以年度主題「好願在人間」來實現對師父的感恩，以願導行，以行踐願；期勉大眾「以大悲心為立足點，以大弘願為總方向」，發心利他，以佛法的智慧幫助眾生；提昇自我，以知恩的心報恩，願願相續。

園區大殿裡，在主法常遠法師帶領下，大眾齊誦《心經》與觀音菩薩聖號，祝福世界；三千多位鼓手齊聚的農禪寺，監院果毅法師關懷歡迎大眾隨時回「娘家」，感受法鼓大家庭的溫暖與祝福；於齋明寺關懷的僧團副住持果祥法師也分享自己的願：奉獻佛教與推廣自然農法，期許大眾也都能發好願；藉由《承先啟後　鴻雁共行》影片，天南寺監院常順法師指出，所有活動皆由四眾弟子同心同願一起成就，猶如鴻雁精神，在菩薩道上共同承擔護法、弘法的重責大任。

各地皆精心規畫佛曲帶動唱、戲劇、樂器演奏等節目，讓老中青世代交流同樂。雲集寺由小朋友上台持誦《心經》，可愛虔誠模樣令人讚歎；紫雲寺由高雄法青純淨樂團帶領親子打擊樂團，以簡單純粹的音聲供養大眾；花蓮辦事處首度由法青搭配中青一起主持，妙語如珠讓全場歡笑不斷；臺東法青與義工在信行寺獻出「光影戲」首演，以聖嚴師父籌辦佛學教育、推廣法鼓山理念的悲願為內容，演出別具新意，感動人心。

● 01.18　01.22

慈基會於北市社會局、榮民服務處歲末送暖
傳遞關懷　讓善緣流轉

慈基會於1月18日受邀參與臺北市社會局於市立動物園舉辦的歲末關懷園遊會，並安排有趣的互動遊戲、摸彩，祕書長果器法師也到場關懷，致贈春聯、象徵吉利的橘子、平安的蘋果、圓滿的包子及溫暖幸福的圍巾等物品，與上千位長者、身心障礙者及低收入戶結緣，傳遞祝福。

陳照興副會長（右）代表慈基會捐贈榮民服務處即時調理餐，由池玉蘭處長（左）代表接受。

22日，農曆春節前夕，副會長陳照興與義工代表慈基會，前往臺北市榮民服務處捐贈一千八百份即食調理餐，轉達社會的關懷與祝福。榮民服務處處長池玉蘭感謝法鼓山常年協助照顧年長且行動不便的清寒、獨居榮民眷；陳照興副會長表示，溫暖不僅是只有施與受，而是可以傳遞的，年節期間提供物資援助，讓長者安心過年，也讓善緣流轉。

● 01.20

義工悅眾雲來聚共識
發願秉持初心　造福人間

常獻法師出席義工悅眾交流分享會，期許凝聚運作共識。

義工團於1月20日，在北投雲來寺舉辦悅眾交流分享會，輔導法師常獻法師到場關懷，期許培養合作默契，凝聚運作共識，有近五十位接待組、護勤組、環保組、交通組、攝影組、醫護組悅眾參加。

常獻法師引用聖嚴師父的開示，「悅眾的意思是關懷大眾，使大眾感到平安與快樂的人。」勉勵組長們保持初發心，以恭敬心互動，彼此皆會生起歡喜心，並帶領眾人發願，以實踐師父所教導的義工精神為願，造福人間。

有接待組悅眾分享，以「尊重、傾聽、包容」的理念關懷組員，增進團隊感情，執行任務更有效率。新任團長鮑育宏感恩悅眾共同承擔未來三年的任務，並以「明因果，不憂不懼，萬變不離其本」與眾人共勉，接引更多人一起來廣種福田。

● 02.02　02.17

南、北法青樂齡關懷
帶著佛法進社區　送上新年祝福

臺北法青樂齡關懷，以藝文表演與養護院長者同樂。

法青會於2月2日及17日，分別於新北市深坑健順養護院、高雄甲仙區小林村永久屋，舉辦關懷長者活動，以藝文表演、協助打掃家園，傳遞佛法的祝福。

2日新春年假首日，北臺灣二十五位法青，在青年院監院常炬法師、常導法師帶

領下，以念佛陪伴養護院長者，也安排「創意打擊秀」，以回收冰淇淋鐵筒、海苔罐、鐵盤，敲打新年歌曲，同時邀請老菩薩手拿沙鈴、鈴鼓，為舞龍舞獅橋段伴奏；並以佛卡與長者結緣，獻上新年的祝福。

高雄法青於17日帶著清潔用具前往甲仙小林村永久屋，協助居民清掃整理環境，紫雲寺監院常參法師說明，打掃環境同時清理心中煩惱，讓自己的心回復「本來面目」；也提醒學員，打掃環境之外，更重要的是陪伴。

打掃完畢，法青們圍坐一旁，聆聽住民分享生命故事。有法青表示，雖然小林村永久屋的許多居民，在莫拉克風災後失去家人朋友，也曾一度失去求生意志，但也用生命的經歷，示現了「有呼吸就有希望」的一課。

● 02.24

慈基會北區悅眾聯繫會報
救災總指揮、慰訪組長傳承交流

慈基會於2月24日，在臺北德貴學苑舉辦「北區救災總指揮、慰訪組長聯繫會報」，由副祕書長常隨法師、總幹事陳高昌及專職，分享防救災組織架構、實務經驗，祕書長果器法師到場關懷，有近一百位北部地區之正副救災總指揮、正副召委及義工參加。

救災、慰訪悅眾聯繫會報中，悅眾分享關懷經驗。

常隨法師首先表示，從事慈善服務，要能感同身受，學習面對無常，並以方丈和尚果暉法師於傳燈法會開示「同願同行，對佛教、社會，發揮貢獻的力量」，期許學員積極行好願，造福人間。

會中安排陳高昌總幹事說明慈基會在地區的組織與業務；「救災機制與運作」由專職介紹慈基會救災的架構；「慈善相關服務內容」單元，由地區慰訪悅眾分享讀書會的成立緣由，並說明透過讀書會，可以增進慰訪義工的聯繫和交流，更有助於慰訪工作。

活動圓滿前，果器法師勉勵學員，「募好願、行好願、發好願」和「忘記年齡，活到老，學到老，終生學習」，祝福所有義工共同成長。

有義工分享，課程內容不僅更能即時掌握及了解相關救災和慰訪工作內容，也讓專職、義工有更多的溝通和協調。

● 02.24

榮董會舉辦新春祝福
互勉佛法代代相續

方丈和尚果暉法師、都監常遠法師及榮董會會長黃楚琪，向榮董們表達祝福與關懷。

榮譽董事會於2月24日在北投農禪寺舉辦新春祝福，方丈和尚果暉法師、僧團都監常遠法師、榮董會會長黃楚琪等出席關懷，互勉時時回到護法初心，積極行願，造福人間，共有一千三百多人參加。

活動首先安排祈福法會，常遠法師領眾持誦《心經》、〈大悲咒〉。方丈和尚開示時，表示學習佛法如端著信、解、行、證四杯水，每一步都要踏實修行，也鼓勵將〈四眾佛子共勉語〉實踐到生活裡，把「心五四」當成生活中不可或缺的法寶；為了讓佛法代代相續，除了一己精進，也要募人來學佛，更要募心、募僧。

在交流分享時間，多位資深悅眾分享學佛的收穫，有榮董感恩學佛帶來正能量，得以「高品質、高安全、高效果」為經商理念，並學會用「四安」來放鬆、安定、放下；也有悅眾分享，以「四要」為生活法則，為自己帶來更多自在。

● 03.04～04.22期間

人基會培訓「關懷生命專線」義工
引導大眾以佛法轉化生命困境

人基會「關懷生命專線」義工第三階段培訓課程，自3月4日起於法鼓德貴學苑開課，首堂課邀請104社會企業處資深協理王榮春主講「站在有光的地方——如何陪伴青年朋友看見夢想、探索天賦、找到方向」，共有四十多位學員參加。

王榮春協理從藍海策略分享生涯輔導的基本理念，並帶領學員彩繪出個人十年後想擁有的生活，接著透過各種檢核表、小測驗，學員找出個人的特點、多元智能、工作價值觀、生涯興趣等，彙整出一張獨一無二的自我探索成果，找到最好的自己。

學員在「關懷生命專線」義工培訓課程中，熱烈交流與分享。

有學員分享，自2018年10月參與課程以來，開啟內在對協談輔導的認識與擔任專線義工的信心，第一階段佛法、禪修、心理學、腦科學、精神醫學的互相參照與善巧結合，開創出法鼓山關懷生命專線的風格內涵；第二階段以實例觀摩搭配模擬演練，傳授諮商輔導技巧及覺察挑戰的重要原則；兼具理論與實務的專業課程，為自我成長與轉化做了完善清楚的培訓。

● 03.09

合唱團悅眾交流分享會
和合大眾　以清淨的音聲供養十方

　　合唱團於3月9日，在員林辦事處舉辦「正、副團長暨老師交流分享會」，常獻法師到場關懷，共有二十九位來自本團、羅東、基隆、桃園、員林、臺南、高雄、屏東八個地區的合唱團正、副團長及老師參加。

　　會中，眾人聆聽聖嚴師父於1995年合唱團成長營的影音開示，再次回顧師父對合唱團成立的目的、方向與精神的殷切叮嚀。團本部及各團代表也分享各自的團務運作，並互相交流各團在歌曲教唱、活動辦理及團員間關懷等經驗。

　　文化中心副都監果賢法師於專題講座中，以「好願在人間、法鼓山的方向」為主題，分享如何以發好願、行好願、募好願，持續走在法鼓山的方向上。法師以聖嚴師父所開示：「人生的目的是許願和發願，人生的意義是盡責和負責。」勉勵悅眾在領眾的執事中，要不斷地消融自我，以成就他人、和合大眾，做一場清淨、無私無我的音聲供養。

全臺八個地區的合唱團正、副團長及老師齊聚一堂交流分享。

● 03.09～10　03.23

慈基會慰訪員初階教育訓練課程
提昇關懷行儀的佛法內涵

常隨法師勉勵義工，以柔軟心接受自己與他人，讓菩提心成
為善的力量。

3月9至10日、3月23日，慈基會分別於高雄紫雲寺、新竹精舍舉辦慰訪員初階教育訓練課程，由副祕書長常隨法師、專職等授課，並邀請社工師謝云洋、陳玟如講解助人工作的基本技巧，共有一百一十多人參加。

課程首先由專職介紹慈基會服務項目及慰訪作業流程、慰訪前的準備、慰訪義工的身、心、口儀等專業知識。常隨法師在「與樂拔苦相約建淨土」課程中說明，「與樂」是慈，給予快樂，「拔苦」是悲，解決問題，「相約」是諸菩薩解行並重，「建淨土」是學佛、護法、弘法；強調慰訪不只是慰訪工作，而是將佛法離苦的方法和觀念運用於慰訪中，讓需要協助的人，能夠看清苦的本質，而得離苦。

謝云洋社工師說明人與人的互動，以尊重及陪伴建立關係連結，涉入並觀照當下的狀態，本著相信、尊重、接納及察覺的原則，傳達溫暖與關懷。陳玟如社工師說明助人的過程是一場修練，重要的是抱持同理心來傾聽，不讓對方感到困擾；助人的技巧在於心平氣和，不要給予過度的承諾，但要以最大的誠意去面對個案。

課程圓滿前，常隨法師勉勵大眾，轉變觀念、建立心態、養成習慣，清楚無常的本質，以柔軟心接受自己與他人，以念佛安定身心，讓菩提心成為一股善的力量。

● 03.10　10.20

法青愛關懷
在社會服務中成長自己

3月10日，桃園法青於新北市金山區中角沙珠灣，參與由法鼓文理學院教職師生發起的環保社團「淨心淨土，金山環保」海洋淨灘活動。

法青同學們穿好裝備、拿好工具後即分散行動，不論是「積小成多」或是

「數大便是美」的撿拾方式，只為還給大自然本來面目。最後，大家並合力將漁網與廢鐵桶搬離海灘，一望無際的海灘終於出現乾淨的微笑曲線。

法青們合力將漁網及廢鐵桶搬離海灘，還大自然本來面目。

下半年，近四十位法青則於10月20日，前往桃園懷德風箏緣地育幼院關懷院童，演出戲劇〈灰阿胖〉，期許孩童練習做自己心的主人，體驗每個當下。

有法青分享，雖然垃圾看似永遠撿不完，但體認到一個人的力量或許微薄，很多人一起同心同願便能水到渠成；也有法青表示，懷抱著開放的心和熱情的態度與孩童互動，見到小朋友真誠的笑容，自己也獲得滿滿的啟發與鼓舞。

● 03.16～17　05.03～05　10.25～27

榮董會三梯次禪悅營
堅定奉獻與修行的願心

榮譽董事會於本年3月16至17日、5月3至5日及10月25至27日，舉辦三梯次的禪悅營，藉由豐富的課程，深入了解聖嚴師父建設人間淨土的理念，堅定修行與奉獻的願心，有近兩百五十位榮董參加。

3月首場禪悅營，於法鼓文理學院舉行，副校長蔡伯郎以博雅教育、大願興學為主題，

榮譽董事參訪大願館，體會聖嚴師父興學願心。

介紹文理學院發展的五個階段。僧團都監常遠法師以「超越自我」為題，介紹以禪修來認識自我，進而肯定自我、成長自我、消融自我；並提醒有恆心、毅力，是自我超越的表現，而超越自我，即真正發心行菩薩道。

僧大副院長常寬法師則分享出家因緣，以及擔任聖嚴師父侍者時，師父展現的言行與身教；方丈和尚果暉法師關懷時，鼓勵大家發菩薩願，積極行願，造福人間。

5月及10月的禪悅營，皆於臺東信行寺展開，除了學習基礎禪修課程，並於加路蘭、伯朗大道、卑南文化公園等地體驗戶外禪，也安排參加大悲懺法會。大堂分享時，榮董會會長黃楚琪介紹榮譽董事會1989至2019年的護法歷程，期勉眾人將護法因緣，代代相傳，持續推動各項法務。

● 03.23～10.27期間

護法總會「悅眾成長系列課程」
閱讀聖嚴師父成長自己

常慧法師以聖嚴師父童年時期對生命的疑惑為題，引導悅眾進一步探索生命的意義與價值。

3月23日至9月28日，護法總會週六於中正萬華辦事處舉辦六堂「悅眾成長系列課程」，由臺中寶雲寺監院常慧法師授課，帶領大眾認識聖嚴師父的生命歷程，漸次深入法鼓山的理念與方向，並透過共學討論方式，以佛法為指引，共同成長，有近五十人參加。

六堂課程分為三個主軸，第一個主軸是「整體」，從聖嚴師父童年沙彌時期的生命疑惑、從軍、閉關時期的生命探索、留日赴美時期的生命涵養，到創建法鼓山。第二個主軸是「團隊」，協助地區悅眾在帶領團隊推動弘化活動，及在地化轉型過程中，掌握佛法核心精神；第三個主軸是「個人」，期使眾人藉由參與法鼓山的活動，在佛法、修行、菩薩道上成長，從改變自己出發，進而影響他人。

第一堂課中，常慧法師以聖嚴師父小時候的三段生命故事揭開序幕：師父在水災時第一次遇見死亡的震撼；親眼看見青蛙讓自己被蛇吞食帶來的疑惑；以及從獨木橋上跌落水牛頭上，面臨死亡的恐懼。法師引導學員思考對於死亡的疑問與態度，並從師父對死亡的領悟中，省思自己所得到的啟發，以及未來可採取的行動，引發熱烈討論。

課程中並搭配禪坐、經行與大休息，在禪修靜心後，更能放鬆真誠交流。10月25至27日參訪法鼓山園區，體會聖嚴師父一步一腳印的創建精神。

有悅眾分享，在思索生命意義時，想起聖嚴師父教導「生命的意義在於不斷地發願和還願」，願以師父為學佛模範，學習從利他中種福培福；有召委感恩表示，經常陷入作法差異的困擾中，在課程中學習到耐心包容，以護念的心情成就他人。

● 03.29

「關懷生命專線」啟用十週年
以佛法陪伴點燃希望

人基會於3月29日在臺北德貴學苑舉辦「關懷生命專線」啟用十週年典禮，前祕書長李伸一、顧問陳瑞娟、張麗君，以及創線督導蔡稔惠、現任督導孫敏華等到場祝福，共有六十多人參加。

李伸一前祕書長表示，「關懷生命」是人基會重要推廣工作，以佛法為生命困頓的民眾提供希望的火炬；鼓勵專線義工時時提起感恩回報的初發心，接聽

「關懷生命專線」啟用十週年，義工分享助人、自助的願心。

服務時，堅守角色任務及守密原則，用虛心及耐心來成長自己。蔡稔惠老師致詞時，表示義工的向心力和凝聚力，以及人基會的支持及協助，是專線發展的關鍵，也能利益更多人。

活動並頒發「義工服務十年金質獎」、「義工服務五年金質獎」、「值班奉獻獎」、「勵學獎」及「特殊服務獎」，提昇助人、自助和互助的願心。

● 03.30

護法總會首辦「兒童日」
地區辦事處學童歡喜體驗禪滋味

兒童節前夕，護法總會於3月30日，首度在法鼓山園區舉辦「兒童日」活動，內容包括寓教於樂的戲劇演出、闖關遊戲，以及祈福法會等，包括桃園齋明別苑、基隆精舍、新竹精舍，以及內湖、新店、新莊、松山、文山、板橋、海山、淡水、中正萬華、中永和辦事處，共十三個地區，近兩百五十位兒童、兩百位法青隊輔和地區義工，有近六百人參與。

上午，在法鼓文理學院揚生館的游心場，由法青們演出兒童劇《遇見法鼓山》，學童與劇中三位主角一起面對煩惱：獵人壯壯不敢對人說出「不忍殺害動物」的心聲，聰明的小優承受過多期望與壓力，愛現又自私的阿富沒朋友；煩惱的他們在微笑奶奶提點下，展開一趟尋找聖嚴師父的旅程，在歷險中改變自己，克服考驗，重展笑容。小朋友認真投入劇情，上台充當小魚、螢火蟲跑跑跳跳，互動熱烈。

兒童劇《遇見法鼓山》，台上三位主角帶著小朋友們，展開一趟尋找聖嚴師父的旅程。

午齋大休息後，孩童分成「慈悲」、「尊敬」、「智慧」、「和樂」四組，從不同起點出發，前往開山觀音公園、祈願觀音殿、第一大樓五樓門廳和彌陀殿，進行闖關遊戲；也於大殿參與祈福法會，觀看《貧女點燈》動畫，並在護法總會副都監常遠法師帶領下，虔誠地於佛前供燈。

方丈和尚果暉法師關懷時，期許小菩薩每天做兩件事情來報恩：「常對別人說『謝謝你！』表達感恩，做錯事時說『對不起！』表達懺悔。」

有六年級學童表示，生動有趣的表演傳達幫助他人、愛護動物等觀念，搭配「吸氣、吐氣、放輕鬆」，處理不安和煩惱，收穫很多。

● 03.31

義工團新進義工培訓
學習在奉獻中利人利己

義工團新進義工成長課程中，學員分組分享執事經驗。

3月31日，義工團於臺北德貴學苑舉辦新進義工成長課程，內容包括法鼓山的理念、義工行儀與精神、資深義工經驗分享等，由常獻法師、悅眾等授課，共有七十一人參加。

團長鮑育宏首先在「蛻變中的義工團」中，介紹各組組別、勤務內容，感恩各組執勤時，相互理解、合作互助，並期許每個人戮力培育福德資糧，接引更多人來做義工。

由常獻法師講述的「法鼓山的理念及義工精神」，說明「淨土」從人心做起，於生活中落實心靈環保，達到身心安定、社會安定，實踐「提昇人品、建

設淨土」願景；學員也從聖嚴師父影音開示中，獲得殷殷勉勵，學習觀世音菩薩，發揮奉獻利他精神。

下午進行「快樂義工菩薩行」座談，由各組悅眾分享執事經驗，遇到人與事的境界時，當下的心情與處理方法，學習以「慚愧心看自己，感恩心看世界」，才能享受奉獻的快樂。

有醫護組義工表示，從課程中進一步了解當義工的正確觀念和方法；接待組義工則從法師開示中，再次熏修覺察妄念，也透過練習更堅定信念。

● 04.02

慈基會捐贈平溪國小家用書桌
鼓勵透過閱讀展現夢想

結合各界資源與祝福，慈基會捐助新北市平溪國小學生家用書桌、護眼檯燈及書架，於4月2日「國際兒童閱讀日」在該校舉行捐贈儀式，由祕書長果器法師、副會長柯瑤碧代表捐贈。

儀式中，校長鄭益堯感謝法鼓山的善行，讓學童能安心就學、樂在學習；柯瑤碧副會長表示，校長、老師們在偏鄉用心奉獻，訪視學生家庭、推動閱讀計

慈基會捐贈平溪國小家用書桌，鼓勵學童以閱讀展現夢想。

畫，令人感動，在「國際兒童閱讀日」當日，義工們祝福孩子兒童節快樂，盼學童學習安徒生的精神，透過閱讀轉變環境、展現夢想。

有二年級學童歡喜表示，有了書桌，就可以放自己的書包、課本、故事書，也可以寫功課、盡情畫畫，會好好珍惜課桌椅。

● 04.13～14　05.18　06.22　09.21　10.12

慈基會義工培訓系列課程
與樂拔苦共建淨土

慈基會於4月13日至14日、5月18日至10月12日期間，在高雄紫雲寺舉辦「與樂拔苦相約建淨土」義工培訓系列課程，由副祕書長常隨法師及多位社工師、心理師等帶領，有逾三百人次參加。

常隨法師以聖嚴師父所言：「常以眾生的安樂為安樂，以眾生的幸福為幸

慈基會義工在小組討論中，分享覺察自我的關鍵要素。

福」，與學員共勉投入慈善工作時，也是藉境鍊心的機會，不但要與眾生結善緣，更要回歸修行的初心。

課程中，邀請社工師謝云洋主講「有效溝通」，闡述溝通是良好關係的橋樑，用心傾聽接納、不評價，以同理心站在他人角度思考，嘗試了解對方的感覺及想法，再協助解決問題，便能有效地達到助人目的；並帶領「五感體驗」，運用各種小道具，限制眼、耳、鼻、舌、身等感官的覺受，體驗感官失能的不便。

「生命故事書」邀請藝術治療師林純如帶領，指導學員描繪自己的生命曲線，製作成多頁卡片式的生命書，以及進行小組討論、大堂分享。過程中，學員回顧自己的生命歷程，理解到覺察自我的關鍵，就是坦然面對生命的巔峰或低潮。

臺北市立聯合醫院仁愛院區安寧緩和醫學科主治醫師簡采汝於「認識失落」單元，安排學員分組練習分析案例的困境、需求，引導學員體會遇到挫折須時時關照內心，回到初發心，以因緣觀面對，毋須有過多的得失心；資深護理師胡富麗則介紹社區精神復健與資源應用。

有學員分享，課程內容豐富，學習到在慰訪過程中運用佛法，提昇服務的能力與安定的力量，接引更多人得安樂。

●04.14　05.19

豐原辦事處「生死關懷」系列講座
大眾學習以佛法面對老病苦

豐原辦事處於4月14日、5月19日，舉辦「生死關懷」系列講座，每場均有近百人參加，共學佛法的生死智慧。

4月14日首場講座，由聖嚴書院講師郭惠芯主講「《阿彌陀經》裡的生死關懷」，說明臨終及往生陪伴，是協助亡者連結最後一刻與下次再生的重要旅程；「陪老學老，陪病學病」，在陪伴長者或病人的過程中，要學習觀察自己的念頭，用禪修方法鍛鍊自心。郭老師鼓勵學員發願往生西方淨土，而持誦阿彌陀佛聖號，則信心具足，勇猛念佛，願生彼國。

郭惠芯老師帶領大眾學習《阿彌陀經》的生死關懷。

花蓮慈濟醫院國際醫學中心副主任黃軒在「因為愛，讓他好好走——一位安寧醫師的鍊心術」講座中，分享陪伴重症病患及家屬選擇善終的心路歷程，提醒大眾，生命沒有固定的方程式，不變的是因緣的生滅，唯有面對、接受，才能處理、放下，而陪伴病患念佛，一起祝福，就是善終。

● 04.21～05.19期間　10.19～11.10期間

第三十四、三十五期百年樹人獎助學金頒發
期勉學子成長自我回饋社會

4月21日至5月19日及10月19日至11月10日期間，慈基會於全臺分支道場及護法總會辦事處舉辦第三十四、三十五期「百年樹人獎助學金」頒發活動，嘉惠兩千五百多位學子。

除了頒發典禮，各地分院與辦事處均規畫體驗活動，將四種環保融入活動中，讓學生與家人留下寓教於樂的回憶。4月21日，臺北市士林、社子、中山區受助學子造訪「芝山文化生態綠園」，同學沿途淨山，力行愛護地球；27日，臺東信行寺舉辦臺東地區頒發活動，學生初次體驗吹畫，用吸管與墨汁展現創意；28日，學子在高雄紫雲寺揮灑彩筆，為盆景增添繽紛，填土種下植物，打造淨化身心的綠意。

紀念921地震二十週年，中部地區聯合頒發活動特別安排一趟生命教育之旅。5月5日，集結東勢、豐原、臺中、南投、竹山、彰化、員林、苗栗等區五百多位學生、家長齊聚寶雲別苑。慈基會副祕書長常隨法師、寶雲寺監院常慧法師期許大家用感恩心體諒他人，以慈悲心發願，祝福自己、親朋好友、一切眾生痛苦消除。典禮圓滿後，眾人前往921地震教育園區

受助學子參訪921地震教育園區，感念當年受苦受難的菩薩，祈願人人免難有幸福。

參觀車籠埔斷層保存館、重建記錄館等,建立備災、防災觀念,傳遞百年樹人持續不斷的關懷。

下半年,淡水及林口辦事處於10月27日,分別邀請學生和家長前往臺北市北投貴子坑水土保持教學園區及新北市五股「準休閒農場」,關懷自然保育與認識水土保持的重要性;苗栗辦事處的大小朋友,則以手作福袋,把祝福帶回給家人、朋友。

11月9日,屏東及潮州地區的頒發活動於紫雲寺舉行,高中以上青年參加法鼓青年開講,邀請「紅鼻子醫生」曾筱庭分享到醫院為病童表演的心路歷程;而國中國小學童則繪畫「自畫像」,從中認識自我。

2019 百年樹人獎助學金頒發人次一覽

學別／期別	國小	國中	高中	大學(大專)	總計
第三十四期	311	302	332	349	1,294
第三十五期	277	269	312	368	1,226
合計	588	571	644	717	2,520
百分比	23.3%	22.6%	25.6%	28.5%	100%

● 04.21　07.20

兩場榮董頒聘典禮
以信、願、行堅定護法初心

圓滿榮董因緣各有不同,有家族三代共同成就榮譽董事,護法願心令人感動。

榮譽董事會於4月21日、7月20日,分別在北投農禪寺、臺中寶雲寺,舉辦榮董頒聘典禮,由方丈和尚果暉法師為新任榮董頒發聘書,僧團都監常遠法師、榮董會長黃楚琪到場關懷,共有七百多人參加,許多榮董更是一家三代與會,體現大願力、大家庭的護法願心。

頒聘典禮中,方丈和尚果暉法師感恩大眾的護持,讓法鼓山有更多資源弘法利生,並勉勵:「世間寶固然可貴,三寶價值更高,佛法更是無上寶!」期許大眾堅定護法願心;也以參與印度朝聖時實際運用的體會,分享在日常中如何念佛。黃楚琪會長也期許受頒聘書的榮董,共同以信、願、行,落實護法因緣代代相傳。

在「心願與新願」時刻，眾人觀看聖嚴師父開示影片，師父指出法鼓山的三大教育，影響所及，不僅只於現在，更延續到未來，勉勵大眾視奉獻為榮譽，以服務為責任、為權利，繼續給自己大機會種福田，也給未來的後代一個大希望。

活動最後安排「感恩分享」，由榮董分享學佛成長，有榮董表示從求觀音到學做觀音，不但自己獲益良多，更常與他人分享佛法，或請購聖嚴師父的著作贈予親友；也有榮董將聖嚴師父認識自我、肯定自我、成長自我、消融自我的禪修觀念，運用於諮商工作上，獲得很大回響。

● 05.02 　06.17

慈基會落實防災優先觀念
持續捐助安裝住家火災警報器

為持續推廣防災公益，慈基會結合各界關懷資源，分別捐贈雲林縣、新北市中低收入戶、獨居老人、弱勢兒少「住宅用火災警報器」。

5月2日於雲林縣政府舉辦的捐贈儀式上，由縣長張麗善頒發感謝狀，由祕書長果器法師代表接受。法師表示，防患於未然，推廣減災、備災的防災理念，是社會面對災害救援的方式之一，法鼓山除配合

慈基會捐助新北市住宅用火災警報器，市長侯友宜（第一排右四）頒發感謝狀，由會長柯瑤碧（第一排右五）代表接受。

政府宣導住家消防安全教育，同時也為具有危險潛勢的住戶，補助火災警報器，期望平日做好準備，提昇居家安全，避免不幸事件。

6月17日於新北市舉辦的「市民捐贈救災裝備頒贈儀式」中，市長侯友宜感謝法鼓山提供火災警報器，保障民眾居家的安全；慈基會會長柯瑤碧也感恩社會大眾匯聚的善心願力，共同打造住家安全的環境。

● 05.04 　06.15 　09.17

慈基會舉辦災害防救教育訓練
防患未然提昇救災能量

為建立「自救再助人」的觀念與能力，慈基會於5月4日、6月15日及9月17日，分別在臺南分院、臺中寶雲別苑及北投雲來寺舉辦災害防救教育訓練課

許哲銘顧問介紹滅火設備的使用方式。

程,由顧問許哲銘帶領大眾認識天然災害及重大人為災害的特性,以及如何預防與應變,並邀請心理諮商師陳茉莉分享助人工作的心理調適,祕書長果器法師、副祕書長常隨法師到場關懷,共有兩百二十多人次參加。

「地震發生時,最重要是保護頭部,躲在桌子下方、堅固的柱子旁或牆角,避免受傷。」首先,許哲銘顧問講解地震、火災的特性、原因、預防與應變之道,以及滅火設備及設施、火場避難、逃生的觀念與技巧等,並帶領學員進行分組演練。

接著,由專職介紹災變管理四階段:減災、備災、應變、復原,以及法鼓山面對災變落實四安的理念。陳茉莉老師說明在助人工作上,如何放鬆身心,也解析助人工作的心法,包括以柔軟的心與人溝通、接受並容忍現場的混亂、堅守自己的本分等;強調先照顧好自己的身心,才能做好助人的工作。

9月17日另於北投雲來寺進行的課程中,許哲銘顧問特以日本京都動畫的重大火災為例,說明在建築、動線等規畫,對於防災應對的影響,共有五十多人參加。

有學員分享,課程理論與實務並重,有助於建立整體的救災步調,適切地投入救助工作。

● 05.07～06.07期間

端午關懷全臺展開
兩千六百多戶家庭歡度佳節

5月7日至6月7日,慈基會舉辦端午關懷活動,除攜帶應景素粽前往關懷家庭表達祝福外,慰訪義工並分別至各地社福機關、安養機構,與院民歡度佳節,共計關懷全臺兩千六百多戶家庭。

其中,嘉義辦事處慰訪組成員,在端午節前一個月便開始籌畫端午關懷及物資採購。先於5月25日親訪嘉義縣朴子市及大埔鄉五十七戶家庭關懷、贈送民生物資;26日,邀請三十六戶家庭至辦事處參與活動,現場有影片觀賞、猜謎遊戲以及禪修體驗,既歡喜又溫馨。

南投德華寺於6月1日舉辦端午關懷活動，除了法會、義剪及發放物資，並邀請長期推動「再現埔里蝴蝶王國」的新故鄉文教基金會，演講「蝴蝶生態與環境教育」，推廣自然環保。

慈基會義工與萬芳醫院長者、病友共度端午節。

臺北市文山區的慰訪義工，於6月6日前往萬芳醫院，與近百位護理之家的長者、腫瘤病房病友、家屬，及醫院社工師和職能治療師等，一同帶動歡唱、手作香包、艾灸條，學習以熏香淨化空氣、驅除蚊蟲。除了醫院關懷，還偕同社工師，前往木柵景仁社區發展協會、景慶社區、萬和里等地，協助送餐並發放素粽，送上年節的祝福。

● 05.08

慈基會訪幸夫愛兒園
交流慈善關懷經驗

5月8日，慈基會祕書長果器法師、會長柯瑤碧，率同總幹事陳高昌和義工一行，前往宜蘭縣幸夫愛兒園參訪，並與愛兒園創辦人達觀法師、院長真顗法師交流慈善關懷經驗。

果器法師感恩愛兒園提供刊物及經驗分享，期望大眾一起響應發好願、行

慈基會一行參訪幸夫愛兒園，交流慈善關懷經驗。（右起依序為陳高昌總幹事、果器法師、真顗法師、達觀法師、柯瑤碧會長）

好願、募好願，讓善的力量在生活中、社會上持續循環發酵。

達觀法師說明，自1976年起投入兒少教育關懷，背後的力量來自於〈普賢行願品〉，以及受到星雲法師、聖嚴師父著作的鼓舞；真顗法師感謝法鼓山補助園方教具，表示園方除了提供孩子們生活空間，還必須付出更多時間和心力，陪伴度過撫平創傷的歷程，希望讓院童感受家的歸屬感。

● 05.22

「關懷生命專線」義工授證
提供傾聽、協談和諮詢服務

人基會於5月22日在臺北德貴學苑舉辦「關懷生命專線」義工授證儀式，由方丈和尚果暉法師為一百二十二位義工授證。

方丈和尚以聖嚴師父所說「要做無底的垃圾桶，要當無塵的反射鏡」，勉勵義工們面對個案時，都能以同理

「關懷生命專線」義工圓滿培訓，發願將以同理心、慈悲心和智慧心來幫助求助者。

心傾聽、用慈悲心盡心處理，也要懂得用智慧心學習放下。人基會祕書長鍾明秋也鼓勵義工，在豐富課程的薰習歷練後，除了讓自己擁有美滿的人生，接著還要從發願服務的生命分享當中，讓他人受益、讓自我消融。

關懷生命專線於2009年啟用，秉持聖嚴師父「心靈環保」的理念，以佛法觀念結合助人技巧，提供電話專線協談或面對面關懷服務。十年來共培訓了三梯次的義工，期許能幫助更多求助者轉化身心困擾，找到生命正向信念和平靜。

● 05.22　05.29

北投地區關懷戶參訪農禪寺
學習身心放鬆　以禪安心

慈基會與北投社福中心帶領關懷家庭參訪農禪寺，體驗寺院境教。

慈基會與臺北市政府社會局北投社會福利服務中心，於5月22日及29日，聯合舉辦「觀心自在‧身心安頓」活動，邀請居住於北投區的關懷家庭成員，以及社工、義工近四十人，參訪北投農禪寺，由導覽組義工帶領欣賞建築之美，體驗走路禪、托水缽、法鼓八式動禪、靜坐和吃飯禪，學習身心放鬆，享受安定氛圍。

　　慈基會祕書長果器法師以「好願在人間」勉勵眾人，從心靈環保做起，無論是生活中，或人際關係上，存好心、說好話、做好事、發好願，祝福自己與世界平安、健康、快樂、幸福。

　　有社工師表示，如果沒照顧好心靈，會影響到身體及家庭，此行參訪除了體驗放鬆，也藉此相聚與交流，形成溫暖力量；也有關懷戶分享，首次感受到走進寺院的安定，也從吃飯禪中學習活在當下。

● 05.26

義工團接待組進階成長課程
以安祥的威儀與眾結緣

　　義工團於5月26日在臺北德貴學苑舉辦「接待組進階成長課程」，由文化中心副都監果賢法師、悅眾授課，有近兩百人參加，學習第一線接引大眾的身、口、心儀。

　　課程首先由果賢法師講解「『說』到好處——接待勤務口儀」，法師表示自己在出家前，深受接待組義工莊嚴威儀所感動，提醒學員落實佛法，在「止」

接待組義工學習第一線接引大眾的身、口、心儀。

與「觀」中，看見自己，法師強調，身、口、心儀中，心儀最重要，若能將佛法內化為生命的一部分，就是在實踐「心靈環保」。

　　「活動勤務面面觀」單元，由悅眾介紹法鼓山體系全年各項活動的勤務；「呈現美好的一面——美姿、美儀及服裝要領」課程透過舍利弗仰慕馬勝比丘的威儀，進而向佛陀求法成為十大弟子之一的佛典故事，說明威儀的重要性。

　　活動圓滿前，義工團輔導法師常獻法師為十位新進義工頒發義工證，期勉接待組義工學習來迎觀音的莊嚴安定，以安祥的威儀舉止與大眾結緣。

● 06.01～08　06.08～15

護法悅眾禪修營
重溫師教　提起護法弘法願心

　　護法總會於6月1至8日、8至15日，在三峽天南寺舉辦兩梯次的「悅眾禪修營」，分別由副都監常遠法師、服務處監院常應法師擔任總護，共有一百六十

護法悅眾深入禪修，對佛法有更深的體會。

八位悅眾藉由打坐、經行、拜佛、法鼓八式動禪等方式調整身心，深入體驗禪修。

禪修營安排聆聽聖嚴師父在1998年「悅眾禪七」中的影音開示與教法。師父在開示中，依「信、願、解、行」四架構，說明修學的次第，以期建立正知、正見、正行；期許悅眾深入禪修，對於「因緣有，自性空」，以及無常、無我、空等佛法核心觀念，將有更深的體會。

常遠法師表示，悅眾是法鼓山的核心，肩負學法、護法、弘法的使命，而弘揚佛法之前，要先用佛法感化自己，期勉悅眾時時提起願心，維持初心，承擔起佛法住世與廣傳的責任。

臺北市文山區悅眾表示，二十一年前曾經參加過悅眾禪七，再次聆聽聖嚴師父殷勤的叮嚀，收穫豐碩；除了複習佛法觀念，也更清楚法鼓山的方向與願景，未來將在地區帶領讀書會閱讀《法鼓山的方向》，凝聚向心力。有召委分享，平常舉辦活動，常不清楚自己的情緒起伏，在禪修營中，有總護法師引導體驗方法，練習觀照自己的念頭，增強對佛法的信心。

● 06.02

齋明別苑「考生祈福加油讚」
以佛法化解考試壓力

「考生祈福加油讚」活動中，藉由誦經消弭焦慮和緊張。

6月2日，桃園法青於桃園齋明別苑舉辦「考生祈福加油讚」活動，透過放鬆、藝術治療卡、鈔經、誦經、手作祈福御守等活動，引導考生時時覺察自己的身心，清楚放鬆，消弭考試帶來的焦慮和緊張，共有四十多人參加。

透過討論與分享，同學們了解考試的結果，只是這一期生命中的一個過程，而非最後的終點，試前盡心盡力學習，試後便坦然面對與接受，對於結果保持平常心看待，亦是一種成長。

另一方面，義工也為考生準備象徵順利考取理想志願的「包中特餐」，不論是素煎包或應景的素粽，都是滿滿的祝福，祈願「試試」順利、福慧增長。

● 06.11～28

百年樹人受助學子分享卡巡迴展出
以感恩心讓美善循環流轉

　　6月11至28日，慈基會舉辦「百年樹
人獎助學金」巡迴分享展，首站於北投
雲來寺一樓梯廳展出，近兩百件來自國
小到大學的受助學子，親手製作卡片、
信函、月曆等作品，以手繪的可愛圖案
與質樸字句，向大眾表達感謝心聲。

受助學子手作卡片，表達對認養人的感恩。

　　「百年樹人獎助學金」緣起於1999年
921大地震災後重建，以協助災區清寒
學子順利求學，後來獎助對象擴及全臺
灣，並建立認養人制度，配合長期的慰
訪，陪伴學子完成學業。除了頒發獎助學金之外，還舉辦贈送學習禮、讀書心
得徵文、製作分享卡聯誼會、分享卡創意評比等活動，持續傳遞社會各界關
懷，同時鼓勵學子製作「分享卡」發揮創意，與認養人和捐款者分享生活，讓
美善在人間循環流轉。

● 06.21～23

護法悅眾齊聚共識營
增長道心　凝聚弘法願力

　　護法總會於6月21至23日在三峽天南
寺舉辦「悅眾共識營」，由服務處監院
常應法師帶領，僧團都監常遠法師、文
化中心副都監果賢法師等授課，方丈和
尚果暉法師到場關懷，有逾一百四十位
地區正、副轄召與召委，重溫聖嚴師父
教法，凝聚團體共識。

常遠法師期勉悅眾以感恩與包容的心，成就他人。

　　方丈和尚開示時，說明諸行無常，無
常是表面，內在的本質是寂靜，要透過
觀念與修行的轉化來達成，期勉悅眾積
極發揚漢傳佛教的益處，利益社會及更

多大眾。

課程中，常遠法師以「感恩與包容」為題，以自身執事的經歷，勸勉悅眾消融比較的心，道心自然增長，內心自然安定，也鼓勵不論擔任何種職務，對自己都是歷練與增長，同時也是成就他人；果賢法師從聖嚴師父十大生命歷程，帶領學員從「心」認識師父的慈悲智慧與大願心。法鼓文理學院助理教授辜琮瑜詮釋「心靈環保」脈絡，從緣起、對治、經典溯源、開展目標等面向，深入「心靈環保」的內涵。

護法總會總會長張昌邦表示，2019年許多地區正副召委、轄召適逢換屆新任，藉由共識營的舉辦，新、舊悅眾都能明確掌握法鼓山理念推廣的步驟與方法。有悅眾分享，會學習聖嚴師父的願心與悲心，在菩提道路上勇於承擔，讓學佛、弘化腳步不停歇。

●07.10～12　07.13～08.04期間

慈基會、護法總會接續舉辦兒童營
四種環保向下扎根　建立惜福護生觀念

孩童在闖關遊戲中學習團體合作。

7月10至12日，慈基會於臺北德貴學苑、三峽天南寺舉辦兒童營，共有五十多位來自法鼓山關懷家庭，以及由學校、社區推薦的國小學童、隊輔義工，在歡笑聲中，化身成為生活中推動環保的生力軍。

營隊透過影片和教聯會師資的講解、示範，了解塑膠及相關製品，對於生態環境的危害。老師並帶領孩童整理、回收塑膠袋，讓每個袋子都能夠循環新生；也指導學員製作環保袋，可收納環保餐具，且可做為購物袋，提醒自己惜福愛物，成為地球的守護者。

另一方面，7月13日至8月4日，護法總會、青年院與各地辦事處共四梯次的兒童營，展開連續四週的接力，週六在各地辦事處舉行，週日則前往三峽天南寺體驗。透過影片，小朋友認識樹木有助於減緩地球暖化；在短劇故事中，從陪伴經歷地瓜葉的成長，了解植物長成的艱辛與珍貴，進而珍惜食物。此外，闖關遊戲和歌曲律動中的道具，也多是用衛生紙捲筒改造而成，在細節中傳遞惜福護生愛地球的精神。

● 07.13起

方丈和尚地區巡迴關懷
勉眾一步一腳印　共許護法願

延續聖嚴師父對地區的關懷，護法總會自7月13日起舉辦「方丈和尚抵溫叨（在我家）——地區巡迴關懷」。啟程首站，方丈和尚果暉法師偕同都監常遠法師、監院常應法師，以及總會長張昌邦、副總會長蘇妧玲等，先後至文山辦事處、中正萬華辦事處關懷，與護法鼓手歡喜同聚，共許學佛護法的好願。

「方丈和尚抵溫叨——地區巡迴關懷」首站至文山辦事處，與地區信眾回首護法歷程，化為未來成長動力。

方丈和尚與大眾一同聆聽聖嚴師父影片開示「發長遠心、不忘初發心」，親切回應鼓手們的提問與建議，並分享學法、護法、弘法的幸福；期勉鼓手一步一腳印，務實地實踐所發的願，用佛法感化自己，用行為感動他人，把佛法的好處傳布給更多人受用。

8月14日於淡水辦事處展開的關懷，除以影片簡介辦事處歷史沿革，資深悅眾也分享與聖嚴師父及法鼓山的因緣。對於淡水辦事處因地利之便，長年作為北投農禪寺與法鼓山園區各項活動的護持主力，方丈和尚也多所感念，並勉勵再接再厲。

板橋辦事處的關懷，於18日進行，方丈和尚以修行心得，重新詮解〈四眾佛子共勉語〉，勸請大眾在學佛弘法的道路上，自勉、共勉，再發願、再向前。

● 07.27～28　09.14～15

關懷院「大事關懷成長營」起跑
提起正念　以佛法自度度人

關懷院於7月27至28日、9月14至15日，分別在蘭陽分院、高雄紫雲寺舉辦「大事關懷成長營」，由常健法師帶領，包括宣講法鼓山大事關懷理念、服務內容等生命教育課程，並安排助念法器教學，共有兩百六十多人參加。

課程中，法師解說大事關懷的正信、正知、正見、正行佛法觀念，有助於面對人生最後終點時，讓往生者提起正念，儲存往生淨土的資糧，讓家屬坦然接受、處理後事，讓生死兩相安；同時，以佛法完成一場環保、莊嚴的佛事，達

常健法師指導學員執掌法器要領。

到淨化人心、淨化社會風氣的目的。法師強調,助念看起來是利益他人,但最大的利益者其實是自己,因為感受到無常,是自利利人、自度度人最好的修行方式。

常健法師提點,我們會恐懼死亡,是源於對生命真相不了解;身體由五蘊和合,會經歷生老病死,每個人來到人間,都有個任務,任務圓滿了就會離開,所以應當珍惜有限生命體,好好修行。

法器教學中,法師介紹各項法器的功能、執掌法器的威儀,以及唱誦要點,包括念佛的音調和速度、如何掌握正確板眼等,學員也分組演練,學習以音聲傳遞安心與平安的祝福。

● 07.31

慈基會協助推動「全民CPR急救訓練」
把握救命瞬間 提昇緊急醫療品質

陳高昌總幹事(左三)代表慈基會捐贈臺東縣三百七十五組充氣式訓練安妮與五十五台AED訓練機,由消防局長管建興(右三)代表接受。

為增進民眾急救技能,把握關鍵時刻,慈基會捐贈三百七十五組充氣式訓練安妮與五十五台AED訓練機,提供臺東縣政府推動全民CPR急救訓練推廣計畫之用。

7月31日於臺東縣消防局舉行的捐贈儀式中,局長管建興頒授感謝狀予慈基會,由總幹事陳高昌代表接受。管建興局長表示,CPR的成功關鍵是速度,在大腦缺氧壞死前救回心臟,就會減少人命的損失,也感謝慈基會義舉,共同推動並提昇緊急醫療品質。

陳高昌總幹事感恩社會各界人士的慈悲願心,藉由捐贈緊急救護訓練用教

具，協助臺東縣政府將相關急救知能推廣到公部門、校園與民間，守護大眾生命，提供安心的保障。

● 08.12

常法法師分享小林陪伴經驗
安心帶來改變的力量

法鼓山人基會、張老師基金會於8月12日，在臺北市劍潭青年活動中心共同舉辦「失落療癒、希望再現」國際研討會，蘭陽分院監院常法法師以「雲水林間——我在小林的一千多天」為題，與現場兩百多位社工、義工，分享在莫拉克風災後，在高雄六龜、甲仙，與屏東林邊等地，陪伴民眾的關懷經驗。

常法法師說明，法鼓山以「安心」服務為首要，帶領義工前往受災地區成立

常法法師從參與災難陪伴的過程中，學習法無定法。

安心站，面對當下不同因緣、不同需求，學習「接受變化、法無定法」，以尊重、包容、謙虛、同理的心態，隨緣盡力。

法師分享，生命與生命接觸的溫暖，可以帶來安心與改變的力量，安心站長期以無所求的用心陪伴，讓居民從觀望、抗拒，到最後願意打開心房；而安心站對青少年的關懷，也引領擴大視野、找回自信，生起對家鄉的情感與認同，進而化為行動，回饋付出。

常法法師鼓勵大眾，凡事謙虛付出、持續努力，待點滴因緣具足，改變自會發生。

● 08.24　08.31

慈基會慰訪培訓課程
以禪修提昇關懷品質

慈基會於8月24日、31日，在臺中寶雲別苑、北投雲來寺舉辦慰訪員教育訓練課程，共有一百六十多位北部、中部地區慰訪員，透過茶禪體驗、慰訪演練等課程，學習慰訪時應具備的心態、觀念與方法。

副祕書長常隨法師關懷時，表示慈善服務是給人快樂、助人解決困難，以佛

謝云洋講授慰訪知能與技能，並鼓勵學員讓善循環下去。

法來看就是「予樂、拔苦」，期勉眾人發好願來利他，由自己及親友開始，逐步擴大至一切眾生。

「純心覺茶・心體驗」課程由茶禪教師江麗滿帶領團隊，依序奉上三杯茶、一道白開水。喝茶前，常隨法師帶領坐姿動禪，引導學員對身心保持覺察；品茶時，看茶色、聽茶聲、聞茶香、品茶味，細細感受身心變化。

中部、北部地區的課程，分別邀請臺中市社會局社工謝云洋、心理師林純如分享助人的工作技巧。謝云洋說明投入慰訪的身心準備，要善用各種正向語言，運用「心六倫」、「心五四」、「一〇八自在語」，傳達積極光明的觀念；林純如從心理學，神經學以及佛法中慈悲心等面向，探討同理心，引導學員了解同理心就是不帶批判的尊重、真誠的交流，不是透過腦而是心的連結，才能真誠關懷。

有慰訪員分享，期許自己不求回報，以愛心、耐心、同理心成為他人生命轉角的善因緣。

● 08.24 09.08

慈基會秋節送暖
烘焙、義剪分享感恩心

中秋節前夕，慈基會展開多項關懷活動，為受助者送上溫暖。其中，8月24日，邀集九位百年樹人獎助學金受助學生，與十二位義工，共同烘焙四十四份糕餅點心，並送至臺北市萬華兒童服務中心，致贈給受助家庭。

9月8日，則於臺北市芝山岩區民活動中心舉辦中秋關懷，邀請關懷家庭成員及地區慰訪義工相聚，並安排義剪，為眾人「理煩祛惱」，場面溫馨歡喜。

有參與烘焙關懷活動的獎助學金受助學生，甫於馬來西亞環球廚藝賽中獲得優勝，與同是受助學生的妹妹，親手製作獨角獸造型的饅頭、素糕，並帶著感

受助學生與義工們聯手烘焙點心，對受助家庭傳遞秋節的祝福。

恩的心與逆境上游的故事，為兒福中心的小朋友加油打氣。而投入義剪逾二十五年的悅眾，抱著廣種福田的願心，希望透過雙手的技藝，持續莊嚴他人，帶來清淨歡喜。

● 09.01

北區榮董聯誼會農禪寺展開
千人與會傳承護法願心

榮譽董事會9月1日於北投農禪寺舉辦北區感恩聯誼會，護法總會副都監常遠法師、常獻法師、榮董會長黃楚琪等到場關懷，感恩榮董們長期護持，共有一千一百多位榮董及家眷參加。

感恩護持法鼓山的因緣，五代同堂的榮董家庭發願代代學佛護法。

「若無眾生，一切菩薩終不能成無上正覺。」常遠法師援引《華嚴經・普賢行願品》，表示發心立願是成就佛道很重要的助緣，期勉大眾發廣度眾生的善願，並將佛法落實在生活中，增長慈悲和智慧，用有限生命做無盡功德。

聯誼會安排祈福法會、合唱團及法青的擊樂演出，也由資深悅眾分享學佛護法的歷程。有五代同堂的悅眾表示，跟隨聖嚴師父學佛禪修後，行事從習慣下命令，轉為願與家人商量，家庭益發和樂溫馨，同修也在種田中，從擁抱土地體會到行菩薩道要擁抱眾生，佛化家庭典範，堅定眾人學佛護法的願心。

● 09.29～10.13期間

第二十六屆佛化聯合祝壽全臺展開
落實禮儀環保、家庭倫理精神

法鼓山於9月29日至10月13日期間，陸續於全臺分支道場舉辦十一場「2019第二十六屆佛化聯合祝壽」，內容包括祈福延壽法會、念佛、供燈、佛曲表演、感恩奉茶等，有逾三千位長者接受祝福。

方丈和尚果暉法師透過祝福影片，勉勵長者們要用一顆開放的心、終身學習的心、發好願的心，共同創造現在和未來的福報，用積極而有活力的態度，讓晚年的生活，也能過得有意義有價值。

農禪寺監院果毅法師致贈結縭超過五十年的老菩薩們結緣祝福禮。

9月29日，祝壽活動分別在法鼓山園區、北投農禪寺展開。上千位來自基隆、北海岸的長者，於園區互道生日快樂；農禪寺由小菩薩化身為小小接待組，迎接六百七十多位前來的長者，活動中，大、小朋友為長輩表演〈天黑黑〉、〈丟丟銅仔〉等鄉土歌謠，監院果毅法師也歡迎長者報名法鼓長青班，享受「再次青春」的生命力。

10月6日，三峽天南寺的祝壽活動中，監院常學法師祝福勉勵長者們以運動、注意安全及飲食均衡照顧身體，以當義工及培養興趣照顧生活，以念佛、拜佛及把病痛當成朋友照顧自己的心。參加臺北中山精舍活動的長者們，至佛前獻供壽桃，表達對佛菩薩的感恩，主法常獻法師以「多動腦少煩惱、多關心少操心、多走動少疾病、多分享少亂想、多發願少抱怨、多念佛少發火」，祝福長者們愈老愈有智慧、愈快樂。

蘭陽分院邀請長者發揮巧思，利用報紙、月曆等回收紙，合力創作獨具創意的服飾，將「環保潮流」穿搭在身上，展現自信笑容。臺中寶雲寺安排壽星和家人幸福合影；高雄紫雲寺邀請曾於八八風災受困的民眾參加祝壽，十年來法鼓山義工和鄉親情誼彌篤，還組成過千歲救災團，回饋社會、老當益壯。臺東信行寺則安排子女為父母美甲梳妝，親子互動溫馨。

10日，臺南分院舉辦「感恩奉茶」禮，長者或開心抱住孫子，或接受兒女奉茶；臺北安和分院安排長者在佛前祈福獻供，並由義工帶領佛曲動禪，體驗溫馨環保的祝壽方式。

2019 法鼓山佛化聯合祝壽活動一覽

地區	時間	地點
北部	9月29日	法鼓山園區
		北投農禪寺
	10月6日	三峽天南寺
		蘭陽分院
		臺北中山精舍
	10月10日	臺北安和分院
	10月13日	桃園齋明別苑
中部	10月6日	臺中寶雲寺
南部	10月10日	臺南分院
	10月6日	高雄紫雲寺
東部	10月6日	臺東信行寺

● 10.17

慈基會關懷偏鄉長者健康
捐贈新北市貢寮區醫療福祉車

慈基會轉達社會善心，捐助新北市貢寮衛生所醫療福祉車，10月17日於該區衛生所舉行捐贈儀式，由新北市長侯友宜從會長柯瑤碧手中，接下象徵偏鄉長者的醫療希望之鑰，祕書長果器法師、副會長王瓊珠等也到場觀禮祝福。

新北市長侯友宜（左）從柯瑤碧會長（右）手中，接下象徵偏鄉長者的醫療希望之鑰。

貢寮區衛生所主任林中一醫師表示，與長者們擁抱，是最難以忘懷的溫暖。慈基會捐助的福祉車，未來除了載運患病者就醫，也將肩負長照及日照中心的來往運輸接駁，結合供餐、復健、復能等多項任務，預計每月至少有兩百人次受惠。

慈基會期盼這輛印有「只要心安，生活就有平安」聖嚴師父祝福語的福祉車，能成為長者們的雙腳，平安接送有需要的人，為偏鄉帶來健康平安的生活。

● 10.20

勸募會員授證典禮
新進鼓手發願募人募心

護法總會於10月20日在臺中寶雲寺舉辦「2019勸募會員授證典禮」，由方丈和尚果暉法師為兩百二十位新進勸募會員授證，包括僧團都監常遠法師、護法總會服務處監院常應法師、總會長張昌邦等，有近四百六十位護法悅眾出席觀禮。

方丈和尚勉勵新進鼓手募人、募心、募款、募僧，一起耕耘護法弘法的大福田。

「恭喜各位成為法鼓山的勸募會員，這是一件弘法利生、功德無量的事！」方丈和尚致詞表示，法鼓山致力推動三大教育，朝向聖嚴師父所期許普及化、年輕化、國際化的目標，需要更多人加入勸募行列。總會長張昌邦也分享，勸募是修福培福的管道，期勉新進會員以募心為目標，接引人來法鼓山接受教育、學習佛

法、安頓身心。

有來自花蓮的新勸募鼓手分享，用心待人，讓人感受到自己的改變，才能感動別人；基隆的鼓手表示，受證後有了使命感，也是考驗自己六度的修行力，發願盡心盡力學習，接引更多人獲得佛法利益。

● 10.26

北投念佛組關渡敬老關懷
浩然敬老院梵音揚響二十載

義工安排帶動唱節目，帶領浩然敬老院長者們共同演出。

10月26日，退居方丈果東法師、臺北市社會局副局長黃清高及護法總會北投念佛組多位義工，前往關渡浩然敬老院關懷。近七十位長者在義工的帶動下，誦念〈讚佛偈〉、「阿彌陀佛」聖號，現場安定祥和。

退居方丈鼓勵長者不要總覺得自己的不便，會造成他人的困擾，只要心存感激，時時用念佛祝福迴向，就是真正的

尊嚴，懷著感恩的心，就是對他人的尊重、對自己的莊嚴。院長童富泉也以退居方丈所寫的「不計較、不比較，晚上好睡覺」祝福語，鼓勵院內長者們生活放寬心，健康才能更長久，享受有尊嚴的美好晚年。

除了帶領念佛，義工團隊也帶來溫馨悅耳的曲目，最後並分送帶有吉祥寓意的壽桃，期望藉由各項關懷活動，以佛法的力量，幫助長者轉念開拓美好心情。

念佛組義工長期關懷關渡浩然敬老院，並帶領院內長者念佛共修二十年，當日並由童富泉院長致贈感謝狀，感謝義工多年付出與奉獻。

● 10.27

護法總會首辦「主持人研習基礎班」
清楚放鬆 學做觀照全局的主持人

護法總會於10月27日，首度在北投雲來別苑舉辦「主持人研習基礎班」，邀請資深媒體人劉忠繼、陳月卿及葉樹姍擔任講師，共有六十餘位學員學習做一位觀照全局，穿針引線，讓活動順暢、安定的主持人。

服務處監院常應法師表示，主持人應具備明朗、親切、委婉、誠懇、謙虛、慈悲的心態，期許學員主持活動時需留意儀規及語彙，負起教育任務與關懷使命。

資深媒體人陳月卿說明「主持人的角色」。

主持《大法鼓》節目多年的陳月卿，以「主持人的角色」為題，說明主持人是穿針引線、觸媒的角色，提醒擔任法鼓山活動的主持人，應該展現法鼓山的精神和特色，以及發自內心的真誠與感恩；《不一樣的聲音》節目主持人葉樹姍，解析司儀與主持人的差異及互補，進而用實例說明現場臨機應變的重要，期許從心出發，讓主持工作與佛法結合；經常為法鼓山影片擔任配音工作的劉忠繼，分享清楚、放鬆以及專注於當下的禪修方法，以減緩主持活動時的緊張。

下午的實務演練，三位講師分別針對學員的表現給予建議，帶給學員許多啟發；同時從不同面向分享主持人的態度，強調「主持人不是主角，參與者才是主角」，也讓學員印象深刻。

● 10.28

法鼓山捐建卑中柔健館啟用
優質場館助益選手夢想起飛

慈基會捐建臺東縣卑南國中「柔道健力館」，10月28日舉行落成典禮，方丈和尚果暉法師、慈基會祕書長果器法師及副會長陳照興、北美護法會代表葉錦耀等，與副縣長張志明及在地鄉親、師生，共同參與剪綵。

法鼓山援建柔道健力館落成啟用，讓隊員有優質的訓練環境。

典禮上，柔道隊和舉重健力隊展現長期扎實訓練的成果，方丈和尚讚歎學子的學習認真及成就，同時引用聖嚴師父所說的「忙人時間最多，勤勞健康最好」，鼓勵常保運動的心、慈善的心，為國爭光，讓更多人知道運動的益處；也祝福學子未來都能擁有美好的生涯發展。

有柔道隊隊員期許自己，日後能以「懷恩報恩恩相續」的心，將法鼓山的善繼續擴散，並在比賽中發揮更高的榮譽感，取得更好的成績；健力隊隊員分

享,站在寬敞明亮的柔健館前,心情無比歡欣,未來將以更優異的表現,回饋捐贈者的善心。

果器法師表示,2016年尼伯特颱風重創臺東,慈基會前往協助校園清理時,得知卑南國中老舊的健力館毀損嚴重,不堪使用,了解到學生在體育方面的專長及興趣,尤其柔道隊和健力隊選手在國內外賽事表現亮眼,卻無完善設備的場地可供練習,因此決議援建安全優質的場館,提昇練習品質,協助學生朝夢想努力。

● 11.01～03

慈基會舉辦慰訪員舒活二日營
學用海印三昧 提昇關懷內涵

二日營中,常襄法師提點以禪修心法提昇慰訪服務品質。

慈基會於11月1至3日,在高雄紫雲寺舉辦舒活二日營,由副祕書長常隨法師擔任總護,共有五十四位慰訪員參加。

營隊安排觀看聖嚴師父影音開示,傳燈院監院常襄法師帶領禪修、經行,勉勵以「慈悲、智慧ON,煩惱OFF」來轉念,運用禪法和佛法,將阻力化為助力;並邀請資深社工師謝云洋講授訪視技巧,同時以實例進行演練,提醒慰訪時的重要細節,說明換位思考,體會他人情緒和想法,才能站在對方的角度理解與處理問題。

大堂分享時,有學員表示,對聖嚴師父開示「海印三昧」,心要如大海般,容納百川,印象最深,期許自己心量要如大海,多做利人利己的事,煩惱也會少一些。常隨法師也勉勵學員將海印三昧運用在生活中,面對煩惱,進而消除煩惱,產生智慧。

● 12.07　12.08　12.14　12.21

四分支道場舉辦歲末關懷
傳遞溫暖 善願無盡流轉

慈基會於12月7至21日期間,分別於北投農禪寺、中華佛教文化館、法鼓山園區及桃園齋明寺,舉辦歲末關懷活動,有逾一千五百戶家庭參加。

7日於農禪寺舉辦首場歲末關懷活動，方丈和尚果暉法師、慈基會祕書長果器法師、會長柯瑤碧、臺北市社會局副局長黃清高等到場關懷。在法青充滿朝氣的擊樂表演揭開序幕後，由僧團法師帶領供燈，為自己與他人送上祝福；現場結合心靈環保園遊會，使用可分解在土壤中的乳膠氣球、提供二手環保袋與環保餐具，落實生活環保，愛惜地球。

方丈和尚果暉法師於法鼓山園區進行的歲末關懷活動中，與社大長者學員一起帶動唱，鼓舞受關懷家庭保持活力。

8日，於文化館展開的活動中，法師們致贈佛珠，數百位義工協助發放慰問金及物資，並提供義剪、熱食等服務，有四十位法青邀請大、小朋友製作「有福春聯」，將福氣帶回家。14日，來自基隆、金山、萬里、三芝、石門等地，一百六十多戶受關懷家庭齊聚法鼓山園區法華書苑，方丈和尚表示歲末關懷讓所有的參與者，包括僧團法師與義工們學習以平等、慈悲的心意來關懷彼此，傳遞溫暖，期盼大眾用無所求的布施心念分享福報，把福報存在「無盡藏的銀行」，讓人間處處有福。

齋明寺的關懷活動於21日進行，活動中安排八德國中原住民舞蹈社表演、楊梅「和韻國樂團」國樂演奏；演儀法師帶領大眾唱誦觀世音菩薩聖號，唱誦聲清淨祥和、安定人心，共同為社會大眾祈福。

參與關懷活動已十年的臺北市陽明山國小校長范如君表示，法鼓山妥善運用資源，透過家訪評估關懷戶所需要的物資、金錢或是其他資源，受關懷戶領取的不只是物資，還有各界的勉勵與祝福；有在文化館當義工的關懷戶表示，法鼓山提供百年樹人獎助學金，讓孩童在學業上無後顧之憂，因此護持活動，希望善行持續流轉、嘉惠他人。

● 12.08

榮董會舉辦全球悅眾會議
以三廣接引大眾親近佛法

榮譽董事會於12月8日在北投農禪寺舉辦全球悅眾聯席會議，方丈和尚果暉法師、僧團都監暨護法總會副都監常遠法師出席關懷，有近一百位來自全臺、美國、加拿大等地悅眾參加。

會議中，會長黃楚琪以「廣結善緣、廣種福田、廣邀榮董」為目標，期許悅眾「三廣」齊下，持續接引下一代和大眾親近佛法。

各地正、副召集人透過年度報告，交流舉辦活動的經驗，激盪出不同火花，包括北一、北二區舉辦鐵馬健走禪悅行，參與年齡層從五歲到八十餘歲，護法因緣橫跨三代；高屏臺東地區則透過參學活動，邀請榮董與家眷親近道場；美國紐約、舊金

榮董會聯席會議中，全球各地區悅眾分享推廣與弘化經驗。

山、西雅圖等地悅眾，則分享道場建設與各項弘化活動，展現法鼓山大家庭不分國界的弘法願心，令人感動。

方丈和尚讚歎各地區的創意，感恩悅眾發心護持，並分享自身修行方法，鼓勵眾人護持佛法，也能用佛法安頓身心，自我提昇，學佛、護法，還要弘法。

● 12.12

法行會與法共行二十年
和合同行 持續奉獻專業及所學

法行會成立二十週年，會眾演出美聲合唱。

12月12日，法行會於臺北國賓飯店舉辦成立二十週年活動，方丈和尚果暉法師、僧團都監常遠法師、文化中心副都監果賢法師等出席關懷，共有四百二十多人參加。

方丈和尚開示時，分享德國網站InterNations針對八十二個城市進行票選，臺北市連續兩年榮獲最適合居住城市第一名，並引用多項數據及新聞，顯示國際對臺灣的高度肯定，雖然年底選出的代表字為「亂」，方丈和尚勉勵記取經驗，以「和」彼此了解、相互尊重。

晚會並安排各項表演節目，扣合年度主題「培福有福」的手鼓隊、美聲合唱、話劇表演等，結合佛法與藝術，兼具法味及趣味。

會長王崇忠表示，感恩會眾在各地分支道場參與課程及擔任義工，貢獻專業的同時也學習無我；展望未來，藉由更深入的佛學講座及全面的互助關懷，讓法行會，更加稱法行、如法行。

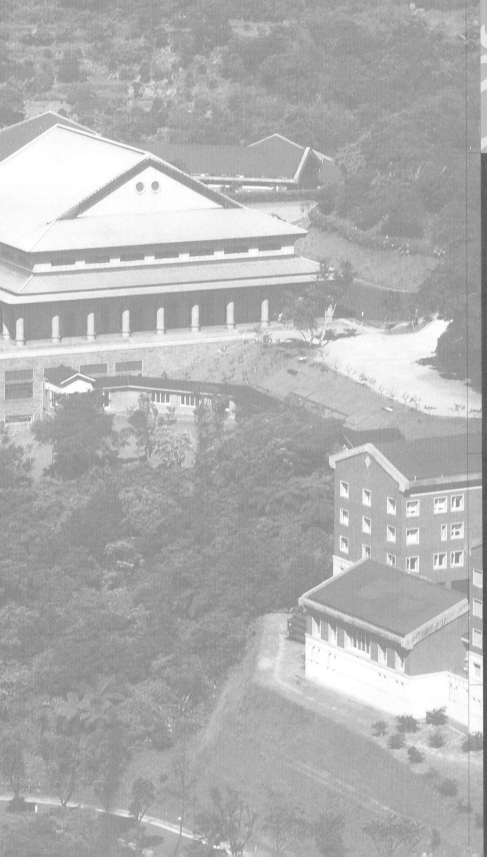

參【大學院教育】

涵養智慧養分的學習殿堂，
以研究、教學、弘法、服務為標的，
培養專業的佛學人才，
開啟國際學術交流大門，
朝向世界佛教教育園區的願景邁進。

四十年時雨
為世界注入善良動能

2019年，標誌著法鼓山大學院教育邁入四十年的里程碑。
自1978年聖嚴師父接任「中華學術院佛學研究所」所長以來，
歷經五個教育機構籌畫發展，
大學院教育持續從學術層面培養兼具研究與修行的人才，
運用跨學科整合能力，為多變的世界奉獻智慧；
再從實踐與推廣中，豐富學術研究的面向。
另一方面，也以佛教教育、學術研究及出版，帶動時代思潮，
落實大學院理論與實踐兼備、傳統與創新相容的教育願景。

本年是法鼓山大學院教育自前身「中華學術院佛學研究所」啟動培育佛教研究人才四十年、法鼓文理學院創校五週年，如同聖嚴師父的期許，大學院教育是以「優良的佛學研究環境，培養以及儲蓄高水準的佛學研究人才，來帶動國內外的學術界及知識分子，重視佛學，尊重佛教，影響二十一世紀的人類世界，認同和接受『提昇人的品質，建設人間淨土』的大趨勢。」

2019年，各教育單位持續建構佛法與世學兼備的多元的教學環境，以培養具有「悲智和敬」的能力與態度，以及因應全球化公民素養與能力的各種領導人才，為世界注入善良動能。

法鼓文理學院

法鼓文理學院以結合人文素養與科學精神的博雅教育為辦學宗旨，致力於培育佛學專業與跨領域研究人才，持續提供完備並與國際接軌的現代佛學研究基礎課程，結合禪修、儀軌、弘化與藝術創作等實修與應用課程，以及人文、社會科學、生命實踐、數位科技等跨領域課程，接引國際學生來臺就讀，2019年有來自馬來西亞、越南、韓國、德國等地學子，帶著在校熏習的佛學底蘊、菩提資糧、多元包容與關懷社會的價值觀，回到各自的國家奉獻心力，傳播佛法明燈。

而為了使佛法向下扎根，讓更多年輕學子認識佛教教育，於暑期舉辦「心·希望——生命美學研習營」，以佛法、茶禪、書畫、團康遊戲等，引導近七十位高中生尋找點亮內在「心燈」的「希望燃料」，和面對人生旅途上未知

挑戰與契機的勇氣。同時，也首度於臺中寶雲寺開設碩士學分班，包括「佛教與企業倫理」、「心靈環保與生命教育」兩門課程，將三大教育理念落實於中部地區。

學術研討方面，本年持續與加拿大英屬哥倫比亞大學（University of British Columbia, UBC）、中國廣州中山大學共同舉辦「佛教與東亞文化寒期研修班」，邀請日本東京大學教授下田正弘、德國海德堡大學（University of Heidelberg）東亞藝術史研究所教授胡素馨等學者，為一百多位來自全球的學員授課，連續五日的學術盛筵，為青年學者提供了寬廣的佛學研究視野。5月舉辦的「IASBS國際真宗學會學術大會」，聚集三十多位日本、北美、歐洲、臺灣學者，針對「佛教禪修傳統與當代淨土思想」發表論文，是國際真宗學會為擴大與亞洲國家的學術交流，首度到臺灣舉辦，別具意義。

此外，佛教學系於10月主辦第三十屆全國佛學論文聯合發表會，為讓研究生有更多學習請益的機會，特別規畫研究生發表與老師講評時間皆為十五分鐘，讓講評人有更充裕的時間回應；系主任鄧偉仁鼓勵學子，對於當代社會議題主動回應，擔負起引導價值觀的角色。10月，與中央研究院合辦「佛教現代化在臺灣的發展：探索宗教哲學的可能性」工作坊，主題聚焦日治時期臺、日佛教思想交流，探討文化殖民及其背後的現代性議題。

國際交流方面，本年有德國漢堡大學（University of Hamburg）孔子學院院長康易清（Carsten Krause）、美國那洛巴大學（Naropa University）教授伊蓮‧袁（Elaine Yuen）、日本岐阜聖德學園大學佛教文化研究所所長河智義邦教授、馬來西亞佛學院院長繼程法師蒞校演講，分享跨領域的研究成果與修行心法。姊妹校義大利上智大學校長皮耶羅‧科達（Piero Coda）神父也以「基督啟示與虛無的奧祕」為主題，闡述佛陀與耶穌皆親身經歷過「虛無」，而領悟到能所之「愛」是「全無——全有」的奧祕，並引用師聖嚴父法語：「生命的意義是為了服務，生活的價值是為了奉獻」總結；會後，校長惠敏法師並頒發榮譽教授獎狀給皮耶羅校長，表彰其貢獻。

另外，惠敏法師受邀於日本岐阜聖德學園的臨終關懷論壇，分享臺灣實施亞洲第一部《病人自主權利法》之後「預立醫療照護諮商」議題，並接受NHK電視節目訪談，以佛教「三法印」提供在臨終關懷與醫療之間的善終準備。人文社會學程師生則於暑期前往日本參學，了解人口老化社區的居民在生態、生產、生活方面的因應，及政府的相關政策規畫，期許從「心靈環保」出發，為四種環保的實踐尋找深化與創新的可能；佛教學系也安排四位學子前往美國馬里蘭州實習，體驗「美國禪學院」寺院生活，並參訪當地越南、韓國、南傳與藏傳佛教道場及天主教方濟各會，開

法鼓文理學院畢結業典禮，祝福畢結業生勇健啟航。

拓視野，增廣見聞。

　　校際交流方面，臺北護理健康大學師生於4月來訪，與生命教育學程師生就生死議題展開深度對話與交流。5月舉辦佛法盃競賽，透過與佛光大學師生彼此觀摩與球類運動，落實創辦人所提倡的「道心第一、健康第二、學業精進」。而執佛學資訊研究之牛耳的圖書資訊館數位典藏組，也於5月發表線上版「DEDU得度」對讀軟體，是佛學資訊與佛學文獻學跨領域合作的又一貢獻，提供使用者將相關文獻妥善編排在同一頁面，達到文本對齊、樹狀結構導引機制、加注、選擇性比對、多類型存檔模式等功能，以最直觀的方式建立對讀文本，是佛學研究、教學、文獻研究者的一大利器。

中華佛學研究所

　　致力於推動漢傳佛教的學術交流與出版的中華佛學研究所，與聖基金會共同舉辦第四、五屆「近現代漢傳佛教論壇」，從年初的「近現代漢傳禪宗與禪修之挑戰與發展」，廣邀各國學者發表論文，聚焦禪宗與當代社會的連結與對話，到年底「剎境不隔——漢傳佛教的傳播」研討會，看見漢傳佛教如何於日本、越南、美國、馬來西亞等地弘傳。集結兩屆「青年學者論壇」優秀學者、佛研所校友舉辦的圓桌論壇於9月展開，共同探討「漢傳佛教研究與教育的實務開展」，展現豐沛學術活力。

　　學術出版方面，有《日本佛教的基礎：日本I》、《《勝鬘寶窟》校釋》、《《釋淨土群疑論》提要校註》、《中華佛學研究》第20期的發行，其中《中華佛教學報》與《中華佛學研究》於3月獲國家圖書館頒發「人社最具影響力學術期刊：哲學／宗教研究學門」的「知識傳播獎」與「知識影響力獎」，不僅提供學界發表與研究的平台，更有助於提昇論文在國際學術的

能見度與影響力。

9月並舉辦所務成果展，榮譽所長李志夫發表新書《晚霞集》及近百幅書法作品之外，也展出一系列漢傳佛學論叢、佛學譯叢、典籍校註等出版品和數位成果發表會，展現深耕漢傳佛教學術出版、期刊發行、佛學數位研究的豐碩成績。

法鼓山僧伽大學

以培養漢傳佛教宗教師為宗旨的僧大，2019年有兩位學僧圓滿學業，進入僧團領執。方丈和尚期勉領執如同「第二次出家」，在執事中供養眾生，廣結善緣，以更大的自制力成長自我，成就弘法利生的願心。而為了接引青年體驗出家生活，於1月舉辦「第十六屆生命自覺營」，一百多位學員透過園區境教與十天的寺院生活作息，省思生命方向，探索人生意義；並陸續於香港、澳門、新加坡與臺灣舉辦「自覺工作坊」，引導學員將佛法核心融入生活，在修行的道路上「自覺覺他」。

3月，透過「世界公民教育」、「如何設計心靈環保教案」兩場專題工作坊，培養學僧關懷世界與認識自他的能力，並透過寓教於樂的教案設計，作為未來引導眾生安頓身心的方法；同時也藉由與慈基會義工慰訪金山、萬里區關懷家庭的實習機會，學習以「尊重、禮敬、覺察自己、體會對方」的心法，將佛法的關懷傳遞給需要的對象。

「作務與弘化」課程則有果祥法師分享實踐心靈環保與農法創生的體驗；文理學院總務處講師帶領學習紗窗修補、水電、燈光修繕、消防警報器維護等技能；文宣處專職介紹新聞寫作技巧、攝影報導、影片剪輯，並實地撰寫新聞報導，培養善用數位工具弘法的知識與能力。

在一年一度的「講經交流會」中，學僧以活潑多元的弘講，融合世學與佛法，展現學習成果，包括經典講說、現代僧活、個人體驗，在師長的提點下，透過實際弘講，學習佛陀應機說法，讓聽者更容易理解法義。「畢業製作暨禪修專題呈現」中，畢業學僧展現慧學課程的學習成果，如參與「《金剛經》與如實生活」教案研討，呈現生活中的修行模式、從《法鼓全集》彙編出《聖嚴師父教我們的菩薩行》一書、體現叢林自給自足精神的僧服製作歷程等，將所學分享給人。

結語

繼起聖嚴師父對中華佛研所「立足中華，放眼世界。專精佛學，護持正法。解行互資，悲智雙運。實用為先，利他第一」的殷殷期勉，大學院教育作為法鼓山大普化與大關懷教育的根基和發源點，以穩健務實步伐走過四十年，今後也將秉持心靈環保的核心主軸，以宗教關懷為經，以現代人文科學為緯，培育引導大眾、啟迪觀念的各項人才，成為淨化世界人心的活水泉源。

● 01.07～09

第四屆近現代漢傳佛教論壇舉行
探究漢傳禪宗之挑戰與發展

聖基會、中華佛學研究所於1月7至9日舉辦「第四屆近現代漢傳佛教論壇」，主題為「近現代漢傳禪宗與禪修之挑戰與發展」，本屆首度與「2019佛教與東亞文化寒期研修班」結合，串連成為期一週的佛學研討盛會。

參加學者，包括法國多學科佛教研究中心（Centre d'Études Interdisciplinaires sur le Bouddhisme, CEIB）主任汲喆、加拿大英屬哥倫比亞大學（University of British Columbia, UBC）亞洲研究學系教授陳金華、中國大陸廣州中山大學比較宗教研究所教授龔雋、中國人民大學宗教學系副教授宣方，以及政治大學哲學系名譽教授林鎮國、法鼓文理學院副教授楊蓓、鄧偉仁等齊聚法鼓山園區，分別發表演講、論文、與談或回應，探究漢傳禪宗近現代的發展契機；來自十七個國家一百二十位研修班青年學者，以及參與論壇者，共有兩百多人參與這場學術盛會。

三日的論壇，除了「圓桌論壇」、「論文發表」，首次增加「專題演講」及「主題研討」，展現了「禪」在學術多元研究及視野中的豐富樣貌。學者們分別從歷史或社會視角切入，提出論述與分析。陳金華教授從大唐帝國的佛教遺產找出當今禪宗的發展契機；汲喆主任倒敘中國1980年代佛教復興後「禪」的內涵轉變；中國大陸中央財經大學海外發展研究中心主任包勝勇，以量化分析緬甸禪修中心的國際禪修者樣態；香港教育大學宗教教育與心靈教育中心講師劉雅詩，則從中國女性跨國禪修角度，觀察禪的復興及國際化。

人物研究方面，聖嚴師父的念佛禪及禪修指導、淨慧法師的生活禪、來果禪師在高旻寺重建坐香傳統，以及韓國性徹禪師影響現代韓國佛教，都是禪宗現代化的極佳示現。

第四屆近現代漢傳佛教論壇與會學者，提出多元主題與研究視角。

論壇中，學者們不僅對念佛與參禪之爭、傳統與現代禪修演變、三大佛教傳承等多方面探索，針對禪修與政經、醫學、心理等跨領域的結合，也進行多元對話與討論，增添論壇的精彩與豐厚。

探尋漢傳禪宗的現代定位

第四屆「近現代漢傳佛教論壇」

第四屆近現代漢傳佛教論壇於 1 月 7 至 9 日，在法鼓山園區展開，本屆以「近現代漢傳禪宗與禪修之挑戰與發展」為主題，聚焦於漢傳禪宗與當代社會的連結與對話，透過圓桌論壇、論文發表，並首次增加專題演講、主題研討，展現「禪」在學術多元研究及視野中的豐富樣貌，為社會關注的議題注入佛法思惟。

契理契機　弘傳禪法的智慧取捨

兩場圓桌論壇，首場由法國多學科佛教研究中心主任汲喆發表「近現代漢傳佛教研究 —— 意義、主題與方法」，舉出五種前瞻性的方法：制度研究、群像研究、空間研究、文本共同體研究及非佛教文獻的利用，以多元、多學科的方法切入，研究漢傳佛教於全球化的現代定位。第二場由馬來西亞佛學院院長繼程法師、法鼓山傳燈院監院常襄法師、三學研修院女眾副都監果光法師，以及中國大陸中央財經大學海外發展研究中心主任包勝勇，深入探討「現代禪修教育的挑戰」，微觀臺灣、馬來西亞、中國大陸等地漢傳佛教禪師的養成教育與修學環境，剖析現代禪宗的傳承。

兩場專題演講中，加拿大英屬哥倫比亞大學亞洲研究學系教授陳金華，以「從『黃土禪』到『藍海禪』—— 禪宗現代化與國際化的歷史淵源與現代背景」為題，指出漢傳佛教本身固有的商業精神和國際性格，並從大唐帝國與佛教如何相互影響而興衰，致使佛教漸漸走向孤立、與土地及傳統農耕結合的地域性佛教，為當今的漢傳佛教提供借鏡及省思。

德國海德堡大學（University of Heidelberg）東亞藝術史研究所教授胡素馨（Sarah E. Fraser）主講「新禪宗風格在當代藝術 —— 水墨藝術的表演性」，分享東亞藝術家借用禪的語言，以「非墨」材質跨出平面，創造新水墨表達空間，開展佛教藝術的新面貌。

禪佛教新視野　與當代對話

在主題研討與論文發表部分，學者們藉由多元豐富的研究，就念佛與參禪之爭、傳統與現代禪修演變、三大佛教傳承之間的關係，以及修行法門與政治經濟、醫學心理等種種面向，進行跨領域討論。

五場主題研討中，中華佛學研究所所長果鏡法師、美國佛羅里達州立大學（Florida State University）宗教學系副教授俞永峯，分別探討聖嚴師父禪法思

想，果鏡法師提出「參究念佛」為師父念佛禪思想脈絡完整化、體系化的主幹；俞永峯梳理師父禪法思想形成的因緣，分析師父如何詮釋、重建前人教法、回應現代社會，並逐漸建構出具現代性的漢傳禪佛教。

論壇與會學者的多元視野，更增研討的精彩與豐厚。

汲喆教授分析中國 1980 年代佛教復興後，「禪」不被看成宗教，而視為哲學、文化與生活方式，聯繫不同話語和領域，探討其所呈顯的各種現象，成為建構當代佛教史的新取徑。

中國大陸中國人民大學宗教學系副教授宣方則透過傳統宗門話語、禪者覺悟經驗及當代禪師對禪的論述分析，省思傳統宗門意識之間、現代禪師與傳統典籍之間的關係；包勝勇主任以緬甸禪修中心國際禪修者做量化資料，研究中國大陸修行者赴緬禪修情況和趨勢，並提出傳統禪修在現代所面對的問題與挑戰。

漢傳禪法　跨領域多元風貌

另外，在論文發表上，來自加拿大、日本、韓國、香港、中國大陸等九位學者，包括加拿大卡加利大學（University of Calgary）宗教系教授韋聞笛（Wendi L. Adamek），針對現代醫學身心治療與靜坐運動，提出研究方法的反思；美國聖地牙哥大學（University of San Diego）宗教學系教授慧空法師（Karma Lekshe Tsomo），提取「禪」關於死亡議題的思想及實踐，作為現代臨終關懷的基礎；香港教育大學宗教教育與心靈教育中心講師劉雅詩提出跨國禪修的普及，讓女性在當代禪宗復興及國際化，扮演重要角色。

日本立正大學客座研究員邱亦菲指出，近代東亞思想與西方哲學相遇之際，鈴木大拙與西田幾多郎對於「宗教」與「禪」，有異於傳統佛教教義的創造性哲學闡釋；中國大陸南京大學博士生黃偉隆則分析，在多元社會境遇與禪修話語重建下，虛雲老和尚、聖嚴師父和一行禪師關於見性觀念的殊異。

延續創辦人聖嚴師父弘揚漢傳禪佛教、推動佛教高等教育理念而展開的近現代漢傳佛教論壇，舉辦四屆以來，邀請學者、專家從歷史、文化、政治與生活等各面向，銜接起佛教過去與未來的歷史長流，為弘傳與教育提供多元面貌。

● 01.09

繼程法師、果光法師對談「學・問・禪」
以疑情探索生命 以禪心做學問

　　法鼓文理學院人文社會學群學會於1月9日，在法鼓山園區國際會議廳舉辦專題講座，邀請聖嚴師父法子繼程法師、僧團三學院副都監果光法師對談「學・問・禪」，分享生命中的學習歷程，共有二百七十多人參加。

　　果光法師首先分別就學、問、禪三個字向繼程法師提問，也以自身的求學過程，引導大眾思考學習的真義。繼程法師述及追隨聖嚴師父打禪七的經驗，是

以「學・問・禪」為題對談，繼程法師（右）、果光法師（左）與大眾分享生命中的學習歷程。

生命的轉捩點，完成四個梯次禪七的過程中，對佛法從「認識」，轉而成為「體驗」，堅定佛法及禪修的信心；而在領眾修行的過程中，也體悟到學與教實為一體，為大眾釋疑時，其實自己收穫更多。

　　針對學習中的提「問」，和禪修相當重視的「疑」，繼程法師分析：第一種「疑」是一種煩惱，重者是懷疑佛法和真理；第二種則是學問的疑問、發問的「疑」。禪宗的「疑情」為第三種，是對生命的疑，是讓人探索生命所為何來的心理動力，而話頭的參透必須仰賴此種疑情，方可能成就。

　　繼程法師表示，「定慧一體，默照同時」是禪修的基本原則，運用在日常學習，就是專注做學問，同時保持清楚，不受任何外境干擾。

● 01.10

漢堡大學教授康易清演講
講述佛教復興的力量

　　1月10日，法鼓文理學院佛教學系舉辦專題講座，邀請德國漢堡大學孔子學院院長暨沼田惠範佛學研究中心研究員康易清（Carsten Krause），主講「農禪並重在近代中國佛教復興歷史中的角色」，聽眾透過分組討論，了解雲居山真如禪寺、曹山寶積寺、龍泉寺、藥山寺的農禪實踐。

　　康易清教授指出，禪宗四祖道信提倡「坐作並重」，透過農作得食後即閉門坐，說明農「作」是一種生存需求，「坐」禪才是根本核心；唐代百丈懷海禪師主張「一日不作，一日不食」，以務農結合禪修傳統；1983年，中國佛教協

康易清教授分享「農禪並重」在近代中國佛教復興歷史中的角色。

會會長趙樸初提出佛教三大優良傳統：農禪並重、學術研究、國際交往，使「農禪並重」受到重視，落實透過耕作自給自足的修行生活，影響至今。

現代的「農」則不限於耕田種地，而是參與寺院事務，如真如禪寺提倡在動中做工夫，即在勞動中實踐禪修；同時，農禪並重也會帶來其他的效益，寶積寺銷售農產品，為寺院和鄉里發展經濟；龍泉寺成立有機農場，讓大眾體驗務農與佛法結合，推動生命教育與環保理念；藥山寺產米，遊客從種稻中體會「覺悟人生，奉獻人生」的生活禪。

康易清分享農禪並重呈現制度化、多元化、慈善化、生態化等特色，對現代社會需求的發展，值得日後持續探討。

● 01.10～15

佛教與東亞文化寒期研修班於園區展開
青年學者探究佛教多元面貌

法鼓文理學院與加拿大英屬哥倫比亞大學佛學論壇、中國大陸廣州中山大學人文學院佛學研究中心共同主辦的「2019佛教與東亞文化寒期研修班」，1月10至15日於文理學院展開，包括研修課程、專題演講、青年論壇、寺院體驗等，共有一百二十多位來自美國、加拿大、比利時、新加坡、中國大陸、臺灣等十七國學者及博士生參與。

研修課程由日本東京大學教授下田正弘、德國海德堡大學東亞藝術史研究所教授胡素馨、加拿大英屬哥倫比亞大學亞洲研究學系教授陳金華共同授課。

下田正弘從經典的集結過程反思大乘佛教，以及研讀大乘經典的方法，並以《大般涅槃經》四個版本的異同與增修為例，指出大乘經典體現了對教義的討論與開展，更接近佛陀當時的教學方式與理念；胡素馨以抗日戰爭為中國藝術與考古的轉折點，大量人口遷往西南、西北等內陸，文物與文化中心也隨之轉移，如甘肅、西康等邊陲地區，由於少經破壞，反而保留更多漢族早期文化藝術，敦煌石窟便是在這樣的時代背景下，成為新的中國佛教文化研究重鎮；陳金華則從歷史上災難與宗教的連結，思考在科技發展失控的現代，宗教力量如

何成為人類方舟。

五場專題演講,邀請中山大學副教授越建東、東海大學副教授嚴瑋泓、政治大學副教授耿晴、法鼓文理學院助理教授王昱鈞,以及中國大陸廣州中山大學教授龔雋,分別分享從禪修到禪技的佛教修行觀嬗變、臺灣戰前哲學啟蒙和左派的思想對佛教的影響、佛教的意識哲學、數位科技如何裨益漢文佛典音譯詞的辨識,以及印順長老佛教經史研究的分析。

青年學者於佛教與東亞文化寒期研修班中,開闊學術視野。

有青年研究者表示,連續五日的學術盛宴,提供了寬廣的視野,也進一步深入佛法義理;也有學者分享,此行既受益於學術,也深受道場的宗教氛圍所感動,尤其是早課、禪修及叩鐘擊鼓等安排,實際參與佛教修行後,對於佛法,有更深刻的體悟。

● 01.12

繼程法師講「禪者悲心」
以佛法正見開發智慧與慈悲的心

法鼓文理學院生命教育學程於1月12日,在臺北德貴學苑舉辦專題講座,邀請聖嚴師父法子繼程法師主講「禪者悲心」,共有六百多人參加。

法師說明,禪修能讓人看見內在的自我,坐上蒲團,便會發現身心各種潛在的問題,包括痠痛、疲累、昏沉、無法放鬆、妄念等,這些是日常生活中累積而來,禪修即是由外而內、由身至心,一層一層對身心狀況的發現與處理。

繼程法師期勉大眾以佛法正見開發智慧與慈悲的心。

「許多禪修者最大的問題,是在禪期中拚命用功,回到日常生活卻不再繼續。於是,在禪堂中感受到清淨,回到生活中便不清淨了。」法師直指將生活與禪修截然二分的盲點,從蒲團到生活,如能時時提起佛法正見,回到方法,便能在定慧一體的作用下,讓悲心自然開發流露。

法師期勉大眾，心處於安定、一心不亂，同時保持清明，不被妄念干擾惱亂，祛除自己貪瞋的習氣，拔苦、予樂的慈悲將自然流露；同時，能以智慧觀因緣，進一步照見五蘊皆空，也能與周圍的人有更好的互動。

● 01.19～29

僧大「生命自覺營」園區展開
學員短期出家體驗修行生活

學員在出坡作務中，體驗清淨安定的出家生活。

僧大於1月19至29日，在法鼓山園區舉辦「第十六屆生命自覺營」，共有一百三十四位來自臺灣、美國、西班牙、印尼、馬來西亞、新加坡、香港、澳門等各國青年，體驗短期出家生活，啟動僧命、省思人生的方向。

營隊規畫以戒、定、慧三學為基礎，解行並重為方向，帶領學員認識出家戒律、行儀與梵唄，藉由禪修沉澱身心，在課程中學習出家觀念，並從早晚課誦、過堂、出坡等寺院生活作息中，體驗出家生活與法鼓山的境教。

課程中，僧大男眾副院長常寬法師、常先法師引導學員，發現放下物質依戀、照顧好環境清潔後，身心更輕盈自在；演戒法師分享「別急著吃棉花糖」的延遲享樂，說明出家威儀的安然；演柱法師教導學員學習梵唄、體驗叩鐘擊鼓，一句偈、一聲鐘、一跪拜，盡是自我覺照及對眾生的祝福。

法鼓文理學院校長惠敏法師深入淺出解釋，戒的意義是養成好習慣，從壞習慣解脫，勉勵學員以戒為師；「為了生物研究殺生有沒有造業？什麼是正義？如何面對智慧手機氾濫？」僧大副院長果幸法師透過問答，層層遞進佛法核心觀念；常啟法師介紹虛雲老和尚「十難四十八奇」的一生，詳述其堅定的意志、無我智慧與救世悲願。

28日的感恩之夜，營主任常悟法師、總護演道法師引導學員，將十天來蘊積的生命反思、自我醒覺，化為踏實的實踐方針。

從事過末期病人關懷的學員分享，從生死相續的過程中，看見自己貪愛及逃避的習性，從而有了修行著力點；也有來自美國的學員表示，首次接觸佛教儀軌及出家威儀，儘管中文不甚流利，但在全組同學解說及幫助下歡喜投入，也對漢傳佛教的出家生活有初步認識。

● 03.02　03.22

惠敏法師分享善終與臨終關懷
落實佛法與醫學的實踐

　　法鼓文理學院校長惠敏法師於3月2日，受邀參加日本岐阜聖德學園大學舉辦的「臨終關懷──從佛教與醫學之實踐，討論生命真相」論壇，分享「預立醫療照護諮商」（Advanced Care Planning, ACP）議題。

　　法師介紹甫於1月6日，在臺灣正式實施亞洲第一部「病人自主權利法」，只要年滿二十歲、具完全行為能力的民眾，可至相關醫療院所，由醫護人員協助，提供當事人與親屬、或指定醫療委任代理人，進行預立醫療照護諮商，簽署「預立醫療決定」（Advanced Decision, AD），接受或拒絕維持生命治療（電擊、壓胸、葉克膜等）或人工營養及流體餵養（鼻胃管等）之全部或一部分，走完人生最後一程。

　　22日，惠敏法師於文理學院，接受日本廣播協會（NHK）《Close Up現代＋》電視節目專題訪談，主題是「臨終關懷與醫療之間──面對死亡的臨床宗教師」，說明「病人自主權利法」之「預立醫療照護諮商」與佛教「三法印」善終準備，互為表裡，亦可提昇居家臨終關懷的服務品質。

● 03.02～05.11期間

「自覺工作坊」海內外接續展開
重拾生命自覺的感動

　　3月2日至5月11日，僧大陸續於臺北、桃園、臺中、臺南、高雄，以及海外的澳門、香港及新加坡，舉辦自覺工作坊，以「自覺覺他」為主軸，由僧大師長帶領，規畫「覺悟好生活」、「傾聽與表達」、「破繭而出」及「生命轉彎處」等不同主題，共有三百八十多位學員參加。

　　首場於臺南雲集寺展開，學務長常澹法師以影片探討「我的來生」，引導學員勾勒自己期待的來生，並學習正確面對順、逆境以累積資糧。演道法師帶領

僧大至各地展開的自覺工作坊中，學員回到如來家，重拾生命自覺的感動。

學員認識「快樂」的感官、心理與精神三層面;「再見人生」體驗中,以身歷其境的大海嘯災難模擬、空難情境影片,體驗死亡逼近及實際降臨時,法師引導學員寫下人生最重要的九件事情,並逐一捨棄。

3月16日於臺北德貴學苑,教務長常啟法師帶領研討「自覺覺他之傾聽與表達」,傳授以自我覺察為基礎的溝通心法;法師說明「由內而外」的溝通三層次,從覺察自我內在運作機制的「覺我」,到同理、傾聽他人的「覺你」,最後是在整體因緣觀中不迎不拒、隨緣盡力的「覺他」。也藉由遊戲與日常對話討論,讓學員透過佛法了解並觀察溝通過程中,內在「觸、作意、受、想、思」的運作,進而切斷錯誤迴路,避開溝通誤區。

常啟法師表示,工作坊陪伴自覺營學員走在修行的道路上,並將佛法的核心觀念及方法,融入更多人的日常生活中。

● 03.10

僧大招生說明會
奉獻社會成就修行

僧伽大學招生說明會,透過互動、參訪,認識「漢傳佛教宗教師的搖籃」。

僧大於3月10日,在法鼓山園區第三大樓舉辦「108年度招生說明會」,方丈和尚果暉法師到場關懷,副院長果幸法師等師長出席,介紹辦學精神及課程規畫、回答學員提問,現場有近四十位學員,另有香港、澳門、馬來西亞同步視訊連線,共有八十多位有意報考青年參與。

果幸法師以「歡迎回家」開場,分享聖嚴師父所說「提昇人的品質,建設人間淨土」理念,是僧團貢獻世界、社會和人類的依歸,鼓勵學員若想自利利他、分享佛法,給自己及二十一世紀一個希望,最好的方式就是「出家」。

說明會以小組分享方式進行,讓青年們近距離與僧大法師、學僧互動,認識僧伽教育的意義與使命,重廓出家願心。有學僧分享,應考時,除了閱讀文章、增長佛法觀念,清楚自身心態、以放鬆但慎重的心準備,更為重要。

方丈和尚分享大學畢業時,同學陸續出國深造、就業或進修,自己卻決心出家修行,讓生命提昇;期勉學子,出發點雖是探求個人的生命意義,但透過日久的修行與體會,便能與慈悲、智慧相應。

● 03.13

人文社會學群招生說明會
培育二十一世紀人才

3月13日，法鼓文理學院人文社會學群於臺北德貴學苑舉辦「聽見花開的聲音——遇見DILA」招生說明會，由生命教育學程主任楊蓓主持，介紹人文社會學群的辦學特色，有近六十人參加。

人文社會學群師資，包括生命教育學程助理教授辜琮瑜、社區再造學程主任曾漢珍與助理教授李婷潔、環境與發展學程主任張長義，以及社會企業與創新學程助理教授楊坤修，分別介紹學程規

人文社會學群招生說明會中，楊蓓老師回應有志報考者的提問。

畫及教學內容，除了專業核心課程，更透過自我覺察反思、四大學程的跨領域選修及對話，深刻落實大學院、大普化、大關懷教育的理念；同時也是尋找本來面目、體解入流亡所、實踐大悲心起的歷程。

許多有志報考的同學，儘管有豐富職場經驗，但因離開學校年代已久，擔心基本學科知識不足，跟不上碩士課業進度。楊蓓老師勉勵，無須過於擔心，就像佛法的學習，重要的是如何找到知識學習與體驗實作間的平衡，落實於心靈轉化及社會關懷的實踐。

● 03.20 03.27

那洛巴大學伊蓮・袁教授講座
分享佛教宗教師的養成

法鼓文理學院於3月20日及27日，邀請美國那洛巴大學（Naropa University）伊蓮・袁（Elaine Yuen）教授主講兩場講座，主題分別是「如何培育佛教宗教師？」、「道德傷害與自我慈悲」，每場有近五十人參加。

伊蓮・袁教授表示，那洛巴大學對於宗教師的培育學程特別強調「跨領域的學習與實踐的技巧」，因此，課程內容的規畫，除了藏傳佛教的研究，另有各種法論課程，以及不同宗教的交流課程，包括安排學生至不同宗教信仰的團體服務，並要求學生在畢業之前，回到出生地，拜訪當地的宗教團體，藉此打開視野，重新認識故鄉的宗教信仰，並感受美國社會多族裔與複雜文化的面貌。

伊蓮・袁教授說明那洛巴大學培育佛教宗教師的學程，並就宗教師最常面臨的心靈考驗，講述「道德傷害與自我慈悲」。

講座中，伊蓮・袁教授也說明，佛教宗教師養成過程中，經常會出現「慈悲的疲乏」及「道德傷害」等心理症候群；宗教師關懷受助者時，常會因各種壓力累積，導致對受助者的同理心日漸下降，產生「慈悲的疲乏」，而壓力來源包括：工作過量、對受助者的創傷經驗過度涉入、或是受困於救助的組織或資源有限，甚至是救助團體成員間出現分歧的意見。當內心蒙上「慈悲疲乏」的陰影時，要清晰地去檢視，造成慈悲疲乏背後的真正原因，以免過度自責，產生不必要的「道德傷害」；也要提醒自己時時喚起慈悲心，堅定修行的信心。

● 03.24

僧大舉辦兩場專題工作坊
心靈環保融入世界關懷

學僧於心靈環保教案中，體驗如何整體思考教案設計。

僧大於3月24日舉辦兩場專題工作坊，主題分別是從心靈環保連結到世界關懷的「世界公民教育」，以及將心靈環保融入自我認識及自他關係探索中的「如何設計心靈環保教案」。

首場「世界公民教育」工作坊由果禪法師、常濟法師帶領，從「自我充能、激勵」切入，常濟法師表示，年輕人若能找到這樣的力量，便會自發性地自我突破，樂於承擔更多事，並為世界奉獻；果禪法師則分享，走出單一認同，敞開心胸，接納多元，立足修行，放眼世界。

另一場「心靈環保教案」工作坊，由法鼓文理學院生命教育學程助理教授辜琮瑜主持，辜老師以「本來面目」、「入流亡所」、「大悲心起」介紹教案的核心思想——心靈環保三層次，隨後，學僧分組體驗多款寓教於樂的教案。辜琮瑜老師提醒，從覺照內心，到觀察彼此關係，進而是整體性的思考，才能讓實踐方法更為具體、深刻。

03.27

人文社會學群教師學術交流
開展社會網絡關係與佛法的對話

3月27日，法鼓文理學院人文社會學群舉辦教師學術交流，由社會企業與創新學程助理教授楊坤修主講「結構平衡理論與法界緣起之對話」，從社會網絡關係開展與佛法、緣起觀的對話，包括校長惠敏法師、佛教學系主任鄧偉仁，共有三十多位師生參加。

楊坤修老師說明，世間萬事萬物，無論是精神，還是物質的，彼此都是有關係的，但關係的生、滅、維持與改變，原因不一而足；也以人在社會網絡中最基本的單位，也就是三角結構，探討新關係如何而來？既有的關係如何延續？以及是什麼因素讓關係有了轉變？結果正如佛法中所指出的，因、緣、果三者是相依相待而存在，沒有絕對的獨立性；而因、緣、果也是一個動態的過程，並非不會改變的結果。

講座中，楊老師並分享前往印度、西藏旅行的見聞，特別是從兩地對亡者的處理方式，反思生命的意義與價值。

惠敏法師總結時，鼓勵師生儀式生活化、生活儀式化，凡事隨順因緣，將片刻的感動深化生活的時時刻刻。

03.29

中華佛研所出版佛學期刊
《中華佛學學報》、《中華佛學研究》獲肯定

國家圖書館於3月29日舉辦「108年臺灣學術資源影響力發布會」，會中頒發相關獎項鼓勵優異之學術期刊與單位。中華佛學研究所發行之兩本期刊，榮獲「人社最具影響力學術期刊：哲學／宗教研究學門」之獎項。

其中，《中華佛學學報》獲得「知識傳播獎」第四名（近三十年被引用數統計最多）；《中華佛學研究》獲得「知識影響力獎」第五名（著作於近五年影響係數最高）。

中華佛研所佛學期刊獲「學術資源影響力」獎項，由所長果鏡法師（左三）代表接受國家圖書館館長曾淑賢（右四）頒獎。

所長果鏡法師表示，兩本期刊以弘揚漢傳佛教為宗旨，收錄優異之中、英文相關學術論文，不僅提供學界發表與研究的平台，期刊全文同步數位化上網，有助於提昇論文在國際學術之能見度與影響力。

該評比係依國家圖書館建置之「臺灣博碩士論文知識加值系統」、「臺灣人文及社會科學引文索引系統」及「臺灣期刊論文索引系統」等資料庫，並運用系統之大數據分析各項學術資源影響力。

● 04.01～06.30期間

法鼓文理學院五週年校慶
體現博雅教育的豐碩成果

「法鼓盃運動大會」中，進行瑜伽體位示範。

4月1日至6月30日，法鼓文理學院舉辦校慶系列活動，主題是「印度文化日」，包括「慈悲之路：佛教聖地和印度藝術遺產」攝影展、印度古典樂舞演出，另有法鼓盃運動大會、綜合語言競賽、五分鐘書評等活動，展現博雅教育的豐碩成果。

今年不僅是文理學院五週年，亦是創辦人聖嚴師父圓寂十週年，法鼓山大學院教育前身「中華學術院佛學研究所」四十年，8日校慶當日，校長惠敏法師特別以「五世其昌，十無盡願，四十而不惑」為題，勉勵大眾力行博雅教育五戒、身心調和五事；同發師父「虛空有盡，我願無窮」之無盡大願；落實法鼓山三大教育；方丈和尚果暉法師則以自己填詞的〈我要發菩薩悲願〉佛曲祝願，期勉大學院教育落實培育佛教專業人才的重任。

典禮並安排「祝願平安──印度古典樂舞」演出，三位舞者分別表演奧迪西（Odissi）、酷奇普地（Kuchipudi）、卡薩克（Kathak）古典舞，演繹大自在天神舞、雲翔、解脫，以及悉達多王子親睹生、老、病、死後發願求道的故事，現場還有西塔琴伴奏，傳遞平安與和諧。

於綜合行政大樓一樓展出「慈悲之路」攝影展，由國家地理雜誌攝影師本諾伊·貝爾（Benoy K.Behl），以著名攝影技法「弱光」，將潛藏於洞窟古作中的溫和、慈悲及美感展現無遺，不僅帶領觀者巡禮佛陀的一生，更飽覽印度境內三十七項文化遺產，印度臺北協會副會長賈旭明（Sandeep Jakhar）致詞時強調，不論印度或佛教文化，均十分重視「關係」，希望透過此次展覽，讓大

眾深入體會印度、佛教與法鼓山的緊密關連。

下午於揚生館舉行「法鼓盃運動大會」，全校師生歡喜捧乒乓、拋大球、投三分球、躲避球，趣味中既合作又競賽；中場還有瑜伽體位示範，學習放鬆、伸展、調息等過程，體會身心靈合一。

另一方面，「水墨禪韻」書畫師生聯展，則於4月1日起在臺大醫院金山分院北海藝廊展至6月底，以禪藝接引大眾親近佛法。

● 04.09

護理健康大學參訪文理學院
兩校師生交流生死議題

4月9日，臺北護理健康大學生死與健康心理諮商研究所生死組師生七人，在教授陳錫琦帶領下，參訪法鼓山園區、文理學院，並與生命教育學程三十六位師生，就生死相關議題，進行交流。

師生一行首先在導覽義工帶領下，前往生命園區了解植存的流程，並於曹源溪畔練習聽溪禪，體驗禪悅境教中的輕安自在。

分組交流時，兩校學生就「生從何來‧死從何去」、「臨終關懷」、「生死所產生的失落悲傷如何面對」、「儀式與生死之關聯」、「倫理（墮胎、安樂死、病人自主權）」、「不同宗教的比較」與「佛教信仰在生死的意義及功能」等七項議題，除了學術上的知識分享，更就個人的專業與生命體驗，進行兼具廣度與深度的對話。

學程主任楊蓓表示，學生們依據學識與生命歷練探索生死，學問也在切磋中愈能見其本質與真章；陳錫琦教授肯定本次活動充滿生命的智慧，並以「觀世自在」祝福師生，期待未來兩校能有更多交流的機會。

● 04.13～14

僧大舉辦講經交流會
學僧展現新世代弘法能力

為提昇學僧弘講能力，4月13至14日，僧大舉辦第十一屆講經交流會，副院長常寬法師、果幸法師及多位指導師長到場關懷，共有十九位學僧分享學習成果；並邀請學僧俗家親人，以及生命自覺營歷年學員返校觀摩，重溫佛法與生命結合的觸動。

弘講學僧呈現方式多元活潑，活用漫畫、海報、道具說法，有講說經典《寶

王三昧論》、《慈雲懺主淨
土文》、《百法明門論》、
《地藏經》及《小止觀》；
還有以現代僧活為註腳的經
典新詮釋，如《法句經》與
〈四眾佛子共勉語〉、《八
大人覺經》與生命的自覺、
行住坐臥間皆聽見《法鼓晨
音》、觀念轉換後看見《阿
彌陀經》之美、與至親痛別

講經交流法海涵泳，學僧展現學習成果。

中體驗《佛說無常經》；也有學僧以神經科學、心靈小說為切入點，將佛學與
世學做巧妙的會通。

聽講的學僧除了勤作筆記，也踴躍提問，給予講者回饋。講評師長則提醒學
僧，講經時要能站在社會、聽講者的立場，學習佛陀應機說法，以貼近生活的
例子，讓聽眾更容易理解法義。

常寬法師則以「一個人走得快，一群人走得遠。」鼓勵學僧們在僧團帶領
下，與團隊共同成長。

● 05.01

文理學院、佛光大學佛法盃校際交流
增進兩校互動與道誼

「佛法盃」校際聯誼中，出家眾、一般學生，以及外國學子共同參與。

佛光大學佛教學院院長萬金
川於5月1日，帶領近百位師生
前來法鼓文理學院，參加佛法
盃校際交流。

當日適逢甘霖沛降，校長惠
敏法師以「風雨故人來」歡迎
佛光大學師生；萬金川院長則
分享「最懷念法鼓的兩件事」
──咖啡與圖書館，並介紹三
位來自釋迦族的印度學生，發
願像玄奘大師一樣，有朝一日
將佛法傳回印度。

校際交流以運動會、趣味競賽為主，內容包括籃球、羽球、桌球，以及拋大球、持乒乓球競走、三分球射籃、躲避球等項目；並安排數位典藏組年度成果發表——「DEDU得度」對讀文獻編輯軟體，由圖書資訊館館長洪振洲介紹「DEDU得度」比對不同版本文獻、分段依序對齊的實際運用。

● 05.01　05.15

僧大學僧慰訪實習
分享佛法調心轉境

僧大於5月1日及15日，為三、四年級學僧安排見習慰訪活動，與慈基會義工前往新北市萬里區、金山區等地，實地慰訪關懷家庭。

兩次家訪共探訪十八戶家庭，學僧表示，面對面的探訪及接觸，不僅將希望及關懷傳遞至各個角落，也看到更多生命、因緣的無常；也有學僧分享，同樣是行動不便的兩位長者，一位謹守規律生活，將家裡整理得井然有序；另一位則喜歡到廟宇與人互動、互相關懷，展現出生命的韌性及安定善巧。

學僧與義工至新北市萬里區慰訪關懷戶。

家訪行前，並由慈基會專職分享慰訪心法，如何做到「尊重的態度、禮敬的精神」、「覺察自己的狀態、體會對方的感受」，並開闊自己的價值認知。

● 05.08

僧大「作務與弘化」課程
果祥法師講心靈環保農業創生

5月8日，僧大「作務與弘化」課程中，由僧團副住持果祥法師以「心靈環保農業創生」為題，分享多年親身實踐的體驗。

果祥法師強調，以「心靈環保」理念淡化我們的貪瞋癡，以及人類的自我中心，才能好好保護地球環境及一切生物。2019年為臺灣「地方創生」元年，法師將「創生」一詞擴大為「創造生機、生路」，並提到美國羅德學院（Rodale Institute）對「有機」的定義為「整個生物鏈完整存在」，正符合佛教慈悲的

僧大「作務與弘化」課程，由果祥法師介紹心靈環保農業創生。

精神，不追求大量、密集、快速生產，不僅保護地球，也讓所有生命在多元平衡的環境中互利共生，發揮最大的生態功能、營養價值及生命韌性。

課堂中，法師帶來自然農法種植的鳳梨乾、香蕉，請學僧品嘗。「一打開就有水果香」、「吃起來自然、多層次、生津，且纖維細緻」，學僧們紛紛回饋，同時藉此機會更深入了解自然農法的核心精神。

● 05.08

文理學院行願社關懷活動
陪伴萬里仁愛之家長者歡喜浴佛

文理學院行願社師生陪伴仁愛之家長者，歡祝佛誕。

法鼓文理學院行願社四十多位師生於5月8日，在新北市萬里仁愛之家舉辦「浴佛」感恩活動，表達對長者的關懷。

佛學系修斐法師為眾人講解浴佛緣由，說明浴佛就是在心中點燃一盞智慧明燈，將洗滌煩惱的法喜分享給他人就是「迴向」，鼓勵長者用佛法轉化心念、開拓心境，讓生活更光明。除了演唱佛曲，師生們還準備了〈水調歌頭〉、〈荷花妙喻〉等曲目傳達感恩和祝福。

行願社師生每個月會前往仁愛之家陪伴長者，透過簡易的動禪、念佛等共修活動，關懷院內的長者，期望透過佛法為長者們帶來希望與力量。

● 05.24～26

日本國際真宗學會學術大會
首度於文理學院舉行

5月24至26日，「IASBS國際真宗學會學術大會」於法鼓文理學院展開，共有三十多位來自日本、北美、歐洲及臺灣學者，發表近三十篇論文，以「佛教禪修傳統與當代淨土思想」（仏教の瞑想と現代の浄土思想）為主題，探討禪

修、淨土兩大傳統其理論、實踐及兩者互動。

大會榮譽主席、方丈和尚果暉法師於開幕致詞中，期許學術界能代代傳承，讓妙善因緣，開花結果。文理學院校長惠敏法師則介紹文理學院，為一所應用佛教禪修傳統及淨土思想，以利益當代社會的學校，同時細說創辦人聖嚴師父的期許，以及心靈環保、博雅教育、跨領域學習三大特色。

國際真宗學會現任主席嵩滿也致詞表

「IASBS國際真宗學會學術大會」首度來到臺灣，於法鼓文理學院舉行。

示，相當敬慕師父「大願興學、悲智和敬」的精神，同時介紹學會是一個致力於淨土研究的全球學術組織，研究文本多是漢文經論，2019年首度到臺灣舉行大會，可說別具意義，期待擴大與亞洲國家的學術交流。

此次大會共有六場論文發表，中華佛學研究所所長果鏡法師、文理學院博士班學生張雅雯，分別提出〈念佛與參禪不二之挑戰與發展〉、〈數豆念佛於禪修生活應用之教學行動研究〉；來自波蘭的文理學院客座教授格里高‧波拉克（Grzegorz Polak），以及訪問學生卡米爾‧諾瓦克（Kamil Nowak）也有論文參與。佛教學系主任鄧偉仁，則參與了「東亞與西方合作佛教研究的未來」、「全球化社會下親鸞思想的傳播課題及其可能性」兩場公開論壇的討論。

● 05.26

僧大畢業製作暨禪修專題呈現
修行帶入生活實踐菩薩行

僧大於5月26日舉辦「2019畢業製作暨禪修專題呈現」，發表的主題包括經教文獻、聖嚴師父開示、心靈環保理念等，副院長常寬法師、果幸法師及多位指導師長到場關懷，共有六位學僧運用多元的媒體素材，分享研究成果。

以《金剛經》為定課的演勝法師，自己受益的同時更希望他人也受益，參與「般若法門研修營——《金剛經》與如實生活」的教案研討過程，經由與法師、法青團隊不斷討論，深入聖嚴師父對《金剛經》的詮釋，呈現出可以如實生活的修行模式；演提法師從《六祖壇經‧懺悔品》中提煉心靈環保的實踐精華，透過懺悔消融自我中心；演澄法師的「讀師遊記，學師行誼」，則是剖析聖嚴師父以佛法處世、與人相交，並以出家人的心態看世界，成就每一位相遇

的人。

為釐清聖嚴師父的菩薩道思想與實踐內容,以及禪修如何與菩薩行相輔相成,演揚法師、演鼓法師分別從師父對信眾的開示及《法鼓全集》中,彙編出《聖嚴師父教我們的菩薩行》一書,內容包含「日常生活」與「精進修行」。演醒法師則以叢

僧大學僧們分享專題研究成果,從學與思、實地學習的歷程,深入修行的體驗、反思及探問。

林自給自足的精神,發表禪修專題「我的僧服」,呈現近兩年每週至農禪寺學習製作僧服的歷程,從法師及義工的言行中,學到以平等、踏實、供養心、虛心面對處理問題的執事心態。

果幸法師表示,畢業製作是慧學課程的展現,期勉學僧運用所學,展現宗教師的弘化能力。

● 06.15

法鼓文理學院畢結業典禮
揚起智慧風帆奉獻社會

法鼓文理學院畢結業生發願實踐聖嚴師父的期許,成為社會善良動能的種籽。

法鼓文理學院於6月15日在園區舉辦畢結業典禮,方丈和尚果暉法師、校長惠敏法師、副校長蔡伯郎等,在〈三寶歌〉、〈法鼓頌〉等佛曲聲中,為四十餘位佛教學系學士班、碩士班,以及人文社會學群畢結業生,依序搭菩薩衣、傳燈發願,共有兩百七十多位師長、親友觀禮祝福。

方丈和尚提出「和敬生才」,期許眾人廣結善緣成就「世財」,修習佛法散播「法財」,互助共修成為「人才」,並謹記「五種明處菩薩悉求」的廣博學問,秉持和敬精神,讓佛法進入社會不同領域開花結果。惠敏法師以聖嚴師父所說「大學院要培育善良動能的種籽」,勉勵學子在人生旅途的新篇章,持續以菩薩心行,傳播佛法明燈。

文理學院於2015年開辦人文社會學群，跨領域、清淨共修的學習環境，接引許多國際學生就讀。2019年，有來自韓國、馬來西亞、越南、德國等地學子圓滿階段性學業。來自韓國、代表佛教學系學士畢業生致詞的道禪法師分享，經由閱讀聖嚴師父的書和影片，學習將感恩心、懺悔心、慚愧心運用在禪修和學習中；同時，透過與師長及不同國籍的同學互動中，激發多元、創造性的思考方向，也見識世界各地的佛教發展。

典禮圓滿後，學生社團「休閒社」，為畢結業生及其親友帶來咖啡禪與茶禪體驗，在放鬆中，品嘗咖啡、茶、禪一味，也祝福畢結業生離開校園後，運用佛法，體會人生的好滋味。

● 06.26

繼程法師講「禪心看世情」
分享出世入世的悲心

6月26日，法鼓文理學院人文社會學群於臺北安和分院舉辦專題講座，主題是「禪心看世情」，邀請聖嚴師父法子繼程法師主講，分享「戒定慧」修行次第的新詮，以及如何在世間修得出離世間的超然，又能心懷救度眾生的悲心，共有七百多人參加。

繼程法師在安和分院的專題講座，開示唯有在世間持戒、修定，才能修得出離世間的超然，又能心懷悲心，救度眾生。

繼程法師從「苦如何而來」切入，首先為大眾建立佛法的因果觀，指出透過正見破除無明煩惱，不再造作苦因，方能滅苦，反之，將落入無明煩惱中，繼續造業形成苦因，不斷輪迴流轉。

如何讓自己不再造作苦因？繼程法師表示，須從「持戒」開始，依佛陀教導的三十七道品，次第修行而離苦；法師鼓勵，佛教戒律有諸多具體細目，持戒須帶著止惡行善的決心，精勤實踐，方能「已生惡令永斷，未生惡令不生，未生善令得生，已生善令增長」。然而，若僅做到止惡行善，仍不能脫離輪迴，法師進一步說明，倘若「止惡」是怕遭到惡果，「行善」是為了追求利益或善報，表示仍有世俗的功利心，以及貪、瞋、癡等煩惱，唯有於心中無所求、無所懼，才能出世間。

法師強調，唯有在世間持戒、修定，從了了分明的持戒過程中「看山是山，看水是水」，再藉由禪定得慧，進入「看山不是山，看水不是水」的出世間境界，如此才能真正的自在解脫。而從迷到悟的修行境界，在禪宗即是所謂的「定慧體一不二」，如此，修行者將能達到真正的「圓融」，且帶著超越是非，卻又對是非了了分明的活潑禪心，持續在世間救度眾生。

● 07.05

僧大舉辦2019畢結業典禮
方丈和尚期勉以領執供養大眾

僧大師長勉勵畢業學僧領執後，持續自我成長。

僧大於7月5日在法鼓山園區舉辦畢結業典禮，有近一百位僧團法師、俗家親友到場觀禮，祝福畢業學僧正式圓滿學業，進入僧團學習。

典禮中，由方丈和尚果暉法師、女眾副院長果幸法師替畢業僧搭菩薩衣、傳燈發願、頒發證書。方丈和尚期勉畢業僧提起道心、承繼責任、住持佛法，在僧團執事中供養眾生、廣結善緣；也提醒僧眾，僧團生活需經歷「第二次的出家」，須靠更大的自制力來自我成長，成就弘法利生的願心。

代表畢業僧致詞的演勝法師，感謝師長教導，協助放下在家習氣，更感恩俗家親友將自己布施給三寶和眾生；為了報恩，發願學習聖嚴師父「自己用佛法、把佛法分享給人、鍥而不捨」的精神。

典禮中，已畢業的學長和在校的師兄弟們，也透過短劇、紀錄片，表達對畢業學僧的祝福。有畢業僧的俗家親人表示，見到法師出家後身心健康，因而轉念護持，期望法師畢業後，不忘初發心地持續學習。

● 07.07～10

法鼓文理學院舉辦高中營
「心・希望──生命美學研習營」園區展開

7月7至10日，法鼓文理學院於園區舉辦「心・希望──生命美學研習營」，課程以生命及美學教育為主軸，包括禪坐、茶禪與基礎佛學等，有近七十位高

中生參加。

營隊以佛法、茶禪、書畫、團康四大主題，包括「書畫之美」、「和樂之美」以及「喫茶樂趣」等單元，學員以毛筆作畫、玩和樂球及茶禪中，體會到無論動靜，只要用心就無處不美；「團康遊戲」則融合了佛法、動腦與團

鄧偉仁主任（左一）為高中學子介紹圖資館的藏書。

隊合作的闖關遊戲，如模仿桌遊「大富翁」的「大富長者」、用扇子托乒乓球的「眾生平等」，青春活力展現無遺。

佛教學系主任鄧偉仁講授的「認識佛教」，除介紹佛教概論、佛教教育，也引領學子認識當今國際的宗教現況，藉由大學校園的學習機會，拓展國際化的佛教視野。

營隊圓滿前的「傳燈之夜」，學員們將不捨的心情，轉為祝福、感恩，以及與他人分享收穫的願力。

● 07.18～25

人文社會學群師生赴日參學
增廣環境經營管理與決策的視野

法鼓文理學院環境與發展學程主任張長義、助理教授黃信勳於7月18至25日，帶領人文社會學群師生共二十三人，前往日本展開為期八日的「日本四國環境與發展實地考察研習教學計畫」，了解國家公園、里山倡議、自然保育、有機農業、環境災害、食農教育等議題的實踐狀況，培養環境經營管理與決策的視野。

此行著重於觀察人口老化社區的樣貌，居民在生態、生產及生活各方面的因應，以及中央與地方政府如何規畫活化社區、社會福利、吸引外來青年人才等政策。參訪範圍涵蓋了鄉村到都市、農業到工商業、人文與自然、傳統文化與創新發展，除了培養學生的國際觀，增加不同學程間的跨領域學習，也與日本相關機構互動，尋求可能的合作因緣。

文理學院期許學生從心靈環保出發，結合所學，走向世界，為四種環保的實踐，激盪深化、創新的可能。

08.18

文理學院碩士學分班中部開班
結合生活實踐與企業經營

陳定銘學群長介紹「社會企業與心靈環保」碩士學分班的特色。

8月18日，法鼓文理學院於臺中寶雲寺舉辦「人文社會學群碩士學分班招生說明會」，由學群長陳定銘介紹辦學特色、師資與課程，包括「佛教與企業倫理」以及「心靈環保與生命教育」兩門課，共有五十多人參加。

「佛教與企業倫理」結合佛法、心靈環保、企業倫理及社會福祉為理念，由佛教學系主任鄧偉仁、靜宜大學企業管理系特聘教授吳成豐，及僧團寺院管理女眾副都監果理法師、寶雲寺監院常慧法師共同講授。鄧偉仁主任說明，現今國內外諸多企業肯定禪修可以提高工作效率，並促進更好的人際溝通；而探討佛教與商業、經濟市場、公益關聯的研討會，在歐美國家日益受到重視，已然形成世界趨勢。

「心靈環保與生命教育」由生命教育學程主任楊蓓與助理教授辜琮瑜等共同講授。辜琮瑜老師表示，過去曾有人請示聖嚴師父，何謂「心靈環保」？何謂「禪」？師父說明，心靈環保就是禪、禪就是心靈環保，都是從「心」出發，再回到「心」。辜老師進一步分享生命教育是終生教育，從佛學、哲學、心理學、生死學等不同面向，探索生命的意義與價值。

果理法師表示，碩士學分班的開辦正是聖嚴師父將三大教育落實在中部地區的悲願，逐步實現，期許大眾快樂學習運用佛法，讓社會、家庭和諧美滿。

08.20～10.03

文理學院「美國禪學院實習計畫」
學子參與課程、參訪宗教團體等

為開闊學生國際視野，法鼓文理學院佛教學系四位學生於8月20日起，前往美國馬里蘭州進行為期四十五日的暑期實習。

實習內容，包括美國禪學院（U.S. Zen Institute）寺院體驗，並參訪位於華

盛頓特區的越南、韓國、南傳與藏傳佛教道場及天主教方濟各會；此外，也參與喬治・華盛頓大學（George Washington University）開設之「世界宗教」與「佛學課程」，以及體驗北美最大的泰國寺院泰王寺（NMR Meditation Center）舉辦的禪五，系主任鄧偉仁並於月底前去關懷與交流。

「美國禪學院實習計畫」延續海外學生實習的理念，也包含跨佛教傳統以及跨宗教傳統的交流參訪，期許學子能增廣見聞、學以致用。

● 09.18

李志夫教授新書《晚霞集》發表會暨書法展
教界、學界師友齊聚觀覽書藝風采

為感念中華佛研所榮譽所長李志夫教授對於佛教教育的貢獻，法鼓文理學院於9月18日在校區舉辦「李志夫名譽教授九十一書法展暨新書發表會」，包括校長惠敏法師、退居方丈果東法師，共有逾百位教界、學界同門師友齊聚一覽書藝風采。

李志夫教授（右四）新書《晚霞集》發表會暨書法展，多位師友出席一覽書藝風采。

惠敏法師致詞表示，校內展示九十八幅李教授的書法作品，有反璞歸真的意境，李教授逾九十歲高齡，持續終身學習，並保有回饋社會的熱情，更是師生們學習的榜樣。

李志夫教授與聖嚴師父道情甚篤，同樣佛學論著等身，為法鼓山推動大學院教育的重要推手，退居方丈果東法師也代表僧團轉達對於李教授以書法、論著，弘化佛法、散發生命光彩的祝福。

華梵大學校長李天任以學生身分出席，除向李教授表達敬意，也為大眾解說《晚霞集》中研究論述方面的用心處，並分享李教授對後進的啟迪，及協助聖嚴師父籌備校務的歷程。

「九十閒雲如野鶴，靜觀夕陽無限好。」透過書法傳遞心境的李志夫教授，感謝法鼓文化和文理學院，在著作出版、書法展覽上給予的協助，並以「習作」謙稱自己作品，盼能藉由在覺察有失智徵兆後的學習呈現，鼓舞大眾即使年長，仍要善用生命。

● 09.20～21

中華佛研所舉辦圓桌論壇
聚焦漢傳佛教研究及教育

多位佛教學者齊聚論壇，展現漢傳佛教研究的豐沛活力。

9月20至21日，中華佛研所於法鼓山園區舉辦「漢傳佛教研究和教育的實務開展圓桌論壇」，集結兩屆「青年學者論壇」的優秀學者、佛研所畢業校友及僧團法師等，發表十九篇論文及一場主題演講，共有一百多人參加。

開幕式中，退居方丈果東法師以中華佛研所所訓勉勵與會者，共同奉獻並承擔正法；佛研所榮譽所長李志夫教授在主題演講中，介紹聖嚴師父推動漢傳佛教教育的悲願及平生重要貢獻，說明師父是從謙虛學習中，創造出新的視野，並帶著成事的願心。

論壇主題廣博，包括漢傳佛教文化、多元弘化、義理文獻與修行法門的探討，多位學者齊聚一堂，交流佛教研究的新文獻、新史料及新方法，展現豐沛學術活力。綜合座談中，中央研究院中國文哲研究所研究員廖肇亨與法鼓文理學院佛教學系主任鄧偉仁，同時指出培育青年學者，及漢傳佛教教育與國際接軌的重要性；臺大哲學系教授蔡耀明也表示，打造超越宗派又能延續漢傳禪佛教的品牌，前提是在見地及修行上深入。

佛研所所長果鏡法師強調，聖嚴師父不僅要培育法鼓山的人才，更要培養全佛教的人才，讓廣大眾生得到佛法的利益，也期許延續師父的願心，持續在漢傳佛教學術研究上戮力深耕。

● 10.05～06

第三十屆全國佛學論文聯合發表會
十三校碩博生以佛學研究傳承佛法

第三十屆「全國佛學論文聯合發表會」於10月5至6日在法鼓文理學院展開，共有十三所學校、十九篇論文發表。方丈和尚果暉法師於開幕致詞中鼓勵學子，學術研究以實用為先，解行並重，增進對不同佛教傳統的了解，未來更能廣泛接引西方學佛信眾。

論文研究主題多元廣泛，包括佛教戒律、經論、修行、文獻研究，以及佛法應用於社會的跨領域研究等。戒律方面，香光尼眾佛學院見澧法師透過《四分律》中佛陀處理僧團罪戒的「七滅諍法」，探討滅諍機制及其對現代社會的啟發；經論方面，法鼓文理學院碩二的振慈法師以《長阿含經・世紀經・地獄品》為基礎，考察不同部派經典中，對於閻王詢問罪人、地獄受罪情況的文本差異。跨領域研究方面，有結合《心經》與企業的教育訓練、透過腦電波觀測禪坐指導前後的淨心程度、比對佛教學界對「正念減壓」支持或批判立場等，皆引起現場學者、學子們熱烈討論。

全國佛學論文發表會上，跨院校師生分享交流，增進對不同佛教傳統的了解。

由十三所佛學院、佛教學系所輪流舉辦的「全國佛學論文聯合發表會」，係由聖嚴師父、法光佛教文化研究所首任所長恆清法師等長老促成，是全國唯一的跨院校佛學研究交流平台。

● 10.16　10.30　11.16

僧大三堂「作務與弘化」課程
學習全方位 承擔新時代弘化

僧大於10月16日至11月16日，舉辦三堂「作務與弘化」專題課程，落實新時代僧眾的全方位學習。

首堂邀請內政部、教育部防災計畫推動主持人王价巨，分享災害現代管理觀念，從「認識災害」到「接受災害」，引導思考災害發生時，如何自安安人。10月30日，由法鼓文理學院總務庶務組三位講師，帶領學僧學習紗窗修補、水電與燈光維修、消防警報器維護等技能。11月16日則由法鼓山文宣處兩位專職教授「新聞寫作技

僧大新生學習各項常住物的修繕，培養知福惜福、知行合一的承擔力。

巧」、「報導短片製作」，介紹媒體宣傳知識和技巧，學僧並分組實際撰寫新聞報導，操作攝影機、簡易剪輯製作短片，體驗文字影像現般若。

總務長常齊法師表示，出家人有「三刀六槌」，行住坐臥都得自己來，透過珍惜資源落實環保，可以培養學僧惜福培福、知行合一的承擔力；而媒體宣傳的技巧，不僅增進學僧自主能力，展現佛法的活潑應用，更可以成為「網路弘法」的重要工具。

● 10.18～11.29　10.29

德貴學苑舉辦臺日禪畫聯展
展出佛教世界之禪、禪荷畫

日本西園寺住持內藤香林（右一）、黃檗宗萬福寺宗務總長荒木將旭（左一）參訪法鼓山園區，方丈和尚果暉法師致贈聖嚴師父墨迹「好願在人間」掛軸。

法鼓文理學院推廣教育中心於10月18日至11月29日，在臺北德貴學苑舉辦「佛教世界之禪、禪荷畫」臺日禪畫聯展，展出日本滋賀縣大雄山西園寺住持內藤香林、臺灣水墨畫家葉玲秀，共近七十幅作品，包括：二十米卷軸的《觀音經》三十三應相、禪宗十二聖人，以及釋迦如來、藥師如來、阿彌陀如來、文殊、普賢、地藏、彌勒等諸佛菩薩、蓮池海會等畫作。

內藤香林於1980年受沙彌戒出家，傳承日本黃檗宗的畫像技法近四十年，三十年前接任住持，作品蘊含深厚的佛教思想底蘊，以西方油畫技法表現東方佛教世界，是其主要特色，其中尤以畫觀音最為擅長。

10月29日，內藤香林並與黃檗宗萬福寺宗務總長荒木將旭一行，參訪法鼓山園區及北投農禪寺，由方丈和尚果暉法師接待，進行交流。內藤住持並當場揮毫，畫就一幅觀世音菩薩聖像致贈。

● 10.21

中央研究院、文理學院合辦學術工作坊
探索建構近現代臺灣佛教系譜

由中央研究院歐美文化研究所「日治臺灣哲學與實存運動」主題計畫，與法鼓文理學院共同舉辦的「佛教現代化在臺灣的發展——探索宗教哲學的可能

性」學術工作坊，10月21日於法鼓文理學院舉行，臺、港專家學者共發表七篇論文，探討日治時期臺灣佛教的法脈傳承與現代性起源。

「佛教現代化在臺灣的發展」學術工作坊於法鼓文理學院舉行，學者對於臺灣佛教的研究現況討論熱烈。

工作坊邀請日本駒澤大學佛教學部教授石井公成以「禪在日本的近代化與臺灣佛教」為主題，進行演講，分析十七世紀基督宗教傳教士引進的近現代思想與人道主義，催化日本的新佛教運動，同時也影響當時赴日留學的臺灣佛教青年；而曾在駒澤大學取得學位的曾景來，是實行日本制蓄髮、娶妻的臺籍僧人，在近現代臺灣佛教史上雖是重要人物，卻因戰後「去日本佛教化」的時代因素，長期為學界忽視。

此次工作坊中多位學者不約而同以曾景來為中心，透過日本禪宗思想、宗教與道德觀、新佛教運動、殖民教化、佛學教育與戒律、「人間佛教」思想對比、現代性等探討，探索建構反映近現代歷史、政治與文化處境的臺灣佛教系譜，深入佛教倫理背後的社會脈絡與內涵。

圓桌座談中，石井教授肯定學者對於臺灣佛教青年與赴日求學經歷的考察，提醒研究範圍不僅限於日、臺師生傳承，更需進一步研究歐美思想的傳播，才能建構更寬闊的視野。

● 12.10

法鼓文理學院出版專刊
回顧創校因緣與歷程

《法鼓文理學院5‧10‧40》專刊出版，回顧創校因緣與歷程。

《法鼓文理學院5‧10‧40》專刊於12月10日出版，收錄文理學院成立五週年、創辦人聖嚴師父圓寂十週年，以及法鼓山「大學院教育」從中華學術院佛學研究所創立，歷經五個教育機構交錯籌畫，共四十年的發展歷程。

專刊以歷史發展的時間軸，記錄辦學歷程中的關鍵時刻，並以敘事方式呈現聖嚴師父的辦學理念、傳承與創新，以及重大

活動的紀錄、重要人物與場景，包括杜正民副校長、陳伯璋學群長與廖今榕、黃怡琪、蕭世斌等悅眾身影；並感恩退而不休的李志夫、楊郁文、藍吉富和每一位為學校奉獻心力的師長。專刊就像一首穿越時空的史詩，寫下歷史長流中的豐富敘事。

文理學院校長惠敏法師為序表示，四十歲是求學明道的成熟年分，感念前人努力，祈願校務光明遠大，福慧廣傳四海一家。

● 12.16

法鼓文理學院跨宗教交流
義大利上智大學高達校長獲頒榮譽教授

高達蒙席校長（左二）獲頒文理學院榮譽教授，狄剛總主教（左一）陪同。

12月16日，法鼓文理學院校長惠敏法師頒聘榮譽教授一職予義大利上智大學（Sophia University Institute）校長皮耶羅‧高達蒙席（Msgr. Piero Coda），感謝高達校長連續三年來校訪問，促進跨宗教交流。包括天主教總主教狄剛、「普世博愛運動」（Focolare Movement）三十多位成員及方丈和尚果暉法師到場觀禮，有近七十位師生參加。

授證典禮圓滿後，並舉辦專題講座，邀請高達校長主講「基督啟示與虛無的奧祕」（The Christian Revelation and The Secret of Nothingness），試探天主教與佛教的思想互通之處，指出基督宗教的創世論，常被視為殊異於佛教緣起論，創造是「從無中而來」，亦即「愛的虛無（空性）」，這具空性本質的愛，讓「此在（自性）」得以找到光明的地方，並通向無私奉獻的道路，這即是「創造的虛無（空性）」。

有來自香港的義大利上智大學研究員表示，無論基督宗教或佛教，都是世界性的宗教，高達校長使用東方語境來表現基督精神，也讓東方文化豐富基督宗教，很具啟發性；也期盼不同宗教能貢獻於世界和平與社會共榮。

文理學院佛教學系主任鄧偉仁表示，兩校同樣兼具宗教與學術的服務，值得互相借鑑，也希望能增進宗教學術與社會實踐上的交流。

● 12.21～22

聖基會「近現代漢傳佛教論壇」
探討漢傳佛教的傳播

聖基會於12月21至22日，在桃園齋明別苑舉辦「第五屆近現代漢傳佛教論壇」，主題是「剎境不隔——漢傳佛教的傳播」，來自歐、美、亞洲各國學者，共發表六場論文，以及兩場圓桌論壇，探討聖嚴師父與漢傳佛教的傳播，方丈和尚果暉法師出席感謝學界拓展佛教研究、培養後進，承繼法鼓山對於教育與學術的願景。

論文發表中，中央研究院中國文哲研究所研究員廖肇亨以渡日黃檗僧侶的詩文，解讀施粥等社會救濟行動，如何建構黃檗宗在日本的尊崇地位；越南科學社會翰林院下屬漢喃研究院研究員范文俊則從閩南移民遷至越南的歷史切入，跟隨臨濟宗拙拙禪師的腳步，看見水陸法會等佛教文化與藝術的流傳。論文發表中，溯源明清之際的政治動盪，移民與「逃禪」等現象，反而成為漢傳佛教跨海弘傳的助緣。

日本青山學院大學國際政治經濟學系教授陳繼東進一步分析中、日對戒律的論辯與教育現代化歷程；新加坡佛學院圖書館館長紀贇則透過大量原始文獻與檔案，分析太虛大師經由佛教開展漢、藏交流的時代背景，建構出大師更真實的樣貌。

美國法界佛教總會（Dharma Realm Buddhist Association）恆實法師（Heng Sure），回顧宣化長老於美國建立僧團的歷程，以教育來接引美國人的善巧，

學者在論壇中，暢談漢傳佛教如何隨著人的移動而弘傳。

並開啟跨宗教、跨部派的交流；法國多學科佛教研究中心主任汲喆提醒，宗教團體的擴張在於切入人心的需求，教界應思考如何更慈悲地回應大眾需求。

圓桌論壇中，中華佛學研究所所長果鏡法師、三學研修院女眾副都監果光法師及臺灣宗教學會理事長陳美華，分別回顧聖嚴師父赴日求學、赴美弘法及在馬來西亞建設道場的學思歷程。僧大女眾學務長常格法師感動回饋：「師父曾說，傳法傳的是一份責任，期許在僧教育中落實利他願心，才能不負佛法傳播的責任。」

● 12.25

高應寺住持酒井菜法專題演講
分享弘化歷程

酒井菜法分享女性住持的包容力與創造力。（左起依序為許書訓老師、方丈和尚果暉法師、酒井菜法住持、惠敏法師）

12月25日，現任日蓮宗長覺山高應寺第二十七任住持酒井菜法參訪法鼓山園區，並在國際會議廳發表專題演講：「關懷社區人們的『媽媽住持』」，分享接任住持後，將傳承具四百年歷史的「學問寺」，轉型為社區避風港的歷程。講座由方丈和尚果暉法師主持、中華佛研所校友許書訓翻譯，包括法鼓文理學院校長惠敏法師，有近一百五十人參加。

酒井菜法表示，身為女性住持，也是三個小孩的母親，接任高應寺住持後，希望正在育兒的母親們也能走進寺院，用佛法解決人生問題。他考取育兒執照，安排助產院的醫護，以及社區媽媽帶著孩子親近寺院，讓高應寺的大殿，成了親子照顧的保健室。

2011年日本東北大地震後，酒井住持取得「臨床宗教師」證照，走出寺院，進入醫院安寧病房陪伴傾聽臨終病患，希望以出家人的身分，引導大眾安穩地臨終。

酒井菜法是聖嚴師父留日時期同窗好友日本立正大學三友健容教授的女兒，如今以媽媽住持，活躍於NHK、朝日新聞等媒體界，也出版心靈相關書籍，展現女性住持結合慈悲與智慧的包容力與創造力。

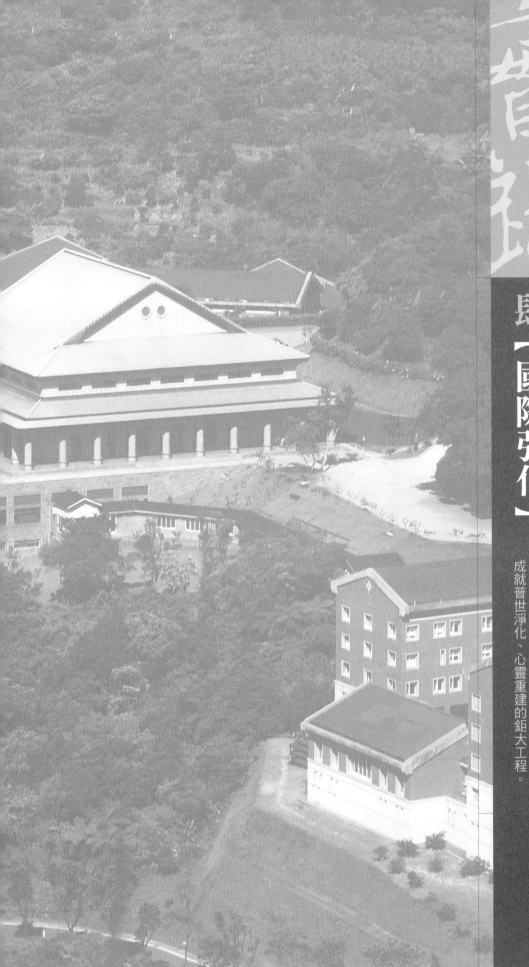

肆【國際弘化】

為落實對全世界、全人類的整體關懷，
透過多元、包容、宏觀的弘化活動，
經由禪修推廣、國際會議、宗教交流……
消融世間的藩籬及人我的對立與衝突，
成就普世淨化、心靈重建的鉅大工程。

繼起師願
漢傳禪佛教當代流傳

「我今生做不完的事，願在未來的無量生中繼續推動；
我個人無法完成的事，勸請大家來共同推動。」是聖嚴師父之願。
2019年的國際弘化，在參與國際、
參訪交流、建設道場、各地弘化等面向，
海內外僧俗弟子繼起師願，持續廣傳心靈環保理念、
延伸關懷觸角，並以漢傳禪佛教的多元包容，
透過文化、宗教等跨領域的對話，與當代世界接軌，
為全人類的心安平安做貢獻，成就人間淨土願景。

聖嚴師父曾為文指出：「我們推動的工作，看起來屬於宗教性質，實際上我們努力的方向，乃是希望超越宗教的範疇，而關心我們整體的人類社會。」2019年法鼓山全球弘化的腳步，無論國際參與、參訪交流，還是建設道場，在利益全人類的初衷下，步步踏實於全球弘傳漢傳禪佛教，推廣心靈環保理念，為整體地球村的和平、人們的心靈淨化與提昇，盡一份力量。

國際參與　分享佛法智慧

消弭種族、宗教和國家間的衝突，永續地球環境發展，是世人長期關注的議題，本年法鼓山參與多場國際會議及活動，透過與不同宗教、文化的交流，超越彼此藩籬，將聖嚴師父致力世界和平的精神——建立全球共通倫理、心靈環保等佛法智慧，持續分享給國際社會。

6月，首屆「凝聚社會國際會議」於新加坡召開，方丈和尚果暉法師應邀出席，代表漢傳佛教發表「宗教信仰與世界和平」演說。呼應大會主題「不同族群共享相同的未來」，方丈和尚向四十個國家、上千位各界代表及領袖，分享地球村是生命共同體、宗教帶來的普世價值、對話目的在求同存異等面向的思考，籲請建立尊重、傾聽、溝通、學習的共識，為人類社會帶來福祉。

位於美國的法鼓山佛教協會（Dharma Drum Mountain Buddhist Association, DDMBA）於7月，應邀參加第四屆「聯合國高級別政治論壇可持續發展會議」，由常濟法師代表分享法鼓山「心靈環保」，提醒大眾生命與共，須以智慧和慈悲，轉化貪婪、恐懼和無知。

11月,與全球女性和平促進會（Global Peace Initiative of Women, GPIW）、地球憲章（Earth Charter International）合辦「氣候變遷內在面向全球青年系列會議」,青年領袖們討論出必須放下自我中心,透過學習、了解、尊重的行動,實際帶動改變,方能創造平等和諧。

另外,由國際佛教大會、聯合國分別於越南、泰國、美國舉辦的衛塞節活動,法鼓山也受邀參與,僧團代表常隨法師於越南三祝寺的大會上發表〈精神富足由「心六倫」開始〉,與藏傳、南傳佛教代表,探討不同傳承的倫理教育及日常運用。

參訪交流　跨界學習深耕

無論對外參訪座談,或其他團體來訪,皆為互相學習、交流增上的重要環節。2019年9月,方丈和尚於北美展開巡迴關懷行程中,同時拜會當地教界及佛教團體,包括:靈巖山寺、萬佛聖城及法界大學、慈濟美國總會、佛光山西來寺及西來大學、巴瑞佛學研究中心等,交流漢傳佛教在北美的教育發展、弘化現況、學佛風氣等,除繫起同在西方弘法的道誼,同時透過觀摩與互動,學習深耕北美社會的弘化經驗。

加拿大溫哥華道場為促進當代佛教交流而舉辦的「佛教與社會變遷」座談會,同樣於9月展開,五位具有漢傳、南傳、藏傳佛教修行背景的美、加學者,從群體共業、社會改革、生態環保、當代思惟、經濟運作等方面,探討

佛法的現代性,以及如何運用智慧勇氣和慈悲心,承擔正向改變社會的使命。

1至3月,美國雪城大學（Syracuse University）師生、越南慧光禪寺僧俗四眾,日本福島縣國中、小學校師生家長,則先後來臺參訪,藉由經行、吃飯禪、托水缽、坐禪等,體驗動靜間清楚放鬆的漢傳禪法特色。7月,臺灣國際扶輪社於桃園齋明寺舉辦「國際青少年宗教體驗營」,僧團法師帶領歐、美及亞洲等十七個國家的青少年,體驗漢傳佛教寺院的修行生活。

國際跨宗教交流機構「世界宗教議會」則於10月至法鼓山園區拍攝採訪,向國際社會介紹法鼓山的理念,將原本重視西方宗教的視角,轉向東方,深入認識亞洲宗教信仰中,扮演重要角色的漢傳佛教。

漢傳禪法　全球持續弘揚

應邀至全球各地帶領禪修、推廣漢傳禪法,是僧團法師、聖嚴師父法子每年固定的弘法行程。5至9月間,美國象岡道場住持果元法師、禪修中心副都監果醒法師、寺院管理歐美區副都監常悟法師、法子繼程法師,先後至墨西哥、盧森堡、英國、俄羅斯、克羅埃西亞、德國、瑞士、波蘭等國,主持禪修,並透過講座介紹中國禪宗源流、禪宗公案、《六祖壇經》要義、漢傳禪法的修行與方便法門等,分享禪法的活潑與實用。此外,馬來西亞道場也應當地太平佛教會之邀,擔任該國教師佛學研修班的課

程主講，並帶領學員禪修。

本年度各地道場和分會的各項弘法活動亦持續展開。北美部分，美國東初禪寺、新澤西州分會皆於8月舉行《六祖壇經》講座，舊金山道場6月舉行禪三；加拿大溫哥華道場4、7月舉辦默照禪七，以及「禪宗的發展與演變」、「中觀心髓」、「楞嚴心語」等講座，讓漢傳佛法的種子，跨地域散播成長。

象岡道場的冬安居，本年除了僧團法師，首度開放不同傳承的僧眾參加，包括來自南傳內觀系統、越南一行禪師的出家眾，同來修習默照法門，藉由打坐、拜佛、拜懺、經行，精進用功。

亞洲及大洋洲方面，香港道場於7月與香港中文大學合辦「青年五日禪」、10月舉辦禪五。馬來西亞道場4至11月間，先後舉辦「舒活二日營」、禪七、「漢傳禪法的生活智慧」、「禪的生活觀」等講座，以及「漢傳禪法之當代實踐」座談會。新加坡護法會8至10月舉辦「懺儀與禪觀研習營」、「生活與禪修」講座；澳洲的墨爾本分會則於9月舉行初級禪訓班、禪一。多元的禪修活動，接引大眾體驗禪法的安定與清涼。

護法弘化　延伸關懷觸角

秉承聖嚴師父悲願，國際弘化除將法鼓山理念廣傳全球，並延伸多元關懷觸角，為全人類的心安平安做貢獻。2019年，各道場及分會皆以開辦各式培訓課程、舉辦成長營等活動，將關懷寓於教育學習中，提昇悅眾及義工的成長。包括舊金山道場法器培訓及梵唄修行、西雅圖分會《法華經》領導哲學、馬來西亞道場義工培訓和成長營、新加坡和雪梨分會梵唄培訓等；年底，馬來西亞法青成員更由法師帶領，前往臺灣各道場參學。

另一方面，除舉辦新春、清明、浴佛、中元等年度例行法會外，也展開講座、工作坊、對談、禪藝等多元活動。除了《法華經》、《地藏經》、《金剛經》、《天台心鑰》，以及《法鼓山的方向》等以典籍、聖嚴師父著作為主題的講座，溫哥華、洛杉磯、舊金山道場也開辦大事關懷生命教育課程；東初禪寺及馬來西亞道場則為兒童及青年，舉辦親子營、兒童生命教育課程、心靈環保青年營和工作坊等。香港道場於1月展開「鼓磬音色」禪藝體驗系列活動、7月參加「香港書展」，10月起因應當地社會局勢緊繃，以網路直播繼程法師與常寬法師主講的兩場講座，適時引導民眾用佛法觀念安身安心。

此外，方丈和尚果暉法師於9至11月間，至美、加及東南亞等地道場及護法會，關懷當地信眾，並主持皈依典禮、弘講佛法。退居方丈果東法師也於5月前往北美東初禪寺、普賢講堂、舊金山道場、西雅圖分會、溫哥華道場弘講關懷，引領信眾在學佛路上持續精進。

拓展道場　全球建設淨土

數十年來，法鼓山於全球的弘化腳步，從各地道場建設及擴建的情況，可

見逐年開展的趨勢。

在亞洲，邁入弘法二十週年的馬來西亞道場，歷經五年籌備，11月搬遷至新道場，並舉辦「感恩二十‧報恩行願」啟用暨皈依大典，持續在宗教多元、華人眾多的馬來半島，接引東南亞民眾親近漢傳佛法。

同樣成立二十年的香港道場九龍會址，因眾人同心共願、齊力護持，5月正式簽約購買現前承租的會址，未來道場不僅有更寬廣的空間，也讓香港民眾有一處學佛修禪、安住身心的永久心靈家園。

於北美洲，成立四十年、擴建中的東初禪寺，由於因緣成就，接續增購鄰近房舍，9月並為擴大的基地舉行灑淨法會，倍增的道場空間及設備，也象徵著美東地區不斷擴展的弘化版圖。

在歐洲，籌畫建設十五年，聖嚴師父法子查可‧安德列塞維克（Žarko Andričević）位於克羅埃西亞的道場「哈特沃斯基禪修中心」（Chan Retreat Center Hartovski VRH），5月落成啟用。這是首處由西方法子成立的禪修中心，立足於中華禪法鼓宗的傳承，藉由禪修推廣向歐洲人士介紹人皆有佛性，皆能斷煩惱、得智慧的觀念及方法。「法不孤起，仗境方生；道不虛行，遇緣即應」，聖嚴師父二十餘年前至克羅埃西亞指導禪修所播下的種子，因緣具足下，已在東歐地區成長茁壯。

結語

2019年，聖嚴師父圓寂十週年，2月於法鼓山園區舉辦傳燈法會，包括美國洛杉磯、香港道場及泰國、雪梨護法會透過網路連線，同步緬懷師恩，其他海外道場和分會也相繼以禪修、法會等活動，傳承師父的理念。

3月馬來西亞道場「心願‧十年」、6月香港道場「如是我願」音樂會上，皆以多元藝術形式演繹師父一生，體現佛法人間化的精神。

9月，聖嚴師父初到西方的弘法起點——東初禪寺成立四十週年，以感恩聯誼會、口述歷史講座，串起早年東西方弟子的回憶，感受從無到有的歷程；新進悅眾的分享，讓人看見法鼓弟子學法護法的成長，也為國際弘化繼起初心，共願共行，讓漢傳佛教當代流傳。

方丈和尚果暉法師至美、加巡迴關懷，於舊金山道場勉勵信眾走在成佛之道上，不要在意速度快慢，而要細水長流，積沙成塔。

● 01.04～20

冬安居於象岡道場展開
北美僧眾精進修行

象岡道場冬安居，僧眾們於自然環境中，照見無常生滅。

美國象岡道場於1月4至20日，舉辦兩梯次的冬安居，由住持果元法師帶領，除法鼓山僧團出家眾，首度對外開放不同傳承教派的出家眾參加，包括來自南傳內觀系統（Buddhist Insights）以及一行禪師的出家弟子，皆全程參與。

相應佛陀時代雨季的夏安居，象岡道場於北美洲嚴寒時節展開為期十六日的冬安居，禪期間觀看聖嚴師父2004年於瑞士、象岡兩地講授的默照法門開示影片，並以宏智正覺禪師的〈默照銘〉為主題修習默照法門。法師們放下萬緣，在寧靜的內外環境中，以打坐、拜佛、拜懺、經行，共同精進用功。

禪期圓滿，有僧眾表示，印象最深刻的，莫過於聆聽聖嚴師父的開示，從中提起初發心、廣發菩提心，願度一切眾生。

● 01.27

美國雪城大學學生參訪園區
體驗禪修身心一如

美國雪城大學（Syracuse University）香港中心總監陳玉嬋，於1月27日帶領近六十位美國大學生參訪法鼓山園區，認識佛教建築、造像藝術，從信仰的角度認識華人思想哲學的底蘊，並在常寂法師帶領下，藉由經行、吃飯、托水鉢、坐禪等，初步體驗禪修身心一如的精神。

「何謂菩提心？」「真的有開悟這件事嗎？」「什麼是佛教的因緣、因果觀？」過程中，學子們不時提問，禪修體驗後，更驚喜表示受用。有女學生分享，在祈願觀音殿的水池前，心裡感受到未曾有過的寧靜；也有男學生表示對托水鉢繞行七如來最有感觸，雖然動作簡單，卻須全身心投入，才能不讓水溢出，即便有任何念頭浮現，也要回到水鉢上。有學過禪修的學生第一次參與集

體共修,對有步驟的引導感到很自在,體驗到心念的專注集中。

「由於認同法鼓山將佛法實踐於生活、運用於人間的理念,因此,每年課程都會帶學生前來。」第六度來訪的陳玉嬋教授表示,從學生的回饋中發現,習慣西

雪城大學學生體驗托水缽,動作簡單卻須全身心投入。

方思想中與「神」緊密連結的學子們,參訪之後有了深刻的啟發,發現佛教的思考、看待人生的觀點,更為理性與自主。

● 01.27～29

香港道場舉辦禪藝體驗系列活動
港日臺藝術家對談鼓磬音色

香港道場於1月27至29日,舉辦「鼓磬‧音色」禪藝體驗系列活動,邀請日本磬製作職人島谷好德、臺灣鐘鼓工匠王錫坤,以及香港頌缽演奏家曾文通、擊鼓表演家張藝生與李子建,藉由鼓磬聲色與大眾結緣。

香港道場邀請港、日、臺藝術家對談鼓磬音色。

首先於27日,在香港大學舉行茶會,由曾文通與張藝生、李子建,設計「破立」、「靜謐」、「不一」及「音色」的鼓磬表演。28日及29日,分別於香港大學、香港道場九龍會址舉辦「鼓磬‧音色」對談,邀請兩位匠師及三位藝術家對談,分享禪藝精神。

身為鐘鼓廠第二代傳人的王錫坤,提到鼓廠大門常開,人來車往從不影響思考及造鼓,一心不亂只有一個信念──要對鼓的聲音負責;島谷好德分享自律是生活必須,每天早起先拜佛,運用心靈最安靜的清早來調音,表示唯有清淨

無雜染的心,才能調出好的聲音。

曾文通認為對物料的尊重、工序的考究、製作時心的單純、調音時的安定,能將鼓聲提昇至精神層面,柔慢沉穩的音色能導引人進入安定狀態,以開放的心純粹聆聽,當下就是藉藝入禪。

香港道場希望一連三日的禪藝活動,接引大眾以專注安定、清楚覺照,活出禪藝融合的自在生活。

● 01.28～02.24期間

海外道場緬懷師恩
禪修、法會踏實修行

多倫多分會齊聚數十位東西方禪眾,不畏嚴寒風雪,藉師父教導的禪法精進禪修以報師恩。

緬懷聖嚴師父圓寂十週年,法鼓山海外分支道場於1月28日至2月24日期間,以禪修、傳燈法會、發願祝福等,四眾弟子互勉踏實修行,以報師恩。

美國東初禪寺首先於1月28日至2月3日,舉辦「傳燈禪修週」,由監院常華法師、常齋法師等帶領禪坐共修,並觀看師父影音開示,深入了解修行的觀念與方法,圓滿日並舉辦傳燈儀式,共有四百五十多人次參加。

美國西雅圖分會於2月2日舉行一日禪,再由常先法師、常麓法師為信眾傳燈發願祝福,帶領大眾發願傳承佛陀慧命,延續弘揚佛法的大願;加拿大多倫多分會,則於9日舉辦「傳燈禪一」,數十位中西方禪眾,不畏嚴寒風雪,齊聚清淨莊嚴的禪堂,期藉聖嚴師父教化的禪法以報師恩。

此外,美國洛杉磯道場,以及亞洲香港道場、新加坡護法會、泰國護法會與澳洲雪梨分會,皆於2月16日同步與臺灣法鼓山園區連線,舉行傳燈法會。其中,近七百位信眾與義工齊聚香港道場,監院常展法師說明,聖嚴師父與香港結下法緣已逾三十載,對師父的憶念,是心與心的相印,即使未曾謀面,從一段文字、一場開示,就足以攝受,如師父親臨於前。

美國舊金山道場的傳燈法會,於17日展開,常惠法師期勉大眾,點燃手中這盞燈,更要常常提醒自己精進學佛,將佛法的智慧延續下去。加拿大溫哥華道場則於23日舉行法會,共有一百三十多位信眾同聲念佛,發願秉承師志,傳心燈,擊法鼓。

2019 海外分支道場「法鼓傳燈日」活動一覽

區域	主辦單位	日期	活動內容
北美	美國東初禪寺	1月28日至2月3日	法鼓傳燈禪修週、傳燈儀式
	美國洛杉磯道場	2月16日	傳燈法會
	美國舊金山道場	2月17日	傳燈法會
	美國新澤西州分會	2月2至3日	法鼓傳燈日、禪一
	美國西雅圖分會	2月2日	法鼓傳燈日、禪一
	加拿大溫哥華道場	2月23日	傳燈法會
	加拿大多倫多分會	2月9日	法鼓傳燈日、禪一
亞洲	香港道場	2月16日	傳燈法會
	新加坡護法會	2月16日	傳燈法會
	泰國護法會	2月16日	傳燈法會
大洋洲	澳洲雪梨分會	2月16日	傳燈法會
	澳洲墨爾本分會	2月24日	傳燈法會

● 01.30～02.13

演柱法師舊金山道場弘法關懷
帶領培訓課程、講座及法會

僧團演柱法師於1月30日至2月13日，於美國舊金山道場弘法關懷，包括舉行法器培訓、佛法講座及帶領新春法會等，有近三百人次參加。

於法器培訓課程中，法師介紹各種法器代表的意涵與執掌方法，也示範木魚、引磬、鐘鼓、地鐘和

演柱法師於舊金山道場帶領普佛法會，期勉大眾常來親近諸佛菩薩、諸上善人，自己種善因。

唱誦，梵唄的節拍，音量的掌控，舉腔、接腔、送腔，都做詳實的指導，為學員奠下紮實的基礎。2月6日並舉辦「梵唄與修行」講座，說明梵唄與漢傳佛教的修行息息相關，祖師大德透過修行體驗，制定出適合漢文化的儀文、曲調，透過梵音宣揚，為六道眾生宣說佛法，體現了大乘佛法的精神。

法會方面，包括5日的新春普佛法會、9日的祈福法會。在普佛法會上，法師

引用《吉祥經》的經文，期勉大眾以「遠離惡友，親近善知識」、「精進修行，保持身心清淨」、「以禪定的修持，面對世間的得失毀譽，不憂不動」等方法，得到吉祥善果。

弘法期間，適逢舊金山大覺蓮社住持衍璇法師帶領法師、居士一行數十人於1月31日參訪道場，由演柱法師代表接待，分享心靈環保的理念。

● 02.03～16期間

海外分支道場慶祝新春
廣邀大眾在人間共許好願

孩童於香港道場捧著新春祝福禮，開心地為新的一年許下好願。

慶祝農曆春節，法鼓山海外分支道場於2月3至16日期間，規畫系列活動，以祈福法會、拜懺精進，廣邀大眾以法相會，在人間共許好願。

在北美，美國東初禪寺於2月5至9日舉辦新春藥師法會，10日展開普佛法會，皆由監院常華法師帶領。象岡道場住持果元法師並於10日舉行的佛法講座中開示「好願在人間」，分享鳩摩羅什、玄奘、鑒真和尚及聖嚴師父的佛法修為及弘願，期勉大眾發願當以利益眾生為初發，行願之力方能持久弘大。

洛杉磯道場於5至10日間舉辦《金剛經》持誦共修、親子園遊會、惜福市場、祈願點燈等多項活動，在獻供、點燈、供花、許願儀式中，淨化身、口、意，期許於日常生活中實踐佛法的智慧；舊金山道場9日的新春祈福法會，由演柱法師帶領，法師以豬年的雙關語，勸勉大眾在這個諸行無常、諸法無我的世界，希望諸事吉祥，就要時常親近諸佛菩薩、諸上善人，自己種善因，便能有善果。

加拿大溫哥華道場、多倫多分會，於4日起，舉辦大悲懺、普佛、藥師法會，同時間另有茶禪、禪藝表演等，監院常悟法師勉勵大眾「一念清淨一念佛，念念清淨念念佛」，讓心因懺悔而有力量改變，時時刻刻回復清淨，走出新的人生。

亞洲方面，馬來西亞道場於5日舉辦新春普佛法會，監院常迪法師說明心靈除舊迎新的重要性，期勉大眾透過佛法懺悔法門，洗滌貪、瞋、癡，再發願把佛法用在生活上，自然就會心安平安。16日，並舉辦燃燈供佛法會，共有一百二十多人誦念《佛說施燈功德經》，依序到佛前供燈、祈願、發願學習佛的智慧光明和慈悲。

香港道場、泰國護法會、新加坡護法會於新春期間也分別舉行普佛法會，香港道場由副住持果品法師主法，勉勵眾人珍惜每一個念頭與行為，從心出發，從自己做起，以成就他人來成長自己，以止惡行善來關懷環境，共有七百一十多人參加。

2019 海外分支道場新春主要活動一覽

區域	地點	日期	活動名稱／內容
北美	美國東初禪寺	2月5至9日	新春藥師法會
		2月10日	新春普佛法會、「好願在人間」佛法講座
	美國洛杉磯道場	2月5日	新春《金剛經》持誦共修
		2月5至10日	親子園遊會、惜福市場、祈願點燈
		2月6日	新春藥師法會
		2月9日	新春觀音法會
	美國舊金山道場	2月5日	新春普佛法會
		2月9日	新春祈福法會、親子園遊會
	美國普賢講堂	2月5日	新春普佛法會
		2月9日	新春藥師法會
	美國新澤西州分會	2月9日	新春普佛法會、點燈、茶禪、鈔經
	美國西雅圖分會	2月3日	新春大悲懺法會
	加拿大溫哥華道場	2月4日	新春大悲懺法會
		2月5日	新春普佛法會
		2月6日	新春藥師法會
	加拿大多倫多分會	2月10日	新春普佛法會、茶禪、禪藝表演
亞洲	馬來西亞道場	2月5日	新春普佛法會
		2月16日	燃燈供佛法會
	香港道場	2月7日	新春普佛法會
	泰國護法會	2月5日	新春普佛法會
	新加坡護法會	2月10日	新春普佛法會

● 02.24～04.15期間

新加坡護法會基礎梵唄課程
常耀法師帶領認識基本法器

為推廣認識法器，新加坡護法會於2月24日至4月15日，每週日或週一開辦基礎梵唄培訓課程，共八堂，由常耀法師及悅眾帶領，有近四十人參加。

內容包括認識各式法器執掌規矩、板眼說明、拜懺、念佛等梵唄讚頌教唱、殿堂禮儀以及念佛共修流程演練等，常耀法師強調要以恭敬心、信心、同理心，以及不生慢心、不起偏心的觀念和心態，執掌法器。

課程中，除了法師講解、授課，學員並由悅眾帶領，分組練習小木魚、引磬及鐘鼓，進一步認識法器及讚頌；法師也一一調整學員姿勢，掌握執掌法器要訣，引領大眾安心念佛。此外，並安排學員透過個人與小組的方式，錄製唱誦和敲打引磬，深化課堂的學習。

● 02.28

越南慧光禪寺參訪法鼓山
汲取籌建佛教園區及興學經驗

越南慧光禪寺方丈竹通普法師，帶領百餘位僧俗四眾弟子，於2月28日參訪法鼓山園區，由常寂法師代表接待，進行交流；一行人並分組由參學導覽員帶領認識園區的禪悅境教。

竹通普法師表示，目前正在越南籌建新的佛教園區，因此特地前來法鼓山汲取經驗。法師在開山紀念館祖堂前，特別向禪宗歷代祖師頂禮，表達感恩。

慧光禪寺曾是越南知名的清慈禪師常住的道場，目前有僧眾二十餘位，每週皆固定舉辦禪修活動，也研讀聖嚴師父著作。此行參訪，適逢師父圓寂十週年，竹通普法師特別感念師父數十年來對於佛教界的貢獻，尤其是推動佛教教育，居功厥偉。

● 03.02

西雅圖分會悅眾成長課程
常華法師講《法華經》的領導哲學

3月2日，美國西雅圖分會舉辦悅眾成長課程，由東初禪寺監院常華法師主講「《法華經》的領導哲學」，期勉學員在職場或是擔任義工，都能從自利利他

的出發點來服務大眾，共有三十多人參加。

　　法師以「化城喻」、「窮子喻」及「良醫救子」三個故事，闡述三種風格的領導模式，即為：站在最前線引領大家往前行、從旁輔導協助、退居幕後，而最好的領導方式，就是身教

常華法師於西雅圖分會剖析《法華經》的領導哲學。

及言教。法師強調，最難領導的是自己，自我領導的過程，即是自我影響的過程，必須清楚自己的優、缺點與起心動念，而這些都可以透過禪修方法做到；從認識自我到消融自我，學習逐漸放下我執，便能以清明的智慧領導自己，也帶領他人自在生活。

　　常華法師引用聖嚴師父對悅眾的期許——不是領導，而是領眾，讓大眾從內心產生喜悅，歡喜地共同學佛修行；勉勵學員，把握因緣成就大眾，也發揮弘法利生的功能。

● 03.02～03

緬懷師恩暨道場成立十週年
馬來西亞道場以音樂會尋師足跡

　　為緬懷聖嚴師父圓寂暨道場成立十週年，馬來西亞道場於3月2、3日，舉辦音樂會及「尋師足跡」兩場緬懷師恩活動，感念師父一生悲願精神。

　　2日，由道場主辦，馬來西亞世紀華樂團協辦的「心願・十年」音樂會，於吉隆坡表演藝術中心展開，包括八打靈觀音亭住持明吉法師及明彤法師、馬來西亞佛光山副住持如行法師、東禪佛教學院學務長如音法師，以及鶴鳴禪寺傳華法師，共有五百多人參加；會場外並有「聖嚴法師十大生命歷程」展覽，引領大眾認識師父實踐佛法的悲心大願。

　　音樂會分「法鼓山介紹」、「師父的教法」、「師父的生平」、「馬來西亞道場歷史回顧」及「緬懷師恩」五個篇章，曲目包括聖嚴師父作詞的佛曲、馬來西亞道場發行的心靈環保專輯《和心在一起》，及兒童班單曲創作〈四它〉等，透過全新編曲的國樂演奏，融合中西方樂器及藝術特色，結合音樂演奏、演唱、動畫、開示等多種形式，體現了佛法人間化的精神涵義。

音樂會結合樂器演奏、演唱、開示與動畫，體現佛法人間化的精神。

3日於道場進行的「法鼓傳燈日」活動，由首任監院、現為臺中寶雲寺監院常慧法師，帶領近一百五十位信眾，以茶敘、聆聽《禪燈》組曲，穿梭時光，探源禪宗法脈。第一首〈拈花〉敘述了靈山會上佛陀拈花、迦葉微笑，成為禪宗以心傳心的第一個典故；〈面壁〉則述說菩提達摩東來中國，成為中國禪宗初祖，五傳至六祖惠能大師，禪法勃興，開展出日後的五家七宗。

最後一首〈虛雲〉，回顧虛雲老和尚以「空中花，水中月」的精神，重建佛寺、培育僧人住持道場的一生經歷。聖嚴師父則經由靈源老和尚傳法，成為虛雲老和尚的第三代法嗣及臨濟宗傳人，並從東初老人繼承了曹洞宗法脈，此後，結合不同宗派優點，融攝各個傳承所長，創立「中華禪法鼓宗」，期許透過禪法的弘揚，提昇人的品質，建設人間淨土。

● 03.10　04.14　05.12

馬來西亞道場三場心靈環保工作坊
以「四要」建立正確價值觀

心靈環保工作坊中，學員分組分享「四要」建立正確價值觀。

3月10日、4月14日及5月12日，馬來西亞道場舉辦三場心靈環保工作坊，主題是「要，還是不要？求，還是不求？」，由監院常迪法師帶領討論，引導學員透過「四要」轉變自己的觀念，建立正確的價值觀，有近五十位青年參加。

工作坊分別從「個人與家庭」、「校園、職場與生活」、「社會與自然」等三方面，探討渴求的是「想要」，還是「需要」。也藉由觀賞影片，分析人類

的消費模式：從科學角度而言，購物會刺激大腦分泌多巴胺，讓人興奮和上癮，但是這種快感會在付錢後消失，取而代之的是清醒後的痛苦和不安；從生活的觀點而言，「斷捨離」提倡過減法生活，透過減低對物質的執著與迷戀來減少欲望；以修行的角度來看，過度拮据或奢靡都不是佛教徒所應修持的，佛教提倡不墮極端的兩邊，而保持中道的生活。

常迪法師提醒，要將「四要」方法轉化成日常修行的衡量準繩，雖然無法掌控大環境，卻可以觀照自己的心；心不隨境轉，行動就會與心相應，如此才能感動他人，影響周遭的環境。

有大學生分享，工作坊課程豐富有趣，自己的心宛如經過深層的潔淨，煥然一新。

● 03.11～17期間

「《法華經》的療癒力量」專題講座
王晴薇、莊芷凡老師分享法華清涼

3月11至17日，美國亞特蘭大共修處、東初禪寺、新澤西州分會先後舉辦專題講座，邀請新加坡漢傳佛學院學術副校長王晴薇、藝術工作者莊芷凡主講「《法華經》的療癒力量」，以現代的修法，介紹古代大師與聖嚴師父研習《法華經》的妙義。

講座中，王晴薇老師以《法華經》中頻繁出現「精進」二字，指出修行路徑，配合《法華三昧懺儀》儀軌，

講座中，學員分享彩繪所觀想的佛菩薩形像。

禮敬諸佛、發大懺悔、常憶念佛來調對頻道；也比對慧思大師、智者大師、聖嚴師父等修行法華精要，提供學員清晰的藍圖，並總結修習法華三昧與禪修密不可分。

莊芷凡老師則帶領禪坐，隨著樂音放鬆身心，觀想佛陀及觀音菩薩的慈悲光芒攝受每個人；也引導學員將所觀想的畫面用彩筆描繪出來，透過感官全然投入每一道筆觸和每一片色彩中，並分享作畫心得。

東初禪寺監院常華法師表示，宗教療癒在學術界日益受到重視，邀請王晴薇、莊芷凡兩位老師結合《法華經》、懺儀與藝術治療，帶領大眾體驗禪觀的心靈法喜。

● 03.23～04.07期間

北美大事關懷課程三地舉辦
常學法師分享觀念與實務

法師帶領大眾實際演練法器以及助念儀軌，體驗佛事的安定與莊嚴。

3月23日至4月7日，加拿大溫哥華道場，以及美國洛杉磯、舊金山道場，分別舉辦大事關懷生命教育課程，由關懷院監院常學法師主講，透過概念性、系統性、實際演練的操作，讓海外信眾了解大事關懷的目的、助念的觀念與原則。

為期兩天的課程，第一天法師首先說明大事關懷是廣結善緣的莊嚴大事，協助臨終者或往生者解除心中的恐懼，放下萬緣、往生淨土；也引導生者安定身心，感受到關懷的溫暖，更能從佛法開示中獲得安寧；也深入淺出地闡述助念應有的心態、觀念、威儀及原則。下午觀看紀實片《圓滿生命的無限延伸》，學員深切感受到人生的終點不是生命的結束，乃是無限的延伸以及圓滿的連續。

第二天的課程包括：如何圓滿助念關懷、慰問關懷的運作、佛化奠祭的理念與做法和分組討論練習。法師強調助念時要注重威儀，展現「身、口、心」三儀的清淨與精進；也要鼓勵對方親近道場，培植善根與福德。

有學員分享，藉由解行並重的課程，學習到要及時把握生命，讓生命活得有意義、有目標；人生無常時，有佛法、有方法，就可以安定自己，也能幫助他人。

● 03.23～09.21期間　03.24～09.22期間

馬來西亞道場開辦兒童生命教育課程
從家庭開始落實心靈環保

馬來西亞道場於3月23日至9月21日、3月24日至9月22日，每月週六、日開辦兒童生命教育課程「慈心班」、「悲心班」，以「心六倫」與「心五四」為主軸，邀請專業師資帶領學童認識心靈環保。

「慈心班」是專為小學一至三年級學童設計的課程，其中在「靜心圓」單元，孩童體驗當下每一個腳步，從專注練習中，讓身心放鬆與收攝；藉由《寶

山尋寶記》影片，引領孩童認識四種環保，並看到法鼓山的萬行菩薩，不分宗教、種族在世界各地發揚關懷的精神，進而發現「寶藏」原來就是自己的「菩提心」。「學佛行儀：周遊法鼓山」課程，每位小菩薩手持特製的法鼓山護照，從完成五個定點所賦予的任務中，認識道場各個空間的用途。

心靈環保父母成長工作坊除了課堂討論，也讓親子一起製作健康素食點心。

二至四年級學童參與的「悲心班」，授課老師引導建立「異中求同，同中存異」的觀念，以互相尊重的態度，共同制定了「和樂學習公約」，並透過情境遊戲，分享如何在日常生活辨別與實踐「四要」，反思自己所擁有的幸福，進一步學習給予他人的需要，讓周遭環境更美好。

另一方面，「心靈環保父母成長工作坊」亦同步開課，探討主題是「民以食為天」，以輕鬆有趣的動畫，引導思考平時的飲食哪些是天然的，哪些又屬加工食品，進而探討有益和無益的食物對人類及環境所造成的影響。

● 03.26

日本福島家庭參訪農禪寺
體驗安心之道

3月26日，來自日本福島縣幼稚園至國中學童，以及家長、輔導老師共十三人，參訪北投農禪寺，學習佛門禮儀，藉由托水缽、吃飯禪，體驗動靜中清楚放鬆，享受當下的幸福。

領隊老師表示，自2016年起每年皆安排福島學校師生參訪農禪寺，對於親近莊嚴、樸實的道場，讓心安定的感受印象深刻，今年首次舉辦親子同遊，希望透過禪修體驗，安定波動的心，也期盼將這份安定的力量帶回福島，幫助更多家庭找到真正的平安與幸福。

日本福島家庭參訪農禪寺，體驗安心之道。

● 03.30～04.01

西雅圖分會舉辦弘法活動
果增法師主持講座與法會

於「梵唄與修行」課程中，果增法師指導學員執掌法器要領。

美國西雅圖分會於3月30日至4月1日舉辦弘法活動，由果增法師主持專題講座、帶領法會等，共有一百五十多人次參加。

講座於30日進行，主題是「梵唄與修行」，內容包括規矩、板眼說明、拜懺、念佛等梵唄讚頌教唱、殿堂禮儀以及念佛共修流程演練等，法師說明要以恭敬心、信心、同理心，以及不生慢心、不起偏心的觀念和心態，執掌法器；果增法師強調，透過梵唄可安心、靜心、淨心，提契信念、加重悲心、加深願力，讓修行更加得力。晚間舉行甘露門，解答信眾學佛與修行的疑問。

31日舉辦清明報恩地藏法會與《地藏經》講座，法師提醒，誦經之後先迴向給一切眾生，再迴向給家人或自己，才與大乘佛教自利利他的法門相應。

果增法師於4月1日參與分會的讀書會，期勉信眾，以佛法照顧身心，先把自己的心照顧好才有力量照顧他人。

● 04.05～14

果毅法師溫哥華弘法
舉辦禪七、禪宗講座

4月5至14日，普化中心副都監果毅法師於加拿大溫哥華道場弘法關懷，帶領默照禪七、舉辦禪修講座。

默照禪七於5至12日舉行，法師說明默照禪法須做到兩件事：不斷覺照、不斷放下，放捨我執是「默」，清清楚楚是「照」，默照也是人人本自具足的一種能力，只要掌握著不把自我意識的執著心放進去，不作瞻前顧後的妄想思索，當下是什麼便是什麼，就與本來面目相應。

解七後，果毅法師於13至14日，舉行「禪宗的發展與演變」專題講座，從浩瀚豐富的史料典籍中，尋找禪宗一千八百年發展的關鍵點和轉折點，深入追溯

禪宗歷史。法師爬梳印度禪法傳入中國後，歷經中國化、庶民化、宗派正統之爭等，及其中教學方法的演變，與教內思想、修行法門融合的過程；法師說明，聖嚴師父兼承臨濟宗和曹洞宗法脈，方法上融合宏智正覺的默照、虛雲老和尚的話頭、雲棲袾宏的念佛禪，並會通太虛大師的人生佛教，開創出中華禪法鼓宗。

果毅法師帶領學員鳥瞰禪宗的流傳樣貌，建立宏觀視角，啟發開創性思考。

有禪眾分享，藉由講座，了解了中華禪法鼓宗的源頭，能從宏觀視角中，更清晰全面地建立習禪概念圖像。

● 04.07　04.13　06.08　06.09

馬來西亞義工培訓課程
建立修行與奉獻的正確觀念及方法

為迎接11月新道場落成啟用，馬來西亞道場於4月及6月，舉辦全體義工培訓課程，引導建立修行與奉獻的正確觀念及方法，有近三百人參加。

4月的課程中，學員觀看聖嚴師父的開示，了解法鼓山建立的初衷與宏願，期許能夠通過境教與身教感化自己、感動他人。監院常迪法師概覽新道場的藍圖與規模，介紹空間配置及營運概念，希望各崗位義工能與他組充分溝通與協調，讓新道場每個角落都能修行，利益大眾。法師也以觀世音菩薩、文殊師利菩薩、地藏王菩薩和普賢菩薩的悲智願行鼓勵學員發菩提心，實踐四弘誓願，

馬來西亞舉辦義工培訓課程，期許發揮萬行菩薩精神，接引更多人親近法鼓山。

並依據〈四眾佛子共勉語〉藉事鍊心,成為得心自在的萬行菩薩。

6月培訓課程的主題是「千年道場法鼓山」,由僧才培育院監院常藻法師、常迪法師授課。常藻法師說明新道場啟用典禮主題「感恩二十・報恩行願」的意涵及落實方法:感恩因緣的點滴累積,才有現今的學習環境,更要化感恩為行動。落實的方法可以從兩方面著手:一是在家庭、職場乃至於其他場合,與人的互動中通過感恩心的生起,進而達到凝聚及和諧共事共存;二是了解因緣和合,在菩薩道上不起退心,利益眾生。

有義工分享,課程深入介紹法鼓山的理念,期許自己以清淨的身、口、意行儀,接引更多人親近佛法。

● 04.14～11.10期間

舊金山道場佛學班共讀「法鼓全集」
學習聖嚴師父的慈悲與智慧

4月14日至11月10日,美國舊金山道場每月週日舉辦佛學課程,由常源法師帶領研讀聖嚴師父著作「法鼓全集」,包括《美好的晚年》、《聖嚴法師學思歷程》、《是非要溫柔》、《律制生活》等八本著作,深入師父的內心世界,進而能「如說修行」,以佛法的智慧與慈悲,消解煩惱、淨化心靈,每堂皆有六十多人參加。

首堂課中,常源法師導讀《美好的晚年》。法師表示,聖嚴師父曾在「佛化聯合祝壽典禮」上以「夕陽無限好,不是近黃昏;前程美似錦,旭日又東昇」祝福長者壽星,夕陽十分美好,但不是已近黃昏,就如同人生必須一生生地過,必須不斷地往前走;而師父晚年,即使疾病纏身,依然如昔地會客、演講、參與會議及諸多場合的開示,不曾懈倦。

舊金山道場佛學課程,首堂課由常源法師導讀《美好的晚年》。

法師說明,聖嚴師父修持觀音法門,因此法鼓山落成開山大典的主題為「大悲心起」,「大悲心起」指的是廣大的慈悲心,一般的慈悲,是指同情、有條件的互換,或者是占有的愛;廣大的慈悲,則是把所有的人當成自己,不僅僅是當成家人,更是待人如己。慈悲心是先安定自己,才是慈悲的開始。

常源法師期勉學員,秉持聖嚴師父的理念:「提昇人的品質,建設人間淨土」,以此為目標努力,先從自己做起,進而利益他人。

● 04.20～21

馬來西亞道場「舒活二日營」
學習專注與放鬆

馬來西亞道場於4月20至21日，在當地雲頂清水巖寺（Genting Highlands Chin Swee Caves Temple）舉辦舒活二日營，由監院常迪法師擔任總護，有近六十人參加。

由於參加學員多數是首次體驗禪修，常迪法師說明抱持著練習的心來習禪，把握兩天的時間安心與自己相處，清楚過程中的覺受與念頭的起伏，不為這些念頭貼標籤，也不批判，練習讓心不留痕跡。

學員練習法鼓八式動禪，體驗放鬆與安定。

營隊主要安排禪修活動，讓學員從行住坐臥中，體驗身心的放鬆與安定，過程中，常迪法師不時提醒「身在哪裡，心就在哪裡」，並透過法鼓八式動禪、戶外經行、托水缽、吃飯禪等練習，帶領學員活用禪修方法，培養專注力。

法師強調，覺察念頭，才能找到方法對治，以佛法的觀念來修正；鼓勵學員藉由禪修方法提昇覺照力，當自己「心」的主人，為內心與世界添增一份安定。

● 05.04～06.15

退居方丈北美弘法關懷
講座散播法喜種子

5月4日至6月15日，退居方丈果東法師代表方丈和尚果暉法師於北美弘法關懷，以生動幽默的分享，散播法喜的種子。

退居方丈首先於4日應美國漢傳佛教文化協會（Chinese Buddhist Cultural Association）之邀，於紐約法拉盛（Flushing）的喜來登大飯店（Sheraton LaGuardia East Hotel）主講「好願在人間——利人利己的智慧生活」，表示大多數人覺得人生充滿苦難，其原因都是來自內心，因不願改變而受苦受難，若有正確的因緣因果觀作為人生的準則，以慈悲與智慧為人生的情理，則生命不在於長短，都能活得有智慧。

退居方丈果東法師於溫哥華道場指導執掌法器的要領。

11日出席普賢講堂舉辦的浴佛法會，退居方丈勉勵八十位信眾學習放下自我，顯現佛性，發揮覺性；12日於專題講座中主講「好願在人間——身心安頓結好緣」，指出現代人生活忙碌、壓力大，加上自我中心作祟，容易對現狀不滿，其實只要觀念改正，抽離自我，就能看清事實，不執於負面，而能正面解讀，回到本然的自性清淨。

6月起，退居方丈於西岸舊金山、西雅圖以及加拿大溫哥華展開關懷。1日於舊金山道場主講「突破人生的框架——利人利己快樂生活」，以「人生要有理」勉勵大眾，懷著同理心，過利人利己的快樂生活，進而深入修行佛法，便能突破人生的框架，讓生活更有智慧。8日受邀於西雅圖貝爾維尤圖書館（Bellevue Library），以「活出精彩快樂的人生」為題，提出快樂人生三部曲：隨順因緣、把握因緣、創造因緣。

15日，退居方丈在溫哥華道場以「好願在人間——觀照環境，心如明鏡」為題演講，期許大眾「凡事正面解讀」，在順逆境中心如明鏡，觀照環境，把一切當成體驗。

弘講之餘，退居方丈也參與各地的共修活動，包括大悲懺法會、禪坐、助念關懷共修，並於信眾聯誼時，與大眾親切互動。

● 05.05～19期間

海外道場浴佛活動
大眾以法浴心 以心浴佛

感念佛陀與母親的雙重恩典，5月5日至19日佛誕節期間，海外分支道場接續舉辦多元浴佛報恩祈福活動，大眾以法浴心、以心浴佛，體驗禪悅的清涼。

北美方面，11日美國舊金山道場有超過百位信眾及義工參與浴佛法會，並將功德迴向親人和十方法界一切眾生。洛杉磯道場12日由常悅法師帶領一百二十多位信眾，以虔誠清淨的心，感恩佛陀留給後世的佛法智慧；加拿大溫哥華道場亦於同日舉辦浴佛法會，特別為孩童準備的浴佛台精巧可愛，鋪滿小白石的草皮路，鹿、牛、狗、羊、兔等動物玩偶站立兩旁，陪伴小菩薩浴佛。

美國東初禪寺於19日舉辦浴佛法會，信眾在監院常華法師的帶領下，歡喜浴佛；法會圓滿後，舉辦專題講座，由法師主講「佛陀與母親摩耶夫人」，分享

佛陀誕生與報母恩的故事，有近一百人參加。

於亞洲，新加坡護法會12日首度在新址舉辦浴佛法會，一百多位信眾以感恩心浴佛；香港道場除12日於九龍會址舉辦浴佛法會，12至13日並於饒宗頤文化館，舉行「約咗（了）佛陀

加拿大信眾歡喜於溫哥華道場浴佛。

喫茶去」禪藝活動，包括浴佛、品茶、鈔經、手作蓮花、慈心素食、頌鉢禪鼓音樂會等，接引社會大眾慶祝佛誕。

19日，五百位信眾齊聚馬來西亞道場，以浴佛儀式沐浴自心的佛，場面殊勝溫馨，共度法喜充滿的五月天。

2019 海外分支道場浴佛節暨母親節活動一覽

區域	主辦單位（活動地點）	日期	活動名稱
北美	美國紐約東初禪寺	5月19日	浴佛法會
	美國洛杉磯道場	5月12日	浴佛法會
	美國舊金山道場	5月11日	浴佛法會
	美國新澤西州分會	5月5日	浴佛法會
	加拿大溫哥華道場	5月12日	浴佛法會
亞洲	馬來西亞道場	5月19日	浴佛法會
	香港道場（九龍會址）	5月12日	浴佛法會
	香港道場（饒宗頤文化館）	5月12至13日	約咗（了）佛陀喫茶去
	泰國護法會	5月5日	浴佛法會
	新加坡護法會	5月12日	浴佛法會

● 05.10～18

果元法師墨西哥弘揚禪法
帶領默照禪七

美國象岡道場住持果元法師於5月10至18日，應墨西哥玉堂海灣禪修中心（Mar de Jade Holistic Center）負責人蘿拉（Laura Del Valle）之邀，與常興法師前往弘法，帶領禪修。

果元法師至墨西哥帶領默照禪七。

法師首先於10日,在禪修中心帶領基礎禪修,教授打坐姿勢、禪修心態及觀念、經行及法鼓八式動禪,共有三十四位當地青少年參加,課程圓滿後有五位學員,對禪修興趣濃厚,接續參加11日起的默照禪七。

禪七期間由果元法師以英文應機開示引導,蘿拉擔任西班牙語翻譯,初期先以運動拉筋伸展,調適腿痛狀況,再教導觀身受法及懺悔禮拜;除了固定作息,法師還增加了海邊經行、草地拜佛和戶外禪,協助放鬆與安定身心。

法師也分享每日早晚課唱誦的《心經》內容,解說經文中五蘊、無明、十二因緣流轉的過程,禪眾踴躍提問,對於業力、輪迴等的佛法觀念討論熱烈。解七時,有十五位學員由法師授三皈五戒,成為三寶弟子。

● 05.12～14　05.15～16　05.17

2019國際衛塞節活動
法鼓山僧團代表出席

5月12至17日,全球展開慶祝衛塞節活動,首先國際佛教大會(The International Buddhist Conference)於12日在越南河南省三祝寺(Tam Chuc)舉行聯合國衛塞節(United Nations Day of Vesak Celebration),法鼓山由慈基會副祕書長常隨法師代表出席,共有一千六百位各國佛教領袖與代表與會。

本屆衛塞節研討會主題為「以佛教角度看永續社會的全球領導和共同責

常隨法師(右一)出席在越南舉行的衛塞節研討會,並發表論文。

任」,回應當前全球趨勢與需求,對佛教徒的社會參與及社會責任進行多面向思考。常隨法師於研討會中發表論文〈精神富足由心六倫開始〉,結合聖嚴師父對《六祖壇經》與「心六倫」的闡釋,深入探討「無相、無念、無住」的佛教修行與「心六倫」的日常運用。其他學者也分別就達賴喇嘛、一行禪師,以及南傳佛教的修行,提出對佛教修持與倫理教育的觀點。

15至16日，法鼓山則受邀出席聯合國衛塞節國際委員會（International Council for the Day of Vesak, ICDV）與泰國摩訶朱拉隆功大學（Mahachulalongkornraja-vidyalaya University）於曼谷舉行的衛塞節慶祝活動，包括於聯合國亞洲總部（United Nations Economic and Social Commission for Asia and the Pacific, UN ESCAP）舉行的「正念論壇」，以及於佛統城（Buddhamonthon）的祈福繞佛儀式，由演義法師、演化法師代表出席。

17日，聯合國另於美國紐約聯合國總部大會堂舉辦衛塞節慶祝活動，由美國東初禪寺住持常華法師、常勳法師代表出席，參與祈福祝禱、論壇等。

● 05.14

香港道場永久會址簽約
眾願成就圓滿第一期計畫

香港道場於5月14日在港島會址舉辦購買九龍會址簽約儀式，包括僧團副住持果品法師、監院常展法師、榮譽董事會會長黃楚琪、護法總會顧問樂秀成及悅眾代表，皆出席參與這別具意義的重要時刻。

聖嚴師父與香港的法緣深厚，至今逾三十年，香港道場始於七十平方呎的斗室，1999年在護法菩薩的發心護持下，九龍會址正式成立。為了回應社會大眾

僧團副住持果品法師（左三）、香港道場監院常展法師（左二）與資深護法陳天明（左五）共同完成香港道場永久會址購置簽約。

企盼有個永久會址作為淨化人心的修行場所，推動「千手護持　眾願成就」專案，永久會址募款計畫正式開展。

在眾人大願推動下，圓滿了第一期購買計畫，也為香港弘化奠下重要的里程碑。

● 05.18

哈特沃斯基禪修中心落成啟用
增添歐洲漢傳禪法重鎮

聖嚴師父西方法子查可‧安德烈塞維克（Žarko Andričević）於克羅埃西亞的道場哈特沃斯基禪修中心（Chan Retreat Center Hartovski VRH），於5月18

日舉行落成啟用典禮，退居方丈果東法師、寺院管理歐美區副都監常悟法師代表僧團前往祝賀，共有一百二十餘位來自臺、港、美、加、瑞士與當地法友共襄盛舉，瑞士知名禪修團體「道」（Haus Tao）指導老師馬歇爾‧蓋瑟（Marcel Geisser Roshi）也應邀參加。

啟用典禮中，由退居方丈、查可與共同創辦人卡門‧米哈勒內（Karmen Mihalinec）、介紹查可追隨聖嚴師父習禪的莎莎‧瑞吉克‧克里斯塔基斯（Saša Relji Christakis）共同揭佛幔。退居方丈對於查可的悲願與大眾的共同努力，讓推廣漢傳禪法的修行中心得以在歐洲成立，表達深切感恩，也期許中心成為安定人心的弘法據點。

禪修中心以所在地「哈特沃斯基」命名，此古希臘字具有峰頂（Hilltop）、地圖（Map）與紙張、開啟新頁（Open a New Page）之意。卡門指出，修行需要有地圖指引正確的方向，而紙張起源於中國，由此改變了人類文明，寓意禪修源頭來自中國，因為接觸了聖嚴師父，而開展了新生命，與新的一頁歷史。

哈特沃斯基禪修中心啟用，退居方丈果東法師代表僧團前往祝福。

哈特沃斯基禪修中心經過十五年的籌備建設，目前完成第一階段建設，包括辦公屋、禪堂、齋堂及兩棟宿舍，設計取向為樸素、實用、高效能路線，第二階段將續建關房及單人寮房。

● 05.19

馬來西亞道場義工關懷分享會
僧團法師感恩護持

馬來西亞道場於5月19日浴佛法會圓滿後，舉辦義工關懷分享會，由監院常迪法師主持，亞太區寺院管理副都監常理法師、文化中心副都監果賢法師和弘化發展專案召集人果慨法師出席關懷，感恩義工的護持與奉獻，共有一百多人參加。

為了道場搬遷作業，三位法師特從臺灣前來關懷義工。果慨法師肯定義工團隊在自身工作之餘，仍提起道心參與學法、護法、弘法；法師表示，道場建設不僅讓正信三寶立足扎根，接引大眾修學佛法，辛苦是一時的，功德是千年的。

果賢法師分享了在法鼓文化領執多年的體悟，鼓勵眾人把握因緣，培福修慧；在義工執事過程以善解及報恩的心，讓每一個人都能得到佛法的利益。有多年管理與建設寺院經驗的果理法師則籲請大眾，持續推動聖嚴師父未完成的願，願願相續。

有義工分享，感恩殊勝的因緣，可以參與道場搬遷作業，提供大眾良善完備的修行環境。

果賢法師（站立者）鼓勵義工把握因緣，培福修慧。（右起依序為常迪法師、果慨法師、果理法師）

● 05.20

馬來西亞道場、《星洲日報》共同舉辦講座
果慨法師講《金剛經》的生死智慧

馬來西亞道場與《星洲日報》於5月20日，在該報社講堂共同舉辦講座，由弘化發展專案召集人果慨法師主講「《金剛經》與無悔的人生」，共有五百多人聆聽佛法的生死智慧。

法師表示，「一切有為法，如夢幻泡影，如露亦如電，應作如是觀。」《金剛經》的核心概念，說明了我們所聽、看、感受到的都是「有為法」，即諸多因緣暫時匯集而產生的，如作夢一般，感覺真實存在，本質卻是虛幻的，不會永恆不變。

果慨法師指出，許多人認為「修行就是修正自己的行為」，其實修行並非一味去想自己的缺點，而是把心力放在如何讓與自己接觸的人獲益、變得更好，以願力改變業力，最究竟的快樂方法是布施，尤以法布施最殊勝，藉由做眾生的供養人，修行菩薩道。

法師勉勵大眾活在當下，珍惜短暫的人生，並以「死法即是活法的表現」的態度，規畫自己的人生。

果慨法師勉勵大眾珍惜短暫的人生，修行菩薩道。

● 05.24～31期間

洛杉磯、舊金山兩道場弘法活動
許仁壽分享生活佛法

舊金山道場義工成長營，由許仁壽副會長帶領研討、分享。

美國洛杉磯、舊金山道場，於5月24至31日，先後舉辦多場弘法活動，由護法總會副會長許仁壽從聖嚴師父的教法，結合豐富的職場經歷與人生歷練，分享佛法在生活及職場中的運用實踐。

洛杉磯道場首先於24日舉辦專題講座，許仁壽以「紅塵好修行」為題，分享如何運用佛法理財，及如何結合禪修與實務工作，在紅塵中練習常保一顆清淨心，以內化的宗教信仰，帶給自己與他人福慧盈滿的禪悅人生。

25至26日展開的「悅眾成長營」，以「禪悅的人生」為主題，許仁壽分別從人生三大事：生活要快樂、生命有意義、生死皆自在，闡述將佛法的智慧實際應用於生活中，成長自己，利益他人。

舊金山道場則於29至31日舉辦「禪悅的人生」義工成長營，由許仁壽帶領，並進行三場演講，主題分別「生活與生命」、「求觀音、學觀音、做觀音」及「歡喜看生死——安身立命之道」，以生活中的實例，化繁為簡、次第分明傳達實用的佛法，為自身帶來的感化，更藉由每日禪坐鍊心，學習做心的主人。

● 05.25～28

方丈和尚果暉法師香江弘法
專訪談佛教的社會關懷

方丈和尚果暉法師於5月25至28日至香港弘法關懷，內容包括主持皈依儀式、頒聘榮董、勸募會員授證等儀典、主持專題講座外，並接受《佛門網》專訪，談佛教的社會關懷。

25日首先於九龍會址舉行的「與方丈和尚有約——榮董暨菁英聯誼」中，為五十一位榮董頒授聘書，並以《華嚴經》：「菩提心燈，大悲為油，大願為炷，光照法界。」勉勵大眾，以利他為起始，一定會自利，能以大悲心踏出第一步，終究會抵達大智。

方丈和尚果暉法師為榮董頒發聘書，感恩護持的願心。

26日主持在九龍會址舉辦的祈福皈依大典，共有兩百二十二人成為三寶弟子；圓滿後並主講「五福臨門——人類的五種能力」。方丈和尚指出，要有踏實的人生，提昇人品及信念是最重要的，掌握信念，即可掌握未來；也分享如何發揮發現、管理、創造、思考、信仰五大力量，追尋真、善、美、智、信的境界。

方丈和尚於28日接受網路媒體《佛門網》專訪，就佛教身處網路時代面臨的挑戰，及面對正念禪的興起、如何於傳統與創新間取得平衡等問題，剴切詳談。方丈和尚提醒，網路媒體有即時傳播、即時回應的特性，建議傳遞訊息時，多為他人想一想；接受訊息時，理性過濾，不急著回應。

專訪中，方丈和尚特別分享佛教的社會關懷，指出釋迦世尊出家後，先修解脫道，悟道後則踐行菩薩道，解脫道與菩薩道並重，「關心社會而又超越社會」，是佛教實踐社會關懷的特質；即使面對衝突事件，依然尊重眾生平等，以和平的方式促進和平。

● 06.19～21

方丈和尚出席「凝聚社會國際會議」
代表漢傳佛教發表演說

方丈和尚果暉法師應新加坡南洋理工大學拉惹勒南國際研究院（The S. Rajaratnam School of International Studies, RSIS）邀請，出席6月19至21日在該國萊佛士會議中心（Raffles City Convention Centre）召開的第一屆「凝聚社會國際會議」，來自全球四十個國家、二百五十個機構，共一千多位政府代表、學者及各族群領袖，共同探討「不同族群共享相同的未來」。

20日，在第一場以「信仰」為主題的論壇

方丈和尚果暉法師發表演說，籲請以慈悲平等心，關愛所有族群與國家。

中，方丈和尚代表漢傳佛教，以「宗教信仰與世界和平」為題發表演說，從創辦人聖嚴師父過去致力世界和平的精神內涵，提供五個面向的思考，向國際社會傳達漢傳佛教的智慧觀點：一、地球村相互依存，我們都是生命共同體的一份子；二、宗教帶來互重、互愛、互諒包容、珍惜生命等普世價值；三、對話的目的在於求同存異；四、各宗教間的密切合作，可以消弭或減輕種族、國家之間的衝突：五、以慈悲與智慧消弭衝突和戰爭，祈願世界和平安樂。

「凝聚社會國際會議」由新加坡首次舉辦，總統哈莉瑪‧雅各布（Halimah Yacob）主持揭幕式，約旦國王阿卜杜拉二世（Abdullah II bin Al Hussein）也出席發表主題演說，備受國際政治與思想領袖、宗教團體、青年代表們的關注；除了透過「信仰」主題進行討論，還有不同族群與文化就「凝聚」、「身分」對談交流，共同為當今充滿種族、宗教與文化衝突的世界，謀求和諧共榮的對話基礎。

● 06.21～23

舊金山道場舉辦弘法活動
吉伯‧古帝亞茲帶領禪三

吉伯強調，每個人心中皆有佛，只要經由不斷地練習，就可以喚醒心中的佛性。

美國舊金山道場於6月21至23日舉辦禪三，邀請聖嚴師父西方法子吉伯‧古帝亞茲（Gilbert Gutierrez）帶領，共有三十多人參加。

禪三以英語進行，全程禁語，無法使用手機，也不能與外界接觸。主要作息是禪坐與吉伯的授課，期間穿插問答及小組討論時間。

課程中，吉伯先引導眾人以放鬆的態度，將煩惱放在禪堂外；也說明禪修的基礎方法，就是身體和心理的清楚與放鬆，不間斷地使用方法，用最「誠懇」的心來學習。吉伯強調，每個人心中皆有佛性，只是被「我執」和「慢心」所遮蔽，只要經由不斷地練習，就可以喚醒心中的佛。

有禪眾分享，參與禪三似是一次重生的機會，尤其當吉伯提醒，「還可以做些什麼，讓這一生更有意義？」更點醒當以佛陀的慈悲和智慧，為安身立命的方向。

● 06.30

香港「如是我願音樂會」
多元藝術演繹聖嚴師父行履

香港道場於6月30日在香港文化中心舉辦「如是我願音樂會」，音樂會以多元藝術形式演繹聖嚴師父的一生，有近兩千人參加。方丈和尚果暉法師關懷時，祈請大眾接續師父的悲願，在日常生活中運用佛法，並與更多人分享，以佛法淨化自己，淨化世界。

「如是我願音樂會」中，方丈和尚果暉法師（右七）與藝術家們合影。

音樂會有七個篇章，先由清澈空靈的頌缽聲揭開序幕，接著由結合舞蹈與琵琶的演出，再以禪鼓展現張力，在合唱團演唱〈大悲咒〉、〈法鼓山〉後，轉為鋼琴與樂團演奏，最後於寂然淡遠的洞簫清音中畫下休止符。每個篇章先以旁白述說聖嚴師父於不同時期的奮進史，輔以藝術演出營造出師父顛簸起伏的生命旅途：赴臺從軍、異邦苦讀及弘化、創建僧團、建設法鼓山、推動全球共融等，引導大眾從心感受、走入師父的生命風景，體會師願的強韌力量。

音樂會尾聲，播放聖嚴師父的影音開示：「十年後，大家可能已經把我淡忘，但只要能夠在道心上、人生的方向上，走在法鼓山的方向上，那就好了。」提醒四眾弟子精進修行、不退轉。

● 06.30～07.07

東初禪寺於象岡道場啟建佛七
祈願世界祥和平安、擴建工程順利

美國東初禪寺於6月30日至7月7日，在象岡道場啟建報恩佛七，七十二位東、西方信眾在主法果祺法師、監香果慨法師、監院常華法師及五位悅眾法師帶領下，以報恩心、精進心念佛，為全球眾生祈福，同時祈願東初禪寺擴建工程順利。

佛七期間，大眾從聖嚴師父開示影片中，了解念佛是為了完成三種淨土：自心淨土、人間淨土與佛國淨土，而精進念佛禪修，就是為往生西方淨土做準備；師父期勉大眾，無論修持任何法門，都能發願往生淨土佛國。

大眾出位繞佛，念念不離佛號。

　　跟隨法師們的帶領，信眾專注在佛號上，清清楚楚地攝心，再加上地鐘助力，妄念逐漸止息，無論拜佛、念佛、拜懺、聆聽開示，或是用齋、出坡，念念不離佛號，壇場內凝聚著安定的莊嚴氣氛，以及精進用功的攝受氛圍。

　　佛七最後一炷香，由果祺法師帶領大眾將七天共修的功德，迴向一切有情眾生，期盼透過共修的力量，祝福人間平安無事。

● 06.30～08.04期間

果慨法師美東弘法關懷
主持佛學講座、帶領親子營

　　6月30日至8月4日，弘化發展專案召集人果慨法師於美國東岸弘法關懷，舉行佛法講座，並帶領親子營。

　　法師首先於6月30日起在象岡道場展開的佛七中，擔任監香法師，不斷提醒大眾高聲專注念佛，讓妄想和雜念逐漸減少；也引導大眾，念佛時念從心起、聲從口出、音從耳入。

　　佛七圓滿後，7月8至10日、7月23至26日，果慨法師分別於普賢講堂、東初禪寺舉辦佛學講座，導讀聖嚴師父著作《天台心鑰——教觀綱宗貫註》，說明《教觀綱宗》的「教」，指的是佛說的話，「觀」則是禪宗的觀、現前的一念心，教觀即綱宗，教觀無別、體用無二。課堂中，法師重點介紹天台學的理論和方法，例如五時的通別、八教的教儀及教法、一念三千、一心三觀、三身佛法的組織體系及實踐步驟。

　　13至19日，法師於新澤西州分會帶領法華三昧懺七研習營，以《法華三昧懺儀》親身拜懺、誦《法華經》、禪坐等結合解門與行門的修學，漸次了解與進入「法華三昧」的意涵，並引用聖嚴師父的身教及言教鼓勵學員，提振道心及毅力，有近四十人參加。

　　7月30至8月4日，法師再於象岡道場進行親子營，帶領家長聆聽聖嚴師父影音開示及禪修體驗，也引導小學員在大自然環境中，學習呼吸與放鬆。

　　有參與法華三昧懺七研習營的學員表示，透過禮拜、懺悔等方式用功，身心都能很快放鬆、安定下來，也發願持續修持不懈。

● 07.06～20

果元法師歐洲弘法
盧森堡、倫敦帶領禪修

美國象岡道場住持果元法師及監院常護法師，在7月6至20日，於盧森堡、英國弘法，帶領禪修。

首場活動為6日在盧森堡市中心方濟修女修道院（Soeurs Franciscaines）舉辦禪一，共有十多人參加。活動在法師

禪四圓滿，果元法師（第一排左五）、常護法師（第一排左六）與禪眾法喜合影。

引導的法鼓八式動禪中展開，並由常護法師帶領戶外經行及茶禪體驗。

7日，果元法師以「禪心禪悅」為題，分別以英文、中文舉辦兩場講座，法師以梁武帝見傅大士的故事開場，講述禪於中國的肇始與流變，並舉馬祖道一與南嶽懷讓間的對話，介紹「心」、「禪」、「本來面目」。講座中，法師從五蘊與十二因緣來詮釋佛教的我與我所執，開示無常與無我，接引西方聽眾認識禪佛教的觀念，最後並以「婆子點心」的故事，分享禪離心意識的真義。

兩位法師隨後轉赴英國，於13至14日在倫敦格林威治（Greenwich）帶領初級禪訓密集班；15至20日則於沙福（Suffolk）郡弗里斯頓（Friston）進行禪四及「禪心禪悅」專題講座、茶禪，介紹漢傳禪法的修行與方便法門。

● 07.07～18

果醒法師莫斯科主持禪修、講座
接續聖嚴師父俄羅斯弘法足跡

果醒法師（前排中）前往莫斯科帶領禪七，分享修行觀念及菩薩道的精神。

7月7至18日，禪修中心副都監果醒法師與傳燈院監院常襄法師等一行，受邀前往俄羅斯弘法，並關懷當地資深信眾。

7日於莫斯科郊區禪修中心，由常襄法師帶領禪一，除了上課與禪坐，也至附近

的白樺森林戶外經行,在大自然中體驗身心的放鬆與專注。

8日起展開的禪七,共有十二位禪眾參與,果醒法師每日開示以禪宗的佛性觀為基礎,並分享六度、慚愧、懺悔、感恩、無我等觀念,以及菩薩道的精神,學員提問不斷,回饋熱烈。

除了禪修,果醒法師於15日及16日,主講兩次佛法課程,各有三十多人參加,法師分享因緣、因果、業力等基本佛法觀念,引導學員親近漢傳佛法。

● 07.09～19

法鼓山佛教協會參加聯合國會議
常濟法師帶領五人代表團出席

美國法鼓山佛教協會(DDMBA)於7月9至19日,受邀參加「聯合國高級別政治論壇可持續發展會議」(The United Nations High-Level Political Forum, HLPF)於紐約總部召開的第四屆會議,由常濟法師帶領五人代表團出席。

在會議中,常濟法師引用聯合國第二任祕書長達格‧哈馬舍爾德(Dag Hammarskjöld)曾言:「安於現狀,只是創造了一個極度不安全的世界;當大家都只顧自身的安全時,這個致命傷會把我們帶向毀滅。唯有在黑暗中鼓起勇氣,才能破解這個咒語」,指出論壇正是提醒於包容性與平等性問題上,各國領袖應有具體行動,消除極端貧窮與氣候變遷。

常濟法師分享聖嚴師父倡導的「心靈環保」,表示貪婪、恐懼和無知,需藉由對生命與共的領悟,以及智慧和慈悲來轉化;也提醒人人都必須找到自己的方式,以修行的智慧和自身獨特的能力為世界奉獻。

● 07.12～26

果鏡法師越南交流參訪
分享茶味定心禪

中華佛研所所長果鏡法師於7月12至26日,應法鼓文理學院學生、來自越南的道戒法師之邀,帶領佛教學系六名學生前往越南交流參訪,以茶禪形式為越南青少年介紹禪宗茶文化,也帶領早晚課、動禪、念佛經行等體驗,讓新世代信眾感受活潑生活化的禪法。

此行主題「茶味定心禪」,兩場活動分別於13日、21日,在永福河仙寺、河內龍光寺展開,共有近三百位小學至高中的青少年學員參加。在果鏡法師的帶領下,學員認識茶具、茶葉,學習泡茶、品茶,領受茶禪一味的安定法喜;念

佛經行後，法師也引導練習放鬆，體驗禪坐。午齋後，擔任隊輔的高中學員分工合作，一起清洗餐具，並運用陽光消毒烘乾，展現當地純樸環保節能的生活方式。

法師此行，也拜訪文理學院畢業校友彌堅法師住持的寺院。果鏡法師表示，越南佛教界相當重視僧眾教育，主動將弟子送到佛學院就讀，或出國留學，畢業回國，將所見所學與當地寺院和信眾分享，讓越南佛教界的前景更加光明。

果鏡法師以茶會形式，帶領青少年體驗禪坐及茶禪。

● 07.16～27

常寬法師溫哥華道場弘法
主講「中觀心髓」、「楞嚴心語」

7月16至27日，僧大副院長常寬法師於加拿大溫哥華道場關懷信眾，並主講系列佛法講座，包括四堂「中觀心髓——聖嚴法師的中觀思想」，以及兩堂「楞嚴心語——我對於《楞嚴經》的領悟」，每堂有近六十人參加，同時也透過網路直播，廣邀大眾再次親近聖嚴師父的法身。

曾任聖嚴師父侍者及祕書的常寬法師說明，師父於2006年出版《天台心鑰》和《華嚴心銓》後，因為病弱未能完成「中觀」著書的心願，遂觸動開始深入研究師父的中觀思想。講座中，法師以淺顯生動的表述，傳達佛法「無常」所蘊含的變化或改變，指出所謂學習的過程也就是改變，即使是細微的心念或小動作，只要願意改變就不受束縛。

從佛陀修行的歷程看待苦行、樂行和中道行，從隨行聖嚴師父的生活點滴去拿捏「不能太鬆，也不能太緊」，法師進一步解說以八正道為中道主義的生活標準，實踐八正道便可從現實生活之中達成解脫的目的。

法師藉由佛陀悟道前的發願，勉勵大眾，「願力可輔助心力，心力可輔助體力」，讓願心帶著自己去完成目標。

常寬法師分享中觀生活和悲欣交集的體悟。

● 07.17

「國際青少年宗教體驗營」齋明寺展開
各國青少年體驗一日禪修

國際青少年體驗不同語言文化的宗教儀式。

臺灣國際扶輪社青少年交換協會於7月17日，在桃園齋明寺舉辦「國際青少年宗教體驗營」，由常寂法師、常鐘法師帶領，共有二十七位來自歐、美與亞洲等十七個國家的青少年參加，體驗漢傳佛教寺院的一日生活禪修。

監院果舟法師首先以阿彌陀佛「無量光、無量壽」的意涵，祝福學員們從禪修中感受安定自在的力量。練習法鼓八式動禪時，常寂法師引導觀照身體與覺受變化，領略身心互動的綿密關聯；再依放鬆與保持覺照的原則，自然而然體驗「坐禪」。正午的「大休息」、戶外的「托水缽」，也讓學員在動靜之間，體會隨時隨地都是禪。

午後的工作坊，常鐘法師帶領藉由故事引導學員思維平日看待事物，是否不自覺產生瞎子摸象的偏誤？來自義大利的學員表示，對於事物的真相，平常很難了知，很可能產生詮釋上的偏誤，最好的辦法是保持開放的態度，不執著自認為對的事情，才可能接近事物的真貌。

有學員分享，從工作坊的活潑，到晚課的莊嚴氛圍，體驗到不同語言文化的宗教儀式，帶來的和諧與寧靜。

● 07.17～23

香港道場參加「2019香港書展」
推廣書香中的法音

7月17至23日，香港道場參加由香港貿易發展局於香港會議展覽中心舉辦的第三十屆香港書展，以「好願在人間」為主題，展出聖嚴師父著作與法鼓山出版品，推廣心靈環保的理念；22日並於會場舉辦《翻轉人生的禪機》新書推介會。

開幕祈福法會由常禮法師、演清法師主持。七天書展期間，現場並安排叩法

華鐘祈福，由義工引導民眾敲鐘、誦念〈叩鐘偈〉；也規畫靜心鈔經、親子遊戲「小宇宙大發現」、禪修心體驗等活動，會場氣氛祥和。

透過義工的導覽與介紹，許多未曾接觸佛法的民眾，找到適合自己的讀本。法鼓文化出版的「佛學入門Ｑ＆Ａ」五十問系列、各種禪修類書籍，受到熱烈回響，也讓忙碌的都市人藉由生活佛法書籍，汲取放鬆心靈的妙方。

香港道場參與香港書展，推廣書香中的法音。

● 07.26～30

香港道場舉辦「青年五日禪」
引領新世代用禪心鍛鍊悲智

香港道場與香港中文大學於7月26至30日聯合舉辦「青年五日禪」，由僧團副住持果品法師擔任營主任，本年主題為「遇見自己」，引導學員逐步認識自我、肯定自我、成長自我、消融自我，有近一百五十位青年參加。

營隊內容包括：聆聽聖嚴師父影音開示、演定法師指導禪修、法鼓文理學院助理教授辜琮瑜帶領「三生有幸」牌卡遊戲，

青年學員於戶外經行時遇到下雨，仍繼續專注腳下每一步。

以及禪繞畫、禪茶一味等禪藝活動。其中，營隊首日的「鏡子說」，學員對著鏡子觀察並記錄自己當下的身、口、意。第三日安排由臺灣法青帶領鈔寫《心經》、製作祝福御守；以「劇場茶會」形式進行的茶禪，運用同心圓的場布、逾七十件樂器、現場沖泡茶，引導學員藉由聲音、動作、茶湯營造出來的氛圍，觀照當下的身心狀況，並放鬆身心。

最後一日晚間的「感恩晚會」中，由法師傳燈，內外護義工與學員互道感恩，一起將心願寫在葉狀卡片上，完成兩棵滿載營隊好願的「祈願樹」，演定法師並帶領眾人祈願，為世界送上祝福。

許多學員分享，參與五日禪為自己帶來了安定，期望能持續舉行，讓更多年輕人有機會了解禪修的法益。

● 07.26　07.27～08.17

法鼓山波蘭指導禪二十一
繼程法師、果元法師帶領

參加波蘭禪二十一的禪眾，許多是每年固定參與，禪期中展現出安定特質。

應波蘭禪宗協會（The Chan Buddhist Union of Poland）巴維爾・羅斯傑斯基（Paweł Rościszewski）之邀，法鼓山於華沙市郊的德露潔芙（Dluzew）藝術學院（Warsaw Academy of Fine Arts）指導禪二十一，禪期為7月27日至8月17日，由聖嚴師父法子繼程法師主七，美國象岡道場住持果元法師為西方眾小參，常護法師擔任總護，共有四十六位來自美國、加拿大、瑞士、義大利、法國、克羅埃西亞、波蘭，以及新加坡、馬來西亞等地禪眾參與，包括七位出家眾。

每日晚間，繼程法師開示七十分鐘，脈絡清晰、解行並重，貫徹中華禪法鼓宗的禪法；法師以禪宗初祖達摩、二祖慧可「覓心了不可得」的公案，點出眾生心不安的關鍵「苦」（Duḥkha），再循序講述安心之道，延伸說明話頭與公案的修行區別，指出聖嚴師父教導話頭禪的珍貴與方便。

法師說明，多數修行人以為佛法是「知易行難」，事實上卻是因不諳佛法核心「無常」；「難」多是因修行者對佛法的「空性」沒有深入體解，而淪為意識層面的想像，所以對生理和精神層面的苦無法解決，或者在實踐練習方法時，落入了慣性而停滯不前；「易」是一旦掌握了「空」的正知見，修行時的障礙即可逐一處理，而能更進一步精進。

禪期開始前，法師先於26日在華沙亞洲及太平洋博物館（Museum of Asia and Pacific），以「話頭與公案，禪師與弟子間的心法如何相應」為題演講，介紹大慧宗杲禪師由公案禪中，發展出的話頭禪法，共有六十多人參加。

● 08.07～09　08.10

果醒法師東初禪寺、新州分會弘講
從《六祖壇經》提煉生活實踐

8月7至9日、8月10日，美國東初禪寺、新澤西州分會分別舉辦佛學講座，由禪修中心副都監果醒法師宣講《六祖壇經》。

果醒法師於新澤西州分會弘講《六祖壇經》的生活實踐。

果醒法師指出，《六祖壇經》的主要論述是心性，一般人不會以佛性為我，而是以佛性去抓取的相為我；而所稱的「我」，大多是指自己的身體，雖然能透過身體這個外相工具，來展現佛性的功能，但身體是被感知的，並不是我。

課堂中，法師也分享在日常生活中實踐佛法的方法，一是建立知見，從「有我」轉化為「無我」，從「有能所」轉化為「無能所」；再者從心態著手，面對外境，從「有取捨」變為「不取不捨」、從「有貪瞋」變為「不貪不瞋」；最後由現象切入，不轉「不合意的」為「合意的」，不轉「被打罵的」為「被讚賞的」。果醒法師期勉學員，修行是時時修、處處修，需要盡未來際，持續努力用功。

有學員分享，法師對《壇經》鑽研入理，講說中綜合義理與實修，帶領從不同面向了解「性」與「相」的究竟意義。

● 08.07～14

果慨法師新加坡弘法
帶領《法華經》懺儀與禪觀

弘化發展專案召集人果慨法師於8月7至14日於新加坡，展開為期八天的弘法行。

7至8日，首先於護法會舉辦兩場專題講座，主題是「《法華經》與改變的力量」。法師表示，修行佛法的第一要點，是建立正確的知見和觀念；對佛法起

果慨法師於新加坡帶領九十位學員深入探討懺儀與禪觀。

信，相信自己未來終能成佛，建立觀念，行為也會跟著改變；強調修學佛法有境界，然而境界沒有好壞之分，如果念念是善念，境就會轉換成好境。

「《法華經》懺儀與禪觀研修營」於9至12日展開，果慨法師解說《法華三昧懺儀》的結構，說明禪觀時，可使用適合自己的方法，像是數呼吸、隨息或默照，重點是專注、清楚和放鬆。

於13至14日的「《金剛經》悅眾和義工成長營」中,法師播放護法會成立迄今的照片,大眾走入時光隧道,再次認識法鼓山和聖嚴師父,也讓新進義工了解護法會的發展歷程。

有學員表示,四天的研修營,自己更加深入法脈源流、修懺要旨、懺儀的分類、懺悔的意義;也有義工分享,成長營不僅增進對彼此的認識,也對護法弘法的使命,有更深的認知。

● 08.11〜15

馬來西亞教師佛學研修班
常慧法師分享悅教悅輕鬆

馬來西亞中、小學老師在佛學研修班中,學習以禪修方法放鬆身心。

8月11至15日,馬來西亞道場監院常慧法師、常寂法師應當地太平佛教會之邀,於該會舉辦的全國教師佛學研修班,擔任主題課程及禪修老師,道場悅眾並帶領禪修活動,有近四十位教師參加。

常慧法師分享智者大師的智慧,帶領學員探討煩惱的現象和性質;說明佛陀的教法,是為了化解生命的痛苦,了知一切法都是因緣和合、緣起性空,無需執著好壞的際遇。

法師也引用許多教師生涯的相關經歷,深入淺出說明如何在不斷變化的外境當中,運用佛法觀念,轉化為安頓身心的淨土。

由常寂法師及悅眾帶領的禪修活動,包括禪坐、法鼓八式動禪、經行、大地觀,其中的大地觀禮拜,不只洗滌內心煩惱,更從心生起慚愧、懺悔、感恩。

有中學教師表示,活用禪修方法可以轉化自己的生命,開展出慈悲與智慧的人生,讓教師生涯悅教悅輕鬆,初心不退轉。

● 08.18〜25　08.26

馬來西亞道場弘法活動
僧團法師帶領禪七、弘講禪法

馬來西亞道場於8月18至25日,在當地巴生龍華寺舉辦初階禪七,由常正法師擔任總護,果徹法師擔任小參,共有四十一人精進共修。

禪七安排聆聽聖嚴師父影音開示,師父說明漢傳禪法的大悲心、菩提心與感

恩心，也提醒以佛法中苦、空、無常、無我的觀念為指引，時時刻刻不斷體察自己的身心狀態。大堂分享時，多位學員感恩表示，在師父的開示中找到了生命的意義。常正法師期勉禪眾，珍惜現有的善根福德因緣，繼續修學佛法、弘揚禪法，親近道場與善知識。

果徹法師分享用禪心解纏心的智慧。

26日，果徹法師在道場舉辦的禪法講座中，主講「漢傳禪法的生活智慧——禪心解纏心」，共有兩百二十多人參加。法師指出「禪在平常日用中」，無論是人際關係，或是行住坐臥、語默動靜，隨時隨地安心於當下，「身在哪裡，心在哪裡」，就是漢傳禪法的特色。

如何以禪心解纏心？果徹法師表示，「纏」就是「煩惱」，煩惱的根源是自我中心的執著。要從煩惱心解脫出來，就要先「知苦」，也就是認識什麼是「苦」，才能「離苦」。知苦是人生的事實，離苦則是人生的目標，佛法就是教我們如何離苦得樂。法師進一步分析，現代人自我中心太重，因此需要先真實地認識自我，並透過禪修的方法及工夫，達到自我消融。

法師期勉大眾，以《六祖壇經》中「無念為宗，無相為體，無住為本」為修行的觀念和方法，在日常生活中練習心不隨境轉，以成就他人來成長自己。

● 08.21～09.08期間

果元法師克羅埃西亞、德國指導禪修
播撒漢傳禪法的種子

8月21日至9月1日，美國象岡道場住持果元法師、監院常護法師於克羅埃西亞、德國弘法，主要是帶領禪修。

首場活動是8月21至25日於克羅埃西亞哈特沃斯基禪修中心展開的禪修四日營，除禪坐、瑜伽運動，並邀請聖嚴師父法子繼程法師講解正確的禪修觀念和方法，由果元法師英文翻譯，引導學員認識漢傳禪法的安定與放鬆。26、27日分別展開戶外禪、茶禪，帶領體驗以茶

於克羅埃西亞展開的禪修營，邀請繼程法師禪法開示。

參禪，以禪修心之道。

圓滿克羅埃西亞弘法行，兩位法師轉往德國，30日起於巴瑞爾（Barrel）的越南寺院帶領禪修二日營，並於9月3日起進行禪三，果元法師強調基本功的重要，引導從調整坐姿、放鬆開始，循序漸進指導數息、隨息、只管打坐等方法。期勉學員，將禪法回歸生活，才是漢傳禪佛教的修行。

● 08.25～09.02

常悟法師瑞士弘揚漢傳禪法
講座、禪七分享禪悅

常悟法師瑞士弘法，帶領禪眾體驗漢傳禪法的禪悅。

加拿大溫哥華道場監院常悟法師於8月25日至9月2日，應聖嚴師父西方弟子、瑞士伯恩禪修中心（Chan Bern）希爾迪・塔爾曼（Hildi Thalmann）之邀前往弘法，舉辦講座與帶領禪七。

法師首先於25日在伯恩的宗教之家（House of Religions）舉辦專題講座，主題是「《六祖壇經》的要義」。演講前，常悟法師先帶領練習禪坐，藉由觸受來感知身體的狀態，體驗肌肉緊繃到放鬆，力量放掉（壓力釋放）的感覺，

有效地從頭到腳放鬆身體。講座中，常悟法師解說《壇經》主旨，也是禪宗「見性成佛」的宗旨；列舉生活中的實例，深入淺出講解〈行由品〉、〈般若品〉的要義，聽眾踴躍提問，互動熱烈。

26日起，於海登（Heiden）佛教中心「道樓」（Haus Tao）展開的禪七，共有十七位來自瑞士、德國、義大利、羅馬尼亞、荷蘭、列支敦斯登和日本的禪眾參加。法師從解說基本坐姿，再到法鼓八式動禪，經由每一個細微動作，引導學員自頭至腳、體驗全身的放鬆。

常悟法師提醒禪眾，將禪七視為人生的縮影，禪修就是建立並養成良好的關係（relationship），首先是身與心的關係，其次是與他人的關係、環境的關係、環境中一切眾生的關係；並說明身心不調——身心關係不良的現象和原因，以及如何改善。

禪期圓滿，有德國年輕律師分享，於禪七期間，體驗到前所未有的寧靜與祥和，因而對修行產生了信心，期盼法師再來弘法，帶領體驗禪悅。

● 08.26～09.01

東初禪寺啟建梁皇寶懺暨三時繫念法會
慈悲禮懺　為世界祈福

8月26日至9月1日，美國東初禪寺於象岡道場啟建梁皇寶懺暨三時繫念法會，祈願全球天災人禍能止息，並為新道場建設祈福，有近一百一十人參加。

法會由禪修中心副都監果醒法師擔任主法，東初禪寺監院常華法師監香，悅眾法師帶領大眾精進共修。每日晚間，果醒法師以《六祖壇經‧懺悔品》為開示說法內容，進一步解說事懺與理懺的觀念。法師指出，只要還有外境，便是

東初禪寺啟建三時繫念法會，大眾至誠禮懺、慈悲誦念。

一種無明，應懺悔那顆有能所的心；當懺到能所雙亡時，全世界只剩下一人，沒有對象的相續互動，自然也沒有貪、瞋、癡的現象。法師也舉出與聖嚴師父互動過程中的點滴，期許大眾能夠將外在的紛擾內化為智慧，並能時時涵養慈悲心以待人處事。

梁皇寶懺法會圓滿後，接續舉辦三時繫念法會，希冀藉由阿彌陀佛的願力，帶領法界眾生超脫三界，往生西方極樂淨土，果醒法師以經文「打破虛空笑滿腮，玲瓏寶藏豁然開」提醒大眾，放下不斷向外抓取執著的心，以找回自性的無盡寶藏。

● 08.31～09.02

馬來西亞道場舉辦青年營
學員探索心之旅

馬來西亞道場於8月31日至9月2日，在當地士毛月原住民度假村（Semenyih Asli Farm Resort）舉辦心靈環保青年營，主題是「聽見心之旅」，由演信法師、演柔法師等帶領禪修體驗與自我探索，共有五十四位青年學員參加。

營隊中，演信法師說明禪修是覺察情緒的好方法，練習放鬆，專注於每個當下，心就能沉穩安住；也介紹禪坐的方法和步驟，包括七支坐法、入靜、止靜和出靜；更帶領體驗法鼓八式動禪、臥禪、托水缽、經行等動中禪。

演柔法師於「自我探索工作坊」中，透過牌卡遊戲提醒學員煩惱生起的原

馬來西亞學員於「心靈環保青年營」中,展開禪修體驗和自我探索。

因,往往來自用他人的標準定義自己;並運用情緒卡引導,讓眾人明白情緒來自於自己,並非他人。法師提醒,遇到問題,實踐聖嚴師父教導的「四它」,只要面對、接受它,便能隨順因緣處理和放下。

感恩之夜在馬來西亞法青會輔導法師演明法師帶領下,學員傳燈、發願、供燈,寫下祈願卡,法師期勉學員提起初發心和感恩心,接引更多人學習佛法。

● 09.07～10

方丈和尚北美巡迴關懷──溫哥華道場
主持皈依、講座並參訪靈巖山寺

方丈和尚果暉法師於9月初起,首度展開北美弘法行程,除關懷信眾、主持皈依、弘講佛法,並代表教團前往拜會當地佛教團體,展開多元交流。

9月7日上午,方丈和尚首先於加拿大溫哥華道場主持皈依典禮,為三十五位信眾授三皈五戒;方丈和尚以中、英文雙語,祝福新皈依弟子開啟學佛成佛之路,期勉能夠「有所為」,幫助他人和自己成長,同時也能謹守五戒「有所不為」。

下午進行的「好願在人間」佛法講座,共有一百五十多人參加。方丈和尚以「發願、祈願、許願、行願、還願」五階段,勸勉大眾「以願導行,以行踐願」,以慈悲為立足點,在「行」的過程中,依循「願」的方向,達到智慧圓滿的終點;也分享早年當行者時寫下的願、留學日本時發的願,以及接任方丈後繼續發願,處處以創辦人聖嚴師父的教誨,檢查人生修行的方向。

10日,方丈和尚與寺院管理歐美區副都監常悟法師,前往當地靈巖山寺

方丈和尚參訪加拿大靈巖山寺,與新任方丈自誠法師(左)交流漢傳佛教在北美的弘化經驗。

拜訪,並祝賀陞座的新任方丈自誠法師,雙方針對漢傳佛教在北美開創與弘化深入交流。

● 09.11～13

果賢法師馬來西亞弘法關懷
帶領文字、影音弘法課程

9月11至13日,文化中心副都監果賢法師於馬來西亞道場弘法關懷,主講文字、影音弘法課程,有近兩百人次參加。

法師首先於11日的義工培訓課程中,主講「新聞採訪報導與寫作」,剖析採訪、寫作過程,就是採訪者內心世界的呈現,同一現象,如能以心靈環保的理念,用正面解讀、逆向思考的角度,即能呈現每個事件的希望與願景;也強調新聞寫作是學習溝通和表達的能力,有助於人際間的互動。

果賢法師馬來西亞弘法關懷,主講文字、影音弘法相關課程。

12日於《法鼓山的方向》導讀會中,果賢法師說明法鼓山一詞,既是地名、也是教團名稱,更是「提昇人的品質,建設人間淨土」理念的展現;而提昇人品、建設淨土的任務,既是自覺覺他的過程,也是成佛的方向,勉勵大眾透過利人利己的菩薩行,來完成聖嚴師父的教法,走在成佛之路上。

「影視企畫培訓課程」於13日進行,法師指出影視是文化的一環,包括影像取材、美術設計、表達的傳播能力等,是多元能力的養成,期勉學員多閱讀、觀察與思考,積累製作影片的素材與資糧。

● 09.14～15

果慨法師香港道場兩場佛法講座
期勉以佛法淨化自己與社會

香港道場於9月14至15日,在九龍會址舉辦兩場佛法講座,由弘化發展專案召集人果慨法師主講,共有五百多人次參加。

「學佛是為了遇見自己,不是為了遇見佛。」果慨法師指出,淨化自己的當下,就是淨化社會。法師分享,聖嚴師父曾經提醒四眾弟子,道場不是要把大家找回來,而是要將大家送出去,與眾生分享學到的佛法,人人做好自己,用

佛法聆聽他人的心聲，發揮安定的力量，「我在哪裡，淨土就在哪裡。」

果慨法師勉勵大眾善用佛法，發揮安己安人的力量。

果慨法師表示，自覺、覺他的人稱為「佛」，學習各種法門的目的，就是希望每個人都成佛，「不二」就是超越兩個對立，感受所有事情，在大時代中安身立命，在不同情境中顯現智慧；法師提醒，一般人以為跑馬拉松最重要的是耐力，其實更重要的是「方向」，隨順當前的因緣往前走，終點站是成佛。法師期許大眾，在亂世中以佛法自持，為身邊的人傳送安定的力量。

● 09.14～16

方丈和尚北美巡迴關懷 —— 舊金山道場
舉辦佛法講座、參訪法界大學

方丈和尚果暉法師北美弘法關懷第二站，來到美國舊金山道場，除了關懷當地信眾，並於9月14日主持皈依典禮，共有六十位信眾發願受持三皈五戒，成為三寶弟子。

正授三皈五戒前，方丈和尚開示皈依三寶能為我們帶來希望、安全和依靠；皈依儀式圓滿後，方丈和尚以英文說法，恭喜眾人成為佛弟子，期勉修學佛法的慈悲與智慧，用智慧將煩惱消歸自心，用佛法感動自己，用行為感化他人。

當日下午，方丈和尚以「金山有鑛，鳥語花香」為題，分享修行重在根本掌握。方丈和尚將人們的自性比喻為一座鳥語花香的金山，裡面有著無盡寶藏，鼓勵眾人淘去煩惱無明，開發心中慈悲與智慧的寶山；強調修行就是走在成佛之道上，不要在意速度快慢，而要細水長流，積沙成塔。

方丈和尚（中排右五）參訪法界大學及萬佛聖城，與恆實法師（中排左四）、法界大學師生合影。

15日，方丈和尚出席榮董聯誼會，頒發新任榮董聘書，感謝榮董「學法、弘法、護法」的努力，也期勉以佛法的精神締造家庭及社會的和諧。

方丈和尚於16日，偕同道場監院

常惺法師等，前往萬佛聖城（The City of Ten Thousand Buddhas）與法界大學（Dharma Realm Buddhist University），進行訪問，與恆實法師（Rev. Heng Sure）、法界大學校長蘇珊・朗思（Susan A. Rounds）交流漢傳佛教在北美的教育發展與弘化現況。

● 09.14～29期間

雪梨、墨爾本分會舉辦弘法活動
果禪法師帶領講座及教學

果禪法師於9月14至29日赴澳洲弘法關懷，內容包括佛學講座、梵唄教學、帶領禪修等。

法師首先於14、16日在雪梨分會主持梵唄悅眾培訓課程，說明梵唄的意義，指導執掌法器的威儀、板眼的掌握，並帶領演練；共有十多位悅眾學習如何藉由梵唄來修行。

果禪法師於墨爾本分會帶領禪一，與禪眾法喜合影。

15日進行大悲懺法會，法師開示懺悔的意義，表示懺悔如同一面鏡子，透過鏡子檢視意念，可以使自己成長，只要動過不好念頭或做過傷害別人的行為，都可藉由懺悔反省，讓自己繼續往前走。下午在與法青有約活動中，法師帶領禪修體驗，鼓勵青年透過禪修重新與自己連結，開發無限的潛能。

圓滿雪梨分會弘法，21至29日，果禪法師轉往墨爾本分會關懷，除帶領初級禪訓班及禪一，分享禪修基礎觀念及正見；23至27日以「以法談心」為主題，舉辦佛法講座。

有禪眾分享，法師滿滿的弘法能量，不僅充實心靈，也引領確定未來修行的道路。

● 09.18～23

方丈和尚北美巡迴關懷——洛杉磯道場
演講、參訪當地佛教教團

方丈和尚果暉法師北美弘法行，9月18至23日於美國洛杉磯展開。首先於18日偕同僧團副住持果醒法師、洛杉磯道場監院果見法師，拜訪慈濟美國總會，

由執行長黃漢魁等接待，分享慈濟在美國發展現況與工作面向。

22日，方丈和尚於當地太平洋棕櫚度假中心（Pacific Palms Resort）舉辦專題演講，主題是「五福臨門——人類的五種能力」，包括臺北經濟文化辦事處大使朱文祥、蒙特利公園市（Monterey Park）市長梁僑漢伉儷、聖嚴師父西方法子吉伯‧古帝亞茲等，共有三百多人參加。

講座中，方丈和尚結合世法與佛法思辨，闡述如何透過發現、管理、創造、思考、信仰的五種力量，來追尋真、善、美、智、信的人生；針對宗教生活，除解說信仰、時間與存在的議題，並從佛教與其他信仰的異同提出分析。方丈和尚期勉大眾認識自己，才能獲致成長，從自我肯定、自我提昇，到自我消融，是從「自我」到「無我」的三個修行階段，最後以「非我」為我，行一切善，斷一切惡，便能體會「無我」境界。

方丈和尚拜訪慈濟美國總會，與護法居士們交流在西方弘法的經驗。

23日，偕同果醒法師、果見法師參訪佛光山西來寺及西來大學，住持慧東法師率佛光會悅眾接待，交流北美學佛風氣與佛教現況；於西來大學參訪行程中，由人間佛教研究中心副主任郭守仁介紹創校因緣及辦學現況。

● 09.21

溫哥華道場舉辦座談會
國際學者談「佛教與社會變遷」

加拿大溫哥華道場以「佛教與社會變遷」（Buddhism and Social Change）為主題，於9月21日舉辦座談會，由監院常悟法師主持，邀請美國普林斯頓大學（Princeton University）宗教系副教授兼南亞研究計畫主任葛約翰（Jonathan C. Gold）、新澤西學院（The College of New Jersey）社會學系副教授李世娟、洛磯山生態禪修中心（Rocky Mountain Ecodharma Retreat Center）創始人羅大維（David Robert Loy）、賓州富蘭克林與馬歇爾學院（Franklin & Marshall College）宗教學教授麥瑪漢（David L. McMahan），以及加拿大卡加立大學（University of Calgary）宗教系教授韋聞笛（Wendi L. Adamek），分別就群體共業、社會改革、生態環保、佛教當代思維、經濟運作等面向，探討佛法的現代性，共有一百五十多人參加。

五位學者分別也是漢傳、南傳和藏傳佛教的修行者，提出的見解皆富含佛法寓意。韋聞笛長期研究唐代時期的佛教，有感於資本主義雖然帶動生產力和物質的提昇，但也造成全球貧富日益懸殊，因此提出以「人」為本的經濟運作及資源共享，也投入永續農業（permaculture）的研究，響應生態維護、自給自足的農業經濟。葛約翰提出「社會業力觀」，若要改變

「佛教與社會變遷」座談會，國際學者探討佛教與社會變遷。（左起依序為常悟法師、麥瑪漢、李世娟、韋聞笛、羅大維、葛約翰）

社會「共業」，教育學術機構可以發揮功能，利用佛教正知見、正念的修行，改變人的思維模式及行為，進而轉變社會共業。

羅大維是日本禪三寶教團法脈的禪修老師，面對地球生態被極度破壞，提出修行者除了自我解脫之外，也應該重視「生態環保菩薩道」的修行之道。麥瑪漢分析現代人從西方啟蒙運動強調個人獨立發展，逐漸陷入冷漠、疏離的個人意識，呼籲現代人在以禪修方法助益舒壓、安定時，也要提起無常觀和對社會的關注與責任感，消弭兩極化的弊病，奉行佛法的最高真意。

李世娟認為面對社會諸多不公現象，更需要禪修者身體力行，提起清淨的觀照力，以不畏懼的智慧勇氣和慈悲心來面對，帶動社會改革。

最後，常悟法師籲請所有佛教徒關注社會問題，祈願大眾共同發願，人人成為社會改革的正向動力。

● 09.28～29

方丈和尚北美巡迴關懷──紐約
出席東初禪寺四十週年系列活動

方丈和尚果暉法師北美弘法關懷，9月28至29日出席美國東初禪寺創立四十週年的系列活動。

於28日在紐約法拉盛喜來登飯店的東初禪寺會團感恩聯誼會中，方丈和尚以「好願在人間」為題，勉勵眾人從「悲智行願」來發現佛教徒的幸福，以悲為立足點，行為過程，願為方向，智慧為終點，期勉大眾同行修福修慧、自利利他的菩薩道。

29日上午，東初禪寺於擴建基地舉行灑淨祈福平安法會，由方丈和尚果暉法師主法；法會圓滿後，於承租現址帶領持誦〈大悲咒〉二十一遍共修。下午，

方丈和尚率領四眾代表，於東初禪寺承租現址持誦〈大悲咒〉，祈願工程順利。

延續週日講經的傳統，由方丈和尚主講「觀音法門」，分享八種殊勝的修持方法，剖析法門的功能、特色、修持層次及修行要領，並闡述〈大悲咒〉法門，既為聖嚴師父所推崇，亦與法鼓山道場土地覓得因緣密切相關，勉勵大眾效法觀音精神，自利利他。

● 09.28～29

美國東初禪寺創立四十週年
信眾雲集感恩祝願世界和平

美國東初禪寺於9月28至29日舉辦慶祝成立四十週年系列活動，包括感恩聯誼會、祈福平安法會、講座等，共有四百多人次參與。

28日先於紐約法拉盛喜來登飯店舉辦會團感恩聯誼會，監院常華法師感恩資深信眾一路護持，與聖嚴師父一起從零開始，也感恩新進成員於師父圓寂後參與支持；由護法信眾準備的佛曲、舞蹈等節目，也引起熱烈回響。

上、下午各一場口述歷史座談，則引領大眾重回東初禪寺往昔時光。第一場由象岡道場住持果元法師、保羅・甘迺迪（Paul Kennedy）、丹・史蒂文生（Dan Stevenson）、馬宜昌、蔡惠寧等九位早期東西方弟子，串起從無到有的足跡；第二場則由1990年後，特別是聖嚴師父圓寂以來，新進悅眾分享親近法鼓山，在學佛與護法的過程中，不忘初心、堅守原則、同心協力、對話交流，是邊做邊學的真切體會。

29日，方丈和尚果暉法師率領四眾代表，於擴建基地舉行灑淨祈福平安法會；接續至承租現址，僧俗四眾一百餘人持誦〈大悲咒〉二十一遍，迴向祈願世界和平、眾生安樂，祝願道場擴建工程平安順利。

東初禪寺創立四十週年感恩聯誼會上，東西方信眾、老中青三代聚首，共許邁向東初禪寺下一個十年。

● 10.01

方丈和尚北美巡迴關懷──普賢講堂
主持講座並參訪巴瑞佛學研究中心

方丈和尚果暉法師北美弘法行程於10月1日，來到美國波士頓，先於普賢講堂主持「學佛與佛學」講座，以佛教、佛學、佛法為主軸，旁述佛教發展史及分析佛教與各宗教間的異同，引領近九十位聽眾認識學佛的信仰、信心和知見，解行並重，安頓生命的價值。

方丈和尚援引聖嚴師父著作《佛教入門》，指出「學佛是道，佛學是學說；道是減法，學說是加法。」勉勵研究佛

方丈和尚於普賢講堂弘講「學佛與佛學」，引領信眾認識學佛的信仰、信心和知見。

學，也要從佛法得到受用，才能識得其中滋味；學佛則應建立正確信解，釐清佛教與其他宗教、民間信仰的差異，否則修行將有隱憂。

演講後，方丈和尚前往位於麻薩諸塞州的巴瑞佛學研究中心（Barre Center of Buddhist Studies），由前任總監穆宋（Mu Soeng）、現任總監威廉‧埃德爾格拉斯（William Edelglass）與執行長瑞克‧亨寧（Rick Henning）接待。方丈和尚深入了解該中心營運方式及課程安排，讚歎該處展現北美佛教的包容性，除定期邀請不同傳承的老師授課之外，館藏有眾多佛學書籍，值得學習。

● 10.07

世界宗教議會訪法鼓山園區
交流氣候變遷、族群與社會公平議題

跨宗教國際交流機構「世界宗教議會」（Parliament of the World's Religions, PWR）現任會長奧黛麗‧北川（Audrey Kitagawa），10月7日帶領攝影團隊一行四人，於法鼓山園區拍攝採訪，對國際社會介紹法鼓山的理念。方丈和尚果暉法師除受訪外，並致贈聖嚴師父著作；僧團果禪法師、常諗法師及法鼓文理學院佛教學系主任鄧偉仁，則參與北川女士主持的座談。

訪談中，方丈和尚為明年世界地球日（The World Earth Day）表達關心與祝福。方丈和尚表示，所有人類族群居住在地球上，就如同一隻手的五根手指，雖然長短不同，卻是一齊合作發揮功能，人類也應攜手合作，同時以法鼓山

世界宗教議會北川會長（右一）採訪果禪法師（右二起）、常諗法師、鄧偉仁主任，就氣候變遷、族群與社會公平等議題相互交流。

2019年度主題「好願在人間」祝福全球。

對於氣候變遷、族群融合與社會的公平正義等採訪議題，果禪法師指出，聖嚴師父所倡導的「心六倫」，與世界宗教議會的全球倫理的核心理念完全相符，每個人在一生中扮演多重的角色，全都含括在心六倫的範疇內；常諗法師表示，「心靈環保」理念從禪佛教的觀點出發，不僅有助於環境永續，同樣也有助於思想、心理健康與社區的永續；鄧偉仁主任提出佛教是以心靈環保經濟（或稱佛教經濟），取代資本主義為主的經濟行為，促進社會公平正義。

日裔美籍的北川會長也表示，世界宗教議會長期關懷世界和平、環保、生態、宗教、婦女及原住民等議題，過去較重視西方宗教，未來將更深入了解在東亞宗教扮演重要角色的漢傳佛教。

● 10.09～24期間

香港道場系列弘法活動
以講座、禪修安定身心

繼程法師談到無常示現的同時，也是另一個契機的出現。

10月9至24日，香港道場舉辦多場弘法活動，接引大眾以講座、禪修，發掘無常中的生機。

兩場講座，皆採網路直播的方式，包括9日於九龍會址，由僧大副院長常寬法師主講「遇見提婆達多——轉惡因緣成善知識」，分享佛陀與聖嚴師父如何將生命中的逆緣，轉為修行的資糧；法師勉勵大眾，生命旅途偶爾會遇到山窮水盡疑無路的情況，只要轉個心念繼續走下去，往往會發現柳暗花明又一村。

聖嚴師父法子繼程法師於15日的「生機處處」講座中，指出處於非常時期，就是一種考驗，而宗教是人類文化的高度智慧，給予我們信心，明確了解善惡的分別；在長遠的生命之流中，雖然生滅無常不斷變化，然而力量是生生不息

的，能夠發揮延續的作用。

19至24日，香港道場於當地基督教女青年會梁紹榮度假村舉辦禪五，由繼程法師主持，有近七十人參加。法師期勉並祝福大眾，只要有修行的人，就擁有安定的力量，也是有福報之處。

11.02～03

方丈和尚東南亞弘法關懷──新加坡護法會
主持皈依、生活禪講座

11月2日起，方丈和尚果暉法師前往東南亞，展開為期兩星期的弘法關懷，內容包括公開演講、主持皈依典禮等。

首先於2日，方丈和尚在新加坡護法會弘講「生活與禪修」專題講座，共有兩百三十多人參加。方丈和尚分享禪修的理念作用、生活運用，以及念佛的方法，說明「自我、小我、大我、無我」四個禪修次第時，提到繁忙生活中，必須透過放鬆和專注，洗滌浮躁不安的心，用禪修為生活

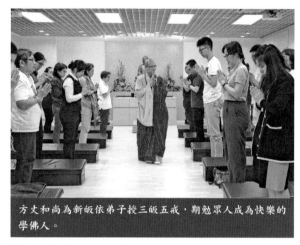

方丈和尚為新皈依弟子授三皈五戒，期勉眾人成為快樂的學佛人。

做減法，開啟本有智慧；並表示專注在當下，便能忘卻與他人比較，放下對未來的假設，當思緒不紛飛，就是減少壓力最好的方法。

藉由舉例和影片，方丈和尚提醒人生無常，處處覺察和反省自己，處處理解和利益眾生，便能與禪修的理念相應，即使面對無常也無懼。也提醒大眾，修行毋須緊抓速度，就如開車把握好方向，安住心平穩前進，必然會到達圓滿的目的地。

3日，方丈和尚主持皈依祈福典禮，為六十七位新皈依弟子授三皈五戒，期勉眾人註冊學佛後，成為歡喜快樂的學佛人。

11.10

馬來西亞新道場啟用
接續二十載的弘法願心

馬來西亞道場於11月10日以「感恩二十‧報恩行願」為主題，舉辦新道場啟用大典，由方丈和尚果暉法師主持，包括佛光山新馬泰印總住持覺誠法師、修

方丈和尚果暉法師（右二）、禪亮法師（左二）、林孝雲（左一）、盧秀珍（右一）於馬來西亞新道場共同揭佛幔。

成林住持長恆法師、馬佛青、那爛陀佛學會等團體代表，共有九百多人觀禮祝福。

啟用典禮中，方丈和尚、馬來西亞佛教總會代總會長禪亮法師、馬來西亞護法會首任召集人林孝雲、臺灣護法代表盧秀珍共同揭幔，佛幔上的「感恩報恩・發願行願」為聖嚴師父法子繼程法師親題。方丈和尚致詞時勉勵大眾，在宗教開明的國家，身為佛教徒，不需要改變他人的信仰，只需要持續提供佛法的慈悲與智慧，利益廣大眾生。

當日下午，道場舉辦皈依大典，由方丈和尚親授三皈五戒，叮嚀近三百位新皈依弟子，藉由父母給予的色身來修自己的法身慧命，以熏習正信佛教為修行方向，用慈悲智慧來關懷他人。

法鼓山於馬來西亞弘化發展逾二十年，感念十方信眾與教界護持，新道場歷經五年籌建而成。新道場為三層樓半獨立式建築，外觀樸實，內部設計簡約，整體呈現踏實的安定感，持續接引東南亞地區民眾親近漢傳佛法、啟迪心靈。

● 11.11～13

方丈和尚東南亞弘法關懷──泰國護法會
分享漢傳佛教的修行方法

方丈和尚果暉法師東南亞關懷行，11月11日抵達泰國曼谷，榮譽董事會會長黃楚琪也同時帶領二十多位臺灣榮董，前來泰國護法會參訪。

12日，方丈和尚於護法會關懷信眾，臺灣榮董一行也出席參與。熟諳泰國文化的方丈和尚不時穿插泰語，讓信眾倍感親切。方丈和尚表示泰國人民受

方丈和尚於泰國護法會關懷信眾，期勉開發自性寶藏。

佛教影響，講話柔軟、樂天知命、生活自在、喜做功德，雖屬南傳佛教，文化上與漢傳佛教不同，仍值得學習；也感恩召集人蘇林妙芬的護持與願心，持續推動終身義工，成就自己利益眾生。

方丈和尚於13日，與護法悅眾分享漢傳佛教的修行方法，指出漢傳重視修學菩薩道，不只一世，而是多生多世，每個人都是菩薩，未來都可以成佛。修行方法上，方丈和尚鼓勵眾人從基礎的禪修、念佛開始，並示範簡單方便的「三三二二」念佛方法；禪修則每天定時打坐，從觀心開始，以佛法幫助自己開發自性寶藏。

● 11.11～16

「氣候變遷內在面向全球青年系列會議」圓滿
世界青年領袖帶領心改變

美國法鼓山佛教協會（Dharma Drum Mountain Buddhist Association, DDMBA）、全球女性和平促進會（Global Peace Initiative of Women, GPIW），及地球憲章（Earth Charter International）共同舉辦「氣候變遷內在面向全球青年系列會議」，於11月11至16日在泰國曼谷「聯合國亞洲及太平洋經濟社會委員會（U.N. Economic and Social Commission for Asia and the Pacific, UNESCAP）」總部召開，有近五十位來自全球，於生態、教育、環保及社會運動各領域的青年領袖參與會談，僧團由常濟法師、果禪法師代表參加。

開幕式由常濟法師主持，聯合國環保署氣候變遷計畫亞太區域協調官員莫薩拉羅・阿蘭姆（Mozaharul Alam）致詞時指出，氣候變遷不是未來要面對的問題，而是眼前就必須面對的，更是由於人類的發展所造成的，呼籲人類省思如何回歸個人內在，以對應氣候變遷。

經過密集討論與交流，與會代表激盪出共識：個人的歸屬感、價值觀需要被肯定和珍視，而不會被遺棄及邊緣化；聆聽可從文字、想法、概念到體驗，提供心靈的空間，再擴及至有情眾生；必須透過學習和了解，尊重、體驗不同國度的領土和人民，超越外在表象，發現內在價值，放下自我中心，才能創造沒有階級且團

世界各地的青年領袖透過由內而外的心靈交流找回自己，懷抱感恩之心，重新展望未來。

結的社會。

常濟法師勉勵所有與會青年，成為改變的領導者，從自身做起，讓世界變得更美好。

● 11.15～16

方丈和尚東南亞弘法關懷——馬來西亞道場
分享禪的生活觀、為勸募會員授證

方丈和尚於《星洲日報》總社主講「禪的生活觀」。

方丈和尚果暉法師東南亞弘法關懷，除於11月10日出席馬來西亞新道場啟用與皈依大典，15日首度於馬來西亞舉行公開演講，在《星洲日報》總社禮堂主講「禪的生活觀——兼談永嘉大師《奢摩他頌》及禪修中的念頭」，與近三百位聽眾分享如何透過話頭和默照兩種禪修方法，學習放鬆認識自我、練習專注肯定自我、培養慈悲提昇自我、修練智慧消融自我，實踐慢活的優質生活。

方丈和尚表示，禪的生活是時刻放鬆身心，超越自我，就能解脫自在，中國禪宗雖然也打坐，但是更重視開發智慧；並指出，智慧可從日常生活中練習而生，首先是專心做每一件事，置心一處，無所不辦。此外，針對聽眾提問有關國際局勢的憂心，方丈和尚回應：「以慈悲、謙虛、慚愧的心，讓更多人知道佛法，用佛法解決問題，對社會將有正面的能量提昇。」籲請大眾共同以慈悲心來看待國際局勢，並用「四它」及「四要」來解決困境。

16日，道場舉辦「法鼓傳薪‧以心傳心」勸募會員授證典禮，方丈和尚為二十九位會員授證，期勉藉由募人募心，讓法輪常轉。

● 11.16

馬來西亞道場舉辦青年工作坊
楊蓓老師帶領遇見心自己

馬來西亞道場於11月16日舉辦「找到心のGPS——遇見心自己」青年工作坊，由法鼓文理學院生命教育學程主任楊蓓帶領，有八十八位青年參加。

青年工作坊中，學員踴躍提問，楊蓓老師引導眾人先回到心的當下。

楊蓓老師首先說明，佛法是對治煩惱的心法，讓人在煩惱現前時，能夠清楚看見自己心的狀態。並指出人的一生只忙碌於兩件事：想盡辦法與別人一樣、想盡辦法與別人不一樣；前者讓人感受到被接納、有安全感，但日久便衍生出後者，可是在讓自己不一樣的過程中，如未能自我認同，又會陷入前者的想法，而產生矛盾，不知如何自處。

楊老師進一步闡述，唯有慢下腳步，與自己的內在連接，才能讓內心安定，也讓心更清明，為人生做出適當選擇；反之，如果無法與內在連接，而忙著向外與其他人連接，只會加劇身心消耗的能量。

最後，楊蓓老師強調，佛陀安定人心的心法非常契合時代需求，而法鼓山提供修學心法的平台，也提供行菩薩道的機會，透過助人而不放大自己的煩惱，更有共修同學彼此支持鼓勵，提醒學員珍惜因緣，常回道場學習及當義工。

● 11.17

方丈和尚果暉法師、繼程法師對談
漢傳禪法的流傳與實踐

11月17日，馬來西亞道場舉辦「承先啟後‧願行相續——漢傳禪法之當代實踐」座談會，由方丈和尚果暉法師與聖嚴師父法子繼程法師對談，法鼓文理學院生命教育學程主任楊蓓擔任主持人，有近三百人參加。

座談中，繼程法師詳述禪法由印度等地傳播到中國，以及漢傳禪法流變至惠能大師的《六祖壇經》時，集中國文化、印度大乘

方丈和尚果暉法師（中）、繼程法師（左）對談「漢傳禪法之當代實踐」，由楊蓓老師（右）主持。

佛教的智慧於一身，經文中「定慧不二」的概念奠定了禪宗定慧一體、止觀雙運的基礎。

繼程法師表示，禪宗既能在靜中修，也能在動中修，定為慧體，慧為定用，對內如如不動，對外了了分明；也強調禪法可以在生活中實踐，舉凡吃飯、睡覺、搬柴、運水，處處皆是禪，透過禪修，讓定與慧同時發揮功能，生活中也能直心流露，回歸心的本然狀態。

面對社會的亂象，方丈和尚指出，亂象產生肇因於自我中心，期許眾人透過聞思修，回到自性的清淨，幫助自己與他人減除煩惱；並表示，已得人身來修行，便是最有福報的人，祝福大眾發菩提心、行菩薩道，走在成佛之道。

● 12.25～2020.01.04

馬來西亞法青參學法鼓山
體驗佛法的力量

大馬法青於高雄市甲仙地區，認識「大關懷教育」的安心工程。

12月25日至2020年1月4日，馬來西亞法青會成員一行二十一人於法鼓山展開參學之旅，巡禮各分寺院，體驗觀音道場的禪悅境教；也參與工作坊、禪二，並與臺北、高雄法青進行深度交流。

行程首先於法鼓山園區，包括參訪文理學院、參加生命教育學程助理教授辜琮瑜所帶領的「幸福在哪裡」工作坊，以及常格法師介紹法鼓山三大教育。方丈和尚果暉法師到場勉勵學員，隨時隨地把握當下、奉獻心力，將佛法行諸日常生活；僧大副院長常寬法師，也分享聖嚴師父的悲願及師徒互動的小故事。

28至29日，演明法師、演無法師帶領成員前往高雄市甲仙地區展開「安心之旅」，除了了解地區的重建歷程，也進一步認識「大關懷教育」的安心工程。

此外，大馬法青也參訪了臺中寶雲寺、桃園齋明寺、齋明別苑等多處分院，並於北投農禪寺參加跨年齊誦《金剛經》、元旦早課；也於雲來別苑參加為期兩天的禪修活動，體驗漢傳禪法的安定與放鬆。

參訪期間，一行人與臺灣各地的法青交流，互勉藉由佛法、禪法、心靈環保的實踐，開發出潛藏的慈悲與智慧。

大事記

1月 JANUARY

01.01

◆ 《人生》雜誌第 425 期出刊，本期專題「無畏施，施無畏」。

◆ 《法鼓》雜誌第 349 期出刊。

◆ 法鼓文化出版新書：《好願在人間 —— 許個好願，讓它實現；積極行願，造福人間。》（人間淨土系列，聖嚴法師著，法鼓文化編輯部選編）、《法鼓山的方向：弘化》（人間淨土系列，聖嚴法師著）、《法鼓山的方向：關懷》（人間淨土系列，聖嚴法師著）、《法源血源（改版）》（寰遊自傳系列，聖嚴法師著）、《日本佛教的基礎：日本 I》（*The Foundation of Japanese Buddhism: Japan I*）（新亞洲佛教史系列，末木文美士主編，辛如意譯）。

◆ 《金山有情》季刊第 67 期出刊。

◆ 《法鼓文理學院校刊》第 18 期出刊。

◆ 《護法季刊》復刊第 17 期出刊。

◆ 迎接元旦新年，北投農禪寺邀請大眾做早課，共持《心經》、〈大悲咒〉，以清淨莊嚴、自在安定的方式，邁入新的一年，有近三百五十人參加。

◆ 迎接元旦新年，臺中寶雲寺邀請大眾做早課，有近七百位民眾以持誦〈楞嚴咒〉迎接自心第一道曙光。

◆ 迎接元旦新年，臺南分院邀請大眾做早課，持誦〈大悲咒〉、〈十小咒〉，有近二百人參加；圓滿後，隨即展開佛一暨八關戒齋，由果明法師帶領，有近一百六十人參加。

01.02

◆ 北投農禪寺每週三舉辦「半日 + 半日禪」活動，邀請社會大眾在禪堂內打坐、水月池畔經行，體驗禪的自在。

◆ 慈基會延續 2018 年 12 月 8 日起舉辦的 107 年度「法鼓山歲末關懷」系列活動，至 2019 年 2 月 1 日期間，陸續於全臺各地分院、護法會辦事處展開，合計二十個關懷據點，共關懷近三千戶家庭。

◆ 1 月 2 日至 5 月 22 日，傳燈院每月週三於北投雲來寺舉辦讀書會共學活動，由常正法師帶領閱讀聖嚴師父禪坐共修開示，包括生活的策勵、禪法的應用，諄諄提點精進心易發、長遠心難持，有近六十位學長及地區禪坐會帶領人參加。

01.04

◆ 1 月 4 日至 12 月 27 日，人基會與教育廣播電台合作製播《幸福密碼》節目，邀請各界人士及專家學者，分享生命故事及人生經歷，分季由資深媒體工作者劉忠繼、音樂工作者趙詠華、《點燈》節目製作人張光斗、資深媒體工作者石怡潔擔任主持人，節

目於每週五上午十時至十一時在該台各地頻道播出。

◆ 4 至 20 日,美國象岡道場舉辦冬安居,由住持果元法師帶領,禪修期間觀看聖嚴師父 2004 年於瑞士、象岡兩地講授的默照法門開示影片,除法鼓山僧團僧眾,並首度對外開放所有的出家眾參加,包括來自南傳內觀系統(Buddhist Insights)以及一行禪師系統的出家弟子,皆全程參與。

01.05

◆ 5 日及 12 日,臺北安和分院舉辦「佛法與醫學」系列講座,邀請臺北市立聯合醫院總院長黃勝堅、陽明大學附設醫院內科加護病房主任陳秀丹、醫師劉秀枝講授安寧醫療,前花旗銀行(Citibank Taiwan)董事長管國霖、遠東聯合診所身心科醫師吳佳璇分享照護失智親人的心路歷程,文化中心副都監果賢法師也主講佛法的宇宙觀、生命觀以及死亡觀,共有七百六十多人次參加。

◆ 5 至 26 日,臺北安和分院週六舉辦「迎著光照亮生命」系列講座,共三場。5 日進行首場,由僧大教務長常啟法師主講「迎著光讓僧命前行的推力與拉力」,分享出家因緣與修行成長,有近一百六十人參加。

◆ 臺南分院舉辦專題講座,由慈基會祕書長果器法師主講「一事無成的自在」,分享出家修行的體驗,與領執的學習過程,共有兩百六十三人參加。

◆ 高雄紫雲寺舉辦佛法講座,由慈基會副祕書長常隨法師主講「淨土在何處?」,分享如何從阿彌陀佛四十八大願到好願在人間,鼓勵大眾發好願,讓願成為生命的引導,也讓生命價值與意義行願相從,自他兼利,共有一百六十多人參加。

◆ 5 至 12 日,禪堂舉辦精進禪七,邀請聖嚴師父法子繼程法師主七,共有一百五十多人參加。

◆ 延續東初老人、聖嚴師父與臺東海山寺的法緣,慈基會總幹事陳高昌與臺東慰訪義工拜訪寺方附設的海山扶兒家園,了解園方照顧失依、弱勢家庭兒少所需,補助重置床墊的經費,成就偏鄉教育收容機構的好願。

01.06

◆ 1 月 6 日至 12 月 15 日,北投農禪寺每月週日舉辦佛曲教唱,由護法會合唱團悅眾分享歌唱技巧,並進行練唱指導,有近七十人參加。

◆ 蘭陽分院舉辦佛一,由果顯法師帶領,共有一百零六人參加。

◆ 桃園齋明別苑舉辦「心光講堂」,邀請臨終關懷協會安寧志工培訓講師郭惠芯主講「學生死,有幸福」,分享臨終的心態與應對之道,有近三百五十人參加。

◆ 1 月 6 日至 5 月 25 日、8 月 10 日至 12 月 29 日,護法總會與法青會於基隆精舍、桃園齋明別苑、新竹精舍、高雄紫雲寺、臺東信行寺,以及護法會新店、新莊、中永和、松山與中正萬華等辦事處,共二十三處地區,舉辦七十場「悟寶兒童營」,藉由話劇、遊戲、唱誦等多元方式,引導國小中、低年級學童認識法鼓山、建立基本佛法觀念。

◆ 榮譽董事會於臺北市大直美堤河濱公園舉辦單車健走禪悅行,有近八十位悅眾闔家參加。

◆ 1 月 6 日至 9 月 29 日,美國洛杉磯道場週日舉辦佛學講座,由監院果見法師主講《華

嚴經》，有近五十人參加。

◆ 1月6日至5月26日，美國波士頓普賢講堂週日舉辦佛學講座，由副寺常玄法師主講
「《法華經》概論」，有近三十人參加。

01.07

◆ 7至9日，聖基會、中華佛學研究所於法鼓文理學院舉辦第四屆近現代漢傳佛教論
壇，主題為「近現代漢傳禪宗與禪修之挑戰與發展」，三十餘位來自臺灣、中國大
陸、法國、加拿大學者專家，齊聚探究漢傳禪宗於近現代的發展契機，共有兩百多人
參加。

01.09

◆ 法鼓文理學院人文社會學群學會於園區舉辦專題講座，邀請聖嚴師父法子繼程法師、
僧團三學研修院副都監果光法師對談「學‧問‧禪」，分享生命中的學習歷程，共有
兩百七十多人參加。

01.10

◆ 北投農禪寺舉辦禪一，由常鐘法師擔任總護，共有兩百一十人參加。

◆ 普化中心於北投農禪寺舉辦法鼓講堂特別講座，邀請曾隨行聖嚴師父、協助翻譯的美
國新澤西學院（The College of New Jersey）社會學系副教授李世娟（Rebecca Li），主
講「師徒因緣 —— 我與聖嚴師父」，同時於「法鼓山心靈環保學習網」線上直播，提
供全球學員上網聽講。

◆ 10至15日，法鼓文理學院與加拿大英屬哥倫比亞大學（University of British Columbia,
UBC）佛學論壇、中國大陸廣州中山大學人文學院佛學研究中心共同主辦的「2019佛
教與東亞文化寒期研修班」，於文理學院展開，包括研討會、研修課程及青年論壇，
共有一百二十多位來自美國、加拿大、比利時、新加坡、中國大陸、臺灣等十七國學
者及博士生參與。

◆ 法鼓文理學院舉辦專題講座，邀請德國漢堡大學（University of Hamburg）沼田惠範佛
學研究中心研究員康易清（Carsten Krause）主講「農禪並重在近代中國佛教復興歷史
中的角色」，並透過分組討論與分享，帶領聽眾了解雲居山真如禪寺、曹山寶積寺、
龍泉寺、藥山寺等四所寺院的農禪實踐，有近五十人參加。

01.11

◆ 馬來西亞拉曼大學（University Tunku Abdul Rahman, UTAR）佛學會成員一行十六人，
參訪馬來西亞道場，由監院常迪法師介紹法鼓山的理念和聖嚴師父的人間行履，演香
法師帶領體驗禪修。

01.12

◆ 1月12日至12月14日，蘭陽分院週六舉辦「蘭陽講堂」系列講座，共十場。12日首場邀請成功大學護理學系名譽教授趙可式主講「寫下生命最美的永恆」，分享安寧緩和醫療，說明安寧照護的基本概念，就是讓末期病人透過專業醫療團隊的積極照護、愛與關懷，走過有品質、有尊嚴的最後一哩路，有近一百六十人參加。

◆ 1月12日至11月9日，高雄紫雲寺舉辦「法鼓青年開講」系列講座，共四場。12日首場邀請電影工作者蘇奕瑄主講「慢慢電影路」，與近三十名青年朋友及劇迷分享電影之路。

◆ 法鼓文理學院生命教育學程於臺北德貴學苑舉辦專題講座，邀請聖嚴師父法子繼程法師主講「禪者悲心」，期勉大眾以佛法正見，開發智慧與慈悲的心，共有六百多人參加。

◆ 加拿大溫哥華道場舉辦念佛禪一，由監院常悟法師擔任總護，有近六十人參加。

01.13

◆ 護法總會及各地分院聯合舉辦「邁向2019好願在人間 —— 歲末感恩分享會」，於國內法鼓山園區、北投農禪寺、三峽天南寺、桃園齋明寺、臺中寶雲寺、臺南雲集寺、高雄紫雲寺、臺東信行寺、蘭陽分院以及護法會花蓮辦事處，與海外澳洲雪梨分會、新加坡護法會，共十二個地點同步展開，方丈和尚果暉法師於主現場園區大殿，與各地僧團法師、九千多位信眾，互道祝福，凝聚護法弘法的向心力。

◆ 馬來西亞道場於八打靈精武華文小學舉辦 Fun 鬆一日禪，由監院常迪法師擔任總護，共有兩百一十多人參加。

◆ 美國普賢講堂舉辦禪一，由副寺常玄法師擔任總護，共有三十多人參加。

01.15

◆ 文化中心出版《如是我願 —— 聖嚴法師的故事》結緣書，收錄三十則聖嚴師父的生命故事，透過事件與故事的鋪陳，引導大眾體會師父「盡形壽、獻生命」實踐佛法的生命歷程。

01.16

◆ 16至30日，普化中心每週三晚上於北投農禪寺舉辦「法鼓講堂」佛學課程，由禪修中心副都監果醒法師主講「《華嚴心詮》與禪」；課程同時於「法鼓山心靈環保學習網」線上直播，提供全球學員上網聆講，並參與課程討論。

01.17

◆ 方丈和尚果暉法師於北投雲來寺大殿，對僧團法師、全體專職精神講話，主題是「好願在人間」，全臺各分院道場同步視訊連線聆聽開示，有近三百人參加。

◆ 17 至 20 日，臺東信行寺舉辦初級禪悅四日營，由常傑法師擔任總護，共有四十多人參加。

01.18

◆ 18 至 20 日，三峽天南寺舉辦精進禪二，由果峙法師擔任總護，有近一百人參加。

◆ 18 至 20 日，桃園齋明寺舉辦念佛禪三，由禪堂監院常乘法師擔任總護，有近一百五十人參加。

◆ 慈基會受邀參與臺北市社會局文山老人服務中心於動物園舉辦的歲末關懷園遊會，祕書長果器法師到場關懷，並致贈長者春聯等結緣物品，傳遞關懷與祝福。

01.19

◆ 臺北安和分院「迎著光照亮生命」系列講座，19 日邀請點燈文化基金會董事長張光斗主講「傳播希望，看到愛的生活正能量」，分享從聖嚴師父的行誼中，觀照自己的貪瞋癡慢疑五毒，有近一百一十人參加。

◆ 臺中寶雲寺舉辦禪一，由果雲法師擔任總護，共有一百四十多人參加。

◆ 19 至 29 日，僧大於法鼓山園區舉辦「第十六屆生命自覺營」，共有一百三十四位來自臺灣、美國、西班牙、印尼、馬來西亞、新加坡、香港、澳門等各國學員，於短期出家生活中，透過梵唄、戒律、禪修、出坡等修行體驗，覺醒生命的價值、省思人生的方向。

◆ 美國東初禪寺舉辦禪一，由監院常華法師擔任總護，共有十多人參加。

◆ 加拿大溫哥華道場舉辦歲末感恩分享會，監院常悟法師出席關懷，感恩義工的護持與奉獻，有近兩百人參加。

01.20

◆ 1 月 20 日至 2 月 3 日，臺北安和分院每週日舉辦「《教觀綱宗》講座」，共三堂，由禪修中心副都監常醒法主講，說明教理，也分享修行體驗，同時提醒生活中的每一刻都是鍊心的善因緣，唯有念念修、處處修、時時修，才能體悟佛法的妙用，共有一千四百多人次參加。

◆ 臺北中山精舍舉辦 Fun 鬆一日禪，由悅眾擔任總護，共有六十多人參加。

◆ 南投德華寺舉辦禪一，由副寺果弘法師擔任總護，有近三十人參加。

◆ 臺南雲集寺舉辦禪一，由常嗣法師擔任總護，有近五十人參加。

◆ 高雄紫雲寺舉辦佛一暨八關戒齋，由監院常參法師帶領，共有兩百多人參加。

◆ 法鼓山社大新莊校區於新莊國小舉辦「感恩有里，好願迎春」歲末敦親睦鄰活動，內容包括茶禪、社大學員作品展，以及心靈環保自然農法講座、自然環保友善農耕市集，社大校長曾濟群到場關懷，感恩社區居民的護持，共有一百二十多人參加。

◆ 義工團於北投雲來寺舉辦悅眾交流分享會，常獻法師到場關懷，有近五十位接待組、護勤組、環保組、交通組、攝影組、醫護組悅眾參加。

◆ 1 月 20 日至 10 月 13 日，美國東初禪寺週日舉辦講座，由監院常華法師主講「地藏法

門的信解行 ——《大乘大集地藏十輪經》」，有近四十人參加。

◆ 美國洛杉磯道場舉辦歲末感恩分享會，監院果見法師出席關懷，有近一百五十人參加。

◆ 美國舊金山道場舉辦禪一，由悅眾擔任總護，有近二十人參加。

◆ 馬來西亞道場舉辦歲末感恩分享會，監院常迪法師出席關懷，感恩義工的護持與奉獻，有近兩百八十人參加。

01.21

◆ 僧團中午於法鼓山園區舉辦歲末圍爐，共有兩百多位僧眾參加；下午於開山紀念館辭歲禮祖，除了觀看聖嚴師父的開示影片，也接受方丈和尚果暉法師的祝福。

01.22

◆ 22 至 24 日，臺北中山精舍舉辦「冬季兒童心靈環保體驗營」，由教聯會師資帶領，透過各種互動課程，體驗禪修的專注與放鬆，共有五十多位國小學童參加。

◆ 為協助清寒、獨居的榮民安心過年，慈基會副會長陳照興與義工代表前往臺北市榮民服務處捐贈一千八百份即食調理餐，轉達社會的關懷與祝福。

01.25

◆ 25 至 26 日，臺北安和分院舉辦心靈環保兒童營，主題是「四感」，內容包括繪本故事、童趣禪繞畫、團康遊戲等，共有六十多位國小二至五年級學童參加。

◆ 25 至 27 日，高雄紫雲寺舉辦冬季青年營，以「悟吧！」為主題，由常導法師擔任總護，內容包括佛教生死觀、練習說再見、生命工作坊等，帶領青年認識死亡與生命關懷，進而找到生命的方向，做自己心的主人，共有五十五人參加。

◆ 25 至 27 日，傳燈院於三義 DIY 心靈環保教育中心舉辦精進禪二，由臺南分院監院常宗法師帶領，有近七十人參加。

◆ 25 至 27 日，香港道場於中華基督教青年會將軍澳青年營舉辦精進禪二，由悅眾擔任總護，共有四十多人參加。

01.26

◆ 臺北安和分院「迎著光照亮生命」系列講座，26 日邀請資深媒體工作者陳月卿主講「最有效率的身心健康方法」，有近一百四十人參加。

◆ 26 至 30 日，青年院於法鼓文理學院舉辦冬季青年卓越禪修營，由演柔法師擔任總護，以禪修為主軸，並安排生命教育碩士學位學程主任楊蓓帶領心靈工作坊，共有七十位學員參加。

◆ 26 至 30 日，教聯會於三峽天南寺舉辦教師心靈環保自我成長營，以「四感」為主題，由文化中心副都監果賢法師及法鼓文理學院生命教育碩士學位學程主任楊蓓、助理教授辜琮瑜分享身心安頓的方法，共有一百二十多人參加。

◆ 美國東初禪寺舉辦禪一，邀請聖嚴師父西方弟子李祺‧阿謝爾（Rikki Asher）擔任總護，共有十多人參加。

◆ 美國象岡道場舉辦禪一，由演本法師擔任總護，有近十人參加。

◆ 美國洛杉磯道場舉辦 Fun 鬆一日禪，由常統法師擔任總護，共有三十多人參加。

01.27

◆ 榮譽董事會於新加坡護法會舉辦感恩聯誼會，內容包括祈福法會、觀看聖嚴師父開示影音、悅眾分享等，包括退居方丈果東法師、護法總會副都監常遠法師、護法總會總會長張昌邦等到場關懷，有近一百人參加。

◆ 1 月 27 日至 12 月 7 日，法青會每月週六或日於北投農禪寺舉辦農禪法青「生活覺招研究室」，全年九場，由常提法師帶領，藉由不同主題的交流討論，學習以佛法面對並解決人生的難題與困境。

◆ 1 月 27 日至 11 月 3 日，美國東初禪寺週日舉辦講座，邀請聖嚴師父西方弟子哈利‧米勒（Harry Miller）主講《法華經》，有近五十人參加。

◆ 美國象岡道場舉辦禪一，由演本法師擔任總護，有近十人參加。

◆ 馬來西亞道場於武吉加里爾公園（Bukit Jalil Park）舉辦戶外禪，由監院常迪法師擔任總護，有近六十人參加。

◆ 27 至 29 日，香港道場舉辦「鼓磬‧音色」禪藝體驗系列活動，27 日首先於香港大學陸佑堂舉行茶會，並邀請頌缽演奏家曾文通與擊鼓表演家張藝生、李子建，設計「破立」、「靜謐」、「不一」及「音色」的鼓磬表演，共有三百多人參加。

◆ 美國雪城大學（Syracuse University）香港中心總監陳玉嬋，帶領近六十位美國大學生參訪法鼓山園區，認識佛教建築、造像藝術，並由常寂法師帶領體驗禪修。

01.28

◆ 聖嚴師父圓寂十週年，美國東初禪寺於 1 月 28 日至 2 月 3 日，舉辦法鼓傳燈禪修週活動，由監院常華法師、常齋法師等帶領禪坐共修，並觀看師父開示影音，共有四百五十多人次參加，圓滿日並舉辦傳燈儀式。

◆ 28 日及 29 日，香港道場分別於香港大學王賡武講堂、香港道場九龍會址舉辦「鼓磬‧音色」禪藝體驗對談活動，邀請日本磬製作職人島谷好德（Yoshinori Shimatani）、臺灣鐘鼓工匠王錫坤，以及香港頌缽演奏家曾文通、擊鼓表演家張藝生與李子建對談，分享禪藝精神。

01.30

◆ 1 月 30 日至 2 月 13 日，演柱法師美國舊金山道場弘法關懷，內容包括舉行法器培訓、佛法講座，以及帶領新春法會等。

01.31

◆ 美國舊金山大覺蓮社住持衍璇法師帶領法師、居士一行數十人，參訪舊金山道場，由演柱法師代表接待，進行交流。

月 FEBRUARY

02.01

◆ 《人生》雜誌第 426 期出刊，本期專題「聖嚴法師 願的足跡」。
◆ 《法鼓》雜誌第 350 期出刊。
◆ 法鼓文化出版新書：《法鼓山的方向：護法鼓手》（人間淨土系列，聖嚴法師著）、《法鼓山的方向：萬行菩薩》（人間淨土系列，聖嚴法師著）、《《勝鬘寶窟》校釋》（漢傳佛教典籍叢刊系列，吉藏大師著，陳平坤校釋）、《文殊菩薩 50 問》（學佛入門 Q&A 系列，法鼓文化編輯部編著）、《祈願・發願・還願（改版）》（人間淨土系列，聖嚴法師著）。

02.02

◆ 法青會於新北市深坑健順養護院舉辦樂齡關懷活動，由青年院監院常炬法師、常導法師帶領二十多位法青，以念佛、藝文表演等陪伴長者，傳遞關懷與祝福。
◆ 美國象岡道場舉辦禪一，由演本法師擔任總護，有近十人參加。
◆ 聖嚴師父圓寂十週年，美國新澤西州分會於 2 日及 3 日舉辦「法鼓傳燈日」，進行禪一，由悅眾帶領，有近五十人次參加。
◆ 聖嚴師父圓寂十週年，美國西雅圖分會舉辦「法鼓傳燈日」，進行禪一，由常先法師、常麓法師帶領，有近三十人參加。

02.03

◆ 美國象岡道場舉辦禪一，由演本法師擔任總護，有近十人參加。
◆ 美國西雅圖分會舉辦新春大悲懺法會，共有三十多人參加。
◆ 3 日及 10 日，美國普賢講堂週日舉辦佛學講座，由副寺常玄法師主講「《普門品》概論」，有近三十人參加。

02.04

◆ 法鼓山園區舉辦除夕彌陀法會，由常諦法師帶領，有近兩百人參加；法會圓滿後，進行「除夕祈福撞鐘」，由方丈和尚果暉法師、總統蔡英文、前總統馬英九、內政部長徐國勇、新北市長侯友宜、雲門舞集創辦人林懷民等來賓，共同敲響第一百零八響法華鐘聲後，方丈和尚與蔡英文總統啟動蓮花「心燈」，揭示 2019 年法鼓山社會關懷主題「好願在人間」，方丈和尚邀請大眾共同來實踐許好願、存好心、說好話、做好事、轉好運。

◆ 臺中寶雲寺舉辦除夕彌陀普佛法會，由監院常慧法師帶領，有近兩百四十人參加。

◆ 法行會中區分會於臺中寶雲寺聯誼會，由首任會長彭作奎分享參與印度朝聖見聞，表示緬懷師恩的方式，就是傳承聖嚴師父一生致力續佛慧命的精神，寺院管理女眾副都監果理法師、監院常慧法師到場關懷，共有六十多人參加。

◆ 加拿大溫哥華道場舉辦新春大悲懺法會，由監院常悟法師帶領，共有一百二十多人參加。

02.05

◆ 5至9日，法鼓山園區舉辦新春系列活動，內容包括版畫拓印、茶禪、藝文表演，以及靜心風鈴、玩象更心創意環保 DIY 等，有近三萬兩千人次參加。

◆ 2月5日起，法鼓山園區舉辦聖嚴師父圓寂十週年特展「告別向前」、法鼓山三十週年特展「法鼓三十　無盡緣起」、聖嚴師父墨迹展「書寫法鼓山」；農禪寺亦舉行「在農禪寺遇見聖嚴法師」特展，四場特展從不同的面向，引領大眾走入師父實踐佛法的生命歷程。

◆ 5至7日，北投農禪寺舉辦新春系列活動，除了平安祈福法會，並規畫「五種心團圓的方法」，傳遞新春祝福。

◆ 5至7日，北投中華佛教文化館舉辦新春千佛懺法會，共有九百多人次參加。

◆ 5至6日，臺北安和分院舉辦新春普佛法會，由僧團副住持果燦法師主法，共有五百五十多人次參加；法會圓滿後，另有水墨畫、書法特展、音樂饗宴，以及布緻手作、祈願挑戰、唐僧取經等親子闖關遊戲。

◆ 蘭陽分院舉辦新春普佛法會，由副寺常法法師帶領；同時間另有鈔經守平安、環保花草拓印、Fun 鬆玩桌遊等，共有一百五十多人次參加。

◆ 5至9日，三峽天南寺舉辦新春系列活動，包括祈福法會、供燈、禪修體驗、音樂饗宴與鈔經、茶禪等，引領民眾在生活中運用佛法，在遊戲中體驗禪修；方丈和尚果暉法師於7日前來關懷，勉勵大眾共同學習佛法智慧與慈悲，以身心安定的力量，讓心的願望圓滿一整年的如意吉祥，有近三千人次參加。

◆ 5至7日，桃園齋明寺舉辦新春慈悲三昧水懺法會，由果興法師主法，方丈和尚於7日到場關懷，期勉大眾不斷學習，不斷發願成長，報三寶恩、報眾生恩，有近八百人次參加。

◆ 桃園齋明別苑舉辦新春普佛法會，由果樞法師主法，有近三百人參加；5至7日，另有點燈、茶禪、親子 DIY、撞鐘祈願等，與大眾共度充滿法味的新春佳節。

◆ 臺中寶雲寺舉辦新春普佛法會，由僧大教務長常啟法師主法，共有八百六十多人參加。

◆ 南投德華寺舉辦新春普佛法會，由副寺果弘法師帶領，有近八十人參加。

◆ 臺南分院舉辦新春普佛法會，由果勤法師主法，共有三百六十多人參加；法會圓滿後另有茶禪、心靈處方籤、手帕拓染、鐘聲幸福、鈔經御守、電影賞析等結合心靈環保的藝文活動，讓前來走春的民眾，沐浴在年味的法喜中。

◆ 臺南雲集寺舉辦新春普佛法會，有近三百人參加。

◆ 5至7日，高雄紫雲寺舉辦新春千佛懺法會，由護法總會服務處監院常應法師主法，法師勉勵大眾以恭敬懺悔、虔誠感恩祝福的心來禮拜綿亙過去、現在、未來的三千

佛，共有五千兩百多人次參加。

◆ 臺東信行寺舉辦新春普佛法會，由監院常覺法師帶領，有近一百一十人參加；法會圓滿後並有祈福撞鐘、轉印轉運轉好運、手帕拓印、好願疊疊樂、心五四套圈圈，以及鈔經平安御守等活動。

◆ 5至9日，美國東初禪寺舉辦新春藥師法會，由果乘法師帶領，共有兩百七十多人次參加。

◆ 美國洛杉磯道場舉辦新春《金剛經》持誦共修，由常俱法師帶領，有近一百一十人參加；5至10日並有親子園遊會、惜福市場、祈願點燈等活動，在獻供、點燈、供花、許願儀式中，淨化身語意，並於日常生活中實踐新年的祝福與佛法的智慧。

◆ 美國舊金山道場舉辦新春普佛法會，由演柱法師帶領，法師引用《吉祥經》的經文，期勉大眾以「遠離惡友，親近善知識」、「精進修行，保持身心清淨」、「以禪定的修持，面對世間的得失毀譽，不憂不動」等方法，得到吉祥善果，共有一百三十多人參加。

◆ 加拿大溫哥華道場舉辦新春普佛法會，由監院常悟法師主法，勉勵大眾「一念清淨一念佛，念念清淨念念佛」，讓心因懺悔而有力量改變，時時刻刻回復清淨，走出新的人生，共有一百三十多人參加。

◆ 馬來西亞道場舉辦新春普佛法會，由監院常迪法師帶領，有近一百五十人參加。

◆ 美國普賢講堂舉辦新春普佛法會，由副寺常玄法師帶領，共有六十多人參加。

◆ 泰國護法會舉辦新春普佛法會，由常空法師帶領，共有一百多人參加。

02.06

◆ 臺中寶雲寺舉辦新春大悲懺法會，由僧大教務長常啟法師主法，共有五百七十多人參加。

◆ 臺東信行寺舉辦新春觀音法會，由監院常覺法師帶領，共有六十多人參加。

◆ 美國洛杉磯道場舉辦新春藥師法會，有近九十人參加。

◆ 美國舊金山道場舉辦佛法講座，由演柱法師主講「梵唄與修行」，共有四十多人參加。

◆ 加拿大溫哥華道場舉辦新春藥師法會，由監院常悟法師帶領，有近一百一十人參加。

02.07

◆ 臺北安和分院舉辦新春大悲懺法會，由僧團副住持果燦法師主法，方丈和尚果暉法師到場關懷，開示2019年主題「好願在人間」的意涵，說明願力的五個修行次第，共有五百六十多人參加。

◆ 蘭陽分院舉辦新春大悲懺法會，由監院常法法師帶領；同時間另有茶禪、益智遊戲等，共有兩百八十多人次參加。

◆ 臺中寶雲寺舉辦新春慈悲三昧水懺法會，由僧大教務長常啟法師主法，共有五百多人參加。

◆ 南投德華寺舉辦新春大悲懺法會，由副寺果弘法師帶領，共有三十多人參加。

◆ 臺南分院舉辦新春大悲懺法會，由弘化發展專案召集人果概法師主法，有近三百人參加。

◆ 臺南雲集寺舉辦新春大悲懺法會,由果迦法師帶領,有近一百一十人參加。
◆ 臺東信行寺舉辦新春大悲懺法會,由監院常覺法師帶領,有近七十人參加。
◆ 7至14日,禪堂舉辦初階禪七,由演捨法師擔任總護,共有一百一十多人參加。
◆ 傳燈院於北投雲來寺舉辦禪一,由常遂法師擔任總護,共有九十多人參加。
◆ 香港道場於九龍會址舉辦新春普佛法會,由副住持果品法師主法,勉勵大眾珍惜每一個念頭與行為,從心出發,從自己做起,以成就他人來成長自己,以止惡行善來關懷環境,共有七百一十多人參加。

02.08

◆ 8至9日,桃園齋明寺舉辦新春系列活動,包括園遊會、茶禪、藝文表演等,有近一千兩百人次參加。
◆ 新竹精舍舉辦新春普佛法會,由副寺常湛法師帶領,共有六十多人參加。
◆ 高雄三民精舍舉辦新春普佛法會,由果稱法師主法,共有一百五十多人參加。
◆ 馬來西亞怡保共修處舉辦新春普佛法會,有近五十人參加。

02.09

◆ 9至15日,禪堂舉辦青年初階禪七,由演定法師擔任總護,共有四十多人參加。
◆ 美國洛杉磯道場舉辦新春觀音法會,有近一百一十人參加。
◆ 美國舊金山道場舉辦新春祈福法會,由演柱法師帶領,法師鼓勵大眾好心發願、持續祈願、努力行願,終究滿願;同時間並舉辦親子園遊會,共有三百多人參加。
◆ 美國新澤西州分會舉辦新春普佛法會,由象岡道場住持果元法師、監院常護法師帶領;法會圓滿後,並有新春活動,內容包括點燈、茶禪、鈔經等,共有一百五十多人次參加。
◆ 美國普賢講堂舉辦新春藥師法會,由副寺常玄法師帶領,共有五十多人參加。
◆ 聖嚴師父圓寂十週年,加拿大多倫多分會舉辦「法鼓傳燈日」,進行禪一,由常先法師、常麓法師帶領;禪一圓滿,並進行傳燈儀式,有近三十人參加。

02.10

◆ 基隆精舍舉辦新春普佛法會,由副寺果樞法師帶領,有近七十人參加。
◆ 2月10日至5月26日,新竹精舍週日舉辦初階梵唄課程,由副寺常湛法師授課,內容包括認識梵唄威儀和精神,介紹各種法器、板眼與節拍等,有近四十人參加。
◆ 高雄紫雲寺舉辦禪一,由常涵法師擔任總護,共有一百三十多人參加。
◆ 臺東信行寺舉辦禪一,由常澂法師擔任總護,共有二十多人參加。
◆ 美國東初禪寺舉辦新春普佛法會,由監院常華法師帶領;象岡道場住持果元法師並開示「好願在人間」,分享鳩摩羅什、玄奘、鑑真和尚,以及聖嚴師父的佛法修為及接引大眾的弘願,期勉大眾發願當以利益眾生為初發,行願之力方能持久弘大。法會圓滿後安排藝文表演、禪藝手作活動,共有一百多人次參加。
◆ 美國普賢講堂舉辦禪一,由副寺常玄法師擔任總護,共有二十多人參加。

◆ 加拿大多倫多分會舉辦新春活動，包括普佛法會、茶禪、禪藝表演等，共有六十多人參加。

◆ 新加坡護法會舉辦新春普佛法會，由常空法師帶領，共有一百多人參加。

02.14

◆ 北投農禪寺舉辦禪一，由常懷法師擔任總護，共有兩百人參加。

02.15

◆ 2 月 15 日至 6 月 21 日，臺北中山精舍每週五上午舉辦佛學講座，上半年邀請鹿野苑藝文學會鄭念雪、王育坤等主講「佛教藝術」，每堂有近六十人參加。

◆ 2 月 15 日至 6 月 21 日、9 月 6 日至 2020 年 1 月 10 日，臺北中山精舍每週五下午舉辦佛學講座，邀請華嚴專宗研究所教師陳琪瑛主講《華嚴經・入法界品》，有近一百人參加。

◆ 15 至 18 日，加拿大溫哥華道場舉辦禪四，由監院常悟法師擔任總護，有近四十人參加。

02.16

◆ 聖嚴師父圓寂十週年，僧團於法鼓山園區巨蛋主現場、大殿、祈願觀音殿等十處殿堂，舉辦傳燈法會與「承師願」活動，共有逾萬來自世界各地的信眾參加。

◆ 美國象岡道場舉辦禪一，由演本法師擔任總護，有近十人參加。

◆ 聖嚴師父圓寂十週年，美國洛杉磯道場舉辦傳燈法會，由常俱法師帶領，以網路同步與臺灣法鼓山園區連線，法師期勉大眾追隨師父的腳步，做千手千眼的觀音菩薩，燃燒自己，為眾生照亮前路，共有八十多人參加。

◆ 馬來西亞道場舉辦燃燈供佛法會，由監院常迪法師帶領，期勉大眾發願向佛菩薩學習，點亮自己慈悲與智慧的心燈，有近一百二十人參加。

◆ 聖嚴師父圓寂十週年，香港道場於九龍會址舉辦傳燈法會，由監院常展法師帶領，以網路同步與臺灣法鼓山園區連線，有近六百人參加。

◆ 加拿大多倫多分會舉辦專題講座，由常先法師主講「生活中的法跡」，分享律制生活的重要性，有近四十人參加。

◆ 聖嚴師父圓寂十週年，新加坡護法會舉辦傳燈法會，由常空法師帶領，共有一百多人參加。

◆ 聖嚴師父圓寂十週年，泰國護法會舉辦傳燈法會，由常學法師帶領，以網路同步與臺灣法鼓山園區連線，共有四十多人參加。

◆ 聖嚴師父圓寂十週年，澳洲雪梨分會舉辦「法鼓傳燈日」，進行傳燈法會，由常續法師帶領，以網路同步與臺灣法鼓山園區連線，有近三十人參加。

02.17

◆ 北投農禪寺舉辦「農禪元宵心團圓」，由監院果毅法師帶領祈福法會，誦念《普門品》及觀世音菩薩聖號，法師期勉眾人學習觀音菩薩「侍多千億佛、發大清淨願」，為家人祈福，也要為大眾求安樂，現場並有吃元宵、提燈籠、猜燈謎等傳統節慶活動，共有一千三百多人參加。

◆ 2月17日至6月2日，臺北安和分院週日舉辦「以法相會　淨心淨土」水陸法會專題講座，共十三場，由僧團法師主講，介紹法鼓山水陸法會的修持與時代意義。17日首場由弘化發展專案召集人果慨法師主講「總說」，共有四百七十多人參加。

◆ 2月17日至5月26日，蘭陽分院週日舉辦心靈環保自然農法實務課程，共八堂，由僧團副住持果祥法師、法鼓山社大講師謝美玲授課，傳授人與大地共生共榮的實相，並了解有機友善自然農法、田園規畫實作，有近四十人參加。

◆ 高雄法青於甲仙區小林村永久屋協助打掃家園、關懷長者，傳遞佛法的祝福，共有十多人參加。

◆ 教聯會於臺南分院舉辦「教師自我成長營暨禪七學員聯誼會」，由悅眾帶領禪修體驗，常獻法師到場關懷，共有二十多位嘉義、臺南地區學員參加。

◆ 2月17日至12月8日，美國東初禪寺週日舉辦講座，由常齋法師主講《佛說八大人覺經》，有近六十人參加。

◆ 美國象岡道場舉辦禪一，由演本法師擔任總護，有近十人參加。

◆ 聖嚴師父圓寂十週年，美國舊金山道場舉辦傳燈法會，由常惠法師、常旻法師帶領，法師期勉大眾精進學佛，傳承佛法的智慧，讓所有的有情眾生能因明燈，破除黑暗，才是傳燈的真正意義和價值，共有一百二十多人參加。

02.18

◆ 18至25日，禪堂於臺東信行寺舉辦初階禪七，由監院常乘法師擔任總護，共有六十多人參加。

02.19

◆ 基隆精舍舉辦元宵燃燈供佛法會，由副寺果樞法師帶領，有近五十人參加。

◆ 桃園齋明寺舉辦元宵燃燈供佛法會，由監院果舟法師帶領，期勉大眾以「好願在人間」的精神，發願以五戒十善成長自己智慧、慈悲，有近一百六十人參加。

02.20

◆ 2月20日至6月19日、9月11日至2020年1月8日，臺北中山精舍每週三下午舉辦佛學講座，由普化中心佛學課程老師謝水庸主講「學佛三要」，有近八十人參加。

◆ 2月20日至6月19日、9月11日至2020年1月8日，臺北中山精舍每週三晚上舉辦佛學講座，由普化中心佛學課程老師溫天河導讀聖嚴師父著作《天台心鑰》，有近四十人參加。

02.21

◆ 南投德華寺舉辦元宵燃燈供佛法會,由副寺果弘法師帶領,共有四十多人參加。

02.22

◆ 22 至 24 日,北投農禪寺舉辦精進禪二,由監院果毅法師擔任總護,有近一百七十人參加。

◆ 22 至 24 日,美國象岡道場舉辦禪三,由住持果元法師擔任總護,共有二十人參加。

◆ 香港道場於港島會址舉辦專題講座,由法鼓文理學院佛教學系主任鄧偉仁主講「佛教現代主義的審視 —— 佛教禪修與身心療癒」,共有一百五十多人參加。

02.23

◆ 臺中寶雲寺於南投縣和社自然教育園區舉辦戶外禪,由果雲法師擔任總護,共有一百一十多人參加。

◆ 2 月 23 日至 3 月 23 日,人基會週六於德貴學苑舉辦心六倫宣講團種子教師培訓課程,共四堂,內容包括「人基會與心六倫」的沿革、組織,以及「心六倫宣講團」的團隊使命及功能等,共有四十一人參加。

◆ 美國象岡道場舉辦禪一,由演本法師擔任總護,有近十人參加。

◆ 聖嚴師父圓寂十週年,加拿大溫哥華道場舉辦傳燈法會,由監院常悟法師帶領,共有一百三十多人參加。

◆ 馬來西亞道場舉辦悅眾工作坊,由監院常迪法師帶領,體驗從「小我」(個人、自覺)走向「大我」(團體、自覺覺他),直到「無我」(菩薩道)的奉獻精神,共有三十多人參加。

◆ 2 月 23 日至 11 月 23 日,美國新澤西州分會每月週六舉辦「認識佛教」佛學課程。2月 23 日首場由常興法師介紹和傳教的發展歷史與現況,共有四十多人參加。

02.24

◆ 臺北安和分院「以法相會 淨心淨土」水陸法會專題講座,24 日由禪修中心副都監果醒法師主講「瑜伽焰口壇」,結合禪修方法與經教說明「放焰口」的義理,近四百三十人參加。

◆ 臺南雲集寺舉辦念佛禪一,由監院常宗法師擔任總護,有近七十人參加。

◆ 傳燈院於北投雲來寺舉辦 Fun 鬆一日禪,由常啟法師擔任總護,共有五十多人參加。

◆ 慈基會於臺北德貴學苑舉辦「北區救災總指揮、慰訪組長聯繫會報」,副祕書長常隨法師、總幹事陳高昌及專職,分享防救災組織架構、實務經驗等,祕書長果器法師到場關懷,有近一百位北部地區之正副救災總指揮、正副召委及義工參加。

◆ 榮譽董事會於北投農禪寺舉辦新春祝福,內容包括祈福法會、聆聽聖嚴師父開示影片、悅眾分享等,方丈和尚果暉法師、僧團都監常遠法師、榮董會會長黃楚琪等出席關懷,互勉時時回到護法初心,積極行願,造福人間,共有一千三百多人參加。

◆ 2月24日至10月20日，美國東初禪寺週日舉辦講座，由果乘法師主講《坐禪儀》，有近五十人參加。

◆ 馬來西亞道場舉辦禪一，由常施法師擔任總護，共有四十多人參加。

◆ 15日，新加坡護法會每週日或週一舉辦基礎梵唄培訓課程，共八堂，由常耀法師帶領，內容包括法器名稱及所代表的符號、唱誦的數拍等基礎觀念，有近四十人參加。

◆ 聖嚴師父圓寂十週年，澳洲墨爾本分會舉辦「法鼓傳燈日」，進行傳燈法會，由常續法師帶領，有近三十人參加。

02.27

◆ 2月27日至12月25日，人基會每月最後一週週三於臺北德貴學苑舉辦「2019好願在人間心靈講座」，27日首場邀請前臺灣大學校長李嗣涔主講「氣功的科學觀與保健原理」，說明氣功和禪修相同，以調整呼吸和身體的姿勢來調息與調身，進而達到身心穩定的狀態，共有一百多人參加。

02.28

◆ 2月28日至3月3日，法鼓山於園區舉辦「第二十四屆在家菩薩戒」第一梯次，由方丈和尚果暉法師、首座和尚惠敏法師、副住持果品法師擔任菩薩法師，包括男眾一百一十五位、女眾四百六十八位，共有五百八十三人受戒。

◆ 越南慧光禪寺方丈竹通普法師，帶領百餘位僧俗四眾弟子，參訪法鼓山園區，由常寂法師代表接待，進行交流；一行人並分組由參學導覽員帶領認識園區的禪悅境教。

3月 MARCH

03.01

◆ 《人生》雜誌第427期出刊，本期專題「與記憶的美好告別」。

◆ 《法鼓》雜誌第351期出刊。

◆ 法鼓文化出版新書：《翻轉人生的禪機》（般若方程式系列，楊蓓著）、《福慧自在──《金剛經》講記與《金剛經》生活（簡體版）》（現代經典系列，聖嚴法師著）。

◆ 1至3日，美國舊金山道場舉辦助理監香培訓課程，由象岡道場住持果元法師、象岡道場監院常護法師帶領，共有三十多人參加。

◆ 香港道場於當地佛教大雄中學舉辦祈福法會，由演清法師帶領，有近一百三十位師生參加。

03.02

◆ 3月2至9日、4月6至13日,新竹精舍每週六舉辦佛學講座,由文化中心副都監果賢法師主講「華嚴與人生」,有近一百三十人參加。

◆ 2至9日,禪堂舉辦中英禪七,由演健法師擔任總護,首度邀請聖嚴師父法子吉伯‧古帝亞茲(Gilbert Gutierrez)主七,有近一百二十位來自美洲、歐洲及東南亞等十六國的學員參加。

◆ 3月2日至5月25日,禪堂於法鼓山園區法華書苑舉辦禪九十,禪期包含各五梯次的話頭及默照,皆以聖嚴師父的影音開示為指導,輔以堂主果醒法師的解說,共有二十八位禪眾全程參與。

◆ 法鼓文理學院校長惠敏法師受邀參加日本岐阜聖德學園大學舉辦「臨終關懷 —— 從佛教與醫學之實踐,討論生命真相」論壇,分享「預立醫療照護諮商」(Advanced Care Planning, ACP)議題。

◆ 3月2日至5月11日,僧大於臺北、桃園、臺中、臺南、高雄,以及海外的澳門、香港及新加坡,舉辦自覺工作坊,以「自覺覺他」為主題,由僧大師長帶領,內容包括「覺悟好生活」、「傾聽與表達」、「破繭而出」及「生命轉彎處」等,共有三百八十多位學員參加。

◆ 美國象岡道場舉辦禪一,由演本法師擔任總護,有近十人參加。

◆ 緬懷聖嚴師父圓寂暨道場成立十週年,馬來西亞道場於吉隆坡表演藝術中心舉辦「心願‧十年」音樂會,演出曲目《和心在一起》專輯的樂曲及單曲創作〈四它〉等,包括八打靈觀音亭住持明吉法師及明彤法師、馬來西亞佛光山副住持如行法師、東禪佛教學院學務長如音法師,以及鶴鳴禪寺傳華法師,共有五百多人參加;會場外並有「聖嚴法師十大生命歷程」展覽,引領大眾認識師父實踐佛法的悲心大願。

◆ 美國西雅圖分會舉辦悅眾成長課程,由東初禪寺院監常華法師主講「《法華經》的領導哲學」,法師以現代領導統禦理論解說《法華經‧譬喻說》的領導智慧,期勉學員在職場或是擔任義工,都能從自利利他的出發點來服務大眾,共有三十多人參加。

03.03

◆ 臺北安和分院「以法相會 淨心淨土」水陸法會專題講座,3日由中華佛學研究所所長果鏡法師主講「楞嚴壇」,有近四百二十人參加。

◆ 3月3日至6月16日、9月22日至2020年1月5日,臺北安和分院隔週週日開辦「童趣班」,由教聯會師資帶領,透過靜心活動、繪本故事、生命教育、創意手作等課程,培養學童的專注力及良好的情緒管理,有近五十位國小學童參加。

◆ 美國東初禪寺週日舉辦講座,由常浩法師主講《六祖壇經》,共有五十多人參加。

◆ 美國象岡道場舉辦禪一,由演本法師擔任總護,有近十人參加。

◆ 美國洛杉磯道場舉辦禪一,由常義法師擔任總護,共有四十多人參加。

◆ 聖嚴師父圓寂十週年,馬來西亞道場舉辦「法鼓傳燈日」活動,由臺中寶雲寺監院常慧法師帶領進行茶敘、聆聽《禪燈》組曲,探源禪宗法脈,有近一百五十人參加。

◆ 美國西雅圖分會舉辦專題講座,由果乘法師主講「漢傳佛教的發展歷史與現狀」,完整介紹佛陀成道至佛陀涅槃後佛教發展史,並帶領小組討論,思考佛教教義、漢傳佛

教的包容性，共有三十多人參加。

◆ 澳洲雪梨分會舉辦佛法講座，由常續法師主講「何謂修行？」，共有二十多人參加。

03.04

◆ 3月4日至7月1日、9月2日至2020年1月6日，臺北安和分院每週一舉辦佛學講座，由心理諮商專家鄭石岩主講「覺有情的人生」，從佛學、心理學、社會學等多面向切入，帶領大眾透過對生命的理解，進而活出生命的光彩，有近兩百人參加。

03.05

◆ 3月5日至7月2日、9月3日至2020年1月7日，臺北安和分院每週二舉辦佛學講座，由僧團副住持果燦法師導讀聖嚴師父著作《聖嚴法師教淨土法門》，有近兩百人參加。

◆ 3月5日至6月18日、9月12日至12月31日，臺北中山精舍每週二舉辦佛學講座，由胡健財主講「菩薩修行法門」，有近四十人參加。

◆ 傳燈院應將捷集團之邀，由常正法師帶領禪修體驗課程，內容包括禪坐、動禪體驗等，有近三十人參加。

03.06

◆ 3月6日至7月3日，臺北安和分院每週三舉辦佛學講座，由法鼓文理學院助理教授辜琮瑜主講「禪門禪鑰」，有近一百二十人參加。

◆ 6至27日，普化中心每週三晚上於北投農禪寺舉辦「法鼓講堂」佛學課程，由常諦法師主講《妙法蓮華經‧譬喻說》；課程同時於「法鼓山心靈環保學習網」線上直播，提供全球學員上網聽講，並參與課程討論。

03.07

◆ 7至10日，法鼓山於園區舉辦「第二十四屆在家菩薩戒」第二梯次，由方丈和尚果暉法師、首座和尚惠敏法師、副住持果品法師擔任菩薩法師，包括男眾一百五十四位、女眾四百二十六位，共有五百八十人受戒。

03.08

◆ 法鼓山社大於三峽天南寺舉辦「社大講師共識營」，由校長曾濟群等帶領，有近六十位金山、北投、新莊三校區講師及義工參加。

◆ 8至21日，美國象岡道場舉辦默照禪十四，由住持果元法師擔任總護，為方便禪眾作息，禪期分為兩梯次禪七，共有八位禪眾全程參加。

◆ 香港道場於當地佛教孔仙洲中學舉辦祈福法會，由常禮法師帶領，有近一百二十位師生參加。

03.09

◆ 北投農禪寺舉辦禪一，由常用法師擔任總護，共有兩百一十多人參加。

◆ 臺北安和分院舉辦禪一，由監院果旭法師擔任總護，共有一百人參加。

◆ 3月9日至6月15日、9月7日至12月21日，中山精舍隔週週六開辦「童趣花園」
課程，每梯次八堂，由教聯會師資帶領，引領學童學習尊重生命價值，每梯次有五十
位國小學童參加。

◆ 3月9日、4月20日、5月25日，蘭陽分院舉辦親職學堂，邀請心理師陳茉莉分享溝
通心法，主題分別是「了解自己的溝通模式」、「覺察說話時的肢體語言和非肢體語
言」、「同理心讓親子關係更接近」，每堂有近五十位父母參加。

◆ 9至10日，慈基會於高雄紫雲寺舉辦慰訪員初階教育訓練課程，由副祕書長常隨法
師、專職等帶領，並邀請社工師謝云洋講解助人工作的基本技巧，共有三十三位雲嘉
南及高屏地區義工參加。

◆ 9至30日，聖基會每週六舉辦經典講座，邀請中央研究院歷史語言研究所研究員顏娟
英主講「佛教藝術的起源與開展」，共四堂，以佛教在亞洲的傳播流變為背景，介紹
佛教造像與石窟藝術的演變歷程，有近一百二十人參加。

◆ 合唱團於員林辦事處舉辦「正、副團長暨老師交流分享會」，文化中心副都監果賢法
師出席關懷，並以「好願在人間、法鼓山的方向」為題，分享如何以發好願、行好
願、募好願，持續走在法鼓山的方向上，有近三十位地區悅眾參加。

◆ 3月9日至12月14日，美國東初禪寺每月週六舉辦佛學課程，主題是「修行法
門」，接引大眾以相應法門親近佛法。3月9日首場由常齋法師主講「基礎禪修法門
介紹」，有近三十人參加。

◆ 加拿大多倫多分會舉辦禪一，由悅眾擔任總護，共有十多人參加。

03.10

◆ 法鼓山於三峽天南寺舉辦社會菁英禪修營第九十八次共修會，由常正法師擔任總護，
共有七十多人參加。

◆ 臺北安和分院「以法相會　淨心淨土」水陸法會專題講座，10日由監院果旭法師主講
「大壇」，共有三百一十多人參加。

◆ 臺北中山精舍舉辦Fun鬆一日禪，由常弘法師擔任總護，有近五十人參加。

◆ 新竹精舍舉辦禪一，由果稱法師擔任總護，有近四十人參加。

◆ 臺中寶雲寺舉辦禪一，由果雲法師擔任總護，共有一百三十多人參加。

◆ 臺東信行寺舉辦佛法講座，由弘化發展專案召集人果慨法師主講「《地藏經》與超
薦」，共有八十多人參加。

◆ 10至17日，禪堂舉辦中階禪七，由演定法師擔任總護，有近一百五十人參加。

◆ 為推廣禪跑，普化中心與政治大學、臺北大學、臺北科技大學、體育大學、龍華科技
大學於臺北大學三峽校區舉辦「五校聯合大學禪跑」，副都監果毅法師到場關懷，說
明跑步與禪修的結合，能達到身心放鬆，有近八十位來自十四所大專院校師生、校友
參加。

◆ 僧大於法鼓山園區第三大樓舉辦「108年度招生說明會」，由副院長果幸法師等師長

介紹辦學精神及課程規畫，方丈和尚果暉法師到場關懷，有近四十位學員到場，另有香港、澳門、馬來西亞同步視訊，共有八十多位有意報考青年參加。

◆ 助念團於臺北德貴學苑舉辦大事關懷研習課程，由關懷院監院常學法師、常健法師、常甯法師授課，有近一百八十人參加。

◆ 桃園法青參加新北市金山環保社團淨灘活動，於金山區中角沙珠灣撿拾垃圾，為環境保護盡一份心力，共有二十多人參加。

◆ 3月10日及5月5日，美國東初禪寺舉辦週日講座，由常灌法師主講「阿彌陀佛四十八大願」，共有四十多人參加。

◆ 美國洛杉磯道場舉辦佛學講座，由常統法師主講「《六祖壇經》講要 —— 生命觀照的智慧」，有近五十人參加。

◆ 3月10日、4月14日及5月12日，馬來西亞道場舉辦三場心靈環保工作坊，主題是「要，還是不要？求，還是不求？」，由監院常迪法師帶領討論，提醒學員透過「四要」轉變自己的觀念，建立正確的價值觀，有近五十位青年參加。

◆ 美國普賢講堂舉辦禪一，由副寺常玄法師擔任總護，有近二十人參加。

◆ 澳洲雪梨分會舉辦禪學講座，由常續法師主講「十牛圖頌」，共有二十多人參加。

03.11

◆ 為感恩體系顧問、各會團、協力廠商，以及所有工作人員，共同圓滿聖嚴師父圓寂十週年傳燈法會及除夕撞鐘典禮，僧團於臺北德貴學苑舉辦感恩分享會，方丈和尚果暉法師出席感謝所有人員的護持成就。

◆ 3月11日至5月27日、9月9日至10月28日，法青會週一於臺北德貴學苑舉辦「初階梵唄培訓」課程，由演寶法師帶領，有近二十人參加。

◆ 11至13日，美國亞特蘭大共修處舉辦專題講座，邀請新加坡漢傳佛學院學術副校長王晴薇、美學藝術工作者莊芷凡主講「《法華經》的療癒力量」，有近五十人參加。

03.12

◆ 12至26日，桃園齋明別苑每週二舉辦佛學講座，由弘化發展專案召集人果慨法師主講「探索無盡生命」，講授《法華經》，分享修行方法與成佛之道，有近三百四十人參加。

◆ 3月12日至4月30日、5月7日至6月25日，以及9月10日至10月29日、11月5日至12月31日，法青會週二於臺北德貴學苑舉辦「身心SPA」，每梯次八堂課，由演寶法師帶領，每梯次有近三十人參加。

03.13

◆ 法鼓文理學院於臺北德貴學苑舉辦「聽見花開的聲音 —— 遇見DILA」招生說明會，由生命教育學程主任楊蓓主持，包括生命教育學程助理教授辜琮瑜、社區再造學程主任曾漢珍與助理教授李婷潔、環境與發展學程主任張長義，以及社會企業與創新學程助理教授楊坤修等，介紹人文社會學群的辦學特色，有近六十人參加。

03.14

◆ 14 至 17 日，臺東信行寺舉辦中級禪悅四日營，由果稱法師帶領，有近三十人參加。

◆ 3 月 14 日至 5 月 23 日、8 月 22 日至 11 月 14 日，馬來西亞道場每週四舉辦《學佛五講》佛學課程，由監院常迪法師主講，共有九十多人參加。

03.15

◆ 15 至 17 日，三峽天南寺舉辦精進禪二，由果峙法師擔任總護，有近一百人參加。

◆ 15 至 19 日，美國塔拉哈西分會舉辦默照禪五，由召集人俞永峯擔任總護，有近三十人參加。

03.16

◆ 16 至 24 日，百丈院每週六、日進行清洗法鼓山園區祈願觀音池，包括洗石、曬石、刷池壁、擦池底、鋪石等作業，由監院果耀法師帶領，有近四百人次參加。

◆ 北投農禪寺舉辦佛一暨八關戒齋，由常運法師擔任監香，有近七百一十人參加。

◆ 基隆精舍舉辦禪一，由副寺果樞法師擔任總護，有近四十人參加。

◆ 蘭陽分院「蘭陽講堂」系列講座，邀請格林文化發行人郝廣才主講「為孩子的夢想裝上翅膀」，分享教養心法，共有一百七十多人參加。

◆ 高雄紫雲寺「法鼓青年開講」系列講座，邀請滾石文化董事長段鍾沂主講「翻滾樂壇」，分享實踐夢想的搖滾精神，共有一百四十多人參加。

◆ 16 至 17 日，榮董會於法鼓山園區舉辦禪悅營，由臺南分院監院常宗法師帶領，學員藉由參訪殿堂、體驗戶外禪，堅定修行與奉獻的願心，方丈和尚果暉法師到場關懷，有近九十位雲林、嘉義、臺南地區榮董參加。

◆ 豐原辦事處舉辦禪修指引課程，由臺中寶雲寺監院常慧法師帶領體驗坐姿法鼓八式動禪，練習用禪法調和身心，改善生活及健康品質，有近一百三十人參加。

◆ 教聯會於法鼓山園區舉辦心靈環保一日營，由常獻法師帶領戶外禪，共有五十人參加。

◆ 美國東初禪寺舉辦專題講座，邀請新加坡漢傳佛學院學術副校長王晴薇、美學藝術工作者莊芷凡主講「《法華經》的療癒力量」，有近五十人參加。

◆ 美國洛杉磯道場於卡本峽谷地區公園（Carbon Canyon Regional Park）舉辦戶外禪，由常統法師擔任總護，共有三十多人參加。

◆ 法鼓山於北投雲來寺舉辦「2019 心靈環保家庭日共識營」，由雲來寺監院果會法師、活動處主任楊順娥、悅眾張允雄等授課，有近兩百位地區、會團義工參加。

03.17

◆ 北投農禪寺舉辦戶外禪，由常遂法師擔任總護，共有兩百二十多人參加。

◆ 臺北安和分院「以法相會　淨心淨土」水陸法會專題講座，17 日由桃園齋明寺監院果舟法師主講「地藏壇」，有近三百人參加。

◆ 3月17日、4月21日、5月19日及6月16日，臺北安和分院舉辦親職講座，邀請心理師陳茉莉主講，主題分別是「了解溝通型態」、「身體語言的表達」、「同理心的力量」、「了解孩子的特質」，有近兩百五十人次參加。

◆ 南投德華寺舉辦禪一，由副寺果弘法師擔任總護，有近三十人參加。

◆ 青年院於臺北德貴學苑舉辦禪一，由演寶法師擔任總護，共有十多人參加。

◆ 3月17日至6月9日，中區法行會週日於臺中寶雲寺舉辦「好願在人間」系列講座，共三場。17日進行首場，由首任會長彭作奎主講「人生，要有歸零的勇氣」，分享親近法鼓山的因緣，以及學習佛法「離苦」的方法與體悟，有近一百二十人參加。

◆ 美國洛杉磯道場舉辦佛學講座，由常俱法師主講「培福增慧──《金剛經》的生活」，有近五十人參加。

◆ 美國舊金山道場舉辦禪一，由悅眾擔任總護，共有三十多人參加。

◆ 加拿大溫哥華道場舉辦禪一，由常惠法師擔任總護，有近四十人參加。

◆ 馬來西亞怡保共修處舉辦清明報恩彌陀法會，由監院常迪法師帶領，共有四十多人參加。

◆ 美國新澤西州分會舉辦專題講座，邀請新加坡漢傳佛學院學術副校長王晴薇、美學藝術工作者莊芷凡主講「《法華經》的療癒力量」，共有四十多人參加。

◆ 澳洲雪梨分會舉辦佛學講座，由常續法師主講「修行四原則──教、理、行、果」，共有二十多人參加。

03.18

◆ 18日及19日，法鼓文理學院舉辦唯識學講座，邀請日本東京大學人文社會系研究科教授高橋晃一主講，主題是「從『菩薩地‧真實義品』到『攝決擇分‧菩薩地』的思想發展──以 vastu 概念為中心」、「《解深密經》的成立與思想」及「佛教用語用例集 Bauddha Kośa（五位七十五法關連用語的定義）」，包括校長惠敏法師，共有五十多人參加。

◆ 18日起，行政中心所在的北投雲來寺，推廣辦公室動禪，每日上、下午各六到七分鐘，藉由簡單的動作與動禪心法運用，讓專職及義工菩薩們體驗身心的放鬆與安定。

03.20

◆ 法鼓文理學院舉辦專題講座，邀請美國那洛巴大學（Naropa University）宗教學系副教授伊蓮‧袁（Elaine Yuen）主講「如何培育佛教宗教師？」，有近五十人參加。

03.21

◆ 退居方丈果東法師應臺北市中小企業榮譽指導員協進會之邀，於北市藝文推廣處講演「現代企業人的身心安頓」，解說初心、安心的層次，及如何透過「心五四」觀念，為生命帶來真正的平安快樂，回到有慈悲與智慧的初心，共有九十多人參加。

03.22

◆ 22 至 24 日,北投農禪寺舉辦「青年 Fun 心輕旅行」,由常提法師擔任總護,帶領學員體驗梵唄、供燈、茶禪、鈔經、早晚課誦,以及禪坐、動禪等,認識佛教與寺院的修行生活,有近七十位青年參加。

◆ 3 月 22 日至 5 月 19 日,北投中華佛教文化館舉辦清明報恩《地藏經》共修,由監院果諦法師帶領,每日均有逾五十人參加。

◆ 22 至 24 日,臺東信行寺舉辦清明報恩地藏法會,由果勤法師主法,共有兩百三十多人次參加。

◆ 22 至 24 日,禪堂舉辦助理監香培訓課程,由果興法師、演定法師帶領,共有六十多人參加。

◆ 22 至 24 日,傳燈院於三義 DIY 心靈環保教育中心舉辦立姿動禪學長培訓,由監院常襄法師帶領,引導將禪修心法融入日常生活,體驗行住坐臥皆是禪的妙用,共有五十一人參加。

◆ 法鼓文理學院校長惠敏法師接受日本廣播協會(NHK)《Close Up 現代＋》電視節目專題訪談,主題是「臨終關懷與醫療之間 —— 面對死亡的臨床宗教師」,法師分享臺灣 1 月 6 日首度於亞洲實施「病人自主權利法」之「預立醫療照護諮商」(Advanced Care Planning, ACP)與佛教「三法印」善終準備之互補性。

◆ 3 月 22 日至 5 月 10 日,屏東辦事處週五舉辦佛學講座,由常齊法師主講《八大人覺經》,講述八項大人覺悟、覺知的過程;勉勵大眾修習自覺覺他、自利利他的菩薩道,有近五十人參加。

◆ 22 至 24 日,法青會於法鼓文理學院舉辦「悟吧!二日營」,主題是「生命關懷」,由常導法師擔任總護,並邀請安寧緩和專科醫師朱為民、佛教蓮花基金會董事張寶方授課,從長照、醫學、宗教角度,帶領學員學習面對生死的慈悲與智慧,共有七十位學員參加。

03.23

◆ 23 至 29 日,臺南雲集寺舉辦清明報恩地藏法會,包括地藏法會、《地藏經》共修、地藏懺法會,由監院常宗法師帶領,共有九百多人次參加。

◆ 3 月 23 日至 11 月 9 日,高雄紫雲寺舉辦「法鼓文理講堂」系列講座,共四場。23 日首場由法鼓文理學院佛教學系主任鄧偉仁主講「佛教禪修傳統現代化的省思」,解析佛教傳統正定概念、正念禪修與現代禪修的異同,引領大眾了解禪修在現代化過程中的演變,有近一百二十人參加。

◆ 3 月 23 日至 5 月 11 日,高雄三民精舍週六下午舉辦佛學講座,由常齊法師主講《八大人覺經》,講述八項大人覺悟、覺知的過程;勉勵大眾修習《八大人覺經》自覺覺他、自利利他的菩薩道,有近六十人參加。

◆ 23 至 30 日,禪堂於三峽天南寺舉辦初階禪七,由演一法師擔任總護,共有一百一十五人參加。

◆ 慈基會於新竹精舍舉辦慰訪員初階教育訓練課程,由副祕書長常隨法師、專職等帶領,並邀請社工師陳玟如講解助人工作的基本技巧,祕書長果器法師到場關懷,共有

八十一位新竹、桃園、中壢等地區義工參加。

◆ 3月23日至9月28日，護法總會週六於中正萬華辦事處舉辦「悅眾成長系列課程」，共六堂，由臺中寶雲寺監院常慧法師授課，帶領大眾認識聖嚴師父的生命歷程，漸次深入法鼓山的理念與方向，有近五十人參加。

◆ 3月23日至5月11日，潮州辦事處週六上午舉辦佛學講座，由常齊法師主講《八大人覺經》，講述八項大人覺悟、覺知的過程；勉勵大眾修習自覺覺他、自利利他的菩薩道，有近四十人參加。

◆ 3月23日、6月22日，以及9月28日、12月28日，法青會於臺北德貴學苑舉辦心潮梵音祈福法會，由演柔法師、演寶法師帶領，各有七十多人參加。

◆ 美國東初禪寺舉辦禪一，由常齋法師擔任總護，共有二十七人參加。

◆ 23至24日，加拿大溫哥華道場舉辦大事關懷生命教育課程，由關懷院監院常學法師帶領，內容包括大事關懷七項服務、助念法器梵唄教學，演練追思祝福時的儀式，有近一百六十人參加。

◆ 3月23日至9月21日，馬來西亞道場每月週六舉辦兒童生命教育課程，共六堂，主題是「心六倫」，由專業師資帶領，有近二十位小學員參加。

◆ 美國新澤西州分會「認識佛教」佛學課程，由常浩法師介紹皈依三寶的意義、五戒與十善，共有三十多人參加。

03.24

◆ 24至31日，臺北中山精舍舉辦清明報恩地藏法會，內容包括地藏法會、《地藏經》共修，由常弘法師帶領，有近九百人次參加。

◆ 桃園齋明別苑舉辦禪一，由副寺常林法師擔任總護，有近九十人參加。

◆ 24至30日，高雄紫雲寺舉辦清明報恩地藏法會，由監院常參法師帶領，有近兩千一百人次參加。

◆ 傳燈院於北投雲來寺舉辦禪一，由演戒法師擔任總護，有近九十人參加。

◆ 法鼓山社大於新北市石門戶外教室舉辦「針情相約‧耕心田趣」種植金針花活動，由「香草植物園藝種植與運用班」課程老師洪秀典帶領，共有五十多位金山、萬里幼童軍團團員及家長參加，體驗自然農耕。

◆ 僧大舉辦兩場專題工作坊，主題是「世界公民工作坊」及「如何設計心靈環保教案」，分別由果禪法師、常濟法師及法鼓文理學院生命教育學程助理教授辜琮瑜帶領分享與討論。

◆ 美國洛杉磯道場舉辦佛學講座，由常統法師主講「五蘊皆空觀自在 ──《心經》要解」，共有四十多人參加。

◆ 3月24日至9月22日，馬來西亞道場每月週日舉辦兒童生命教育課程，主題是「心五四」，共六堂，由專業師資帶領，有近二十位小學員參加。

◆ 馬來西亞道場舉辦「心靈環保父母成長工作坊」，以「民以食為天」為主題，引導思考食安及健康的關聯，共有三十多人參加。

03.25

◆ 3 月 25 日至 4 月 7 日，臺北安和分院舉辦清明報恩地藏法會，由監院果旭法師帶領，共有逾四千人次參加。

◆ 3 月 25 日至 6 月 10 日，香港道場週一於港島會址舉辦學佛入門課程，內容包括佛學基礎概念、學佛行儀等，由演清法師等授課，每堂有近七十人參加。

◆ 澳洲雪梨大學（University of Sydney）「聖嚴法師漢傳佛教講座」（Master Sheng Yen Lecture in Chinese Buddhism），邀請美國加州大學柏克萊分校（University of California, Berkeley）宗教學系教授羅伯特·謝爾夫（Robert Sharf），以「公案的意義」（Making Sense of Chan Cases）為題進行演講。

03.26

◆ 來自日本福島縣幼稚園至國中學童，以及家長、輔導老師共十三人，參訪北投農禪寺，學習佛門禮儀，藉由托水缽、吃飯禪，體驗動靜中清楚放鬆，享受當下的幸福。

03.27

◆ 法鼓文理學院舉辦專題講座，邀請美國那洛巴大學（Naropa University）宗教學系副教授伊蓮·袁（Elaine Yuen）主講「道德傷害與自我慈悲」，有近五十人參加。

◆ 法鼓文理學院人文社會學群舉辦學群教師學術交流，由社會企業與創新學程助理教授楊坤修主講「結構平衡論與法界緣起之對話」，展開社會網絡關係與法界、緣起的對話，包括校長惠敏法師、佛教學系主任鄧偉仁，共有三十多位師生參加。

◆ 人基會「2019 好願在人間心靈講座」，27 日邀請美術工作者嚴榮宗主講「追逐生命的光影」，說明以「白日夢鼓勵法」自我勉勵，強調只有不願做的事，沒有不可能的任務，共有七十多人參加。

◆ 3 月 27 日至 7 月 3 日，香港道場週三於港島會址舉辦佛學講座，由監院常展法師導讀聖嚴師父著作《探索識界 —— 八識規矩頌講記》，有近八十人參加。

03.28

◆ 臺南二中靜心靜坐社團師生十七人參訪臺南分院，由監院常宗法師及義工帶領體驗禪坐與茶禪。

03.29

◆ 29 至 31 日，傳燈院於法鼓山園區舉辦地區助理監香培訓課程，由監院常襄法師帶領，有近一百人參加。

◆ 國家圖書館舉辦「108 年臺灣學術資源影響力發布會」，中華佛學研究所發行《中華佛學學報》、《中華佛學研究》榮獲「人社最具影響力學術期刊：哲學／宗教研究學門」之獎項。

◆ 人基會於臺北德貴學苑舉辦「關懷生命專線」啟用十週年典禮，前祕書長李伸一、顧問陳瑞娟、張麗君，以及創線督導蔡稔惠、現任督導孫敏華等到場祝福，活動並頒發「義工服務十年金質獎」、「義工服務五年金質獎」、「值班奉獻獎」、「勵學獎」及「特殊服務獎」，提昇助人、自助和互助的願心，共有六十多位義工參加。

03.30

◆ 3月30日至4月6日，北投農禪寺舉辦清明報恩佛七，由弘化發展專案召集人果慨法師說法開示，勉勵大眾以清淨的身、口、意，念念與阿彌陀佛相應，每日均有六百多人參加。

◆ 3月30日至4月6日，臺中寶雲寺舉辦清明報恩梁皇寶懺法會，方丈和尚果暉法師於首日到場關懷，勸勉大眾珍惜福德因緣，藉由共修的力量，同入佛的智慧和慈悲，有近一萬人次參加。

◆ 護法總會首度於法鼓山園區舉辦「兒童日」活動，內容包括寓教於樂的戲劇演出、闖關遊戲及祈福法會，包括齋明別苑、基隆精舍、新竹精舍，以及內湖、新店、新莊、松山、文山、板橋、海山、淡水、中正萬華、中永和辦事處，共十三個地區，近兩百五十位兒童、兩百名法青隊輔和地區義工，有近六百人參與。

◆ 3月30日至5月4日，法青會每週六於臺北德貴學苑舉辦「生命關懷工作坊」，共六堂，由常導法師、佛教蓮花基金會董事張寶方帶領，透過課程與參訪，幫助學員認識生死的種種面相，進一步實踐對生命的關懷，有近四十人參加。

◆ 美國象岡道場舉辦禪一，由演本法師擔任總護，有近十人參加。

◆ 30至31日，美國洛杉磯道場舉辦大事關懷生命教育課程，由關懷院監院常學法師帶領，內容包括大事關懷七項服務、助念法器梵唄教學，演練追思祝福時的儀式，有近五十人參加。

◆ 美國舊金山道場舉辦清明報恩佛一，由常源法師帶領，期勉大眾，發願念佛，一心不亂，就能夠乘佛願力到西方極樂世界，有近一百人參加。

◆ 美國新澤西州分會舉辦清明報恩地藏法會，由果乘法師帶領，共有五十多人參加。

◆ 30日及31日，美國芝加哥分會舉辦清明報恩念佛禪一，由象岡道場住持果元法師擔任總護，共有六十多人次參加。

◆ 3月30日至4月1日，果增法師於美國西雅圖分會弘法關懷，包括佛學講座、帶領法會等。30日進行「梵唄與修行」專題講座，並帶領基礎梵唄教學，共有三十多人參加；晚間舉行甘露門，解答信眾學佛與修行的疑問。

◆ 加拿大多倫多分會舉辦義工培訓課程，主題是「知客接待的禮儀環保」，由美國普賢講堂副寺常玄法師帶領，共有三十多人參加。

◆ 30日及31日，新加坡護法會舉辦禪一，由常空法師擔任總護，共有六十多人次參加。

03.31

◆ 臺北安和分院「以法相會 淨心淨土」水陸法會專題講座，31日由僧團副住持果燦法師主講「淨土壇」，有近三百二十人參加。

◆ 3月31日至4月6日，臺南分院舉辦清明報恩地藏法會，包括地藏法會、《地藏經》

共修、地藏懺法會，共有兩千兩百多人次參加。

◆ 高雄紫雲寺舉辦清明報恩慈悲三昧水懺法會，由果迦法師主法，共有六百三十多人參加。

◆ 3月31日至4月7日，禪堂於三峽天南寺舉辦粵語初階禪七，由香港道場監院常展法師擔任總護，共有八十多人參加。

◆ 義工團於臺北德貴學苑舉辦新進義工成長課程，內容包括法鼓山的理念、義工行儀與精神、資深義工經驗分享等，由常獻法師、悅眾等授課，共有七十一人參加。

◆ 美國象岡道場舉辦禪一，由演本法師擔任總護，有近十人參加。

◆ 馬來西亞道場舉辦清明報恩地藏法會，由監院常迪法師帶領，法師期勉大眾，學習地藏菩薩「地獄不空，誓不成佛」的慈悲願力，發願止惡行善，學習菩薩自利利他的精神，有近一百七十人參加。

◆ 香港道場於九龍會址舉辦清明報恩佛一，由常禮法師擔任監香，共有兩百四十多人參加。

◆ 果增法師美國西雅圖分會弘法關懷，31日上午帶領清明報恩地藏法會；下午舉辦佛學講座，主講《地藏經》，共有八十多人次參加。

◆ 加拿大多倫多分會舉辦清明報恩地藏法會，由美國普賢講堂副寺常玄法師、常灌法師帶領，有近四十人參加。

4月 APRIL

04.01

◆ 《人生》雜誌第428期出刊，本期專題「無常的功課——《佛說無常經》」。

◆ 《法鼓》雜誌第352期出刊。

◆ 法鼓文化出版新書：《找回自己（大字版）》（家中寶系列，聖嚴法師著）。

◆ 《金山有情》季刊第68期出刊。

◆ 《法鼓文理學院校刊》第19期出刊。

◆ 《護法季刊》復刊第18期出刊。

◆ 4月1日至6月30日，法鼓文理學院舉辦校慶系列活動，包括「慈悲之路——佛教聖地和印度藝術遺產」攝影展、法鼓盃運動大會、綜合語言競賽、五分鐘書評等活動，展現博雅教育的豐碩成果。

◆ 果增法師美國西雅圖分會弘法關懷，1日帶領讀書會，分享佛法的生活運用，有近二十人參加。

04.02

◆ 慈基會捐助新北市平溪國小學生家用書桌、護眼檯燈及書架，於該校舉行捐贈儀式，由祕書長果器法師、副會長柯瑤碧代表捐贈，校長鄭益堯感謝法鼓山的善行，讓學童能安心就學、樂在學習。

04.04

◆ 4 至 7 日，桃園齋明寺舉辦清明報恩佛三暨八關戒齋，由果本法師主法，共有六百三十多人次參加。

◆ 4 月 4 至 7 日、9 月 20 至 22 日，青年院於法鼓文理學院舉辦社青禪修營，分別由演信法師、演謙法師擔任總護，以禪修體驗為主軸，藉由禪修靜中觀察自心、動中覺察情緒、自我管理，並安排助理教授辜琮瑜帶領幸福工作坊，共有一百八十多人參加。

04.05

◆ 5 至 7 日，美國東初禪寺舉辦清明報恩法會，上午進行地藏法會，下午進行地藏懺法會，由監院常華法師帶領，有近一百七十人次參加。

◆ 5 至 7 日，美國象岡道場舉辦禪三，邀請聖嚴師父西方弟子李世娟擔任總護，共有二十多人參加。

◆ 5 至 12 日，加拿大溫哥華道場舉辦默照禪七，由普化中心副都監果毅法師擔任總護，有近五十人參加。

◆ 新加坡護法會舉辦佛學講座，由常耀法師主講「阿彌陀佛，不要走」，共有八十多人參加。

04.06

◆ 6 至 7 日，桃園齋明別苑舉辦清明報恩地藏法會，由副寺常林法師帶領，有近七百五十人次參加。

◆ 6 至 7 日，美國舊金山道場舉辦大事關懷生命教育課程，由關懷院監院常學法師帶領，內容包括大事關懷七項服務、助念法器梵唄教學，演練追思祝福時的儀式，共有六十多人參加。

◆ 6 至 7 日，新加坡護法會舉辦清明報恩佛二，由常耀法師主法，有近兩百人次參加。

04.07

◆ 臺北安和分院「以法相會 淨心淨土」水陸法會專題講座，7 日由常啟法師主講「禪壇」，有近三百一十人參加。

◆ 蘭陽分院舉辦清明報恩地藏法會，由監院常法法師帶領，有近兩百人參加。

◆ 臺南分院舉辦禪悅供果課程，由悅眾李中明帶領，分享供果培福，學習、體驗與供果對話的安定，共有二十多人參加。

◆ 美國象岡道場舉辦禪一，由演本法師擔任總護，有近十人參加。

◆ 美國洛杉磯道場舉辦清明報恩佛一暨八關戒齋，由常俱法師帶領，共有六十多人參加。

◆ 7 日及 13 日，馬來西亞道場舉辦義工培訓課程，由監院常迪法師、常施法師等帶領，引導學員建立修行與奉獻的正確觀念及方法，兩梯次有近三百人參加。

◆ 美國新澤西州分會舉辦禪一，由常修法師擔任總護，共有二十多人參加。

◆ 美國普賢講堂舉辦清明報恩地藏法會，由常統法師帶領，共有八十多人參加。

◆ 澳洲雪梨分會舉辦佛法講座，由常續法師主講「如何修行？」，共有十多人參加。

04.09

◆ 臺北護理健康大學生死與健康心理諮商研究所生死組師生一行七人，在教授陳錫琦帶領下，參訪法鼓文理學院，並與生命教育學程三十六位師生，就生死相關議題，進行交流。

◆ 9 至 10 日，法緣會於臺東信行寺舉辦精進禪二，由常覺法師擔任總護，有近四十人參加。

04.10

◆ 4 月 10 日至 5 月 22 日，臺南分院週三舉辦佛學講座，由果本法師主講「念佛生淨土」，共四堂，介紹淨土法門的修行，有近一百三十人參加。

◆ 10 至 24 日，普化中心每週三晚上於北投農禪寺舉辦「法鼓講堂」佛學課程，由法鼓文理學院校長惠敏法師導讀《瑜伽師地論》；課程同時於「法鼓山心靈環保學習網」線上直播，提供全球學員上網聽講，並參與課程討論。

◆ 法鼓文理學院校慶系列活動，4 月 10 日至 6 月 30 日於臺大醫院金山分院北海藝廊舉行「水墨禪韻書畫展」，以禪藝書畫接引大眾親近佛法的善巧方便。

04.11

◆ 11 至 14 日，法鼓山於園區舉辦第二十屆自我超越禪修營，由僧團都監常遠法師擔任總護，共有一百一十多位學員參加。

04.12

◆ 臺北安和分院於院址所在地附近敦化南路一段、安和路口外圍人行道舉辦淨街活動，共有八十二位長青班長者參加。

◆ 12 至 14 日，三峽天南寺舉辦精進禪二，由果峙法師擔任總護，有近一百人參加。

04.13

◆ 法鼓山於臺南雲集寺舉辦祈福皈依大典，由方丈和尚果暉法師授三皈依，提醒新皈依弟子福慧雙修、悲智雙運，信佛、學法、敬僧的同時，也要以慈悲和智慧，尊重不同的宗教信仰，創造家庭的和諧，共有三百七十七位民眾成為三寶弟子。

◆ 北投農禪寺舉辦戶外禪，由常照法師擔任總護，共有兩百二十多人參加。

◆ 臺北安和分院於法鼓山園區舉辦戶外禪，由悅眾帶領，共有八十多人參加。

◆ 蘭陽分院「蘭陽講堂」系列講座，邀請速跑得機械股份有限公司董事長劉大潭主講「挑戰生命的巨人」，分享從關懷出發，以發明利益大眾，共有一百六十多人參加。

◆ 13 至 14 日，臺東信行寺舉辦精進禪二，由監院常覺法師擔任總護，共有四十多人參加。

◆ 13 至 14 日，慈基會於高雄紫雲寺舉辦「與樂拔苦相約建淨土」義工培訓課程，主題是「淨土體驗」，由副祕書長常隨法師帶領，並邀請社工師謝云洋、藝術治療師林純如指導「五感體驗」、「生命故事書」，共有三十一人參加。

◆ 13 至 14 日，僧大舉辦第十一屆講經交流會，副院長常寬法師、果幸法師及多位指導師長到場關懷，共有十九位學僧分享學習成果；並邀請學僧俗家親人，以及生命自覺營歷年學員返校觀摩，重溫解行並重的出家生活。

◆ 淡水辦事處與淡水區公所於市民聯合服務中心共同舉辦社區成長講座，邀請前農業委員會主任委員陳武雄主講「幸福生活之鑰」，講說幸福與否，與名利無關，最重要的是尋求內在的祥和寧靜，有近七十人參加。

◆ 教聯會於臺北德貴學苑舉辦「心靈環保教學研習營」，分享心靈環保的教學經驗，並邀請臺北醫學大學臨床醫學研究所教授張育嘉主講「心靈環保的理念與精神」，有近五十人參加。

◆ 美國東初禪寺週六佛學課程，由監院常華法師主講「止觀法門介紹」，有近三十人參加。

◆ 美國象岡道場舉辦禪一，由演本法師擔任總護，有近十人參加。

◆ 13 至 14 日，加拿大溫哥華道場舉辦佛學講座，由普化中心副都監果毅法師主講「禪宗的發展與演變」，有近九十人參加。

04.14

◆ 臺北安和分院「以法相會 淨心淨土」水陸法會專題講座，14 日由臺中寶雲寺監院常慧法師主講「祈願壇」，有近兩百五十人參加。

◆ 南投德華寺舉辦佛一暨八關戒齋，由副寺果弘法師帶領，有近七十人參加。

◆ 臺南分院舉辦佛一暨八關戒齋，由監院常宗法師帶領，共有九十多人參加。

◆ 傳燈院於北投雲來寺舉辦 Fun 鬆一日禪，由演柱法師擔任總護，有近五十多人參加。

◆ 豐原辦事處舉辦「生死關懷」講座，由聖嚴書院講師郭惠芯主講「《阿彌陀經》裡的生死關懷」，鼓勵學員發願往生西方淨土，而持誦阿彌陀佛聖號，則信心具足，勇猛念佛，願生彼國，共有一百多人參加。

◆ 美國象岡道場舉辦禪一，由演本法師擔任總護，有近十人參加。

◆ 14 至 28 日，美國洛杉磯道場每週日舉辦佛學講座，由常俱法師主講《八大人覺經》，有近四十人參加。

◆ 4 月 14 日至 11 月 10 日，美國舊金山道場每月週日舉辦佛學課程，由常源法師帶領研讀聖嚴師父著作《法鼓全集》，深入師父的內心世界，進而能「如說修行」，以佛法的智慧與慈悲，消解煩惱、淨化心靈，有近七十人參加。

◆ 美國新澤西州分會舉辦禪一，由常浩法師擔任總護，共有三十多人參加。

04.15

◆ 法鼓文理學院舉辦專題講座，邀請亞洲大學健康產業管理學系主任葉玲玲主講「高齡者全人健康與生活照顧 —— 社區發展的運用」，有近六十人參加。

04.17

◆ 美國西雅圖分會舉辦佛法講座,由象岡道場監院常護法師主講「茶話佛法」,共有三十多人參加。

◆ 人力資源處於北投雲來寺舉辦專題講座,由悅眾陳武雄主講「生活禪」,分享與情緒共處、與人和善、安穩內心,體悟當下的美好,有近四十人參加。

04.18

◆ 方丈和尚果暉法師於北投雲來寺大殿,對僧團法師、全體專職精神講話,主題是「法鼓山的藍海策略」,全臺各分院道場同步視訊連線聆聽開示,有近三百人參加。

◆ 18 至 24 日,香港護法會於臺東信行寺舉辦禪悅營,內容包括精進禪二、五感開發工作坊、戶外禪等,由香港道場監院常展法師帶領,共有四十三位青年參加。

04.19

◆ 19 至 21 日,傳燈院於三義 DIY 心靈環保教育中心舉辦初級禪訓班輔導學長培訓課程,由監院常襄法師帶領,共有八十一人參加。

◆ 19 至 21 日,美國西雅圖分會舉辦禪三,由象岡道場監院常護法師擔任總護,共有三十多人次參加。

◆ 19 至 21 日,美國亞特蘭大共修處舉辦禪三,由常興法師擔任總護,有近二十人參加。

04.20

◆ 法鼓山於北投農禪寺舉辦祈福皈依大典,由方丈和尚果暉法師授三皈依,並開示三寶的意義、功能與功德,將「受五戒」比喻為向自己內心的行為,打上一劑預防針,有了抵抗力,便可止惡行善,共有一千三百六十八位民眾成為三寶弟子。

◆ 20 至 27 日,禪堂舉辦念佛禪七,由監院常乘法師擔任總護,共有一百六十多人參加。

◆ 美國東初禪寺於哥倫比亞大學(Columbia University)帶領禪修體驗,由常齋法師帶領法鼓八式動禪、禪坐等,共有十多人參加。

◆ 美國象岡道場舉辦禪一,由演本法師擔任總護,有近十人參加。

◆ 20 至 21 日,加拿大溫哥華道場舉辦清明報恩地藏法會,由常惠法師帶領,共有一百二十多人參加。

◆ 20 至 21 日,馬來西亞道場於當地雲頂清水巖寺(Genting Highlands Chin Swee Caves Temple)舉辦舒活二日營,由監院常迪法師擔任總護,有近六十人參加。

04.21

◆ 臺北安和分院「以法相會 淨心淨土」水陸法會專題講座,21 日由三學院監院常藻法師主講「萬行壇」,有近兩百人參加。

- 南投德華寺於日月潭向山遊客中心落羽松林舉辦戶外禪,由副寺果弘法師擔任總護,共有五十多人參加。
- 4月21日至5月19日,慈基會於全臺各地舉辦「第三十四期百年樹人獎助學金」頒發活動,共四十五場,共有一千二百九十四位學子受獎。
- 中區法行會「好願在人間」系列講座,21日舉行「談心」座談會,由文化中心副都監果賢法師主持,退居方丈果東法師、中區法行會會長卓伯源、立凱公司董事長張聖時三位與談人,從自身的生命故事出發,分享心念的轉化、發願,並以願力來轉化業力,包括寺院管理女眾副都監果理法師、寶雲寺監院常慧法師、護法總會副總會長陳治銘等,共有兩百多人參加。
- 榮董會於北投農禪寺舉辦北區榮董聘書頒發典禮,方丈和尚果暉法師、榮董會會長黃楚琪等出席關懷,有近六百人參加。
- 美國象岡道場舉辦禪一,由演本法師擔任總護,有近十人參加。
- 美國舊金山道場舉辦禪一,由悅眾擔任總護,共有二十多人參加。
- 美國普賢講堂舉辦禪一,由常統法師擔任總護,共有二十多人參加。
- 美國亞特蘭大共修處舉辦默照禪一,由果乘法師擔任總護,共有二十多人參加。

04.22

- 退居方丈果東法師應南臺科技大學之邀,於該校「通識教育大師講座」中,主講「從心溝通結好緣」,鼓勵師生以溝通協調達成和諧,與自己內在溝通無礙,共有兩百多位師生參加。
- 4月22日、5月20日及6月10日,法鼓山社大分別於金山校區、臺北德貴學苑、新莊校區舉辦「與你生死有約 —— 創客體驗一日營」,講師黃也瑜分享自身與親友面臨的生命體驗,在輕鬆歡笑中談生死,並帶領學員發揮巧思,完成「幸福告別」創意小卡,共有五十多人參加。

04.24

- 人基會「2019好願在人間心靈講座」,24日邀請甘樂文創社會企業負責人林峻丞主講「從小草書屋談社會企業」,分享運用社會企業經營的模式創造新北市三峽地區的改變,共有七十多人參加。

04.26

- 三峽天南寺舉辦清明報恩地藏法會,由常初法師帶領,共有三百二十多人參加。
- 26至28日,青年院於法鼓文理學院舉辦般若研修營,由弘化發展專案召集人果慨法師、僧大教務長常啟法師帶領研討「《金剛經》與如實生活」,有近九十人參加。
- 26至28日,美國舊金山道場舉辦初級禪訓班輔導學長培訓課程,由常源法師帶領,共有三十多人參加。

04.27

◆ 法鼓山於臺中寶雲寺舉辦祈福皈依大典，由方丈和尚果暉法師授三皈依，並開示皈依是認同，將佛陀教導的方法及觀念落實於生活中，人人未來都能成佛，共有六百六十一位民眾成為三寶弟子。

◆ 4月27日至5月4日，北投農禪寺舉辦初階禪七，由果明法師擔任總護，共有兩百四十多人參加。

◆ 臺北安和分院舉辦禪一，由監院果旭法師擔任總護，有近一百三十人參加。

◆ 基隆精舍舉辦佛一，由副寺果樞法師帶領，有近六十人參加。

◆ 27至28日，蘭陽分院舉辦念佛禪二，由監院常法法師擔任總護，有近六十人參加。

◆ 27至28日，三峽天南寺舉辦慈悲三昧水懺法會，由常順法師主法，有近一千四百人次參加。

◆ 27至28日，桃園齋明寺舉辦春季報恩法會，分別進行地藏、三時繫念法會，由護法總會服務處監院常應法師主法，法師提醒，將自我心量擴大，以「無相迴向」將功德迴向給先亡眷屬以外的一切受苦眾生，學習地藏菩薩不斷學、不斷修的方式，消融自己，與眾生結好緣，才是真正修行之道，共有兩千兩百多人次參加。

◆ 高雄三民精舍舉辦浴佛法會，有近一百二十人參加。

◆ 臺東信行寺舉辦專題講座，由法鼓文理學院生命教育學程主任楊蓓主講「家庭中的纏與禪」，分享以佛法消融家庭煩惱和壓力，共有一百二十多人參加。

◆ 教聯會於新北市坪林逮魚堀步道舉辦心靈環保一日營，由常獻法師帶領戶外禪，有近三十人參加。

◆ 美國東初禪寺舉辦話頭禪一，由常齋法師擔任總護，共有十多人參加。

◆ 美國新澤西州分會「認識佛教」佛學課程，27日由常灌法師介紹四聖諦、三法印，共有四十多人參加。

04.28

◆ 北投文化館舉辦浴佛法會，由監院果諦法師帶領，共有一百七十多人參加。

◆ 臺北安和分院舉辦浴佛法會，由僧團副住持果燦法師主法，共有四百七十多人參加。

◆ 臺北安和分院「以法相會 淨心淨土」水陸法會專題講座，28日由文化中心副都監果賢法師主講「華嚴壇」，有近三百人參加。

◆ 臺東信行寺舉辦佛法講座，由關懷院監院常學法師主講「大事關懷」，有近八十人參加。

◆ 青年院於臺北德貴學苑舉辦禪一，由演寶法師擔任總護，有近二十人參加。

◆ 人基會於法鼓山園區舉辦心六倫宣講團種子教師授證典禮，由方丈和尚果暉法師為三十多位圓滿培訓課程的種子教師授證，期勉分享於職場、家庭生活上的佛法體驗，為淨化社會、淨化人心盡一份心力。

◆ 榮董會於臺北市大直美堤河濱公園舉辦單車健走禪悅行，有近一百位北二區榮董參加。

◆ 馬來西亞道場監院常迪法師受邀於雙威大學（Sunway University）佛學會培訓課程中，擔任講師，分享「四它」，並帶領禪修，共有三十多位佛學會幹部參加。

◆ 美國西雅圖分會舉辦義工培訓課程，由加拿大溫哥華道場監院常悟法師授課，內容包括義工的角色、形象與行儀，期勉學員以義工心態處事，是菩薩行者最好的成長歷練，有近五十人參加。

04.30

◆ 4月30日至5月1日，人基會於臺南分院舉辦香草教師培訓課程，由監院常宗法師、臺灣大學農藝系名譽教授劉麗飛等授課，有近四十人參加。

5月 MAY

05.01

◆ 《人生》雜誌第429期出刊，本期專題「悟吧！在世界佛教村」。
◆ 《法鼓》雜誌第353期出刊。
◆ 法鼓文化出版新書：《地藏菩薩50問》（學佛入門Q&A系列，法鼓文化編輯部編著）、《兩千年行腳（改版）》（寰遊自傳系列，聖嚴法師著）、《大悲觀音》ＣＤ（法鼓山歌曲系列，康吉良編曲、作詞）。
◆ 法鼓文理學院人文社會學群舉辦學群教師學術交流，由生命教育學程助理教授蕭麗芬主講「覺察與自由 —— 莊子之樂」，共有三十多位師生參加。
◆ 佛光大學佛教學院院長萬金川帶領近百位師生前來法鼓文理學院，參加佛法盃校際交流，內容包括運動會、趣味競賽等；文理學院圖書資訊館館長洪振洲並為師生介紹佛學文獻編輯器的學習應用。
◆ 1日及15日，僧大為三、四年級學僧安排見習慰訪活動，分組與慈基會義工前往新北市金山、萬里區實地慰訪關懷家庭，共計探訪十八戶。
◆ 馬來西亞道場舉辦佛一暨八關戒齋，由常尊法師擔任監香，有近七十人參加。

05.02

◆ 臺北安和分院於法鼓山園區舉辦戶外禪，由演敬法師擔任總護，共有一百四十多人參加。
◆ 慈基會協助雲林縣消防單位採購住宅用警報器，捐助弱勢家庭充實居家安全防護裝備，2日雲林縣長張麗善於縣府頒發感謝狀，由祕書長果器法師代表接受。

05.03

◆ 3至5日，法鼓山於三峽天南寺舉辦社會菁英禪修營精進禪二，由果峙法師擔任總護，有近七十人參加。

◆ 3 至 5 日，榮譽董事會於臺東信行寺舉辦禪悅營，由常覺法師擔任總護，學員藉由參與法會、體驗戶外禪，堅定修行與奉獻的願心，有近一百二十位榮董參加。

◆ 3 至 5 日，美國象岡道場舉辦禪二，由住持果元法師擔任總護，有近二十人參加。

05.04

◆ 臺北安和分院於法鼓山園區舉辦戶外禪，由監院果旭法師擔任總護，有近一百六十人參加。

◆ 臺北中山精舍舉辦 Fun 鬆一日禪，由悅眾擔任總護，有近二十人參加。

◆ 4 至 5 日，南投德華寺舉辦佛學講座，由弘化發展專案召集人果慨法師主講「活好、病好、走好 ── 《地藏經》與生命學習」，分享《地藏經》的生死智慧，共有九十多人次參加。

◆ 慈基會於臺南分院舉辦災害防救教育訓練課程，由顧問許哲銘帶領認識天然災害及重大人為災害的特性、預防與應變，並邀請心理諮商師陳茉莉分享助人工作的心理調適，共有六十人參加。

◆ 5 月 4 日至 6 月 15 日，退居方丈果東法師代表方丈和尚果暉法師，於北美展開弘法關懷。4 日應美國漢傳佛教文化協會（Chinese Buddhist Cultural Association）之邀，於紐約法拉盛（Flushing）喜來登大飯店（Sheraton LaGuardia East Hotel）主講「好願在人間 ── 利人利己的智慧生活」，共有兩百多人參加。

◆ 美國象岡道場舉辦禪一，由演本法師擔任總護，有近十人參加。

05.05

◆ 法鼓山於高雄紫雲寺舉辦祈福皈依大典，由方丈和尚果暉法師授三皈依，勉勵大眾以《四眾佛子共勉語》中的「勤勞健康最好」，時時提醒修習佛法、用佛法照顧好身心、將佛法融入生活中，有近三百三十位民眾成為三寶弟子。

◆ 蘭陽分院舉辦浴佛法會，由監院常法法師帶領，共有兩百多人參加。

◆ 桃園齋明別苑舉辦浴佛法會，由副寺常林法師帶領，有近三百五十人參加。

◆ 5 月 5 日至 6 月 16 日，法鼓山社大舉辦「幸福人生方程式」系列講座，共三場。5 日於新莊校區進行首場，由人基會心六倫宣講團講師張莉娟主講「人際溝通不 NG」，分享發揮影響力，達成目的，造成雙贏的溝通技巧，有近六十人參加。

◆ 美國東初禪寺舉辦週日講座，由常修法師主講「高僧傳」，介紹憨山大師的生平與風範，有近六十人參加。

◆ 香港道場於九龍會址舉辦禪一，由悅眾擔任總護，共有五十多人參加。

◆ 美國新澤西州分會舉辦浴佛法會，共有五十多人參加。

◆ 泰國護法會舉辦浴佛法會，由常空法師帶領，共有六十多人參加。

◆ 澳洲雪梨分會舉辦佛法講座，由常續法師主講「從認識自我到肯定自我」，共有十多人參加。

05.07

◆ 5月7日至6月7日，慈基會舉辦端午關懷活動，除攜帶應景素粽前往關懷家庭表達祝福外，慰訪義工並分別至各地社福機關、安養機構，與院民歡度佳節，共計關懷兩千六百多戶家庭。

05.08

◆ 慈基會祕書長果器法師、會長柯瑤碧率同專職和義工，前往宜蘭幸夫愛兒園參訪，並與愛兒園達觀法師、院長真顗法師交流慈善關懷經驗。

◆ 國際入世佛教協會（International Network of Engaged Buddhists, INEB）與佛教弘誓學院共同舉辦的國際青年菩薩培訓營隊師生一行四十二人，參訪法鼓文理學院，由校長惠敏法師、佛教學系主任鄧偉仁代表接待；惠敏法師並以死亡質量指數報告（Quality of Death Index）、《念住經》之「四念住」、植葬等，分享佛教臨終關懷與安寧療護之實況。

◆ 法鼓文理學院行願社於萬里仁愛之家舉辦浴佛活動，內容包括浴佛儀程、藝文表演等，表達對長者的關懷。

◆ 僧大「作務與弘化」課程中，由僧團副住持果祥法師以「心靈環保農業創生」為題，分享多年親身實踐的體驗。

05.09

◆ 法鼓文理學院舉辦專題講座，邀請臺灣大學哲學系教授蔡耀明主講「《治禪病祕要法》的禪病之預防與治療」，介紹禪修可能引發或經歷的身心方面的十二種病徵及其對治法，共有五十多人參加。

05.10

◆ 10至18日，象岡道場住持果元法師受邀墨西哥帶領禪修。10日於納亞特州（Nayarit）的玉堂海灣禪修中心（Mar de Jade Holistic Center）主講基礎禪修課程，共有三十四位青少年參加。

05.11

◆ 蘭陽分院「蘭陽講堂」系列講座，由弘化發展專案召集人果慨法師主講「綠色環保的先驅──地藏菩薩」，期勉大眾學習地藏菩薩發大願，先從淨化人心做起，進一步保護大地，改善自然環境，共有一百六十多人參加。

◆ 三峽天南寺舉辦浴佛法會，由常惺法師主法；法會圓滿後並舉辦專題講座，由常惺法師主講「Oh! My Buddha 佛陀對我說」，共有三百多人參加。

◆ 新竹精舍舉辦浴佛法會，由副寺常湛法師帶領，有近一百人參加。

◆ 臺東信行寺舉辦浴佛法會，由監院常覺法師帶領，共有兩百多人參加。

- 青年院於北投農禪寺舉辦 2019 全國法青交流會，以「愛在安己安人」為主題，由高雄法青組成的「純淨樂團」和臺北法青的「純心樂坊」進行聯誼演出，並安排悅眾分享學習與成長，共有七十多人參加。
- 國際禪坐會於北投雲來寺舉辦禪一，由常寂法師擔任總護，共有二十多人參加。
- 象岡道場住持果元法師墨西哥弘法，11 至 18 日於納亞特州的玉堂海灣禪修中心帶領默照禪七，共有三十四位禪眾參加。
- 美國東初禪寺週六佛學課程，11 日由果乘法師主講「觀音法門介紹」，有近三十人參加。
- 美國舊金山道場舉辦浴佛法會，由常源法師帶領，共有一百三十多人參加。
- 退居方丈果東法師北美弘法關懷，11 日於美國普賢講堂舉辦的浴佛法會中，勉勵大眾，經常觀照內心，回到本然的自性清淨，就不會有人我的對立，共有八十多人參加。
- 加拿大多倫多分會舉辦禪一，由美國象岡道場監院常護法師擔任總護，有近二十人參加。

05.12

- 法鼓山於臺北國父紀念館中山公園廣場舉辦「心靈環保家庭日」，邀請大眾共度佛誕日與母親節，安排祈福法會、浴佛、禪修體驗、遊戲闖關等，包括方丈和尚果暉法師、法鼓文理學院校長惠敏法師、護法總會總會長張昌邦及臺北市民政局局長藍世聰、國父紀念館副館長楊同慧、青年代表蔡旻霓等，有近七千人參加。
- 12 至 14 日，法鼓山受邀出席國際佛教大會（The International Buddhist Conference）於越南河南省（Tinh Hà Nam）三祝寺（Tam Chuc）舉行的聯合國衛塞節（The United Nations Day of Vesak Celebrations）大會，由慈基會副祕書長常隨法師代表出席，共有一千六百位各國佛教領袖與代表與會。
- 桃園齋明寺舉辦浴佛法會，由監院果舟法師帶領，共有四百三十多人參加。
- 臺中寶雲寺舉辦浴佛法會，由寺院管理女眾副都監果理法師擔任監香，期勉大眾藉由浴佛，浴出能仁寂默、與佛陀一樣的清淨本心，共有七百多人參加。
- 南投德華寺舉辦浴佛法會，由副寺果弘法師擔任監香，共有六十多人參加。
- 臺南雲集寺舉辦浴佛法會，由果界法師擔任監香，法師開示浴佛的意義，藉由香湯淋在太子像，象徵灌沐自己心中的自性佛，有近三百人參加。
- 高雄紫雲寺舉辦浴佛法會，由常齊法師帶領；同時間並有「鈔經祈福・傳遞幸福」、「拓印年畫」、「1+1+1 親子打擊樂」等活動，有近一千人次參加。
- 美國洛杉磯道場舉辦浴佛法會，由常悅法師帶領，共有一百二十多人參加。
- 加拿大溫哥華道場舉辦浴佛法會，由監院常悟法師帶領，期勉大眾以佛法、修行來出離煩惱，學習做自己的主人，有近一百一十人參加。
- 香港道場於九龍會址舉辦浴佛法會，由僧團副住持果品法師主法，共有四百七十多人參加。
- 12 至 13 日，香港道場與饒宗頤文化館共同舉辦「 約咗（了）佛陀喫茶去」禪藝活動，內容包括浴佛、講座、茶禪、鈔經等，由常禮法師等帶領，共有兩百二十多人次參加。
- 退居方丈果東法師北美弘法關懷，12 日於美國普賢講堂舉辦專題講座，主講「好願在

人間——身心安頓結好緣」，有近七十人參加。

◆ 加拿大多倫多分會舉辦浴佛法會，由美國象岡道場監院常護法師帶領；法會圓滿後，並進行茶禪，有近七十人次參加。

◆ 新加坡護法會舉辦浴佛法會，由常空法師帶領，有近一百二十人參加。

◆ 澳洲雪梨分會舉辦禪學講座，由常續法師主講「禪修四大通則」，有近二十人參加。

05.14

◆ 基隆精舍舉辦浴佛法會，由副寺果樞法師帶領，有近八十人參加。

◆ 香港道場於九龍會址舉辦專題講座，由僧大副院長常寬法師主講「中華禪法鼓宗」，介紹法鼓宗的傳承與創新，有近兩百九十人參加。

◆ 香港道場於九龍會址舉辦永久會址簽約儀式，包括僧團副住持果品法師、香港道場監院常展法師、榮董會會長黃楚琪、護法總會顧問樂秀成及悅眾代表，皆出席參與。

05.15

◆ 15 至 16 日，法鼓山受邀出席聯合國衛塞節國際委員會（International Council for the Day of Vesak, ICDV）與泰國摩訶朱拉隆功大學（Mahachulalongkornraja-vidyalaya University）於曼谷舉行衛塞節慶祝活動，包括於聯合國亞洲總部（United Nations Economic and Social Commission for Asia and the Pacific, UN ESCAP）舉行的「正念論壇」，以及於佛統城（Buddhamonthon）的祈福繞佛儀式，由演義法師、演化法師代表出席。

05.17

◆ 法鼓山受邀出席聯合國於美國紐約聯合國總部大會堂舉辦衛塞節慶祝活動，包括祈福祝禱、論壇，由東初禪寺住持常華法師、常勳法師代表與會。

◆ 新加坡護法會舉辦專題講座，由傳燈院監院常乘法師主講「念佛禪概說」，共有七十多人參加。

05.18

◆ 18 至 19 日，法鼓山園區舉辦「朝山‧浴佛‧禮觀音」，開放臨溪朝山步道、藥師古佛迴環步道、法華公園朝山步道，供大眾朝山，感恩孕育萬物的奉獻；並舉行四場次浴佛法會，由法師帶領大眾依序手持香湯為悉達多太子像灌沐，有近一千四百人參加。

◆ 北投農禪寺舉辦浴佛法會，由監院果毅法師帶領，期勉大眾以佛陀的教導，積極面對自己的人生，並幫助他人離苦得樂，有近一千人參加。

◆ 臺南分院舉辦浴佛法會，由果本法師主法，有近五百人參加。

◆ 高雄紫雲寺「法鼓文理講堂」系列講座，18 日由法鼓文理學院社會企業與創新碩士學位學程主任楊坤修主講「國際背包志工生命探索＆社會企業在臺灣」，以國際志工服

務的經驗，分享如何實踐生命意義，並探討國內社會企業發展概況與面對的問題，有
近七十人參加。

◆ 18 至 25 日，禪堂於臺東信行寺舉辦初階禪七，由常覺法師擔任總護，有近八十人
參加。

◆ 慈基會於高雄紫雲寺舉辦「與樂拔苦相約建淨土」義工培訓課程，主題是「學觀音做
觀音（一）」，由副祕書長常隨法師帶領，並邀請臺北市立聯合醫院仁愛院區安寧緩
和醫學科主治醫師簡采汝主講「認識失落」，共有六十四人參加。

◆ 美國象岡道場舉辦禪一，由監院常護法師擔任總護，共有十多人參加。

◆ 美國芝加哥分會舉辦浴佛法會，由常齋法師擔任監香，有近五十人參加。

◆ 美國西雅圖分會舉辦佛法講座，由常悅法師主講「五戒十善」，共有四十多人參加。

◆ 18 至 20 日，新加坡護法會舉辦念佛禪三，由禪堂監院常乘法師擔任總護，共有五十
多人參加。

◆ 聖嚴師父西方法子查可・安德列塞維克（Žarko Andričević）於克羅埃西亞的道場哈特
沃斯基禪修中心（Chan Retreat Center Hartovski VRH）舉行落成啟用典禮，退居方丈
果東法師代表僧團前往主持開光儀式，寺院管理歐美區副都監常悟法師與信眾十多人
前往祝賀，共有一百二十多位來自臺、港、美、加、瑞士與當地法友參加。

05.19

◆ 臺北安和分院「以法相會　淨心淨土」水陸法會專題講座，19 日由果高法師主講「藥
師壇」，有近兩百二十人參加。

◆ 法鼓山社大「幸福人生方程式」系列講座，19 日於北投雲來寺進行，由人基會心六倫
宣講團講師侯芷園主講「解密時尚幸福高 EQ」，有近七十人參加。

◆ 豐原辦事處舉辦「生死關懷」講座，邀請花蓮慈濟醫院國際醫學中心副主任黃軒主講
「因為愛，讓他好好走 —— 一位安寧醫師的鍊心術」，分享陪伴重症病患及家屬選擇
善終的心路歷程，有近一百人參加。

◆ 美國東初禪寺舉辦浴佛法會，由監院常華法師擔任監香；法會圓滿後，並由常華法師
主講「佛陀與母親摩耶夫人」，分享佛陀誕生與報母恩的故事，共有一百八十多人
參加。

◆ 美國象岡道場舉辦禪一，由監院常護法師擔任總護，有近十人參加。

◆ 美國洛杉磯道場舉辦禪一，由常悅法師擔任總護，共有四十多人參加。

◆ 加拿大溫哥華道場舉辦禪一，由監院常悟法師擔任總護，共有五十多人參加。

◆ 馬來西亞道場舉辦浴佛法會，由監院常迪法師擔任監香，期勉大眾發願將佛陀慈悲的
精神落實在行動上，幫助眾生離苦得樂，便是報佛恩，有近五百人參加。

◆ 馬來西亞道場舉辦義工關懷分享會，亞太區寺院管理副都監果理法師、文化中心副都
監果賢法師和弘化發展專案召集人果慨法師出席關懷，感恩義工的護持與奉獻，共有
一百多人參加。

◆ 美國芝加哥分會舉辦禪一，由常齋法師擔任總護，共有三十多人參加。

◆ 美國西雅圖分會舉辦浴佛法會，由常悅法師帶領，有近四十人參加。

◆ 澳洲雪梨分會舉辦佛學講座，由常續法師主講「修行兩個觀念，三個基礎，一個立
場」，有近二十人參加。

05.20

◆ 馬來西亞道場與《星洲日報》於該報講堂共同舉辦專題講座，由弘化發展專案總召集人果慨法師主講「《金剛經》與無悔的人生」，共有五百多人參加。

05.21

◆ 5月21日至6月11日，法鼓文理學院社區再造碩士學程舉辦系列演講，共三場，首場邀請新北市城鄉局副局長江志成主講「地方創生」，介紹結合地理特色及人文風情，讓各地能發展出最適合自身產業的地方創生，共有四十多人參加。

05.22

◆ 22日及29日，慈基會與臺北市政府社會局北投社會福利服務中心聯合舉辦「觀心自在・身心安頓」活動，邀請居住於北投區的關懷家庭成員，以及社工、志工近四十人，參訪北投農禪寺，體驗動禪、靜坐和吃飯禪，學習身心放鬆與安定。

◆ 人基會於臺北德貴學苑舉辦「關懷生命專線」義工授證儀式，由方丈和尚果暉法師為一百二十二位義工頒發。

05.24

◆ 24至26日，三峽天南寺舉辦精進禪二，由演寬法師擔任總護，有近一百人參加。

◆ 24日及31日，新竹精舍舉辦禪悅供果課程，由副寺常湛法師帶領，分享供果培福，學習、體驗與供果對話的安定，共有六十多人次參加。

◆ 24至26日，臺南雲集寺舉辦「禪的行解」禪修營，由禪修中心副都監果醒法師帶領，共有八十多人參加。

◆ 傳燈院於法鼓山園區舉辦精進禪二，由美國舊金山道場監院常惺法師擔任總護，共有一百人參加。

◆ 24至26日，「IASBS國際真宗學會學術大會」於法鼓文理學院展開，共有三十多位來自日本、北美、歐洲及臺灣學者，發表近三十篇以「佛教禪修傳統與當代淨土思想」（仏教の瞑想と現代の浄土思想）為題，探討禪修、淨土兩大傳統其理論、實踐及兩者互動的論文。

◆ 美國洛杉磯道場舉辦專題講座，由護法總會副總會長許仁壽主講「紅塵好修行」，共有六十多人參加。

05.25

◆ 北投農禪寺舉辦念佛禪一，由監院果毅法師擔任總護，共有一百七十多人參加。

◆ 臺中寶雲寺舉辦禪一，由果雲法師擔任總護，有近一百四十人參加。

◆ 5月25至26日、6月1至2日，以及10月26至27日、11月2至3日，人基會於臺北德貴學苑舉辦四梯次「幸福體驗親子營」，以心六倫為核心，包括戲劇表演、親子

共學、品德教養等內容，共有兩百二十多位學齡前兒童與家長參加。

◆ 榮董會法鼓山分寺院參學活動，25日於桃園齋明寺展開，有近三十位北三轄區榮董參加。

◆ 教聯會於臺北市文山農場舉辦心靈環保一日營，由常獻法師帶領戶外禪，有近四十人參加。

◆ 25至27日，美國東初禪寺舉辦都市禪三，由監院常華法師擔任總護，有近九十人次參加。

◆ 5月25日至6月2日，美國象岡道場舉辦默照禪九，邀請聖嚴師父西方法子賽門·查爾得擔任總護，有近三十人參加。

◆ 25至26日，美國洛杉磯道場舉辦悅眾成長營，主題是「禪悅的人生」，由護法總會副總會長許仁壽帶領，分享以佛法的智慧成長自己、利益他人，共有五十多人參加。

◆ 25至26日，馬來西亞道場舉辦禪修助理監香培訓課程，由監院常迪法師授課，有近三十人參加。

◆ 25至28日，方丈和尚果暉法師於香港弘法關懷，內容包括主持皈依、頒聘榮董、勸募會員授證、接受網路媒體《佛門網》專訪等。25日首先於香港道場九龍會址舉行的「與方丈和尚有約——榮董暨菁英聯誼」中，為五十一位榮董頒授聘書，共有兩百多人參加。

◆ 美國亞特蘭大共修處舉辦佛學講座，由常灌法師導讀聖嚴師父著作《念佛生淨土》，共有二十多人參加。

05.26

◆ 臺北安和分院「以法相會　淨心淨土」水陸法會專題講座，26日由果理法師主講「法華壇」，有近一百七十人參加。

◆ 高雄紫雲寺舉辦禪一，由常涵法師擔任總護，共有一百五十多人參加。

◆ 僧大舉辦「2019畢業製作暨禪修專題呈現」，發表的主題包括經教文獻、聖嚴師父開示、心靈環保理念等，共有六位學僧運用多元媒體素材發表學習成果；並邀請生命自覺營歷年學員返校觀摩，重溫解行並重的出家生活。

◆ 榮譽董事會於桃園市溪洲公園步道舉辦戶外禪，由僧團都監常遠法師、傳燈院監院常襄法師帶領，共有八十多人參加。

◆ 護法會三鶯共修處舉辦啟用灑淨法會，由三峽天南寺監院常順法師主法，護法總會服務處監院常應法師、青年院監院常炬法師等到場關懷，有近兩百人參加。

◆ 義工團於臺北德貴學苑舉辦「接待組進階成長課程」，由文化中心副都監果賢法師、悅眾授課，常獻法師到場關懷，有近兩百人參加。

◆ 馬來西亞道場於當地于列俊華小分校舉辦「當我們『童』在一起」的回饋活動，主題是「拯救地球任務」，由法青帶領認識自然環保，並體驗動禪，共有三十五位學童參加。

◆ 方丈和尚果暉法師香港弘法關懷，26日於香港道場九龍會址舉辦祈福皈依大典，共有兩百二十二人成為三寶弟子；圓滿後並舉辦「五福臨門——人類的五種能力」專題講座，分享如何發揮發現、管理、創造、思考、信仰五大力量，追尋真、善、美、智、信的境界，有近兩百人參加。

◆ 美國亞特蘭大共修處舉辦專題講座，由常浩法師主講「話頭禪」，共有二十多人參加。

05.27

◆ 美國亞特蘭大共修處舉辦話頭禪一，由常灌法師擔任總護，共有十多人參加。

05.28

◆ 方丈和尚果暉法師香港弘法關懷，28 日接受網路媒體《佛門網》專訪，就佛教身處網路時代面臨的挑戰，及面對正念禪興起，如何於傳統與創新間取得平衡等問題，剴切詳談。

05.29

◆ 普化中心於臺中寶雲寺舉辦「聖嚴書院佛學班中區聯合結業典禮」，寶雲寺監院常慧法師、授課老師郭惠芯等出席祝福，共有兩百四十二位學員圓滿三年初階課程。

◆ 人基會「2019 好願在人間心靈講座」，邀請心理諮商專家鄭石岩主講「活出生命的光彩」，強調生命的光彩不在於崇高的社經地位，而是每個人在他人的別境裡放光，開啟慈悲喜捨，活得福德莊嚴、智慧莊嚴，才能找到永恆的自己，共有一百四十多人參加。

◆ 29 至 31 日，美國舊金山道場舉辦義工成長營，主題是「禪悅的人生」，由護法總會副總會長許仁壽帶領，並進行三場演講，主題分別是「生活與生命」、「求觀音、學觀音、做觀音」以及「歡喜看生死 —— 安身立命之道」，各有六十多人參加。

05.31

◆ 5 月 31 日至 11 月 22 日，人基會週五於臺北德貴學苑開辦「心藍海策略 —— 企業社會責任」系列課程，主題是「創新‧創心」，共三場。31 日進行首場，邀請導演曲全立主講「美力臺灣」，介紹以 3D 科技開啟實踐夢想的行動力；心六倫宣講團講師廖志德並分享企業成功經驗，共有一百多人參加。

6月 JUNE

06.01

◆ 《人生》雜誌第 430 期出刊，本期專題「認識恐懼 —— 你在怕什麼？」。

◆ 《法鼓》雜誌第 354 期出刊。

◆ 法鼓文化出版新書：《《釋淨土群疑論》提要校註》（漢傳佛教典籍系列，懷感大師

著，中華佛研所編註）、《五百菩薩走江湖 —— 禪宗祖庭探源（改版）》（寰遊自傳系列，聖嚴法師著）、《聖嚴法師教觀音法門（簡體版）》（聖嚴書院系列，聖嚴法師著）。

◆ 1 至 26 日，僧團於法鼓山園區舉辦結夏安居，包括放鬆五日禪、念佛禪七、精進禪十四等，共有兩百多位僧眾參加。

◆ 1 至 30 日，臺南分院舉辦「精進《地藏經》共修」，期間圓滿十五部《地藏經》，有近五十位信眾全程參與，共有三千七百多人次參加。

◆ 1 至 2 日，高雄紫雲寺舉辦萬行菩薩成長營，除禪修體驗外，由青年院監院常炬法師分享「學觀音，做觀音」，並邀請社工師謝云洋、心理諮商師郭敏慧帶領學習將佛法智慧應用在日常生活中，共有六十多人參加。

◆ 文化中心以 Kindle 電子書形式，將包括《聖嚴法師學思歷程》（*A Journey of Learning and Insight*）、《禪與悟》（*Chan and Enlightenment*）、《禪的世界》（*The World of Chan*）等十三本聖嚴師父著作，於全球亞馬遜網路書店上架，接引英語系佛教徒親近佛法智慧。

◆ 1 至 8 日、8 至 15 日，護法總會於三峽天南寺舉辦兩梯次「悅眾禪修營」，分別由副都監常遠法師、服務處監院常應法師擔任總護，共有一百六十八位悅眾藉由打坐、經行、拜佛、法鼓八式動禪等方式調整身心，深入體驗禪修。

◆ 退居方丈果東法師北美弘法關懷，1 日於美國舊金山道場主講「突破人生的框架，利人利己，快樂生活」，有近一百一十人參加。

◆ 中國大陸福建省廈門市閩南佛學院常務副院長界象法師帶領一百五十多位師生、居士，參訪法鼓山園區，由方丈和尚果暉法師、僧團副住持果品法師代表接待，交流推動佛教教育理念。

06.02

◆ 臺北安和分院「以法相會 淨心淨土」水陸法會專題講座，2 日由法鼓文理學院校長惠敏法師主講「總壇」，共有兩百六十多人參加。

◆ 桃園法青於桃園齋明別苑舉辦「考生祈福加油讚」活動，透過放鬆、藝術治療卡、鈔經、誦經、手作祈福御守等活動，引導考生時時覺察自己的身心，清楚放鬆，共有四十多人參加。

06.04

◆ 法鼓文理學院社區再造碩士學程系列演講，4 日邀請資深景觀建築師林大元主講「景觀的映像之旅」，分享景觀設計的學問，包括自然生態保護、施工的專業知識、視覺觀感等，共有四十多人參加。

06.06

◆ 法行會於臺北國賓飯店舉辦例會，由法鼓文理學院校長惠敏法師主講「晝夜作息、禪修與生死自在」，共有兩百一十多人參加。

06.07

◆ 7至9日，美國象岡道場舉辦禪三，由住持果元法師擔任總護，共有十多人參加。

◆ 美國亞特蘭大共修處舉辦佛學講座，由東初禪寺監院常華法師主講《藥師經》，共有二十多人參加。

06.08

◆ 美國東初禪寺週六佛學課程，8日由常灌法師主講「淨土法門介紹」，共有二十多人參加。

◆ 8日及9日，馬來西亞道場舉辦義工培訓課程，由監院常迪法師、常藻法師等帶領，引導學員建立修行與奉獻的正確觀念及方法，兩梯次有近兩百六十人參加。

◆ 退居方丈果東法師北美弘法關懷，8日於美國西雅圖分會在貝爾維尤圖書館（Bellevue Library）舉辦的專題演講中，主講「活出精彩快樂的人生」，分享快樂人生三部曲，有近一百四十人參加。

◆ 美國亞特蘭大共修處舉辦專題講座，由東初禪寺監院常華法師主講「止觀法門」，共有三十多人參加。

06.09

◆ 中區法行會「好願在人間」系列講座，9日由悅眾陳武雄主講「默照禪的生活美學」，援引聖嚴師父開示「在生活中能自在應對，就是智慧」，介紹默照禪的三個階段：只管身體、把環境當作身體的一部分、以空作為觀照，有近一百五十人參加。

◆ 退居方丈果東法師北美弘法關懷，9日於美國西雅圖分會舉辦信眾聯誼，感恩信眾長期護持與奉獻，共有六十多人參加。

◆ 美國亞特蘭大共修處舉辦止觀禪一，由東初禪寺監院常華法師擔任總護，有近二十人參加。

◆ 澳洲雪梨分會舉辦禪學講座，由常續法師主講「四祖道信語錄 —— 入道安心法門」，有近二十人參加。

06.11

◆ 慈基會舉辦「百年樹人獎助學金受獎學子分享卡」巡迴展，11至28日於北投雲來寺一樓梯廳展出，來自國小到大學的受獎學子，製作卡片、信函、月曆等近兩百件作品，以手繪的可愛圖案、質樸字句，向社會大眾表達感謝。

◆ 法鼓文理學院社區再造碩士學程系列演講，11日邀請新北市立鶯歌陶瓷博物館諮詢委員許元國主講「文化創意產業的成功之道」，共有四十多人參加。

◆ 美國西雅圖分會舉辦「誦持大悲咒，祈願購買道場」持咒活動，由加拿大溫哥華道場監院常悟法師帶領，退居方丈果東法師到場關懷，有近四十人參加。

06.12

◆ 法鼓山社大於臺北德貴學苑舉辦「『繪』聚快樂・『啡』來幸福成果分享會」，聯合小品花藝、啡來幸福、速寫入門、手繪文創小物等四班學員的學習成果，校長曾濟群到場關懷，共有一百多人參加。

◆ 加拿大溫哥華道場於懷特克利夫公園（Whytecliff Park）舉辦戶外禪，由監院常悟法師擔任總護，有近五十人參加。

06.13

◆ 13 至 16 日，加拿大多倫多分會於當地布利斯僻靜中心（Bliss Haven Retreat Center）舉辦禪三，由美國象岡道場住持果元法師擔任總護，有近三十人參加。

06.15

◆ 《人生》雜誌出版發行 *Global Buddhist Awakening* 英文專書，收錄 2018 年 6 月《人生》邀請不同傳承的法師大德分享佛法悲智，提供修行指引的兩場主題演講和座談會內容。

◆ 蘭陽分院「蘭陽講堂」系列講座，15 日邀請小農團體「倆佰甲」發起人楊文全主講「從四分地到倆百甲」，強調推展友善農耕的重要性，有近一百人參加。

◆ 慈基會於臺中寶雲別苑舉辦災害防救教育訓練課程，由顧問許哲銘帶領認識天然災害及重大人為災害的特性、預防與應變，並邀請心理諮商師陳茉莉分享助人工作的心理調適，有近五十人參加。

◆ 法鼓文理學院於園區舉辦畢結業典禮，方丈和尚果暉法師、校長惠敏法師、副校長蔡伯郎等，為四十餘位佛教學系學士班、碩士班及人文社會學群畢結業生，依序搭菩薩衣、傳燈發願，有近三百人觀禮祝福。

◆ 退居方丈果東法師北美弘法關懷，15 日於加拿大溫哥華道場主講「好願在人間 —— 觀照環境，心如明鏡」，有近一百三十人參加。

◆ 15 至 22 日，英國倫敦聯絡處舉辦默照禪七，由美國塔拉哈西分會負責人俞永峯擔任總護，有近二十人參加。

06.16

◆ 法鼓山社大「幸福人生方程式」系列講座，於新北市立圖書館金山分館進行，由人基會心六倫宣講師戴萬成主講「職場競爭力的提昇與修煉」，分享以四聖諦提昇職場技能，共有五十多人參加。

◆ 美國洛杉磯道場舉辦禪一，由常俱法師擔任總護，共有三十多人參加。

◆ 馬來西亞道場舉辦禪一，由監院常迪法師擔任總護，共有四十多人參加。

◆ 香港道場於九龍會址舉辦禪一，由悅眾擔任總護，共有六十多人參加。

06.17

◆ 慈基會協助新北市消防單位採購住宅用警報器，捐助弱勢家庭充實居家安全防護裝備，17 日新北市長侯友宜於市府頒發感謝狀，由會長柯瑤碧代表接受。

06.18

◆ 新加坡護法會舉辦專題講座，由退居方丈果東法師主講「好願在人間」，有近七十人參加。

06.19

◆ 19 至 21 日，方丈和尚果暉法師應新加坡南洋理工大學拉惹勒南國際研究院（The S. Rajaratnam School of International Studies, RSIS）邀請，出席在新加坡萊佛士會議中心（Raffles City Convention Centre）召開的第一屆「凝聚社會國際會議」，與自全球四十個國家、二百五十個機構，共一千多位政府代表、學者及各族群領袖，共同探討「不同族群共享相同的未來」；並於 20 日，在第一場以「信仰」為主題的論壇中，代表漢傳佛教，以「宗教信仰與世界和平」為題發表演說。
◆ 6 月 19 日至 7 月 10 日，馬來西亞道場應雙溪龍拉曼大學（Tunku Abdul Rahman University College, UTAR）之邀，每週三於該校帶領初級禪訓班，由監院常迪法師擔任總護，有近三十人參加。

06.21

◆ 21 至 22 日，臺北安和分院舉辦悅眾義工成長課程，由護法總會副總會長許仁壽帶領，共有一百五十多人參加。
◆ 21 至 23 日，人基會應長春集團之邀，於法鼓文理學院舉辦「企業心幸福體驗營」，內容包括禪修體驗、茶禪、心靈環保理念與運用，由中華佛研所所長果鏡法師、僧大教務長常啟法師及心六倫宣講團種子教師等帶領，共有四十三位高階主管參加。
◆ 21 至 23 日，護法總會於三峽天南寺舉辦「悅眾共識營」，由服務處監院常應法師帶領，僧團都監常遠法師、文化中心副都監果賢法師等授課，方丈和尚果暉法師到場關懷，有逾一百四十位地區正、副轄召與召委，重溫聖嚴師父教法，凝聚團體共識。
◆ 21 至 23 日，美國舊金山道場舉辦禪三，邀請聖嚴師父西方法子吉伯‧古帝亞茲（Gilbert Gutierrez）帶領，共有三十多人參加。

06.22

◆ 慈基會於高雄紫雲寺舉辦「與樂拔苦相約建淨土」義工培訓課程，主題是「學觀音做觀音（二）」，邀請資深護理師胡富麗介紹社區精神復健與資源應用，有近九十人參加。
◆ 美國東初禪寺舉辦止觀禪一，由監院常華法師擔任總護，有近三十人參加。

◆ 美國象岡道場舉辦禪一，由監院常護法師擔任總護，共有十多人參加。

◆ 馬來西亞道場監院常迪法師受邀於吉隆坡中華國民型華文中學舉辦的佛學生活營中，帶領半日禪體驗，內容包括坐禪及各式動禪體驗，共有八十多人參加。

◆ 美國新澤西州分會「認識佛教」佛學課程，22 日由常修法師介紹八正道、六度與四攝，共有三十多人參加。

06.23

◆ 美國東初禪寺舉辦週日講座，由常灌法師導讀聖嚴師父著作《自家寶藏》，有近七十人參加。

◆ 美國象岡道場舉辦禪一，由監院常護法師擔任總護，有近十人參加。

◆ 新加坡護法會舉辦悅眾禪一，由常空法師擔任總護，共有四十多人參加。

06.26

◆ 法鼓文理學院人文社會學群於臺北安和分院舉辦專題講座，邀請聖嚴師父法子繼程法師主講「禪心看世情」，分享如何在世間修得出離世間的超然，又能心懷救度眾生的悲心，共有七百多人參加。

◆ 人基會「2019 好願在人間心靈講座」，26 日邀請音樂工作者趙詠華主講「簡單的幸福」，說明簡單的幸福來自單純的心靈，也分享音樂引導並面對人生的轉折與困境，有近一百人參加。

06.28

◆ 緬懷聖嚴師父圓寂十週年，僧團於法鼓山園區舉辦「漢傳禪法之當代流傳」座談會，邀請聖嚴師父海內外弟子，包括繼程法師、賽門‧查爾得（Simon Child）、吉伯‧古帝亞茲（Gilbert Gutierrez）、查可‧安德列塞維克（Žarko Andričević），以及禪修中心副都監果醒法師、中華佛學研究所所長果鏡法師等六位，分享漢傳禪法於東西方弘傳的現況、挑戰與開展，有近一千人參加。

06.29

◆ 法鼓山於三峽天南寺舉辦社會菁英禪修營第九十九次共修會，由常正法師擔任總護，共有八十多人參加。

◆ 緬懷聖嚴師父圓寂十週年，29 至 30 日，僧團於法鼓山園區舉辦「佛法與社會科學國際研討會」，融貫佛法與社會科學的關懷精神，從經濟、公共治理、財務會計企管、社會學等面向展開對話，共有四場專題演講、五十六篇論文發表，開啟佛教研究的嶄新方向。

◆ 6 月 29 日至 7 月 3 日，美國芝加哥分會舉辦禪四，由塔拉哈西分會負責人俞永峯擔任總護，有近二十人參加。

06.30

◆ 6月30日至7月7日，美國東初禪寺於象岡道場舉辦報恩佛七，由果祺法師主法，有近八十人參加。

◆ 美國舊金山道場舉辦禪一，由悅眾擔任總護，共有二十多人參加。

◆ 馬來西亞道場舉辦禪修學長培訓課程，由監院常迪法師等授課，有近三十人參加。

◆ 緬懷聖嚴師父圓寂十週年，香港道場於香港文化中心舉辦「如是我願音樂會」，音樂會由七個章節組合，以多種藝術形式演繹聖嚴師父的一生，方丈和尚果暉法師出席關懷，有近兩千人參加。

7月 JULY

07.01

◆ 《人生》雜誌第431期出刊，本期專題「愛情覺招 —— 向佛陀學愛情智慧」。

◆ 《法鼓》雜誌第355期出刊。

◆ 法鼓文化出版新書：《聖嚴法師教淨土法門（大字版）》（家中寶系列，聖嚴法師著）、《雲水十方 —— 淨海法師佛教文集》（智慧人系列，淨海法師著）。

◆ 《金山有情》季刊第69期出刊。

◆ 《法鼓文理學院校刊》第20期出刊。

◆ 《護法季刊》復刊第19期出刊。

◆ 1至3日，臺北中山精舍舉辦「2019法鼓山兒童心靈環保體驗營」第一梯次，由教聯會師資帶領，內容包括寓言故事、禪繞創意手作、禪修體驗、自我探索等活動，有近六十位國小高年級學童參加。

07.02

◆ 2至30日，桃園齋明別苑每週二舉辦經典講座，邀請華梵大學佛教學系助理教授李治華講授《法華經》，有近一百二十人參加。

07.03

◆ 7月3日至12月4日，傳燈院每月週三於法鼓山園區舉辦讀書會共學活動，由演定法師帶領閱讀聖嚴師父禪坐共修開示，包括生活的策勵、禪法的應用，諄諄提點精進心易發、長遠心難持，有近六十位學長及地區禪坐會帶領人參加。

◆ 3至24日，普化中心每週三於北投農禪寺舉辦「法鼓講堂」佛學課程，由聖嚴書院佛學課程講師胡健財主講「《金剛經》的生命智慧」；課程同時於「法鼓山心靈環保學習網」線上直播，提供全球學員上網聽講，並參與課程討論。

07.04

◆ 4 至 6 日，臺北中山精舍舉辦「2019 法鼓山兒童心靈環保體驗營」第二梯次，由教聯會師資帶領，內容包括寓言故事、禪繞創意手作、禪修體驗、自我探索等活動，有近六十位國小低、中年級學童參加。

07.05

◆ 5 至 7 日，蘭陽分院舉辦「2019 法鼓山兒童心靈環保體驗營」，由教聯會師資帶領，共有六十四位國小中、高年級學童參加。

◆ 僧大於園區國際會議廳舉辦畢結業典禮，由方丈和尚果暉法師、女眾副院長果幸法師替畢業僧搭菩薩衣、頒發證書，有近一百位僧團法師、俗家親友到場觀禮祝福。

07.06

◆ 桃園齋明別苑舉辦「心光講堂」，邀請詩人許悔之主講「但願心如大海」，分享從人生起伏、高低經歷中，體悟到佛法的生命觀就是「隨順因緣」，有近兩百三十人參加。

◆ 7 月 6 日至 8 月 24 日，禪堂舉辦默照禪四十九，由監院常乘法師擔任總護，為方便禪眾作息，禪期分三梯次的禪七、兩梯次的禪十四，共有十四人圓滿四十九日的精進修行。

◆ 普化中心於北投農禪寺舉辦「聖嚴書院佛學班北區聯合結業典禮」，副都監果毅法師、信眾教育院監院常用法師等出席關懷，共有中山、大安、北投、基隆、新店、中正與三重地區等九個班級，七百九十七位學員圓滿三年初階課程。

◆ 慈基會於高雄紫雲寺舉辦「與樂拔苦相約建淨土」義工培訓課程，主題是「學觀音做觀音（三）」，邀請臺北市立聯合醫院仁愛院區安寧緩和醫學科主治醫師簡采汝介紹老人特質及照護知識，紫雲寺監院常參法師到場關懷，勉勵學員如實修行四攝法：布施、愛語、利行、同事，讓自己、他人皆能離開苦難，自利利他，共有六十多人參加。

◆ 6 至 10 日，教聯會於三峽天南寺舉辦教師心靈環保自我成長營，由文化中心副都監果賢法師及法鼓文理學院人文社會學群副教授楊蓓、助理教授辜琮瑜等擔任師資，帶領學習將心靈環保應用在生活及校園中，提昇教學效能，有近一百五十位教師參加。

◆ 6 至 20 日，美國象岡道場住持果元法師、監院常護法師於盧森堡、英國弘法，主要是帶領禪修活動。6 日於盧森堡市中心方濟修女修道院（Soeurs Franciscaines）舉辦禪一，共有十二人參加。

◆ 美國普賢講堂舉辦心靈環保親子體驗營，由副寺常玄法師帶領，內容包括禪修指引、動禪體驗、團康遊戲等，有近四十位親子參加。

07.07

◆ 桃園齋明別苑舉辦「心光學堂」，邀請臨床心理師洪仲清主講「做一個有自我價值的

媽媽」，說明以自我、自覺、自主、自律提昇價值感，共有九十多人參加。

◆ 高雄紫雲寺舉辦佛學講座，由常啟法師主講「《六祖壇經・懺悔品》的生活實踐」，說明「無相懺悔」的意義，不只是懺悔惡業，不被憍誑嫉妒等負面心所染，也不被幸福快樂染，即是「離兩邊」，共有一百五十人參加。

◆ 7 至 10 日，法鼓文理學院於園區舉辦「心・希望 —— 生命美學研習營」，課程以生命及美學教育為主軸，包括禪坐、茶禪與基礎佛學等，有近七十位高中生參加。

◆ 7 至 18 日，禪修中心副都監果醒法師、傳燈院監院常襄法師應邀前往俄羅斯弘法關懷，內容包括帶領禪修活動、主持佛法課程等。7 日於莫斯科郊區禪修中心，由常襄法師帶領禪一，共有四十五人參加。

◆ 美國象岡道場住持果元法師、監院常護法師盧森堡、英國弘法，7 日於盧森堡市中心方濟修女修道院舉辦兩場專題講座，主題是「禪心禪悅」，上午為英文，下午為中文，共有五十多人參加。

◆ 7 至 14 日，加拿大溫哥華道場舉辦禪七，由美國塔拉哈西分會負責人俞永峯擔任總護，共有三十多人參加。

◆ 香港道場於九龍會址舉辦禪一，由悅眾擔任總護，有近六十人參加。

07.08

◆ 8 至 9 日，臺中寶雲寺舉辦「2019 法鼓山兒童心靈環保體驗營」第一梯次，由教聯會師資帶領，以「小悉達多的航海驚奇」為主題，藉由航海旅程中的種種關卡，長養慈悲與智慧，學做自己心的主人，有近九十位國小高年級學童參加。

◆ 弘化發展專案召集人果慨法師北美弘法關懷，8 至 10 日於美國普賢講堂舉辦專題講座，導讀聖嚴師父著作《天台心鑰》，有近四十人參加。

◆ 禪修中心副都監果醒法師俄羅斯弘法關懷，8 至 14 日於莫斯科郊區禪修中心帶領禪七，共有十二人參加。

07.09

◆ 9 至 19 日，美國法鼓山佛教協會（Dharma Drum Mountain Buddhist Association, DDMBA）受邀參加聯合國高級別政治論壇可持續發展會議（The United Nations High-Level Political Forum, HLPF）於紐約總部召開的第四屆會議，由常濟法師帶領五人代表團參加。

07.10

◆ 10 至 11 日，臺中寶雲寺舉辦「2019 法鼓山兒童心靈環保體驗營」第二梯次，由教聯會師資帶領，以「小悉達多的航海驚奇」為主題，藉由航海旅程中的種種關卡，長養慈悲與智慧，學做自己心的主人，有近一百位國小中年級學童參加。

◆ 10 至 12 日，慈基會於臺北德貴學苑、三峽天南寺舉辦「2019 法鼓山兒童心靈環保體驗營」，透過影片故事、手作及靜心體驗、闖關遊戲等，引導學童學習感恩，共有四十多位關懷家庭學童參加。

07.11

◆ 11 至 14 日，法鼓山園區舉辦「2019 法鼓山兒童心靈環保體驗營」第一梯次，由教聯會師資帶領，共有一百一十多位國小高年級學童參加。

◆ 7 月 11 日至 9 月 27 日，法鼓山社大於臺大醫院金山分院舉辦「遇見心自己 —— 禪繞畫創藝作品展」，共展出六十四位學員的七百六十三幅作品；11 日舉行啟展茶會，包括方丈和尚果暉法師、社大校長曾濟群，以及金山分院院長張志豪等，有近一百位鄉親參加。

◆ 法行會於臺北國賓飯店舉辦例會，由中華佛研所所長果鏡法師主講「禪修的理論與實踐」，共有兩百一十多人參加。

◆ 人力資源處於北投雲來寺舉辦專題講座，邀請臺北市聯合醫院和平院區神經內科主治醫師劉建良主講「樂齡人生‧美麗終點 —— 認識病人自主權利法」，介紹「病人自主權利法」，以及醫療與照護的準備與安排，引導大眾學習在高齡社會中照顧自己與親友的身心健康，共有九十多人參加。

07.12

◆ 12 至 14 日，臺北安和分院舉辦「2019 法鼓山兒童心靈環保體驗營」，由教聯會師資帶領，藉由手作禪藝、生活禪、學佛行儀等動靜穿插的活動，認識心靈環保，共有六十多位國小中、高年級學童參加。

◆ 桃園齋明別苑舉辦「心光學堂」，邀請作家吳若權主講「杯測人生風味」，鼓勵大眾以念經、靜心、靜坐、冥想等方式收攝自心，讓自己的頻道與佛法相應，共有四百多人參加。

◆ 12 至 26 日，中華佛研所所長果鏡法師帶領佛教學系六名學生前往越南交流參訪，以茶禪形式為越南青少年介紹禪宗茶文化，接引新世代感受活潑生活化的禪法。

07.13

◆ 7 月 13 至 27 日、8 月 17 至 24 日，百丈院每週六於臺北德貴學苑舉辦「動態攝影培訓課程」，內容包括攝影知識、拍攝技巧、影片剪輯、後製等，由專業師資帶領，共有五十多人參加。

◆ 北投農禪寺舉辦念佛禪一，由常鐘法師擔任總護，共有一百七十多人參加。

◆ 蘭陽分院「蘭陽講堂」系列講座，13 日由小事生活創辦人洪平珊邀請主講「沒有垃圾的一年」，強調學習大自然智慧，物盡其用，力行零廢棄減塑生活，從小處著手，讓世界更美好，共有九十多人參加。

◆ 桃園齋明寺舉辦佛一暨八關戒齋，由文化中心副都監果賢法師主法，有近兩百人參加。

◆ 臺中寶雲寺舉辦佛一，由果雲法師帶領，有近一百五十人參加。

◆ 13 至 14 日，臺南分院舉辦「2019 法鼓山兒童心靈環保體驗營」，由教聯會師資帶領，藉由團康活動、繪本閱讀、禪藝手作等，認識心靈環保，有近八十位國小中、高年級學童參加。

◆ 13至14日，臺南雲集寺舉辦「2019法鼓山兒童心靈環保體驗營」，由教聯會師資帶領，內容包括童心同畫、基礎梵唄、木偶劇創作等活動，認識心靈環保的活用，有近八十位國小中、高年級學童參加。

◆ 傳燈院於北投雲來寺舉辦Fun鬆一日禪，由演柱法師擔任總護，有近六十人參加。

◆ 中華佛研所所長果鏡法師至越南交流參訪，13日於當地永福河仙寺舉辦「茶味定心禪」，為兩百多位小學至高中的青少年學員介紹禪宗茶文化，也帶領早晚課、動禪、念佛、經行等體驗。

◆ 延續聖嚴師父對地區的關懷，護法總會自7月13日起舉辦「方丈和尚抵溫叨 —— 地區巡迴關懷」（「抵溫叨」為閩南語「在我家」之意），啟程首站，方丈和尚果暉法師偕同都監常遠法師、服務處監院常應法師、總會長張昌邦、副總會長蘇妧玲等，先後至文山辦事處、中正萬華辦事處關懷，共許學佛護法的好願。

◆ 美國象岡道場住持果元法師、監院常護法師盧森堡、英國弘法，13至14日於英國倫敦格林威治（Greenwich）帶領初級禪訓密集班，共有二十多人參加。

◆ 美國東初禪寺週六佛學課程，13日由果乘法師主講「默照法門」，有近三十人參加。

◆ 13至20日，美國象岡道場舉辦精進禪七，邀請聖嚴師父西方法子吉伯・古帝亞茲擔任總護，共有三十多人參加。

◆ 美國洛杉磯道場舉辦心靈環保親子體驗營，由常義法師、臺灣教聯會師資帶領，有近二十位親子參加。

◆ 13至19日，美國新澤西分會舉辦「法華三昧懺七研習營」，由弘化發展專案召集人果慨法師、美國東初禪寺監院常華法師等帶領，以《法華三昧懺儀》親身拜懺、誦《法華經》、禪坐等結合解門與行門的修學，漸次了解與進入「法華三昧」的意涵，有近四十人參加。

◆ 加拿大多倫多分會舉辦禪一，由美國普賢講堂副寺常玄法師擔任總護，有近四十人參加。

07.14

◆ 臺中寶雲寺舉辦《法鼓山的方向 —— 萬行菩薩》導讀會，由文化中心副都監果賢法師帶領閱讀，有近三百人參加。

◆ 高雄紫雲寺舉辦佛一暨八關戒齋，由果明法師帶領，有近三百人參加。

◆ 7月14日及11月17日，美國東初禪寺舉辦週日講座，由常勳法師主講「五停心觀」，介紹憨山大師的生平與風範，有近六十人參加。

◆ 加拿大溫哥華道場舉辦專題講座，由美國塔拉哈西分會負責人俞永峯主講「聖嚴法師的禪法與漢傳佛教」，共有五十多人參加。

◆ 加拿大多倫多分會舉辦佛學講座，由美國普賢講堂副寺常玄法師主講《永嘉大師證道歌》，共有三十多人參加。

07.15

◆ 美國象岡道場住持果元法師、監院常護法師盧森堡、英國弘法，15至18日於英國沙福（Suffolk）郡弗里斯頓（Friston）帶領禪四，有近十人參加。

◆ 禪修中心副都監果醒法師俄羅斯弘法關懷，15 日及 16 日於莫斯科郊區禪修中心帶領禪修課程，開示禪宗心法，共有三十多人次參加。

07.16

◆ 16 至 19 日，北投農禪寺舉辦「2019 法鼓山兒童心靈環保體驗營」，由教聯會師資帶領，內容包括寺院禮儀、繪本閱讀、團康遊戲等，學習團隊合作與感恩，有近一百二十位國小中年級學童參加。

◆ 16 至 27 日，僧大副院長常寬法師於加拿大溫哥華道場弘法關懷，首先於 16 至 20 日舉辦佛法講座，主講「中觀心髓 —— 聖嚴法師的中觀思想」，共四堂，有近六十人參加。

07.17

◆ 7 月 17 日至 8 月 14 日、8 月 28 日至 9 月 25 日，桃園齋明別苑隔週週三舉辦「心光學堂」工作坊，邀請作家吳若權講說《心經》的情感智慧，分享如何放手、放心、活得自在，兩梯次共有兩百四十多人參加。

◆ 17 至 18 日，傳燈院應小草書屋之邀，於三峽天南寺舉辦寺院生活體驗營，包括吃飯禪、走路禪、戶外經行，以及生態、禪鼓體驗等，由常正法師等帶領，有近四十位義工老師參加。

◆ 臺灣國際扶輪社青少年交換協會於桃園齋明寺舉辦「國際青少年宗教體驗營」，由常寂法師、常鐘法師帶領，共有二十七位來自歐、美、亞洲等十七個國家的青少年參加。

◆ 17 至 23 日，香港道場參加「2019 香港書展」，以「好願在人間」為主題，展出聖嚴師父著作與法鼓山出版品，推廣心靈環保理念；22 日並於會場舉辦《翻轉人生的禪機》新書推介會，共有七十多人參加。

07.18

◆ 方丈和尚果暉法師於北投雲來寺大殿，對僧團法師、全體專職精神講話，主題是「耕心田、種福田」，全臺各分院道場同步視訊連線聆聽開示，有近三百人參加。

◆ 18 至 21 日，法鼓山園區舉辦「2019 法鼓山兒童心靈環保體驗營」第二梯次，由教聯會師資帶領，有近一百一十位國小高年級學童參加。

◆ 18 至 25 日，法鼓文理學院環境與發展學程主任張長義、助理教授黃信勳，帶領人文社會學群師生共二十三人，前往日本展開八天的「日本四國環境與發展實地考察研習教學計畫」，了解國家公園、里山倡議、自然保育、有機農業、環境災害、食農教育等議題的實踐狀況。

◆ 18 至 22 日，美國芝加哥分會舉辦五日禪修營，由常浩法師擔任總護，有近三十人參加。

07.20

◆ 蘭陽分院舉辦佛一，由監院常法法師帶領，共有九十多人參加。

◆ 榮譽董事會於臺中寶雲寺舉辦中區榮譽董事聘書頒發典禮，方丈和尚果暉法師、寺院管理女眾副都監果理法師、文化中心副都監果賢法師、監院常慧法師，與榮董會會長黃楚琪、中區榮董會召集人陳治銘等出席關懷，有近一百四十人參加。

◆ 美國象岡道場住持果元法師、監院常護法師盧森堡、英國弘法，20日於英國沙福郡弗里斯頓舉辦專題講座，主題是「禪心禪悅」，共有十多人參加。

◆ 僧大副院長常寬法師加拿大溫哥華道場弘法關懷，20日及27日舉辦佛法講座，主題是「楞嚴心語 —— 我對於《楞嚴經》的領悟」，有近六十人參加。

◆ 香港道場於港島會址舉辦生活禪工作坊，由禪修中心副都監果醒法師帶領，有近七十人參加。

07.21

◆ 7月21日至8月29日，北投文化館舉辦中元報恩《地藏經》共修，由監院果諦法師擔任監香，共有三千八百多人次參加。

◆ 中華佛研所所長果鏡法師至越南交流參訪，21日於河內龍光寺舉辦「茶味定心禪」，為近七十位小學至高中的青少年學員介紹禪宗茶文化，也帶領早晚課、動禪、念佛經行等體驗。

◆ 7月21日至10月13日，中區法行會每月週日於臺中寶雲寺舉辦「千江映月 —— 聖嚴師父與觀音法門」講座，由寶雲寺監院常慧法師主講，從不同階段的生命，了解師父修學觀音法門的歷程，啟發大眾對觀音菩薩與觀音法門的堅定信心，有近八十人參加。

◆ 21至28日，教聯會於三峽天南寺舉辦教師禪七，由常正法師擔任總護，帶領坐禪、數息，深入體會禪法；圓滿日方丈和尚果暉法師到場關懷，並以手機充電比喻修行，禪七的短期修行猶如快速充電，每日持續的定課則像涓流充電，期勉學員將禪法運用於日常生活中，有近一百三十人參加。

◆ 美國東初禪寺舉辦週日講座，邀請聖嚴師父西方法子吉伯‧古帝亞茲主講「禪的基礎：龍樹菩薩、世親菩薩到菩提達摩、臨濟和宏智 —— 體驗大乘佛教正見的發展」（The Foundations of the Chan: From Nagarjuna to Vasavandu to Bodhidharma to Ling Chi and Hongzhi —— Experience the Mahayana Development of Right View），有近六十人參加。

◆ 美國象岡道場舉辦禪一，由悅眾擔任總護，共有十多人參加。

◆ 美國舊金山道場舉辦專題講座，由演戒法師主講「修理與修行」，有近七十人參加。

◆ 馬來西亞道場為當地法青們舉辦電影分享會，主題為「鏡頭後的生命故事」，共有十六位學員參與，體驗交流不一樣的看電影經驗及心得。

◆ 香港道場於九龍會址舉辦法鼓八式動禪工作坊，由禪修中心副都監果醒法師帶領，共有三十多人參加。

07.22

◆ 方丈和尚果暉法師應人基會與國立教育廣播電台共同製播的《幸福密碼》節目之邀，與大眾分享學佛「僧」涯的幸福密碼。訪談內容於 8 月 30 日播出。

07.23

◆ 23 至 26 日，美國東初禪寺舉辦《教觀綱宗》講座，由弘化發展專案召集人果慨法師主講，共有五十多人參加。

07.26

◆ 26 至 28 日，北投文化館舉辦中元報恩地藏法會，由監院果諦法師帶領，有近三百二十多人次參加。

◆ 26 至 28 日，高雄紫雲寺舉辦「2019 法鼓山兒童心靈環保體驗營」，由法青規畫執行課程設計、授課、組織協調、內外護等，透過兒童劇、製箏放飛、紅豆派 DIY、遊戲體驗與稻草機器人組合課程，帶領學童學習走進自然、感受自然，進而關懷土地環境，共有一百一十多位國小中、高年級學童參加。

◆ 聖嚴師父法子繼程法師應波蘭禪宗協會邀請，於華沙亞洲及太平洋博物館（Museum of Asia and Pacific），以「話頭與公案，禪師與弟子間的心法如何相應」為題演講，共有六十多人參加。

◆ 26 至 30 日，香港道場於香港中文大學舉辦青年五日禪，主題是「遇見自己」，內容包括坐禪、行禪、動禪、禪食、茶禪等，由演定法師擔任總護，帶領學員練習與自我對話、發現自我、了解自我，有近一百五十位青年參加。

07.27

◆ 北投農禪寺舉辦禪一，由常琨法師擔任總護，共有一百五十多人參加。

◆ 27 至 28 日，桃園齋明寺舉辦「2019 法鼓山兒童心靈環保體驗營」，由教聯會師資帶領，有近一百位國小高年級學童參加。

◆ 臺中寶雲寺舉辦半日禪，由果雲法師擔任總護，共有一百三十多人參加。

◆ 國際禪坐會於臺北愛群大廈舉辦禪一，由果禪法師擔任總護，共有十多人參加。

◆ 27 至 28 日，法鼓山社大於北投雲來寺、園區舉辦「福慧傳家禪悅營」，以寓教於樂、老幼共學，促進親子感情交流，共有二十三組家庭、八十位祖孫三代參加。

◆ 27 至 28 日，關懷院於蘭陽分院舉辦大事關懷成長營，由常健法師帶領，包括法鼓山大事關懷的理念、服務內容等生命教育課程，及助念法器教學，共有一百多人參加。

◆ 7 月 27 日至 8 月 17 日，應波蘭禪宗協會（The Chan Buddhist Union of Poland）帕威爾（Paweł Rościszewski）之邀，法鼓山於華沙藝術學院（Warsaw Academy of Fine Arts）指導禪二十一，由聖嚴師父法子繼程法師主七，美國象岡道場住持果元法師為西方眾小參，監院常護法師擔任總護，共有四十六位禪眾參與。

◆ 美國舊金山道場舉辦「懺悔與修行生活 —— 水懺研習工作坊」，由演廣法師、演戒法師帶領，有近四十人參加。

◆ 美國新澤西州分會「認識佛教」佛學課程，27 日由果乘法師介紹因緣與因果、業與輪迴，有近三十人參加。

◆ 美國普賢講堂舉辦禪一，由常統法師擔任總護，共有十多人參加。

◆ 美國塔拉哈西分會舉辦禪一，由召集人俞永峯擔任總護，共有十多人參加。

07.28

◆ 臺北安和分院舉辦禪一，由監院果旭法師擔任總護，共有一百一十多人參加。

◆ 南投德華寺舉辦禪一，由副寺果弘法師擔任總護，有近五十人參加。

◆ 傳燈院於北投雲來寺舉辦禪一，由常因法師擔任總護，共有六十多人參加。

◆ 7 月 28 日、8 月 11 日及 25 日，美國東初禪寺舉辦週日講座，由禪修中心副都監果醒法師主講「中峰明本禪師〈信心銘〉譬解」，共有兩百四十多人次參加。

07.31

◆ 7 月 31 日至 8 月 4 日，臺東信行寺舉辦「2019 法鼓山兒童心靈環保體驗營」，由教聯會師資帶領，有近七十位國小中、高年級學童參加。

◆ 為提昇緊急醫療救護品質，守護大眾生命安全，慈基會協助臺東縣政府推動「全民 CPR 急救訓練推廣計畫」，捐贈三百七十五組充氣式訓練安妮與五十五台 AED 訓練機，31 日消防局長管建興於縣府頒發感謝狀，由總幹事陳高昌代表接受。

◆ 人基會「2019 好願在人間心靈講座」，31 日由常諦法師主講「《法華經》與心靈環保」，提醒大眾，學佛之人應當堅「信」自己本具佛性，並在生活上付諸「行」動，同時發「願」提昇人的品質，共有兩百多人參加。

◆ 7 月 31 日至 8 月 4 日，美國東初禪寺於象岡道場舉辦暑期親子營，成人組由弘化發展專案召集人果慨法師、監院常華法師，兒童組由常齋法師、常修法師及教聯會師資帶領，有近一百一十位親子參加。

◆ 美國芝加哥分會舉辦 Fun 鬆一日禪，由常震法師擔任總護，共有二十多人參加。

8月 AUGUST

08.01

◆ 《人生》雜誌第 432 期出刊，本期專題「不一樣的父親」。

◆ 《法鼓》雜誌第 356 期出刊。

◆ 法鼓文化出版新書：《聖嚴研究第十二輯》（聖嚴思想論叢系列，聖嚴教育基金會學術研究部編）、《普賢菩薩 50 問》（學佛入門 Q&A 系列，法鼓文化編輯部編著）、《晚霞集》（智慧海系列，李志夫著）。

◆ 法行會於臺北國賓飯店舉辦例會，由方丈和尚果暉法師主講「信仰、認同與凝聚」，有近兩百二十人參加。

08.02

◆ 2 至 4 日，臺中寶雲寺舉辦中元報恩地藏法會，由常獻法師主法，法師說明修行並不表示人生從此一帆風順，而是能夠身心平安，面對困難及挑戰時，以平常心去面對及處理，有近兩千人次參加。

◆ 2 至 5 日，加拿大溫哥華道場舉辦英文禪四，邀請聖嚴師父西方弟子李世娟擔任總護，有近四十人參加。

08.03

◆ 桃園齋明寺舉辦禪一，由常璧法師擔任總護，共有一百二十多人參加。

◆ 3 至 4 日，桃園齋明別苑舉辦「2019 法鼓山兒童心靈環保體驗營」，由教聯會師資帶領，共有七十多位國小低年級學童參加。

◆ 3 至 4 日，臺南分院舉辦中元報恩地藏法會，由監院常宗法師帶領，有近五百二十人次參加。

◆ 3 至 4 日，法鼓山社大於園區舉辦兒童心靈環保體驗營，由教聯會師資帶領，結合「四環」，內容包括學佛行儀、法鼓八式動禪、繪本故事、認識大自然等，共有五十多位北海岸地區國小學童參加。

◆ 美國洛杉磯道場於南海岸中華文化中心（South Coast Chinese Cultrual Center）舉辦專題講座，由常俱法師主講「《金剛經》的生活」，有近五十人參加。

◆ 3 至 4 日，美國舊金山道場舉辦中元報恩地藏暨慈悲三昧水懺法會，由常源法師主法，期勉大眾學習佛法，淨化自心、祛除五毒，有近兩百七十人次參加。

◆ 8 月 3 日至 10 月 19 日，新加坡護法會每週六開辦「兒童故事花園」，透過繪本故事、生命教育、創意手作等課程，培養學童的專注力及良好的情緒管理，有近二十位學童參加。

◆ 泰國護法會舉辦中元報恩地藏法會，由常空法師主法，共有六十多人參加。

08.04

◆ 4 至 10 日，北投農禪寺啟建梁皇寶懺法會，由僧大副院長常寬法師等主法，首日即有六千多位民眾虔誠拜懺，法會全程網路直播，法喜無遠弗屆，方丈和尚果暉法師於首日到場關懷，並開示拜懺的功能，有近四萬人次參加。

◆ 高雄紫雲寺「法鼓文理講堂」系列講座，4 日由中華佛研所研究員藍吉富主講「大慧宗杲與宏智正覺 —— 其人、其事、其行」，介紹臨濟大慧宗杲及曹洞宏智正覺兩位禪師的修為與風範，有近一百二十人參加。

◆ 8 月 4 日、10 月 27 日，美國東初禪寺舉辦週日講座，由常浩法師主講「大慧普覺禪師語錄」，有近五十人參加。

◆ 4 日及 11 日，美國普賢講堂舉辦專題講座，由中華佛研所所長果鏡法師主講「淨土思

想的演變」，共有八十多人次參加。

◆ 泰國護法會舉辦中元報恩慈悲三昧水懺法會，由常空法師主法，有近六十人參加。

08.05

◆ 5 至 6 日，美國西雅圖分會舉辦兒童心靈環保體驗營，由臺灣教聯會師資帶領，營隊以「生活環保」及「禪修體驗」為主題，帶領小朋友從輕鬆活潑的活動中學習心念專注、從玩樂中培養做家事的能力，共有二十多位學童參加。

08.07

◆ 教聯會於三峽天南寺舉辦「成長營與禪七學員聯誼會」，由常獻法師帶領，學員交換學習心得、分享心靈環保在教學上的運用，共有四十多人參加。

◆ 7 至 9 日，美國東初禪寺舉辦「《六祖壇經》研習營」，由禪修中心副都監果醒法師帶領，有近一百七十人次參加。

◆ 7 至 8 日，新加坡護法會舉辦專題講座，由弘化發展專案召集人果慨法師主講「《法華經》與改變的力量」，有近四百人次參加。

08.08

◆ 8 月 8 日至 10 月 7 日，加拿大溫哥華道場於夙里（Surrey）社區隔週週二舉辦佛學講座，由常惠法師主講「生命輪迴與解脫自在 —— 佛法修行之道概說」，介紹佛法的修行方向和修學次第，趣向生命自在解脫之道，有近六十人參加。

08.09

◆ 9 至 12 日，新加坡護法會舉辦「《法華經》懺儀與禪觀研修營」，由弘化發展專案召集人果慨法師帶領，共有九十人參加。

08.10

◆ 10 至 11 日，桃園齋明別苑舉辦中元報恩地藏法會，由副寺常林法師帶領，共有七百六十多人次參加。

◆ 臺南分院於雲集寺舉辦中元報恩慈悲三昧水懺法會，由護法總會服務處監院常應法師主法，共有六百多人參加。

◆ 美國東初禪寺週六佛學課程，10 日由常浩法師主講「梁皇寶懺」，共有四十多人參加。

◆ 美國洛杉磯道場舉辦中元報恩地藏法會，由舊金山道場監院常惺法師主法，提醒大眾調整修行心態，在肯定修人天福報的基礎上，進一步提昇至解脫道、菩薩道的修行，共有一百一十多人參加。

◆ 加拿大溫哥華道場舉辦念佛禪一，由監院常悟法師擔任總護，共有五十多人參加。

◆ 美國新澤西分會舉辦佛學講座，由禪修中心副都監果醒法師主講《六祖壇經》，闡明禪宗的傳承、南宗的禪法，以及南宗對智慧、定慧、坐禪、頓漸、一行三昧、無相、無住、無念等問題的解釋，引導學員反思「性」與「相」的本質，學習將禪法與生命經驗結合，共有四十多人參加。

◆ 美國西雅圖分會舉辦佛學講座，由常源法師主講「四聖諦、三法印」，共有四十多人參加。

◆ 加拿大多倫多分會舉辦佛學講座，由果增法師主講《地藏經》，共有五十多人參加。

08.11

◆ 11 至 18 日，臺北中山精舍舉辦中元報恩地藏法會，由常弘法師帶領，內容包括地藏法會、《地藏經》共修，有近六百四十人次參加。

◆ 蘭陽分院舉辦中元報恩地藏法會，由監院常法法師帶領，共有一百二十多人參加。

◆ 南投德華寺舉辦中元報恩地藏法會，由副寺常庵法師帶領，共有八十多人參加。

◆ 臺南分院於雲集寺舉辦中元報恩三時繫念法會，由護法總會服務處監院常應法師主法，方丈和尚果暉法師到場關懷，分享一心念佛的方法，有近八百人參加。

◆ 11 至 17 日，高雄紫雲寺舉辦中元報恩地藏法會，由監院常參法師帶領，共有九百多人次參加。

◆ 臺東信行寺舉辦佛法講座，由法鼓文理學院助理教授辜琮瑜主講「心靈環保點點心」，有近五十人參加。

◆ 普化中心於臺中寶雲寺舉辦「四合一關懷員聯合培訓課程」，由信眾教育院監院常用法師、常遂法師、演授法師等授課，寺院管理女眾副都監果理法師關懷，共有一百六十六位中部地區聖嚴書院佛學班、福田班，以及快樂學佛人、長青班關懷員參加。

◆ 法鼓山社大於北投雲來寺舉辦專題講座，由僧團副住持果祥法師、社大校長曾濟群、資深悅眾李哲仁主講「師徒故事 —— 聖嚴法師與我」，分享師徒因緣，共有一百多人參加。

◆ 豐原辦事處舉辦義工成長營，由演義法師帶領，並由悅眾分享執事體驗，共有五十多人參加。

◆ 美國洛杉磯道場舉辦中元報恩慈悲三昧水懺法會，由舊金山道場監院常惺法師主法，提醒大眾佛教的修行是以持戒為基礎，禪修為根本方法，以建設淨土為目的，最終與諸佛擁有一樣的自心淨土，有近一百三十人參加。

◆ 11 至 15 日，馬來西亞道場監院常慧法師、常寂法師應當地太平佛教會之邀，於該會舉辦的全國教師佛學研修班，擔任主題課程及禪修老師，禪修義工並帶領法鼓八式動禪、直觀體驗、托水缽及經行等，有近四十位教師參加。

◆ 美國西雅圖分會舉辦中元報恩地藏法會，由常源法師主法，共有四十多人參加。

◆ 加拿大溫哥華道場舉辦中元報恩地藏法會，由監院常悟法師帶領，有近八十人參加。

08.12

◆ 12 至 17 日，基隆精舍舉辦中元報恩《地藏經》共修，由副寺果樞法師帶領，共有三百八十多人次參加。

◆ 12 至 17 日，桃園齋明寺舉辦中元報恩地藏懺法會，由果舟法師主法，共有一千八百多人次參加。

◆ 12 至 15 日，青年院於法鼓文理學院舉辦夏季青年卓越禪修營，由演柔法師擔任總護，有近一百位來自印尼、新加坡、馬來西亞及臺灣的青年學員參加。

◆ 蘭陽分院監院常法法師受邀於張老師基金會、法鼓山人基會在臺北市劍潭青年活動中心共同舉辦的「失落療癒、希望再現國際研討會」中，以「雲水林間 —— 我在小林的一千多天」為題，與兩百多位社工、義工，分享在莫拉克風災後，在高雄市六龜、甲仙，與屏東林邊等地的關懷經驗。

08.13

◆ 13 至 27 日，桃園齋明別苑每週二舉辦「心光學堂」工作坊，邀請臨床心理師洪仲清帶領「做一個有自我價值的媽媽」，引領學習以親子關係為起點，探索人我關係、尋找適合自己的平衡狀態。

◆ 8 月 13 日至 9 月 13 日，慈基會舉辦中秋關懷活動，除攜帶應景素月餅前往關懷家庭表達祝福外，慰訪義工並分別至各地社福機關、安養機構，與院民歡度佳節，共計關懷一千兩百多戶。

◆ 13 至 14 日，新加坡護法會舉辦「《金剛經》悅眾和義工成長營」，由弘化發展專案召集人果慨法師帶領，共有一百多人參加。

08.14

◆ 14 至 29 日，臺北安和分院舉辦中元報恩地藏法會，由監院果旭法師帶領，共有三千四百多人次參加。

◆ 護法總會「方丈和尚抵溫叨 —— 地區巡迴關懷」，14 日在淡水辦事處展開，除以影片簡介歷史沿革與目前服務概況，並由資深悅眾分享與聖嚴師父及法鼓山的因緣，方丈和尚果暉法師感恩護法鼓手長年的護持與奉獻。

◆ 教聯會於臺南分院舉辦「心靈環保教學研習營」，分享心靈環保的教學經驗，創造校園幸福學，常獻法師到場關懷，並帶領放鬆體驗，期勉學員在教學中活用心靈環保的理念與方法，共有四十位教師參加。

08.16

◆ 16 至 17 日，臺東信行寺舉辦中元報恩慈悲三昧水懺法會，由護法總會服務處監院常應法師主法，有近一百七十人次參加。

◆ 16 至 18 日，傳燈院於三峽天南寺舉辦坐姿動禪學長培訓課程，由監院常襄法師帶領，引導學員將禪修心法融入日常生活，體驗行住坐臥皆是禪的妙用，共有六十多人參加。

◆ 16 至 18 日，美國象岡道場舉辦禪二，邀請聖嚴師父西方弟子李世娟擔任總護，有近四十人參加。

08.17

◆ 蘭陽分院「蘭陽講堂」系列講座，17 日邀請田董米創辦人林哲安主講「有『雞』認證 —— 守護宜蘭水田棲地」，分享為鳥禽、棲地、農夫、水田串連共存共榮的和樂生活，共有一百多人參加。

◆ 為了感恩親友、師長、各方善緣的成就，僧大於園區國際宴會廳為十五位即將剃度的學僧舉辦溫馨茶會，邀請親友們分享在法鼓山上的學習和成長，方丈和尚果暉法師親臨關懷，感恩成就子女出家慧命。

◆ 榮譽董事會法鼓山分寺院參學活動，17 日於三峽天南寺展開，共有七十多位北二轄區榮董參加。

◆ 美國象岡道場舉辦禪一，由悅眾擔任總護，有近十人參加。

◆ 加拿大溫哥華道場舉辦中元報恩地藏法會，由監院常悟法師帶領，共有七十多人參加。

◆ 美國新澤西州分會舉辦中元報恩慈悲三昧水懺法會，由常興法師擔任監香，有近四十人參加。

◆ 美國普賢講堂舉辦中元報恩地藏法會，由常勳法師擔任監香，共有五十多人參加。

◆ 17 至 18 日，泰國護法會舉辦大事關懷誦念培訓課程，由天南寺監院常學法師帶領，內容包括助念法器梵唄教學、演練追思祝福時的儀式，共有四十多人參加。

08.18

◆ 桃園齋明寺舉辦中元報恩地藏法會，由果舟法師主法，共有兩百多人參加。

◆ 臺南分院舉辦專題講座，由寺院管理副都監常寬法師主講「隨師修行」，分享出家因緣與聖嚴師父的身教言行，有近兩百人參加。

◆ 臺南雲集寺舉辦中元報恩地藏法會，由寺院管理副都監常寬法師主法，有近一百六十人參加。

◆ 高雄紫雲寺舉辦中元報恩三時繫念法會，由慈基會副祕書長常隨法師主法，退居方丈果東法師到場關懷，有近一千人參加。

◆ 臺東信行寺舉辦中元報恩三時繫念法會，由慈基會祕書長果器法師主法，共有九十多人參加。

◆ 法鼓文理學院於臺中寶雲寺舉辦「人文社會學群碩士學分班招生說明會」，學群長陳定銘介紹課程特色及師資，共有五十多人參加。

◆ 護法總會「方丈和尚抵溫叨 —— 地區巡迴關懷」，18 日在板橋辦事處展開，邀請三位前任召委藉由珍貴的老照片，重溫辦事處數次搬遷歷程，方丈和尚果暉法師勉勵眾人在紛擾的世局中，具備佛法的因緣觀，實踐佛法得到利益，便能產生信心。

◆ 加拿大溫哥華道場舉辦中元報恩慈悲三昧水懺法會，由監院常悟法師帶領，共有六十多人參加。

◆ 18 至 25 日，馬來西亞道場於巴生龍華寺舉辦初階禪七，由常正法師擔任總護，果徹法師擔任小參，共有四十一人參加。

◆ 18 至 19 日，美國亞特蘭大共修處舉辦專題講座，由禪修中心副都監果醒法師主講「生活禪」，共有六十多人次參加。

08.19

◆ 人基會心六倫宣講團隊六位種子教師，受邀前往法務部臺南地方檢察署，以「世界上的另一個你 —— 改變的力量」為主題，分享「心五四」的核心精神與價值，有近一百七十人參加。

08.20

◆ 20 至 27 日，禪堂於三峽天南寺舉辦青年初階禪七，由演捨法師擔任總護，有近四十人參加。

◆ 8 月 20 日起，四位法鼓文理學院佛教學系學生，前往美國馬里蘭州進行為期四十五日的實習課程，包括於美國禪學院（U.S. Zen Institute）寺院體驗、參與喬治・華盛頓大學（George Washington University）開設之「世界宗教」與「佛學課程」，並參訪華盛頓特區之越南、韓國、南傳與藏傳佛教道場及天主教方濟各會等。

◆ 教聯會於高雄紫雲寺舉辦「心靈環保教學研習營」暨「教聯會營隊學員聯誼會」，常獻法師到場關懷，並帶領放鬆體驗，分享禪修心法和心靈環保的教學方法，有八十多位教師學員參加。

08.21

◆ 21 至 22 日，法鼓山於文理學院舉辦「校園靜心 —— 動中清楚放鬆教師研習營」，由普化中心副都監果毅法師、悅眾陳武雄帶領，引導學員體驗融入動禪心法的靜心課程，認識安定身心的學習方法，有近八十位教師參加。

◆ 8 月 21 日至 9 月 8 日，美國象岡道場住持果元法師、監院常護法師於克羅埃西亞、德國弘法。21 至 25 日於克羅埃西亞哈特沃斯基禪修中心帶領禪修四日營，有近三十人參加。

08.23

◆ 23 至 25 日，北投農禪寺舉辦精進禪二，由常鐘法師擔任總護，有近一百一十人參加。

08.24

◆ 8 月 24 日至 11 月 9 日，新竹精舍隔週週六舉辦佛學講座，由弘化發展專案召集人果慨法師主講「大悲懺法」，有近六十人參加。

◆ 慈基會於臺中寶雲別苑舉辦「中部地區慰訪員教育訓練」，共有七十位來自臺中、東勢、員林、新社等地慰訪員，透過茶禪體驗、慰訪演練等課程，學習慰訪時應具備的心態、觀念與方法。

◆ 慈基會安排九位百年樹人獎助學金受獎學子，與十二位義工，共同烘焙四十四份點心，捐贈給參加臺北市萬華兒童服務中心的受助家庭，分享社會的關懷。

◆ 美國象岡道場舉辦禪一，由悅眾擔任總護，有近十人參加。

◆ 美國新澤西州分會「認識佛教」佛學課程，24 日由果乘法師介紹佛教的生命觀 ── 緣起與性空，共有三十多人參加。

08.25

◆ 基隆精舍舉辦禪一，由副寺果樞法師擔任總護，有近六十人參加。
◆ 桃園齋明別苑舉辦《法鼓山的方向：萬行菩薩》導讀會，由文化中心副都監果賢法師帶領閱讀，共有一百二十多人參加。
◆ 新竹精舍舉辦禪一，由副寺常湛法師擔任總護，共有四十多人參加。
◆ 8 月 25 日至 9 月 2 日，加拿大溫哥華道場監院常悟法師於瑞士弘法，主要是帶領禪七。25 日於伯恩宗教之家（House of Religions）舉辦專題講座，主題是「《六祖壇經》的要義」，有近二十人參加。
◆ 美國象岡道場舉辦禪一，由悅眾擔任總護，共有十多人參加。
◆ 美國普賢講堂舉辦禪一，由副寺常玄法師擔任總護，共有二十多人參加。
◆ 新加坡護法會舉辦中元報恩地藏法會，由常耀法師擔任監香，共有七十多人參加。

08.26

◆ 26 至 27 日，人基會心六倫宣講團應臺南市敏惠醫專之邀，於新生訓練活動中，為住宿新生授課，有近四百人參加。
◆ 美國象岡道場住持果元法師、監院常護法師克羅埃西亞、德國弘法，26 日於克羅埃西亞哈特沃斯基禪修中心帶領戶外禪，共有十多人參加。
◆ 加拿大溫哥華道場監院常悟法師瑞士弘法，8 月 26 日至 9 月 2 日於海登（Heiden）佛教中心「道樓」（Haus Tao）帶領禪七，共有十七位來自瑞士、德國、義大利、羅馬尼亞、荷蘭、列支敦斯登和日本的禪眾參加。
◆ 8 月 26 日至 9 月 1 日，美國東初禪寺於象岡道場啟建梁皇寶懺暨三時繫念法會，由禪修中心副都監果醒法師主法，有近一百一十人次參加。
◆ 馬來西亞道場舉辦禪法講座，由果徹法師主講「禪心解纏心」，分享漢傳禪法的生活智慧，共有兩百二十多人參加。

08.27

◆ 27 至 28 日，僧大於園區舉辦「剃度大悲懺法會」，由教務長常啟法師擔任監香，以法會共修，祝福新戒沙彌、沙彌尼，共有四百三十多人次參加。
◆ 美國象岡道場住持果元法師、監院常護法師克羅埃西亞、德國弘法，27 日於克羅埃西亞哈特沃斯基禪修中心帶領茶禪，共有二十多人參加。

08.28

◆ 人基會「2019 好願在人間心靈講座」，28 日邀請臺北教育大學教育學系教授黃鳳英主講「正念的覺察和實踐」，解析「正念覺察」的重要性與生活運用，共有七十多人參加。

08.29

◆ 法鼓山於園區舉辦剃度典禮，由方丈和尚果暉法師擔任戒和尚，退居方丈果東法師擔任教授阿闍黎，為十五位求度行者披剃，圓滿受沙彌（尼）戒出家儀式，同時亦有十九位行者受行同沙彌（尼）戒，共有六百多人觀禮祝福。

◆ 8月29日至9月1日，臺中寶雲寺首度舉辦「經典‧生活研修營」，由弘化發展專案召集人果慨法師、寶雲寺監院常慧法師帶領研討《六祖壇經》，共有六十五人參加。

◆ 8月29日至9月2日，美國塔拉哈西分會舉辦禪五，由召集人俞永峯擔任總護，共有二十多人參加。

08.30

◆ 人基會「心藍海策略 —— 企業社會責任」系列課程，30日進行第二場，邀請立法委員許毓仁主講「創新永續競爭力 —— 談臺灣未來的出路」、心六倫宣講團講師張莉娟分享企業成功經驗，共有一百多人參加。

◆ 美國象岡道場住持果元法師、監院常護法師克羅埃西亞、德國弘法，8月30日至9月1日於德國巴瑞爾（Barrel）的越南寺院帶領禪修二日營，共有二十多人參加。

08.31

◆ 退居方丈果東法師受邀參與中華佛教青年會於新北市新店慈濟靜思堂國議廳舉辦的「與佛同行」公益座談會，與中央大學認知神經科學研究所教授洪蘭、音樂家李哲藝，從禪法、大腦科學、藝術等不同角度，分享生命美學，有近五百人參加。

◆ 北投農禪寺舉辦佛一暨八關戒齋，由監院果毅法師帶領，共有八百七十多人參加。

◆ 臺北安和分院舉辦念佛禪一，由監院果旭法師擔任總護，有近一百三十人參加。

◆ 國際禪坐會於臺北愛群大廈舉辦禪一，由傳燈院監院常襄法師擔任總護，共有十多人參加。

◆ 慈基會於北投雲來寺舉辦「北部地區慰訪員教育訓練」，共有九十四位來自花蓮、宜蘭、羅東以及北部各地區慰訪員，透過茶禪體驗、慰訪演練等課程，學習慰訪時應具備的心態、觀念與方法。

◆ 美國東初禪寺舉辦禪一，邀請聖嚴師父西方弟子林晉城（Peter Lin）擔任總護，有近二十人參加。

◆ 美國舊金山道場舉辦禪一，由悅眾擔任總護，有近二十人參加。

◆ 8月31日至9月2日，馬來西亞道場於當地士毛月原住民度假村（Semenyih Asli Farm Resort）舉辦心靈環保青年營‧主題是「聽見心之旅」，由演信法師、演柔法師等帶領禪修體驗與自我探索，共有五十四位青年學員參加。

09.01

◆ 《人生》雜誌第 433 期出刊，本期專題「獨處，找回心力量」。

◆ 《法鼓》雜誌第 357 期出刊。

◆ 法鼓文化出版新書：《聖嚴法師教淨土法門（簡體版）》（聖嚴書院系列，聖嚴法師著）。

◆ 法鼓山於園區舉辦祈福皈依大典，由方丈和尚果暉法師授三皈依，並開示皈依的意義，共有六百零六位民眾成為三寶弟子。

◆ 高雄紫雲寺舉辦禪一，由監院常參法師擔任總護，有近一百人參加。

◆ 臺東信行寺舉辦中秋晚會，內容包括祈福法會、好願疊疊樂、吹吹心五四等活動，由監院常覺法師帶領，共有一百二十多人參加。

◆ 1 至 8 日，禪堂舉辦初階禪七，由演定法師擔任總護，共有八十人參加。

◆ 榮譽董事會於北投農禪寺舉辦北區感恩聯誼會，護法總會副都監常遠法師、常獻法師、榮董會會長黃楚琪等到場關懷，共有一千一百多人參加。

◆ 香港道場於饒宗頤文化館舉辦半日禪，由演清法師擔任總護，有近九十人參加。

09.03

◆ 9 月 3 日至 12 月 24 日，桃園齋明別苑每週二舉辦經典講座，由副寺常林法師主講《八識規矩頌》，有近六十人參加。

09.04

◆ 9 月 4 日至 2020 年 1 月 8 日，臺北安和分院每週三舉辦佛學講座，由法鼓文理學院助理教授辜琮瑜導讀聖嚴師父著作《觀心銘講記》，有近一百人參加。

◆ 4 至 25 日，普化中心每週三於北投農禪寺舉辦「法鼓講堂」佛學課程，由法鼓文理學院兼任副教授陳英善主講「天台教觀」；課程同時於「法鼓山心靈環保學習網」線上直播，提供全球學員上網聽講，並參與課程討論。

09.05

◆ 9 月 5 日、10 月 3 日、11 月 7 日，法行會於臺北國賓飯店舉辦例會，由果徹法師主講《稻稈經》，共有五百二十多人次參加。

09.06

◆ 美國象岡道場住持果元法師、監院常護法師克羅埃西亞、德國弘法，6 至 8 日於德國巴瑞爾（Barrel）的越南寺院帶領禪三，共有十多人參加。

09.07

- 9月7日至10月1日，方丈和尚果暉法師展開北美弘法關懷行程，7日於加拿大溫哥華道場主持皈依典禮，為三十五位信眾授三皈五戒；下午以「好願在人間」為主題舉辦佛法講座，共有一百五十多人參加。
- 蘭陽分院「蘭陽講堂」系列講座，7日邀請甘樂文創執行長林峻丞主講「一塊麵包的價值」，分享從一位演藝人員，到返鄉經營家族事業，繼而為建構社區支持系統，創立甘樂文創事業的歷程，共有七十多人參加。
- 桃園齋明別苑舉辦感恩義工中秋晚會，內容包括戲劇表演、音樂演出，並以影片回顧法鼓山在桃園弘化的歷程，共有八十多人參加。
- 7至8日，臺中寶雲寺舉辦精進禪二，由果雲法師擔任總護，共有一百一十多人參加。
- 7至8日，慈基會於臺東信行寺舉辦災害防救教育訓練課程，由顧問許哲銘帶領認識天然災害及重大人為災害的特性、預防與應變，並邀請心理諮商師陳茉莉分享助人工作的心理調適，有近六十人參加。
- 美國象岡道場舉辦禪一，由悅眾擔任總護，有近十人參加。
- 7至13日，美國洛杉磯道場舉辦話頭禪七，由禪修中心副都監果醒法師擔任總護，共有二十多人參加。
- 美國新澤西州分會舉辦佛一暨八關戒齋，由果乘法師帶領，有近四十人參加。

09.08

- 法鼓山於三峽天南寺舉辦社會菁英禪修營第一〇〇次共修會，由常獻法師擔任總護，有近九十人參加。
- 僧團於北投農禪寺首度舉辦僧眾親屬聯誼會，內容包括祈福法會、禪味DIY、蔬食饗宴及感恩分享等活動，退居方丈果東法師到場關懷，共有七十多位法師及近三百位俗家親屬參加。
- 臺北安和分院舉辦「佛法與醫學」講座，邀請中醫師黃浩瑞、職能治療師王柏堯、營養師邱雪婷，分享預防醫學與樂齡保健的重要；文化中心副都監果賢法師以「法的療癒」為題，探索佛陀對生死、病苦、醫療的教導，引導大眾學習「以病為師、用法作藥」，共有四百四十多人參加。
- 南投德華寺舉辦戶外禪，由副寺常庵法師擔任總護，共有二十多人參加。
- 傳燈院於北投雲來寺舉辦地區助理監香成長營，由監院常襄法師帶領，有近六十人參加。
- 慈基會於臺北市芝山岩區民活動中心舉辦中秋關懷活動，邀請關懷家庭成員、地區慰訪義工相聚，並安排義剪。
- 榮譽董事會於加拿大溫哥華道場舉辦感恩聯誼會，並由方丈和尚果暉法師頒發榮董聘書，共有八十多人參加。
- 9月8日、11月10日，美國東初禪寺舉辦週日講座，由常灌法師主講《華嚴經‧淨行品》，有近六十人參加。
- 美國象岡道場舉辦禪一，由悅眾擔任總護，有近十人參加。

◆ 新加坡護法會舉辦禪一，由常耀法師擔任總護，共有三十多人參加。

09.11

◆ 9月11日至10月16日，高雄紫雲寺每週三舉辦佛學講座，邀請華嚴專宗學院教師許洋主主講《金剛經》，共六堂，分享由凡轉聖的智慧法門，共有兩百多人參加。

◆ 11至13日，文化中心副都監果賢法師於馬來西亞弘法關懷。11日於道場舉辦義工培訓課程，主講「新聞採訪報導與寫作」，強調新聞寫作是溝通和表達的學習，有助於人際間的溝通，共有四十多位學員參加。

09.12

◆ 北投農禪寺舉辦禪一，由常運法師擔任總護，有近一百五十人參加。

◆ 文化中心副都監果賢法師馬來西亞弘法關懷，12日於道場導讀《法鼓山的方向》，共有一百二十多位悅眾參加。

09.13

◆ 法鼓山園區於大殿外露臺舉辦中秋晚會，內容包括機智問答、佛曲演唱，僧大教務長常啟法師帶領月光禪，共有三百多人參加。

◆ 北投農禪寺舉辦「農禪水月過中秋」，內容包括祈福法會、藝文表演、水月池畔經行等，由監院果毅法師帶領，共有一千六百多人參加。

◆ 13至14日，臺北安和分院舉辦中秋《法華經》共修，由監院果旭法師擔任監香，中山精舍亦以網路連線共修，共有八百多人次參加。

◆ 三峽天南寺舉辦中秋晚會，內容包括鼓隊與合唱團演出、茶禪、月光禪等，共有七百多人參加。

◆ 13至15日，桃園齋明寺舉辦精進禪二，

◆ 文化中心副都監果賢法師馬來西亞弘法關懷，13日於道場帶領影視企畫培訓課程，說明影片是文化工作，是多元能力的養成，包括影像取材、美術設計、表達的傳播能力等，期勉學員多閱讀、觀察，積累製作影片的素材與資糧，共有三十多人參加。

09.14

◆ 14至21日，禪堂舉辦話頭禪七，由常正法師擔任總護，共有七十多人參加。

◆ 14至21日，禪堂於三峽天南寺舉辦初階禪七，由臺中寶雲寺監院常慧法師擔任總護，有近一百二十人參加。

◆ 14至15日，關懷院於高雄紫雲寺舉辦大事關懷成長營，由常健法師帶領，包括法鼓山大事關懷的理念、服務內容等生命教育課程，以及助念法器教學，共有一百五十多人參加。

◆ 美國東初禪寺週六佛學課程，14日由監院常華法師主講「觀音法門」，共有二十多人參加。

- ◆ 14 至 15 日，美國象岡道場舉辦青年禪修工作坊，由常興法師帶領，共有五十多人參加。
- ◆ 美國洛杉磯道場舉辦佛法講座，由禪修中心副都監果醒法師主講「想像的世界與真實的世界」，說明以身體、感官為「我」所建立起來的經驗的世界，都是自導自演，一切只是現象的相續生滅，並沒有一個恆常不變的我；若能理解諸法無常、無我，便能減輕執著，解脫無明煩惱，共有八十多人參加。
- ◆ 方丈和尚果暉法師北美弘法關懷，14 日於美國舊金山道場主持皈依典禮，為六十位信眾授三皈五戒；下午舉辦佛法講座，主題是「金山有鑛，鳥語花香」，分享修行心要，有近兩百人參加。
- ◆ 14 至 15 日，香港道場於九龍會址舉辦兩場專題講座，由弘化發展專案召集人果慨法師主講「法鼓山水陸法會的修持與時代意義」，共有五百多人次參加。
- ◆ 14 至 29 日，果禪法師於澳洲弘法關懷，內容包括佛學講座、梵唄教學等。14 日及 16 日於雪梨分會進行專題講座，主講「梵唄與修行」，並帶領梵唄悅眾培訓課程，共有十多位學員在法師指導下，學習以梵唄來修行。

09.15

- ◆ 臺北中山精舍舉辦 Fun 鬆一日禪，由常弘法師擔任總護，共有三十多人參加。
- ◆ 臺中寶雲寺舉辦《法鼓山的方向 —— 理念》導讀會，由文化中心副都監果賢法師帶領閱讀，有近兩百人參加。
- ◆ 榮譽董事會於美國舊金山道場舉辦榮董聯誼會，由方丈和尚果暉法師頒發新任榮董聘書，感謝榮董「學法、弘法、護法」的努力，也期勉以佛法的精神締造家庭及社會的和諧。
- ◆ 美國普賢講堂舉辦禪一，由常統法師擔任總護，共有十多人參加。
- ◆ 泰國護法會舉辦禪一，由常空法師擔任總護，有近二十人參加。
- ◆ 果禪法師澳洲弘法關懷，15 日上午於雪梨分會帶領大悲懺法會；下午與法青進行甘露門，解答法青的學佛疑問。

09.16

- ◆ 方丈和尚果暉法師北美弘法關懷，16 日偕同舊金山道場監院常惺法師、榮譽董事會會長黃楚琪，前往萬佛聖城（The City of Ten Thousand Buddhas）與法界大學（Dharma Realm Buddhist University），進行交流訪問。
- ◆ 果禪法師澳洲弘法關懷，16 日於雪梨分會進行專題講座，主講「萬行菩薩」，介紹義工的身儀、口儀、心儀，有近三十人參加。

09.17

- ◆ 慈基會於北投雲來寺舉辦災害防救訓練講座，由顧問許哲銘分享防災、減災觀念，建立「自救再助人」的觀念與能力，有近七十人參加。

09.18

◆ 法鼓文理學院舉辦「李志夫名譽教授九十一書法展暨新書發表會」，包括校長惠敏法師、退居方丈果東法師，共有一百多位教界、學界同門師友參加。

◆ 方丈和尚果暉法師北美弘法關懷，18 日偕同僧團副住持果醒法師、美國洛杉磯道場監院果見法師，拜訪慈濟美國總會，執行長黃漢魁、副執行長陳濟弘，帶領各級悅眾接待，並分享在美發展現況與服務內容。

◆ 泰國護法會於春武里府臨湖縣（Ban Bueng）設立「春武里共修處」，18 日舉辦灑淨啟用儀式，共有二十多人參加。

09.19

◆ 法鼓山捐贈《聖嚴法師年譜》、聖嚴師父英文著作及生前多次於美國洛杉磯弘法開示影音檔、法鼓山活動剪報等史料，予美國加州大學洛杉磯分校（University of California, Los Angeles）東亞圖書館，19 日舉行贈書儀式，由演禪法師代表方丈和尚果暉法師捐贈，洛杉磯道場監院果見法師、常悅法師出席觀禮。

09.20

◆ 20 至 22 日，傳燈院於三義 DIY 心靈環保教育中心舉辦精進禪二，由常盛法師擔任總護，有近一百二十人參加。

◆ 20 至 21 日，中華佛研所於法鼓山園區舉辦「漢傳佛教研究和教育的實務開展圓桌論壇」，青年學者、佛研所畢業校友及僧團法師，共發表十九篇論文；榮譽所長李志夫並專題分享聖嚴師父推動近代佛教教育的歷程，共有一百多人參加。

◆ 20 至 22 日，美國象岡道場舉辦禪二，由常興法師擔任總護，共有十多人參加。

09.21

◆ 關懷院於臺中寶雲寺舉辦大事關懷課程，由常健法師帶領，包括法鼓山大事關懷的理念、佛化奠祭的作法和細則，及助念法器教學，有近一百九十人參加。

◆ 慈基會於高雄紫雲寺舉辦「與樂拔苦相約建淨土」義工培訓課程，主題是「柔軟的心」，由副祕書長常隨法師帶領，並邀請藝術治療師林純如，以及諮商輔導師郭慧珍、郭敏慧指導「自我覺察」、「生命故事書」，有近六十人參加。

◆ 教聯會於新北市石碇淡蘭古道舉辦心靈環保一日營，由常獻法師帶領戶外禪，有近四十人參加。

◆ 美國象岡道場舉辦禪一，由悅眾擔任總護，有近十人參加。

◆ 方丈和尚果暉法師北美弘法關懷，21 日於美國洛杉磯道場與義工茶敘，感恩義工長期護持與奉獻。

◆ 加拿大溫哥華道場舉辦學術論壇，主題是「佛教與社會變遷」（Buddhism and Social Change），邀請美國普林斯頓大學（Princeton University）宗教系副教授兼南亞研究計畫主任葛約翰（Jonathan C. Gold）、新澤西學院（The College of New Jersey）

社會學系副教授李世娟、洛磯山生態禪修中心（Rocky Mountain Ecodharma Retreat Center）創始人羅大維（David Robert Loy）、賓州富蘭克林與馬歇爾學院（Franklin & Marshall College）宗教學教授麥瑪漢（David L. McMahan），以及加拿大卡加立大學（University of Calgary）宗教系副教授韋聞笛（Wendi L. Adamek），分別就群體共業、社會改革、生態環保、佛教當代思維、經濟運作等面向，探討佛法的現代性，共有一百五十多人參加。

◆ 21 至 22 日，香港道場於九龍會址舉辦專題講座，由果傳法師主講「地藏懺」，共有兩百二十多人次參加。

◆ 果禪法師澳洲弘法關懷，21 至 22 日於墨爾本分會帶領英文初級禪訓密集班，有近二十人參加。

09.22

◆ 9 月 22 日、10 月 6 日、11 月 10 日及 12 月 22 日，臺北安和分院舉辦親職講座，邀請心理師諮商師陳茉莉主講，主題分別是「如何培養良好習慣，成就好未來！」、「如何教導孩子的人際關係」、「了解孩子出現偏差行為的內在動機」、「陪伴的力量」，有近兩百五十人次參加。

◆ 臺南分院舉辦專題講座，由演柱法師主講「印度修行與我的出家因緣」，分享兩次印度朝聖修行，十萬次大禮拜，圓滿了隨佛修行的心願，有近兩百人參加。

◆ 中華佛研所於法鼓山園區舉辦新書暨數位成果發表會，推介佛研所出版的論文期刊、書系，以及數位化專案。

◆ 榮譽董事會於臺北藝術大學舉辦戶外禪，共有六十多人參加。

◆ 方丈和尚果暉法師北美弘法關懷，22 日於美國洛杉磯太平洋棕櫚度假中心（Pacific Palms Resort）舉辦專題演講，主題是「五福臨門 —— 人類的五種能力」，包括臺北經濟文化辦事處大使朱文祥、蒙特利公園市（Monterey Park）市長梁僑漢伉儷、聖嚴師父西方法子吉伯·古帝亞茲等，共有三百三十多人參加。

◆ 美國舊金山道場舉辦英文禪一，由悅眾擔任總護，共有二十多人參加。

09.23

◆ 方丈和尚果暉法師北美弘法關懷，23 日偕同僧團副住持果醒法師等，參訪佛光山西來寺及西來大學，住持慧東法師率佛光會悅眾接待，並就北美學佛風氣與佛教現況進行深入交流。

◆ 果禪法師澳洲弘法關懷，23 至 27 日於墨爾本分會舉辦佛法講座，主題是「以法談心」，有近二十人參加。

09.25

◆ 人基會「2019 好願在人間心靈講座」，30 日邀請園藝治療師黃盛璘主講「植物療癒」，探索植物和土地的療癒力量，並傳授以植物生命力療癒身、心、靈的方法，共有一百二十多人參加。

09.27

◆ 27 至 29 日，美國象岡道場舉辦青年禪修營，由常興法師帶領，有近六十人參加。

09.28

◆ 法鼓文化於臺中寶雲寺舉辦「行願館感恩成長營」，由總監果賢法師、義工團副團長陳麗瑾分享義工應具備的觀念和行誼，並由法鼓文化專職分享產品的製作理念與發想過程，共有一百三十位專職及義工參加。

◆ 北投農禪寺於臺北市貴子坑生態園區舉辦戶外禪，由常鐘法師擔任總護，共有一百二十多人參加。

◆ 臺北安和分院舉辦禪一，由監院果旭法師擔任總護，共有一百二十多人參加。

◆ 9 月 28 日、11 月 2 日、12 月 7 日，蘭陽分院舉辦親職學堂，邀請心理師陳茉莉分享溝通心法，主題分別是「你真懂你的孩子嗎？」、「教好孩子有妙方」、「成為孩子的領航者」，每堂有近五十位父母參加。

◆ 28 至 29 日，臺中寶雲寺舉辦讀書會共學活動帶領人進階培訓課程，邀請資深讀書會帶領人方隆彰帶領，分享「閱讀困境與因應」，並從閱讀態度、結構法、學習能力、方法實作等面向，進行示範演練，有近一百一十位來自中部各地，以及新加坡、溫哥華及香港等讀書會成員參加。

◆ 28 至 29 日，臺南分院於法鼓山園區舉辦朝山活動，並由禪修中心副都監果醒法師帶領「星空夜語」，勸勉大眾從朝山學習「藉人成事，藉事成人」，增加向心力、包容力，成就好的人品，近五百人參加。

◆ 高雄紫雲寺「法鼓青年開講」系列講座，邀請公益青年黃柏堯主講「健康海洋，善愛環境」，分享投入海洋環境教育的心路歷程，共有七十多人參加。

◆ 9 月 28 日至 10 月 5 日，禪堂於三峽天南寺舉辦念佛禪七，由禪堂監院常乘法師擔任總護，共有一百二十多人參加。

◆ 9 月 28 日至 10 月 5 日，禪堂於臺東信行寺舉辦初階禪七，由演捨法師擔任總護，共有五十多人參加。

◆ 國際禪坐會於臺北愛群大廈舉辦禪一，由悅眾擔任總護，有近二十人參加。

◆ 9 月 28 日及 10 月 5 日，僧大教務專題課程，邀請中山大學哲學研究所教授越建東主講「當代佛教修行觀」，從禪修、禪法及禪技，探討佛教修行觀的嬗變，有近五十人參加。

◆ 榮譽董事會法鼓山分寺院參學活動，28 日於蘭陽分院展開，共有七十多位北四轄區榮董參加。

◆ 28 至 29 日，美國東初禪寺舉辦慶祝成立四十週年活動，首日於紐約法拉盛喜來登飯店（Sheraton LaGuardia East Hotel）舉辦感恩聯誼會，方丈和尚果暉法師到場關懷，並以「好願在人間」為題，勸請大眾同行修福修慧的菩薩道，與東初禪寺共同成長，有近三百人參加。

◆ 果禪法師澳洲弘法關懷，28 日於墨爾本分會舉辦英文禪一，共有二十多人參加。

09.29

◆ 9 月 29 日至 10 月 13 日，法鼓山陸續於全臺分支道場舉辦十一場「2019 第二十六屆佛化聯合祝壽」，內容包括祈福延壽法會、念佛、供燈、佛曲表演、感恩奉茶等，近三千位長者接受祝福。

◆ 桃園齋明別苑舉辦禪一，由副寺常林法師擔任總護，共有九十多人參加。

◆ 新竹精舍舉辦《法鼓山的方向 ── 關懷》導讀會，由文化中心副都監果賢法師帶領閱讀，有近一百人參加。

◆ 高雄三民精舍舉辦勸募聯誼會，由悅眾分享勸募心法，共有一百二十多人參加。

◆ 青年院於德貴學苑舉辦禪一，由演寶法師擔任總護，共有二十多人參加。

◆ 美國東初禪寺於擴建基地舉行灑淨祈福平安法會，由方丈和尚果暉法師主法；法會圓滿後，於承租現址進行持誦〈大悲咒〉共修，並由方丈和尚主講「觀音法門」，分享八種殊勝的修持方法，有近一百一十人參加。

◆ 馬來西亞道場舉辦禪一，由常施法師擔任總護，共有四十多人參加。

◆ 9 月 29 日至 10 月 5 日，香港道場於九龍會址舉辦「都市地藏週」活動，期間共修七部《地藏經》，並同步開放網路共修，有逾五千人次參加。

◆ 泰國護法會舉辦禪一，由悅眾擔任總護，共有二十多人參加。

◆ 果禪法師澳洲弘法關懷，29 日於墨爾本分會舉辦助理監香培訓課程，共有十多人參加。

09.30

◆ 桃園佛緣講堂創辦人暨現任導師守成長老，於 9 月 28 日晚間示寂，退居方丈果東法師於 30 日前往念佛祝福。方丈和尚果暉法師於 10 月 27 日出席告別式，誦文追思，感念長老為佛教選才育才的用心。

10月 OCTOBER

10.01

◆ 《人生》雜誌第 434 期出刊，本期專題「好心不 NG」。

◆ 《法鼓》雜誌第 358 期出刊。

◆ 法鼓文化出版新書：《聖嚴法師教默照禪（大字版）》（家中寶系列，聖嚴法師著）。

◆ 《金山有情》季刊第 70 期出刊。

◆ 《法鼓文理學院校刊》第 21 期出刊。

◆ 《護法季刊》復刊第 20 期出刊。

◆ 方丈和尚果暉法師北美弘法關懷，1 日前往美國麻薩諸塞州的巴瑞佛學研究中心（Barre Center of Buddhist Studies）參訪，由前任總監穆宋（Mu Soeng）、現任總監威廉・埃德爾格拉斯（William Edelglass）與執行長瑞克・亨寧（Rick Henning）接待，

了解該中心營運方式及課程安排。

◆ 方丈和尚果暉法師北美弘法關懷，1 日於美國普賢講堂舉辦專題講座，主題是「學佛與佛學」，有近九十人參加。

10.02

◆ 10 月 2 日至 11 月 20 日，普化中心每週三於北投農禪寺舉辦「法鼓講堂」佛學課程，由弘化發展專案召集人果慨法師主講「教觀綱宗」；課程同時於「法鼓山心靈環保學習網」線上直播，提供全球學員上網聽講，並參與課程討論。

10.04

◆ 4 至 6 日，基隆精舍於法鼓山園區舉辦精進禪二，由副寺果樞法師擔任總護，有近一百四十人參加。

10.05

◆ 5 至 12 日，北投農禪寺舉辦初階禪七，由監院果毅法師擔任總護，有近一百六十人參加。

◆ 5 至 6 日，「全國佛學論文聯合發表會」於法鼓文理學院展開，共有十九篇論文發表，主題包括佛教戒律、經論、修行、文獻研究，以及佛法應用於社會的跨領域研究等。

◆ 美國洛杉磯道場於爾灣（Irvine）中文學校舉辦佛學講座，由常悅法師主講「佛陀最後的教誨」，概說《佛遺教經》，共有四十多人參加。

10.06

◆ 桃園齋明別苑舉辦「心光講堂」，邀請身障發明家劉大潭主講「用創意活出快樂人生」，分享以「實踐」為主軸，「初‧練」為主題，成就更好的自己、造福社會，有近八十人參加。

◆ 法鼓山社大於法鼓山園區舉辦「108 年秋季聯合開學典禮」，方丈和尚果暉法師、退居方丈果東法師到場關懷，有近四百五十人參加。

◆ 馬來西亞道場舉辦悅眾工作坊，由三學院監院常藻法師帶領，分享聖嚴師父對悅眾的期許「不是領導，而是領眾」，領導靠影響力，領眾靠攝化力；法師期勉以自己的心力、體力、智慧和福德來領眾，讓自己和他人平安和快樂，共有三十多人參加。

◆ 美國新澤西州分會舉辦禪一，由常興法師擔任總護，有近二十人參加。

10.07

◆ 跨宗教國際交流機構「世界宗教議會」（Parliament of the World's Religions, PWR）現任會長奧黛麗‧北川（Audrey Kitagawa），帶領攝影團隊一行四人，於法鼓山園區拍

攝採訪。除採訪方丈和尚果暉法師,也與僧團果禪法師、常諗法師及法鼓文理學院佛教學系主任鄧偉仁進行座談。

10.08

◆ 8 至 9 日,法緣會於桃園齋明寺舉辦精進禪二,由果弘法師擔任總護,共有四十人參加。

10.09

◆ 香港道場於九龍會址舉辦專題講座,由僧大副院長常寬法師主講「遇見提婆達多 ── 轉惡因緣成善知識」,共有四百多人參加。

10.10

◆ 10 至 13 日,法鼓山於園區舉辦社會菁英禪修營精進禪三,由禪堂監院常乘法師擔任總護,共有七十多人參加。
◆ 宜蘭縣南方澳跨港大橋 10 月 1 日發生倒塌意外,造成多人傷亡。10 日,蘭陽分院、宜蘭辦事處四十七位義工前往南方澳參與超薦祈福法會,恭誦《地藏經》,祈願傷者早日康復,祝福罹難者往生佛國淨土。
◆ 10 至 13 日,桃園齋明寺舉辦佛三暨八關戒齋,由文化中心副都監果賢法師主法,有近九百人次參加。
◆ 10 至 13 日,臺東信行寺舉辦中級禪悅營,由果稱法師擔任總護,共有五十四人參加。
◆ 10 至 13 日,青年院於三峽天南寺舉辦「法青義工成長營」,由演柔法師擔任總護,內容包括野炊料理、攀索登山健行、心靈成長工作坊等,有近一百人參加。

10.11

◆ 11 至 16 日,美國象岡道場舉辦禪五,邀請聖嚴師父西方弟子李世娟擔任總護,有近三十人參加。
◆ 11 至 15 日,美國舊金山道場舉辦默照禪五,邀請聖嚴師父西方法子查可・安德列塞維克帶領,共有三十多人參加。

10.12

◆ 新竹精舍於當地青青草原舉辦戶外禪,由悅眾擔任總護,共有四十多人參加。
◆ 臺中寶雲寺舉辦半日禪,由果雲法師擔任總護,有近一百五十人參加。
◆ 12 至 13 日,慈基會於高雄紫雲寺舉辦「與樂拔苦相約建淨土」義工培訓課程,主題是「三福業之運用」,由副祕書長常隨法師帶領,並邀請社工師謝云洋、藝術治療師林純如、諮商輔導師郭慧珍指導「同理心」演練等,共有五十多人參加。
◆ 中正萬華辦事處舉辦專題講座,由法鼓文理學院校長惠敏法師主講「從『心・腦』養

成『博學雅健』的生活習慣：運動與跑香」，有近一百五十人參加。

◆ 美國東初禪寺週六佛學課程，12 日由常灌法師主講「念佛禪」，共有二十多人參加。

◆ 12 至 13 日，美國洛杉磯道場舉辦念佛禪二，由常悅法師擔任總護，有近六十人參加。

◆ 美國亞特蘭大共修處舉辦戶外禪，由象岡道場住持果元法師帶領，共有二十多人參加。

◆ 加拿大多倫多分會舉辦禪一，由悅眾擔任總護，共有十多人參加。

10.13

◆ 臺南分院舉辦禪一，由演華法師擔任總護，共有九十多人參加。

◆ 高雄三民精舍舉辦佛學講座，由果舟法師主講「與藥師琉璃光如來淨土相會」，期勉大眾學習藥師如來信願行，隨心滿願建設人間淨土，共有一百一十多人參加。

◆ 護法總會「方丈和尚抵溫叨 —— 地區巡迴關懷」，13 日在豐原辦事處展開，藉由投影片，大眾重溫辦事處數次搬遷歷程，方丈和尚果暉法師勉勵眾人每月閱讀《法鼓》雜誌，凝聚護法的大願力，有近兩百人參加。

◆ 法行會中區分會於臺中寶雲寺舉行會員大會，方丈和尚果暉法師、監院常慧法師到場關懷，共有六十多人參加。

◆ 美國新澤西州分會舉辦禪一，由常興法師擔任總護，有近二十人參加。

◆ 美國亞特蘭大共修處舉辦戶外禪，由象岡道場住持果元法師帶領，共有二十多人參加。

◆ 泰國護法會舉辦禪一，由常空法師擔任總護，共有二十多人參加。

10.15

◆ 傳燈院於臺北德貴學苑舉辦禪一，由演戒法師擔任總護，有近七十人參加。

◆ 香港道場原訂於灣仔伊利沙伯體育館舉辦的「生機處處」專題講座，因考量交通因素，改以網路現場直播，邀請聖嚴法師法子繼程法師分享無常中的生機，有近三百三十人線上觀看。

10.16

◆ 僧大「作務與弘化」專題課程，邀請內政部、教育部防災計畫推動主持人王价巨，分享災害管理觀念，從「認識災害」到「接受災害」，引導思考災害發生時，如何自安安人。

10.17

◆ 方丈和尚果暉法師於北投雲來寺大殿，對僧團法師、全體專職精神講話，主題是「北美弘法見聞」，全臺各分院道場同步視訊連線聆聽開示，有近三百人參加。

◆ 轉達社會善心，慈基會捐助新北市貢寮區衛生所醫療福祉車，17 日於該衛生所舉行捐贈儀式，由會長柯瑤碧代表捐贈，祕書長果器法師、副會長王瓊珠皆到場觀禮祝福。

10.18

◆ 18 至 20 日,傳燈院於三峽天南寺舉辦禪修輔導學長成長營,由監院常襄法師等授課,課程以「覺察、專注力」為主軸,輔以慚愧、懺悔與感恩心的培養和練習,作為日常修行的著力點,有近五十人參加。

◆ 10 月 18 日至 11 月 29 日,法鼓文理學院推廣教育中心於臺北德貴學苑舉辦「佛教世界之禪、禪荷畫」畫展,展出日本西園寺住持內藤香林、臺灣水墨畫家葉玲秀近七十幅作品,展現佛法的藝術呈現。

◆ 榮譽董事會於新北市坪林舉辦戶外禪,有近八十人參加。

10.19

◆ 北投雲來別苑舉辦落成啟用典禮,由方丈和尚果暉法師、慈基會會長柯瑤碧、潤弘精密工程董事長賴士勳、雲來別苑建築師李文勝,與法鼓山護法總會總會長張昌邦等,共同揭開佛幔,共有五百多人參加。

◆ 北投農禪寺舉辦慈悲三昧水懺法會,由果仁法師主法,勉勵大眾發善念,與他人結善緣、種善根,共有一千六百多人參加。

◆ 蘭陽分院「蘭陽講堂」系列講座,19 日邀請南迴醫院籌建發起人徐超斌主講「等待曙光的公路」,闡述籌建南迴醫院的心路歷程,也分享將失去親人的痛苦,昇華為拔苦予樂的大願,共有八十多人參加。

◆ 臺中寶雲寺舉辦禪一,由果雲法師擔任總護,共有一百一十多人參加。

◆ 19 至 26 日,禪堂舉辦初階禪七,由演捨法師擔任總護,有近八十人參加。

◆ 10 月 19 日至 11 月 10 日,慈基會於全臺各分寺院及辦事處舉辦「第三十五期百年樹人獎助學金」頒發,共四十四場,有近一千兩百三十位學子受獎。

◆ 美國象岡道場舉辦禪一,由悅眾擔任總護,共有二十多人參加。

◆ 19 至 24 日,香港道場於當地基督教女青年會梁紹榮度假村舉辦禪五,邀請聖嚴師父法子繼程法師主七,有近七十人參加。

10.20

◆ 臺東信行寺舉辦佛法講座,由禪修中心副都監果醒法師主講「《楞嚴經》修學心要」,有近七十人參加。

◆ 護法總會於臺中寶雲寺舉辦「2019 新勸募會員授證典禮」,由方丈和尚果暉法師為兩百二十位新勸募會員授證,包括僧團都監常遠法師、護法總會服務處監院常應法師、總會長張昌邦等,有近四百六十人參加。

◆ 護法總會「方丈和尚抵溫叨──地區巡迴關懷」,20 日在臺中寶雲寺展開,由多位資深悅眾擔任「說書人」,述說三十餘年來臺中地區的護法歷程,有近兩百五十人參加。

◆ 桃園法青關懷懷德風箏緣地育幼院,並以戲劇表演引導孩童練習做自己心的主人,有近四十人參加。

◆ 教聯會於臺北德貴學苑舉辦「心靈環保教學研習營」,分享心靈環保的教學經驗,創

造校園幸福學，邀請臺北醫學大學臨床醫學研究所教授張育嘉主講「心靈環保的理念與方法」，常獻法師到場關懷，並帶領放鬆體驗，期勉學員在教學中活用心靈環保的理念與方法，有近四十位國小教師參加。

◆ 美國象岡道場舉辦禪一，由悅眾擔任總護，共有十多人參加。

◆ 20 至 27 日，加拿大溫哥華道場舉辦話頭禪七，邀請聖嚴師父西方法子查可‧安德列塞維克擔任總護，共有四十多人參加。

◆ 馬來西亞道場舉辦禪一，由常寂法師擔任總護，有近三十人參加。

10.21

◆ 感恩義工護持與奉獻，北投農禪寺於桃園縣石門水庫風景區舉辦戶外禪，由監院果毅法師擔任總護，有近六百人參加。

◆ 由中央研究院歐美文化研究所「日治臺灣哲學與實存運動」主題計畫，與法鼓文理學院共同舉辦的「佛教現代化在臺灣的發展 —— 探索宗教哲學的可能性」學術工作坊，於法鼓文理學院舉行，臺、港學者共發表七篇論文，探討日治時期臺灣佛教的法脈傳承與現代性起源。

10.24

◆ 10 月 24 日至 2020 年 1 月 17 日，法鼓文理學院推廣教育中心開辦「樂齡大學」，每週四、五上課，課程包括禪修、瑜伽、生活佛法等，由文理學院師資群授課，共有二十多人參加。

10.25

◆ 25 至 27 日，蘭陽分院舉辦禪二，由演燈法師擔任總護，有近六十人參加。

◆ 25 至 27 日，法鼓文理學院禪文化研修中心舉辦禪文化研修體驗營，有近四十人參加。

◆ 25 至 27 日，榮譽董事會於臺東信行寺舉辦禪悅營，由常獻法師擔任總護，學員藉由參與法會、體驗戶外禪，堅定修行與奉獻的願心，有近八十位榮董參加。

◆ 10 月 25 日至 11 月 3 日，美國象岡道場舉辦禪修營，由住持果元法師帶領，有近十人參加。

10.26

◆ 26 至 27 日，僧團於臺北市張榮發基金會國際會議中心舉辦「對應氣候變遷 —— 心靈環保農業創生研討會」，就心靈環保與農業創生、心靈環保與農業生產、心靈環保與農產通路、心靈環保與消費意識等四大議題，邀請專家、學者及生產者進行研討與對談，並有兩場專題演講、一場交流工作坊，有近一千人參加。

◆ 北投農禪寺念佛組義工於關渡浩然敬老院帶領長者念佛共修，院長童富泉致贈感謝狀予二十年帶領念佛共修的義工，臺北市社會局副局長黃清高也代表市政府，肯定法鼓山長期投入公益慈善事業，增進社會福祉。

◆ 26 至 27 日，桃園齋明寺舉辦秋季報恩法會，包括地藏法會、三時繫念法會，由禪堂監院常乘法師主法，共有一千八百多人次參加。

◆ 國際禪坐會於北投雲來寺舉辦英文禪一，由演無法師擔任總護，共有十多人參加。

◆ 僧大教務專題課程，邀請成功大學中文系教授陳弘學主講「慧觀中的自在」，有近五十人參加。

◆ 聖基會舉辦經典講座，邀請成功大學經濟學系教授許永河主講「從主流經濟學到佛教經濟學」，師大全球經營與策略研究所教授何宗武、文理學院佛教學系主任鄧偉仁擔任與談人，從主流經濟學與當代人類社會所面臨的問題、佛教經濟學發展概說、佛教經濟學研究的挑戰等三個面向，探討幸福經濟，有近六十人參加。

◆ 美國東初禪寺舉辦話頭禪一，由常齋法師擔任總護，有近三十人參加。

◆ 美國新澤西州分會「認識佛教」佛學課程，26 日由象岡道場監院常護法師介紹佛教的世界觀 —— 五蘊、十二處、十八界，共有三十多人參加。

10.27

◆ 高雄紫雲寺舉辦慈悲三昧水懺法會，由青年院監院常炬法師主法，有近六百人參加。

◆ 為推廣禪跑，普化中心與政治大學、臺北大學、臺北科技大學、體育大學、龍華科技大學於體育大學舉辦「五校聯合大學禪跑」，副都監果毅法師到場關懷，說明跑步與禪修的結合，能達到身心放鬆，共有八十九位跑者參加。

◆ 法鼓山社大於新莊校區舉辦專題講座，邀請新北市三重區溪美公共托老中心督導黃琳惠主講「認知症」，介紹失智症的知識及溝通技巧，共有五十多人參加。

◆ 關懷院於臺南分院舉辦大事關懷課程，由常健法師帶領，包括法鼓山大事關懷的理念、佛化奠祭的作法和細則，及助念法器教學，有近兩百四十人參加。

◆ 僧大男眾部參加新北市金山環保社團淨灘活動，於金山區跳石海岸礫石灘上分區撿拾垃圾，為環境保護盡一份心力，共有三十位師生及自覺營返校日學員參加。

◆ 護法總會於北投雲來別苑舉辦「主持人研習基礎班」，邀請資深媒體人劉忠繼、陳月卿及葉樹姍擔任講師，共有六十餘位學員學習做一位觀照全局的主持人。

◆ 美國普賢講堂舉辦專題講座，由副寺常玄法師主講《永嘉大師證道歌》，有近二十人參加。

◆ 新加坡護法會舉辦慈悲三昧水懺法會，由常空法師主法，共有六十多人參加。

10.28

◆ 僧團副住持果祥法師帶領三十餘位參加「對應氣候變遷 —— 心靈環保農業創生研討會」的學者及農友，參訪彰化縣壽光自然農場、稻香休閒農場，以及南投縣恆誠農場，交流環保農耕技術與經驗。

◆ 慈基會捐建臺東縣卑南國中「柔道健力館」舉行落成典禮，方丈和尚果暉法師、慈基會祕書長果器法師及副會長陳照興、北美護法會代表葉錦耀等，與副縣長張志明及在地鄉親共同參與剪綵觀禮，方丈和尚祝福學生以強健的身心，為國家社會積極行願、造福人間。

◆ 新加坡護法會舉辦禪一，由常空法師擔任總護，共有四十多人參加。

10.29

◆ 日本西園寺住持內藤香林、萬福寺宗務總長荒木將旭一行，參訪法鼓山園區及北投農禪寺，由方丈和尚果暉法師代表接待，進行交流。

10.30

◆ 10 月 30 日至 12 月 31 日，法鼓山社大於臺大醫院金山分院舉辦「共學安老‧銀髮飛揚學習成果展」，展出「作夥畫圖寫字真趣味」課程學員學習成果，共八十四件。30 日舉行啟展茶會，包括社大校長曾濟群、金山分院院長張志豪，有近一百位鄉親參加。

◆ 僧大「作務與弘化」專題課程，由文理學院總務庶務組三位講師，帶領學習紗窗修補、水電與燈光維修、消防警報器維護等技能，落實新時代僧眾的全方位學習。

◆ 人基會「2019 好願在人間心靈講座」，邀請前農業委員會主任委員陳武雄主講「生活佛法」，共有七十多人參加。

10.31

◆ 方丈和尚果暉法師應臺灣師範大學機電工程研究所之邀，以「人工智慧 VS. 人生智慧」為題，分享生命的智慧，共有六十多位師生參加。

◆ 10 月 31 日至 11 月 1 日，法青會受邀參與臺北市道明外僑學校舉辦的「宗教與科學持續對談」（Science & Religion: The Dialogue Continues）座談會，由演無法師與十三位法青代表參加；法鼓文理學院兼任助理教授常諗法師也以「生態菩薩 —— 佛教式的生態危機治癒」為題發表演講。

11月 NOVEMBER

11.01

◆ 《人生》雜誌第 435 期出刊，本期專題「居士學佛樂」。

◆ 《法鼓》雜誌第 359 期出刊。

◆ 法鼓文化出版新書：《居士 50 問》（學佛入門 Q&A 系列，法鼓文化編輯部編著）、《神會禪師的悟境（改版）》（禪修指引系列，聖嚴法師著）、《福慧自在 ——《金剛經》講記與《金剛經》生活（改版）》（現代經典系列，聖嚴法師著）。

◆ 1 至 3 日，三峽天南寺舉辦精進禪二，由常初法師擔任總護，共有一百零四人參加。

◆ 1 至 3 日，慈基會於高雄紫雲寺舉辦舒活二日營，由副祕書長常隨法師帶領，期勉學員學習放鬆、善待自己，共有五十多人參加。

◆ 1 至 3 日，美國洛杉磯道場舉辦英文禪三，邀請聖嚴師父西方法子吉伯‧古帝亞茲帶領，有近四十人參加。

◆ 11月1日至12月31日，美國西雅圖分會舉辦持誦〈大悲咒〉共修，迴向世界平安，每日有近二十人參加。

11.02

◆ 北投農禪寺於臺北市貴子坑生態園區舉辦戶外禪，由常照法師擔任總護，共有一百二十多人參加。

◆ 11月2日、12月7日，蘭陽分院舉辦緊急救援暨慰訪組培力課程，邀請心理師陳茉莉主講「找回安心——轉化救災的心頭陰影」、「關懷，不退燒——保持義工熱忱的妙方」，共有九十多人次參加。

◆ 桃園齋明寺舉辦佛一暨八關戒齋，由文化中心副都監果賢法師主法，期勉大眾以柔軟忍辱心，來促進禪定增上，共有一百九十多人參加。

◆ 臺中寶雲寺於彰化縣十八彎古道舉辦戶外禪，由常修法師擔任總護，共有五十多人參加。

◆ 傳燈院於北投雲來寺舉辦 Fun 鬆一日禪，由演定法師擔任總護，有近五十人參加。

◆ 2 至 3 日，普化中心於北投農禪寺舉辦心靈環保讀書會共學活動帶領人基礎培訓課程，由普化中心副都監果毅法師、常遂法師與讀書會資深講師方隆彰講授，共有一百六十一位學員參加。

◆ 教聯會於臺北市貴子坑生態園區舉辦心靈環保一日營，由常獻法師帶領戶外禪，有近四十人參加。

◆ 美國象岡道場舉辦禪一，由悅眾擔任總護，共有二十多人參加。

◆ 2 至 17 日，方丈和尚果暉法師東南亞弘法關懷，內容包括舉辦講座、主持皈依儀式等。2 至 3 日於新加坡護法會舉辦「生活與禪修」專題講座，共有兩百三十多人參加。

11.03

◆ 臺北中山精舍舉辦 Fun 鬆一日禪，由常弘法師擔任總護，共有二十多人參加。

◆ 臺東信行寺舉辦佛法講座，邀請音樂工作者柯有倫主講「佛法的酷樣貌」，分享接觸佛法、親近法鼓山的因緣，有近一百人參加。

◆ 青年院於臺北德貴學苑舉辦禪一，由演柔法師擔任總護，有近二十人參加。

◆ 榮譽董事會法鼓山分寺院參學活動，3 日於臺中寶雲寺、寶雲別苑展開，共有三十多位臺南、高雄地區榮董參加。

◆ 美國新澤西州分會舉辦念佛禪一，由常興法師擔任總護，共有二十多人參加。

◆ 方丈和尚果暉法師東南亞弘法關懷，3 日於新加坡護法會舉辦皈依儀式，為六十七位信眾授三皈五戒。

11.05

◆ 5 至 7 日，傳燈院應住商不動產之邀，於三峽天南寺舉辦舒活三日營，由監院常襄法師帶領，包括禪坐、瑜伽、按摩、動禪、戶外經行、吃飯禪、茶禪體驗等，共有六十一位員工參加。

11.07

◆ 美國西雅圖分會舉辦專題講座，由象岡道場監院常護法師主講「茶話佛法」，並帶領茶禪，有近二十人參加。

11.09

◆ 普化中心於北投農禪寺舉辦「第三屆水月禪跑」，共有三百一十二位跑者於水月池畔，在鼓聲中展開一百零八分鐘的禪跑；大殿及禪堂內，則有三百六十六位民眾在法師的引導下，體驗禪坐、禪走，感受心在當下的安定。

◆ 高雄紫雲寺「法鼓青年開講」系列講座，邀請表演藝術工作者曾筱庭主講「微笑的力量」，介紹「紅鼻子醫生」藉由幽默詼諧的戲劇表演、同理心陪伴的精神，喚起大眾對友善醫療的關注，共有一百一十多人參加。

◆ 高雄紫雲寺「法鼓文理講堂」系列講座，9日由生命教育碩士學位學程助理教授郭文正主講「智慧人生，心啟航」，探討與分享人生困境的因應之道，有近九十人參加。

◆ 僧大教務專題課程，由文化中心副都監果賢法師導讀《法鼓山的方向》，深入聖嚴師父創辦法鼓山、教導四眾弟子的思想與行誼，領略師父致力於人間淨土、人文關懷的理念與悲願。

◆ 聖基會舉辦經典講座，邀請成功大學經濟學系教授許永河主講「聖嚴法師心靈環保思想對當代經濟永續發展理念之啟示」，政治大學宗教研究所教授李玉珍、元智大學國際企業研究所副教授賴子珍擔任與談人，探討心靈環保與建設人間淨土的經濟學，有近六十人參加。

◆ 美國東初禪寺週六佛學課程，9日由常浩法師主講「大悲懺」，有近四十人參加。

◆ 美國象岡道場舉辦禪一，由悅眾擔任總護，有近十人參加。

◆ 9至11日，美國西雅圖分會舉辦禪三，由象岡道場監院常護法師擔任總護，有近五十人次參加。

◆ 加拿大多倫多分會舉辦禪一，由悅眾擔任總護，共有十多人參加。

11.10

◆ 法鼓山社大於北投雲來寺舉辦「職場競爭力的提昇與修練」講座，由心六倫宣講團講師戴萬成分享，如何將佛法實用到生活中，用「心」提昇人生與職場優勢，共有四十多人參加。

◆ 加拿大溫哥華道場舉辦禪一，由監院常悟法師擔任總護，共有四十多人參加。

◆ 馬來西亞道場以「感恩二十‧報恩行願」為主題，舉辦新道場落成啟用大典，由方丈和尚果暉法師主持，包括佛光山新馬泰印總住持覺誠法師、修成林住持長恆法師、馬佛青、那爛陀佛學會等團體代表，共有九百多人觀禮祝福；圓滿後並舉行皈依儀式，有近三百人皈依三寶。

11.11

◆ 11 至 16 日，美國法鼓山佛教協會、全球女性和平促進會（The Global Peace Initiative of Women, GPIW）和地球憲章（Earth Charter International）於泰國曼谷「聯合國亞洲及太平洋經濟社會委員會」（U.N. Economic and Social Commission for Asia and the Pacific, UNESCAP）總部，共同舉辦「氣候變遷內在面向全球青年系列會議」，有近五十位來自全球，於生態、教育、環保及社會運動各領域的青年領袖參與會談，僧團由常濟法師、果禪法師代表參加。

11.12

◆ 方丈和尚果暉法師東南亞弘法關懷，12 日於泰國護法會關懷信眾，感恩信眾長期的護持。

11.13

◆ 方丈和尚果暉法師東南亞弘法關懷，13 日於泰國護法會舉辦專題講座，主題是「漢傳佛教的修行方法」，鼓勵眾人從基礎的禪修、念佛開始，以佛法開發自性寶藏。

11.15

◆ 15 至 17 日，三峽天南寺舉辦精進禪二，由監院常興法師擔任總護，共有一百一十多人參加。

◆ 方丈和尚果暉法師東南亞弘法關懷，15 日於馬來西亞《星洲日報》總社主講「禪的生活觀 —— 兼談永嘉大師《奢摩他頌》及禪修中的念頭」，有近三百人參加。

11.16

◆ 僧大「作務與弘化」專題課程，16 日邀請法鼓山文宣處專職教授「新聞寫作技巧」、「報導短片製作」，學習實際撰寫報導並操作攝影機、簡易剪輯製作短片。

◆ 美國象岡道場舉辦禪一，由悅眾擔任總護，有近十人參加。

◆ 16 至 17 日，美國舊金山道場舉辦禪二，由象岡道場住持果元法師帶領，共有六十多人次參加。

◆ 方丈和尚果暉法師東南亞弘法關懷，16 日於馬來西亞道場舉辦「法鼓傳薪・以心傳心」勸募會員授證典禮，為二十九位會員授證，期勉藉由募人募心，讓法鼓山的法輪常轉，共有五十多人參加。

◆ 馬來西亞道場舉辦「找到心の GPS —— 遇見心自己」青年工作坊，由法鼓文理學院生命教育學程主任楊蓓帶領，共有八十八位青年學員參加。

◆ 16 至 18 日，香港道場於基督教女青年會梁紹榮度假村舉辦禪二，由常禮法師擔任總護，共有四十多人參加。

◆ 16 至 17 日，美國舊金山道場監院常惺法師西雅圖分會弘法關懷，16 日舉辦專題講座，主題是「八正道、四攝、六度」，有近四十人參加。

11.17

◆ 高雄紫雲寺舉辦專題講座，由退居方丈果東法師主講「提起與放下」，有近五百人參加。

◆ 法鼓山社大於新莊校區舉辦專題講座，邀請臺北市西區家庭照顧者支持中心個案管理師溫珈瑩主講「好好照顧我自己 —— 談家庭照顧者與自我照顧」，分享家庭照顧者如何轉念減壓，好好照顧自己，有近七十人參加。

◆ 法鼓山社大於新莊校區舉辦專題講座，由新北青農聯誼會會長王御庭主講「我家也是香草園」，介紹實作香草 DIY、簡易的香草種植方式與功用，有近六十人參加。

◆ 榮譽董事會法鼓山分寺院參學活動，17 日於蘭陽分院展開，共有四十多位北一轄區榮董參加。

◆ 美國象岡道場舉辦禪一，由監院常護法師擔任總護，有近三十人參加。

◆ 馬來西亞道場舉辦「承先啟後‧願行相續 —— 漢傳禪法之當代實踐」座談會，由方丈和尚果暉法師、聖嚴師父法子繼程法師對談，有近三百人參加。

◆ 美國舊金山道場監院常惺法師西雅圖分會弘法關懷，17 日帶領藥師法會，有近五十人參加。

◆ 美國普賢講堂舉辦禪一，由副寺常玄法師擔任總護，共有二十多人參加。

11.18

◆ 法鼓山社大與新北市萬里區馨園老人養護中心合作舉辦「蛋糕彩繪課程」，由「創意甜點」講師李湘庭帶領，在社大義工及立心基金會金山照顧服務員陪伴下，共有四十位長者參加。

11.22

◆ 人基會「心藍海策略 —— 企業社會責任」系列課程，22 日邀請中華電信前董事長鄭優主講「企業價值創新 —— 從中華電信 MOD & 5G 談起」，講述行動通訊系統的技術如何影響企業的競爭力；心六倫宣講團講師盧世珍並分享企業使用再生材料產品，為環境盡一份社會責任，有近一百人參加。

11.23

◆ 23 至 30 日，法鼓山於園區啟建「第十三屆大悲心水陸法會」，包括萬行壇，共十二個壇場，有逾六萬九千人次親臨園區參與，海內外十三處分院道場同步直播，累計兩萬五千人次參加；全球四十九處地區，超過三十萬人次透過網路連線共修；雲端祈福則逾八十萬筆。

◆ 23 至 24 日，法青會於臺北德貴學苑舉辦成長工作坊，主題是「成為快樂成功者」，由人基會心六倫宣講團講師張允雄、陳昆榮帶領，共有三十多人參加。

◆ 美國東初禪寺舉辦禪一，邀請聖嚴師父西方弟子哈利‧米勒（Harry Miller）擔任總護，共有二十多人參加。

◆ 美國新澤西州分會「認識佛教」佛學課程，23 日由東初禪寺監院常華法師介紹佛教的心理觀 —— 百法、八識，共有四十多人參加。

11.27

◆ 人基會「2019 好願在人間心靈講座」，27 日由悅眾連智富主講「找到心方向」，解析如何尋找到法喜禪悅的心座標，勉勵大眾「開心」：開啟心中佛德廣大無邊、取之不盡的寶藏，共有六十多人參加。

11.29

◆ 11 月 29 日至 12 月 2 日，美國塔拉哈西分會舉辦禪五，由召集人俞永峯擔任總護，共有二十多人參加。

12月 DECEMBER

12.01

◆ 《人生》雜誌第 436 期出刊，本期專題「今夜共臨　瑜伽焰口法會」。
◆ 《法鼓》雜誌第 360 期出刊。
◆ 法鼓文化出版新書：《從心溝通（大字版）》（家中寶系列，聖嚴法師著）、《聖嚴法師教默照禪（簡體版）》（聖嚴書院系列，聖嚴法師著）。
◆ 美國東初禪寺舉辦週日講座，由常浩法師主講「漢傳佛教大盛會 —— 利益三世眾生的水陸法會」，共有四十多人參加。

12.03

◆ 3 至 4 日，僧大男眾部舉辦戶外教學，行程包括參訪法鼓山社大戶外教室、新北市黃金博物館，分別認識大自然、臺灣本土的歷史文化，有近三十位法師及學僧參加。

12.05

◆ 退居方丈果東法師受邀於臺大醫院金山分院，與院長張志豪進行「醫與佛的對話」，有近九十位醫護人員參加。

12.07

◆ 臺北安和分院舉辦禪一，由監院果旭法師擔任總護，有近一百一十人參加。
◆ 桃園齋明別苑舉辦禪一，由常林法師擔任總護，共有六十多人參加。

◆ 臺南分院舉辦義工精進禪二，由監院常宗法師擔任總護，共有八十多人參加。

◆ 7 至 14 日，禪堂舉辦中英禪七，由演無法師擔任總護，邀請聖嚴師父西方法子吉伯・古帝亞茲主七，有近一百一十人參加。

◆ 7 至 12 日，禪堂於臺東信行寺舉辦初階禪七，由演一法師擔任總護，有近六十人參加。

◆ 12 月 7 日至 2020 年 1 月 19 日，慈基會於全臺各地分院及護法會辦事處，舉辦「108 年度歲末關懷」系列活動，內容包括祈福法會、點燈儀式、致贈慰問金及物資等，共關懷逾兩千五百戶家庭。首場 12 月 7 日於北投農禪寺展開，方丈和尚果暉法師、慈基會會長柯瑤碧、臺北市社會局副局長黃清高、北投區副區長陳奕源等到場關懷，共有三百五十多戶關懷家庭參加。

◆ 法鼓文理學院舉辦專題講座，邀請景觀建築師郭中端主講「景觀・觀景」，有近五十人參加。

◆ 7 至 8 日，美國舊金山道場舉辦義工禪二，由常源法師擔任總護，有近四十人參加。

◆ 加拿大多倫多分會舉辦禪一，由溫哥華道場監院常悟法師擔任總護，共有二十多人參加。

12.08

◆ 蘭陽分院舉辦「接待、知客、引禮」義工聯合培訓課程，由悅眾張寶方、盧世珍和孟惠敏帶領，共有六十多人參加。

◆ 慈基會 108 年度歲末關懷系列活動，8 日於北投中華佛教文化館展開，由監院果諦法師帶領祈福法會，共有八百多戶關懷家庭參加。

◆ 榮譽董事會於北投農禪寺舉辦全球悅眾聯席會議，方丈和尚果暉法師出席關懷，有近一百位來自全臺、美國、加拿大等地悅眾參加。

12.10

◆ 法鼓山社大於宜蘭行健有機夢想村舉辦歲末感恩參訪，在導覽人員帶領下，各課程幹部及義工二十餘人，透過推動有機農業的故事，了解農園及堆肥方式、體驗植物槌染 DIY，及認識以天然食材用心烹調的料理，學習運用大自然來滋養身心。

◆ 法鼓文理學院出版《法鼓文理學院 5・10・40 紀念專刊》，收錄文理學院成立五週年、創辦人聖嚴師父圓寂十週年，以及法鼓山「大學院教育」從中華學術院佛學研究所創立四十年的發展歷程。

12.11

◆ 法鼓文理學院舉辦專題講座，邀請日本聖德學園大學院教育學部教授河智義邦主講「親鸞的佛教思想 —— 做為大乘佛教的淨土真宗」（親鸞の仏道観——大乗仏教としての浄土真宗），說明親鸞的佛道觀是以自覺到有限的自己為起點，深化與佛之本願力相遇的過程，將自我中心的世界觀轉換為以佛（阿彌陀佛）中心的世界觀，積極參與佛子救度事業的人生觀，證明雖是凡夫，也能實踐「他力大乘佛道」，共有六十多

位師生參加。

12.12

◆ 北投農禪寺舉辦禪一,由信眾教育院監院常用法師擔任總護,有近一百五十人參加。
◆ 法行會於臺北國賓飯店舉辦成立二十週年慶活動,方丈和尚果暉法師、僧團都監常遠法師、文化中心副都監果賢法師等出席關懷,共有四百二十多人參加。

12.13

◆ 13 至 15 日,傳燈院於法鼓山園區舉辦精進禪二,由常捷法師擔任總護,共有六十多人參加。
◆ 13 至 15 日,青年院於三峽天南寺舉辦青年禪二,由演信法師擔任總護,共有六十多人參加。

12.14

◆ 蘭陽分院「蘭陽講堂」系列講座,14 日由北投農禪寺監院果毅法師主講「師願‧我願」,分享閱讀聖嚴師父的手稿,領略師父的悲心弘願,帶領大眾體解師願,啟發我願,共有一百七十多人參加。
◆ 臺中寶雲寺於嘉義縣中正大學舉辦戶外禪,由果雲法師擔任總護,共有一百二十多人參加。
◆ 14 至 15 日,臺南分院舉辦知客義工培訓課程,由監院常宗法師、常辨法師等授課,傳授以禮相待,歡喜結緣的心法,有近九十人參加。
◆ 14 至 15 日,高雄法青於紫雲寺舉辦「時光寶盒工作坊」,邀請心理師郭敏慧帶領,鼓勵青年學員透過剪貼、塗鴉、曼陀羅繪畫等方式,整理自己的生命故事、察覺情緒,找到生命寶藏,共有二十多人參加。
◆ 慈基會 108 年度歲末關懷系列活動,14 日於法鼓山園區展開,來自基隆、金山、萬里、三芝、石門等地一百六十多戶民眾參加,方丈和尚果暉法師、新北市社會局、北海岸社福中心以及地區行政首長、社福團體蒞會關懷;僧大學僧群協助法師、義工發放物資、禮金以及園遊活動。
◆ 美國東初禪寺週六佛學課程,14 日由常浩法師主講「話頭禪」,有近二十人參加。

12.15

◆ 南投德華寺舉辦佛一暨八關戒齋,由副寺常庵法師帶領,共有三十多人參加。
◆ 法鼓山社大於新莊校區舉辦專題講座,由法鼓文理學院校長惠敏法師主講「佛法與認知症」,分享如何面對失智症長者,及在照顧中安住自己與長者的身心,共有七十多人參加。
◆ 聖基會舉辦禪修講座,邀請聖嚴師父西方法子吉伯‧古帝亞茲主講「禪修正見」(How To Meditate With Right View),並同步開設網路直播,共有四百多人參加。

◆ 護法總會新店分會於新址舉辦灑淨啟用儀式，包括方丈和尚果暉法師、護法總會副都監常遠法師，與總會長張昌邦、副總會長周文進等，有近六百人參加。
◆ 美國東初禪寺舉辦週日講座，邀請聖嚴師父西方弟子李世娟主講「禪修者禪定的修習」，有近五十人參加。
◆ 泰國護法會舉辦禪一，由常空法師擔任總護，共有二十多人參加。

12.16

◆ 法鼓文理學院舉辦專題講座，邀請義大利上智大學（Istituto Universitario Sophia）校長皮耶羅・高達蒙席（Msgr. Piero Coda）主講「基督啟示與虛無的奧祕」（The Christian Revelation and The Secret of Nothingness），說明佛陀與耶穌皆親身經歷過「虛無」，而領悟到能所之「愛」是「全無——全有」的奧祕，有近七十位師生參加；講座前，校長惠敏法師並代表頒予高達校長榮譽教授，感謝促進跨宗教交流。

12.18

◆ 法鼓文理學院舉辦專題講座，邀請臺灣藝術大學原住民族學生資源中心主任張佳穎主講「從校園性平案件解析性平三法與性別刻板化印象的迷思」，有近五十人參加。

12.20

◆ 20 至 22 日，高雄紫雲寺舉辦念佛禪三，由常貫法師擔任總護，有近八十人參加。

12.21

◆ 21 至 28 日，禪堂於三峽天南寺舉辦初階禪七，由演正法師擔任總護，有近九十人參加。
◆ 慈基會 108 年度歲末關懷系列活動，21 日於桃園齋明寺展開，祕書長果器法師、會長柯瑤碧出席關懷，共有五百多人參加。
◆ 21 至 22 日，聖基會於桃園齋明別苑舉辦第五屆近現代漢傳佛教論壇，主題是「剎境不隔——漢傳佛教的傳播」，來自歐、美、亞洲各國學者，共發表六場論文，並有兩場圓桌論壇，探討聖嚴師父與漢傳佛教的傳播。

12.22

◆ 22 至 28 日，北投農禪寺舉辦彌陀佛七，由果會法師等帶領，以念佛、繞佛、坐念、止靜、拜懺，並以至誠懇切的心稱誦聖號，感受「口與心聲聲相應」、「念與佛步步不離」的清淨法喜，有近四千人次參加。
◆ 臺北中山精舍舉辦 Fun 鬆一日禪，由常弘法師擔任總護，有近四十人參加。
◆ 臺南分院舉辦禪一，由演華法師擔任總護，共有七十多人參加。
◆ 22 至 29 日，禪堂舉辦中階禪七，由常正法師擔任總護，方丈和尚果暉法師主七，有

近一百五十人參加。

◆ 義工團於臺北德貴學苑舉辦新進義工成長課程，內容包括法鼓山的理念、義工行儀與精神、資深義工經驗分享等，由常獻法師、悅眾等授課，共有一百二十多人參加。

◆ 美國洛杉磯道場舉辦佛法講座，由象岡道場監院常護法師主講「茶話佛法」，共有五十多人參加。

12.23

◆ 法鼓山於園區舉辦社會菁英禪修營第一○一次共修會，由演捨法師擔任總護，共有一百一十多人參加。

◆ 榮譽董事會於宜蘭縣九寮溪生態園區舉辦戶外禪，共有四十人參加。

12.25

◆ 人基會「2019 好願在人間心靈講座」，25 日由常諗法師主講「心靈環保與自我慈悲──學習如何在菩薩行中自我照護」，共有九十多人參加。

◆ 12 月 25 日至 2020 年 1 月 4 日，美國洛杉磯道場舉辦默照禪十，由象岡道場監院常護法師擔任總護，為方便禪眾作息，禪期分兩梯次的禪五，每梯次皆有二十多人參加。

◆ 12 月 25 日至 2020 年 1 月 4 日，馬來西亞法青會青年成員一行二十一人於法鼓山展開參學之旅，巡禮園區、臺中寶雲寺、桃園齋明寺等，體驗觀音道場的禪悅境教；也參與「幸福在哪裡」工作坊、禪二，並與臺北、高雄法青進行深度交流。

◆ 新加坡護法會舉辦禪一，由常耀法師擔任總護，共有三十多人參加。

◆ 日本日蓮宗長覺山高應寺第二十七任住持酒井菜法參訪法鼓山園區，並於國際會議廳進行專題演講，主題是「關懷社區人們的『媽媽住持』」，分享接任住持後，將傳承四百年歷史的「學問寺」，轉型為社區避風港的歷程，有近一百五十人參加。

12.26

◆ 12 月 26 日至 2020 年 1 月 1 日，美國塔拉哈西分會舉辦禪七，由召集人俞永峯擔任總護，有近二十人參加。

12.28

◆ 高雄紫雲寺舉辦專題講座，邀請成功大學經濟學系教授許永河主講「欲望‧幸福與學佛」，從佛法觀點分享生命中的欲望與幸福，說明以基本的欲求維持色身外，必須持戒、修定、修慧，提昇心靈的層次，才能平安又幸福，共有兩百多人參加。

◆ 28 至 29 日，臺東信行寺舉辦精進禪二，由演定法師擔任總護，有近八十人參加。

◆ 國際禪坐會於北投雲來寺舉辦英文禪一，由果禪法師擔任總護，共有二十人參加。

◆ 28 日至 2019 年 1 月 1 日，加拿大溫哥華道場舉辦跨年禪五，邀請聖嚴師父西方弟子常聞（David Listen）擔任總護，共有三十多人參加。

12.29

◆ 基隆精舍舉辦佛一，由副寺果樞法師帶領，有近七十人參加。

◆ 臺南分院舉辦「心靈環保對談」，邀請成功大學教育研究所教授饒夢霞與僧團都監常遠法師對談「幸福很近，非遠非夢」，帶領聽眾「覓、見、有」，找到幸福，共有兩百多人參加。

◆ 高雄紫雲寺舉辦禪一，由常峯法師擔任總護，共有七十多人參加。

◆ 傳燈院於北投雲來寺舉辦禪一，由常琨法師擔任總護，共有九十多人參加。

◆ 嘉義辦事處舉辦勸募聯誼分享會，由悅眾分享勸募心法，常麓法師到場關懷，有近八十人參加。

12.30

◆ 護法總會「方丈和尚抵溫叨 ── 地區巡迴關懷」，30 日在內湖辦事處展開，藉由珍貴的老照片，回顧辦事處的歷史沿革，方丈和尚果暉法師感恩護法鼓手長年的護持與奉獻，期勉大眾學習服務奉獻，藉由「分」享佛法，以法相「會」，接引更多人修學佛法，有近一百人參加。

12.31

◆ 北投農禪寺舉辦「2020 跨年迎新在農禪」，內容包括持誦《金剛經》共修、禪坐、禮拜〈叩鐘偈〉等，方丈和尚果暉法師到場關懷，以《金剛經》「應無所住，而生其心」詮釋「培福有福」，有近兩千五百人參加。

◆ 12 月 31 日至 2020 年 1 月 2 日，三峽天南寺舉辦精進禪二，由演正法師擔任總護，共有八十多人參加。

◆ 齋明別苑舉辦歲末祈福法會，由副寺常林法師帶領，共有九十多人參加。

◆ 法鼓山社大「動一動樂齡班」課程十餘位學員，歲末前往新北市萬里區馨園老人養護中心關懷長者，以帶動舞蹈、彩繪紅包袋等，與長者們共同迎接 2020 年。

【附録】

法鼓山2019年主要法會統計

◎ 國內（分院、精舍）

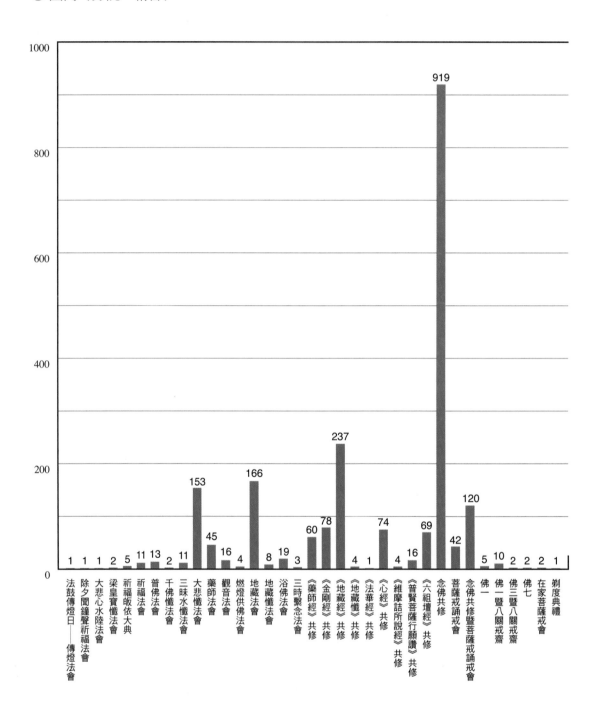

法會名稱	數量
法鼓傳燈日——傳燈法會	1
除夕聞鐘聲祈福法會	1
大悲心水陸法會	1
梁皇寶懺法會	2
祈福皈依大典	5
祈福法會	11
普佛法會	13
千佛懺法會	2
三昧水懺法會	11
大悲懺法會	153
藥師法會	45
觀音法會	16
燃燈供佛法會	4
地藏法會	166
地藏懺法會	8
浴佛法會	19
三時繫念法會	3
《藥師經》共修	60
《金剛經》共修	78
《地藏經》共修	237
《地藏懺》共修	4
《法華經》共修	1
《心經》共修	74
《維摩詰所說經》共修	4
《普賢菩薩行願讚》共修	16
《六祖壇經》共修	69
念佛共修	919
菩薩戒誦戒會	42
念佛共修暨菩薩戒誦戒會	120
佛一	5
佛一暨八關戒齋	10
佛三暨八關戒齋	2
佛七	2
在家菩薩戒會	2
剃度典禮	1

◎ 海外（道場、分會）

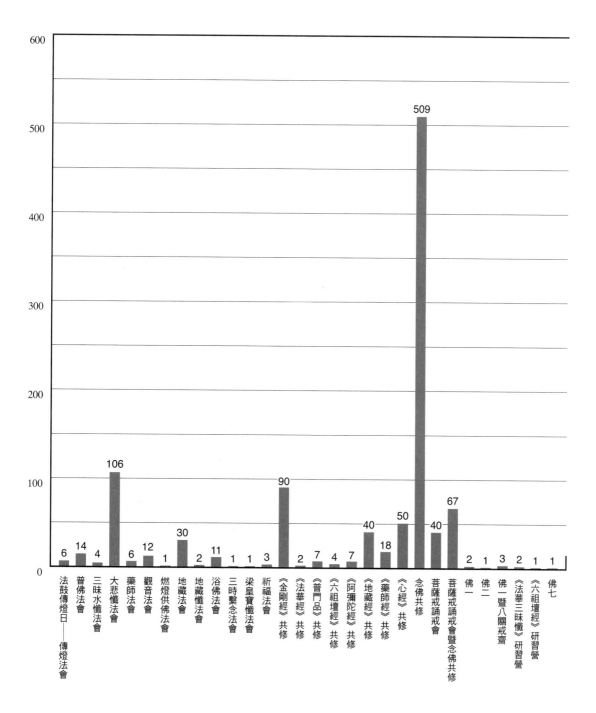

法鼓山2019年主要禪修活動統計

◎ 國內（分院、精舍）

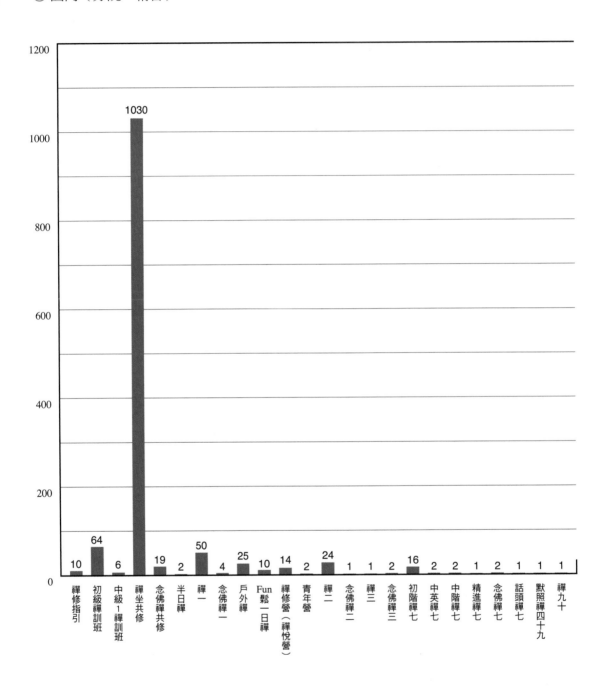

◎ 海外（道場、分會）

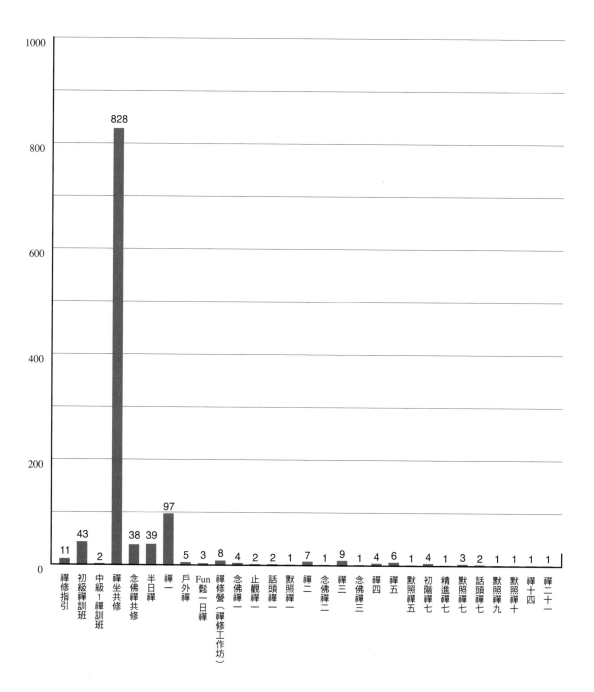

法鼓山2019年主要佛學推廣課程統計

◎ 信眾教育院

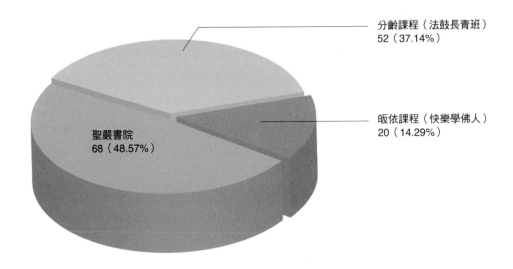

分齡課程（法鼓長青班）
52（37.14%）

皈依課程（快樂學佛人）
20（14.29%）

聖嚴書院
68（48.57%）

◎聖嚴書院

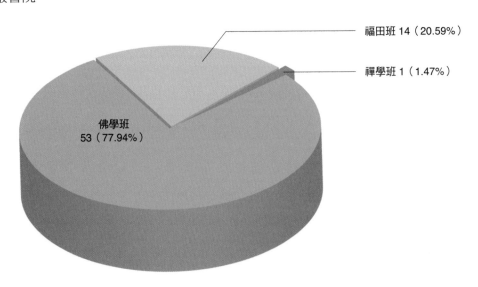

福田班 14（20.59%）

禪學班 1（1.47%）

佛學班
53（77.94%）

法鼓山2019年心靈環保讀書會推廣統計

◎ 全球

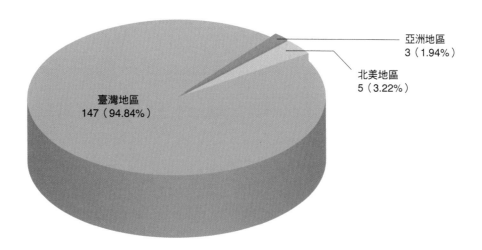

臺灣地區
147（94.84%）

亞洲地區
3（1.94%）

北美地區
5（3.22%）

◎ 臺灣

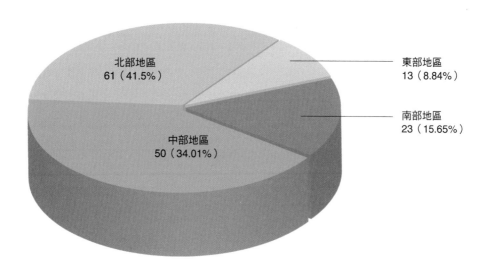

北部地區
61（41.5%）

中部地區
50（34.01%）

東部地區
13（8.84%）

南部地區
23（15.65%）

法鼓山2019年主要出版品一覽

◎ 法鼓文化

出版月份	書名
1月	《好願在人間 —— 許個好願，讓它實現；積極行願，造福人間。》（人間淨土系列，聖嚴法師著，法鼓文化編輯部選編）
	《法鼓山的方向：弘化》（人間淨土系列，聖嚴法師著）
	《法鼓山的方向：關懷》（人間淨土系列，聖嚴法師著）
	《法源血源（改版）》（寰遊自傳系列，聖嚴法師著）
	《日本佛教的基礎：日本 I》（*The Foundation of Japanese Buddhism: Japan I*）（新亞洲佛教史系列，末木文美士主編，辛如意譯）
2月	《法鼓山的方向：護法鼓手》（人間淨土系列，聖嚴法師著）
	《法鼓山的方向：萬行菩薩》（人間淨土系列，聖嚴法師著）
	《《勝鬘寶窟》校釋》（漢傳佛教典籍叢刊系列，陳平坤著）
	《文殊菩薩 50 問》（學佛入門 Q&A 系列，法鼓文化編輯部編著）
	《祈願・發願・還願（改版）》（人間淨土系列，聖嚴法師著）
3月	《翻轉人生的禪機》（般若方程式系列，楊蓓著）
	《福慧自在 ——《金剛經》講記與《金剛經》生活（簡體版）》（現代經典系列，聖嚴法師著）
4月	《找回自己（大字版）》（家中寶系列，聖嚴法師著）
5月	《地藏菩薩 50 問》（學佛入門 Q&A 系列，法鼓文化編輯部編著）
	《兩千年行腳（改版）》（寰遊自傳系列，聖嚴法師著）
	《大悲觀音》CD（法鼓山歌曲系列，康吉良編曲、作詞）
6月	《《釋淨土群疑論》提要校註》（漢傳佛教典籍叢刊系列，懷感大師著，中華佛研所編註）
	《五百菩薩走江湖 —— 禪宗祖庭探源（改版）》（寰遊自傳系列，聖嚴法師著）
	《聖嚴法師教觀音法門（簡體版）》（聖嚴書院系列，聖嚴法師著）
7月	《聖嚴法師教淨土法門（大字版）》（家中寶系列，聖嚴法師著）
	《雲水十方 —— 淨海法師佛教文集》（智慧人系列，淨海法師著）
	英文書《悟吧！在世界佛教村》（*Global Buddhist Awakening*）（《人生》雜誌編輯部著）
8月	《聖嚴研究第十二輯》（聖嚴思想論叢系列，聖嚴教育基金會學術研究部編）
	《普賢菩薩 50 問》（學佛入門 Q&A 系列，法鼓文化編輯部編著）
	《晚霞集》（智慧海系列，李志夫著）
9月	《聖嚴法師教淨土法門（簡體版）》（聖嚴書院系列，聖嚴法師著）
10月	《聖嚴法師教默照禪（大字版）》（家中寶系列，聖嚴法師著）
11月	《居士 50 問》（學佛入門 Q&A 系列，法鼓文化編輯部編著）
	《神會禪師的悟境（改版）》（禪修指引系列，聖嚴法師著）
	《福慧自在 ——《金剛經》講記與《金剛經》生活（改版）》（現代經典系列，聖嚴法師著）
12月	《從心溝通（大字版）》（家中寶系列，聖嚴法師著）
	《聖嚴法師教默照禪（簡體版）》（聖嚴書院系列，聖嚴法師著）

◎ 文化中心（結緣書籍）

出版月份	書名
1月	《如是我願 —— 聖嚴法師的故事》
3月	英文書 *Encounters with Master Sheng Yen X*【《今生與師父有約》（十）英文版】
4月	《圓滿人生的最後一課》
7月	《好夫好妻好家庭》
	英文書 *Thus Have I Vowed: The Story of Master Sheng Yen*【《如是我願 —— 聖嚴法師的故事》英文版】
9月	英文書 *Encounters with Master Sheng Yen XI*【《今生與師父有約》（十一）英文版】
11月	2020 聖基會掛曆

法鼓山2019年參與暨舉辦之主要國際會議概況

時間	會議名稱	主辦單位	國家	地點	主要參加代表
1月7至9日	第四屆近現代漢傳佛教論壇	聖基會 中華佛學研究所	臺灣	新北市	楊蓓老師 鄧偉仁老師
3月2日	「臨終關懷 —— 從佛教與醫學之實踐，討論生命真相」論壇	日本聖德學園大學	日本	岐阜	惠敏法師
5月12至14日	聯合國衛塞節大會	聯合國	越南	河南省	常隨法師
5月24至26日	IASBS 國際真宗學會學術大會	IASBS 國際真宗學會	臺灣	新北市	方丈和尚果暉法師 惠敏法師 果鏡法師
6月19至21日	凝聚社會國際會議	新加坡南洋理工大學拉惹勒南國際研究院	新加坡		方丈和尚果暉法師
6月28日	漢傳禪法之當代流傳	法鼓山	臺灣	新北市	果醒法師 果鏡法師
6月29至30日	佛法與社會科學國際研討會	法鼓山	臺灣	新北市	果鏡法師 果光法師
7月9至19日	聯合國高級別政治論壇可持續發展會議	聯合國	美國	紐約	常濟法師
9月21日	佛教與社會變遷	法鼓山	加拿大	溫哥華	常悟法師
11月11至16日	氣候變遷內在面向全球青年系列會議	美國法鼓山佛教協會 全球女性和平促進會 地球憲章	泰國	曼谷	果禪法師 常濟法師
12月21至22日	第五屆近現代漢傳佛教論壇	聖基會	臺灣	桃園市	果鏡法師 果光法師

2018-2019年聖嚴師父暨法鼓山相關學術研究論文一覽

◎專書（與聖嚴師父相關）

書名	作者	出版社	出版年	備註
《聖嚴研究第十二輯》	聖嚴教育基金會學術研究部編	法鼓文化	2019	收錄 2018 年「第七屆聖嚴思想國際學術研討會」部分發表論文

◎專書論文（與聖嚴師父相關）

論文題目	作者	論文發表處	發表年	備註
聖嚴法師的殯葬革新社會運動	周柔含	《聖嚴研究第十二輯》	2018	2019 法鼓文化出版
真心與妄心 —— 聖嚴法師何以接受澫益智旭的天台學？	郭朝順	《聖嚴研究第十二輯》	2018	2019 法鼓文化出版
聖嚴法師《大乘止觀法門之研究》寫作背景研究 —— 論其天台研究的基礎	林佩瑩	《聖嚴研究第十二輯》	2018	2019 法鼓文化出版

◎專書論文（與法鼓山相關）

論文題目	作者	論文發表處	發表年	備註
四福與企業永續發展	謝俊魁 顏美惠	《聖嚴研究第十二輯》	2018	2019 法鼓文化出版

◎博碩士論文（與聖嚴師父相關）

論文題目	作者	論文發表處	發表年
法鼓山聖嚴師父微信公眾號至中國弘法模式之初探	高秀維	法鼓文理學院佛教學系碩士論文	2017
自在悠遊的世界觀 —— 聖嚴法師的和平思想與國際行動個案研究	趙婉婷	臺灣大學國家發展研究所碩士論文	2018
法鼓聖嚴於天台教觀思想之融會研究 —— 以心靈環保為主	高子貽	法鼓文理學院佛教學系碩士論文	2019

◎博碩士論文（與法鼓山相關）

論文題目	作者	論文發表處	發表年
法鼓山心靈環保對法緣會組織承諾與會員幸福感之影響	許娟娟	法鼓文理學院社會企業與創新碩士論文	2018

法鼓山全球聯絡網

【全球各地主要分支道場】

【國內地區】

■北部

法鼓山世界佛教教育園區
電話：02-2498-7171
傳真：02-2498-9029
208303新北市金山區法鼓路555號

農禪寺
電話：02-2893-3161
傳真：02-2895-8969
112028臺北市北投區大業路65巷89號
112021臺北市北投區大度路一段112號

中華佛教文化館
電話：02-2891-2550；02-2892-6111
傳真：02-2893-0043
112006臺北市北投區光明路276號

雲來寺
（行政中心、普化中心、文化中心）
電話：02-2893-9966
　　　　　　（行政中心、普化中心）
電話：02-2893-4646（文化中心）
傳真：02-2893-9911
112004臺北市北投區公館路186號

雲來別苑
電話：02-2896-6119
傳真：02-2896-6377
112057臺北市北投區三合街一段99號

法鼓德貴學苑（護法總會）
電話：02-8978-2081（青年發展院）
電話：02-2381-2345
　　　（法鼓山人文社會基金會）
電話：02-8978-2110
　　　（法鼓文理學院推廣教育中心）
電話：02-8978-2081#1002~1004
　　　（城中分會）
　　　02-2311-4231
100002臺北市中正區延平南路77號

安和分院（大信南分會）
電話：02-2778-5007~9
傳真：02-2778-0807
106058臺北市大安區安和路一段
　　　29號10樓

天南寺
電話：02-8676-2556
傳真：02-8676-1060
237008新北市三峽區介壽路二段
　　　138巷168號

蘭陽分院（羅東分會）
電話：03-961-0296
傳真：03-961-0275
265035宜蘭縣羅東鎮北投街368號

齋明寺
電話：03-380-1426；03-390-8575
傳真：03-389-4262
335008桃園市大溪區齋明街153號

齋明別苑
電話：03-315-1581
傳真：03-315-0645
330019桃園市桃園區大業路一段
　　　361號

中山精舍（中山分會）
電話：02-2591-1008
傳真：02-2591-1078
104028臺北市中山區民權東路一段
　　　67號9樓

基隆精舍（基隆分會）
電話：02-2426-1677
傳真：02-2425-3854
200007基隆市仁愛區仁五路8號3樓

新竹精舍（新竹分會）
電話：03-525-8246
傳真：03-523-4561
300007新竹市東區民權路266號7樓

大同分會
電話：02-2599-2571
103032臺北市大同區酒泉街
　　　34-1號

松山分會
電話：0921-690-545
105015臺北市松山區民生東路
　　　五段28號7樓

士林分會
電話：02-2881-7898
111010臺北市士林區中正路335巷
　　　6弄5號B1

社子分會
電話：02-2816-9619；02-2816-9606
111065臺北市士林區延平北路
　　　五段29號1、2樓

北投分會
電話：02-2892-7138
傳真：02-2388-6572
112001臺北市北投區溫泉路68-8號
　　　1樓

內湖分會
電話：02-2793-8809
114059臺北市內湖區民權東路
　　　六段23巷20弄3號1樓

文山分會
電話：02-2236-4380
傳真：02-8935-1858
116603臺北市文山區景興路
　　　195號2樓

萬金分會
電話：02-2408-1844
傳真：02-2408-2554
208001新北市金山區仁愛路61號

板橋分會
電話：02-8951-3341
傳真：02-8951-3341
220652新北市板橋區三民路一段
126號13樓

新店分會
電話：02-2219-2998
231023新北市新店區民權路95號
14樓

雙和分會
電話：02-2231-2654
傳真：02-2925-8599
234045新北市永和區中正路417號
10樓

海山分會
電話：02-2269-2578
236036新北市土城區中央路三段
87號5樓

重陽分會
電話：02-2986-0168
241038新北市三重區重新路四段
53號5樓之1

新莊分會
電話：02-2994-6176
傳真：02-2994-4102
242001新北市新莊區新莊路114號

林口分會
電話：02-2603-0390
　　　02-2601-8643
傳真：02-2602-1289
244022新北市林口區文化二路
一段266號2樓之2

淡水分會
電話：02-2629-2458
251013新北市淡水區新民街120巷
3號1樓

三石分會
電話：0978-207-781
252006新北市三芝區公正街三段
10號

宜蘭分會
電話：03-933-2125
傳真：03-933-2479
260022宜蘭縣宜蘭市泰山路112巷8
弄18號

中壢分會
電話：03-281-3127；03-281-3128
傳真：03-281-3739
324008桃園市平鎮區環南路184號
3樓之1

桃園分會
電話：03-302-4761；03-302-7741
傳真：03-301-9866
330012桃園市桃園區大興西路二段
105號12樓

苗栗分會
電話：037-362-881
傳真：037-362-131
360006苗栗縣苗栗市大埔街42號

■中部

寶雲寺（臺中分會）
電話：04-2255-0665
傳真：04-2255-0763
407028臺中市西屯區市政路37號

寶雲別苑
電話：04-2465-6899
407001臺中市西屯區西平南巷6-6號

德華寺
電話：049-242-3025
傳真：049-242-3032
545007南投縣埔里鎮清新里延年巷
33號

豐原分會
電話：04-2524-5569
傳真：04-2515-3448
420008臺中市豐原區北陽路8號4樓

海線分會
電話：04-2622-9797
傳真：04-2623-0246
436108臺中市清水區鎮南街53號2樓

彰化分會
電話：04-711-6052
傳真：04-711-5313
500009彰化縣彰化市中山路二段2號10樓

員林分會
電話：04-837-2601
傳真：04-838-2533
510002彰化縣員林市靜修東路33號8樓

南投分會
電話：049-231-5956
傳真：049-239-1414
540002南投縣南投市中興新村中學西路
106號

■南部

臺南分院（臺南分會）
電話：06-220-6329；06-220-6339
傳真：06-226-4289
704004臺南市北區西門路三段159號14樓

雲集寺
電話：06-721-1295；06-721-1298
傳真：06-723-6208
722008臺南市佳里區六安街218號

紫雲寺（高雄北區／南區分會）
電話：07-732-1380
傳真：07-731-3402
833161高雄市鳥松區忠孝路52號

三民精舍
電話：07-225-6692
807026高雄市三民區建國一路433號2樓

嘉義分會
電話：05-276-0071；05-276-4403
傳真：05-276-0084
600050嘉義市東區林森東路343號3樓

屏東分會
電話：08-738-0001
傳真：08-738-0003
900033屏東縣屏東市建豐路2巷70號1樓

潮州分會
電話：08-789-8596
傳真：08-780-8729
920004屏東縣潮州鎮和平路26號1樓

■東部

信行寺（臺東分會）
電話：089-225-199、089-223-151
傳真：089-239-477
950020臺東縣臺東市更生北路132巷
　　36或38號

花蓮分會
電話：03-834-2758
傳真：03-835-6610
970007花蓮縣花蓮市光復街87號7樓

【海外地區】

■美洲America

美國東初禪寺（紐約州）
（紐約州分會）
Chan Meditation Center（New York
Chapter, NY）
TEL：1-718-592-6593
FAX：1-718-592-0717
E-MAIL：ddmbaus@yahoo.com
WEBSITE：www.chancenter.org
ADDRESS：90-56 Corona Ave., Elmhurst,
NY 11373, U.S.A.

美國象岡道場（紐約州）
Dharma Drum Retreat Center
TEL：1-845-744-8114
FAX：1-845-744-8483
E-MAIL：ddrc@dharmadrumretreat.org
WEBSITE：www.dharmadrumretreat.org
ADDRESS：184 Quannacut Rd., Pine
Bush, NY 12566, U.S.A.

美國洛杉磯道場（加利福尼亞州）
（洛杉磯分會）
Dharma Drum Mountain Los Angeles
Center
（Los Angeles Chapter, CA）
TEL：1- 626-350-4388
E-MAIL：ddmbala@gmail.com
WEBSITE：www.ddmbala.org
ADDRESS：4530 N. Peck Rd, El Monte,
CA 91732, U.S.A.

美國舊金山道場（加利福尼亞州）
（舊金山分會）
Dharma Drum Mountain San Francisco Bay
Area Center
（San Francisco Bay Area Chapter, CA）
TEL：1-408-900-7125
E-MAIL：info@ddmbasf.org
WEBSITE：www.ddmbasf.org
ADDRESS：255 H. Street, Fremont, CA
94536, U.S.A.

加拿大溫哥華道場
（加拿大溫哥華分會）
Dharma Drum Mountain Vancouver Center
TEL：1-604-277-1357
FAX：1-604-277-1352
E-MAIL：info@ddmba.ca
WEBSITE：www.ddmba.ca
ADDRESS：8240 No.5 Rd. Richmond,
B.C. Canada ,V6Y 2V4

美國普賢講堂（麻薩諸塞州）
（波士頓聯絡處）
Dharma Drum Mountain Massachusetts
Buddhist Association
（Boston Branch, MA）
TEL：1-781- 863-1936
WEBSITE：www.ddmmba.org
ADDRESS：319 Lowell Street, Lexington,
MA 02420, U.S.A.

北美護法會
Dharma Drum Mountain Buddhist
Association（D.D.M.B.A.）
TEL：1-718-592-6593
ADDRESS：90-56 Corona Ave., Elmhurst,
NY 11373, U.S.A.

◎東北部轄區North East Region

新澤西州分會
New Jersey Chapter
TEL：1-732-249-1898
E-MAIL：enews@ddmbanj.org
WEBSITE：www.ddmbanj.org
ADDRESS：56 Vineyard Rd.,Edison, NJ
08817, U.S.A.

多倫多分會（加拿大安大略省）
Antario Chapter, Canada
TEL：1-416-855-0531
E-MAIL：ddmba.toronto@gmail.com
WEBSITE：www.ddmbaontario.org
ADDRESS：1025 McNicoll Avenue,
Toronto Canada, M1W 3W6

南部聯絡處（康乃狄克州）
Fairfield County Branch, CT
TEL：1-203-912-0734
E-MAIL：contekalice@aol.com

哈特福聯絡處（康乃狄克州）
Hartford Branch, CT
TEL：1-860-805-3588
E-MAIL：cmchartfordct@gmail.com

◎東南部轄區South East Region

塔城分會（佛羅里達州）
Tallahassee Branch, FL
TEL：1- 850-888-2616
E-MAIL：tallahassee.chan@gmail.com
WEBSITE：www.tallahasseechan.org
ADDRESS：647 McDonnell Drive,
Tallahassee, FL 32310, U.S.A.

首都華盛頓聯絡處
Washington Branch, DC
TEL：1-240-424-5486
E-MALL：chan@ddmbadc.org

亞特蘭大聯絡處（喬治亞州）
Atlanta Branch, GA
TEL：1- 678-809-5392
E-MAIL：Schen@eleganthf.net

◎中西部轄區Mid-West Region

芝加哥分會（伊利諾州）
Chicago Chapter, IL
TEL：1-847- 255-5483
E-MAIL：ddmbachicago@gmail.com
WEBSITE：www.ddmbachicago.org
ADDRESS：1234 North River Rd., Mount
Prospect, IL 60056, U.S.A.

蘭辛聯絡處（密西根州）
Lansing Branch, MI
TEL：1-517-332-0003
FAX：1-517- 614-4363
E-MAIL：lkong2006@gmail.com
WEBSITE：michigan.ddmusa.org

聖路易聯絡處（密蘇里州）
St. Louise Branch, MO
TEL：1-636- 825-3889
E-MAIL：acren@aol.com

◎西北部轄區North West Region

西雅圖分會（華盛頓州）
Seattle Chapter, WA
TEL：1-425-957-4597
E-MAIL：ddmba.seattle@gmail.com
WEBSITE：www.seattle.ddmusa.org
ADDRESS：14130 NE 21st., Bellevue,
WA 98007, U.S.A.

省會聯絡處（加利福尼亞州）
Sacramento Branch, CA
TEL：1-916-681-2416
E-MAIL：ddmbasacra@yahoo.com
WEBSITE：www.sacramento.ddmusa.org

橙縣聯絡處（加利福尼亞州）
Orange County Branch, CA
E-MAIL：ddmba.oc@gmail.com

◎西南部轄區South West Region

達拉斯聯絡處（德克薩斯州）
Dallas Branch, TX
TEL：1-682-552-0519
E-MAIL：ddmba_patty@yahoo.com
WEBSITE：www.dallas.ddmusa.org

■歐洲Europe

盧森堡聯絡處
Luxembourg Liaison Office
TEL：352-400-080
FAX：352-290-311
E-MAIL：ddm@chan.lu
ADDRESS：15, Rue Jean Schaack L-2563,
Luxembourg

英國倫敦聯絡處
London Branch
E-mail：liew853@btinternet.com
WEBSITE：www.chanmeditationlondon.org
ADDRESS：28 the Avenue, London NW6
7YD, U.K.

■亞洲Asia

馬來西亞道場
（馬來西亞護法會）
Dharma Drum Mountain Malaysia Center
（Malaysia Branch）
TEL：60-3-7490-2298
FAX：60-3-7490-2299
E-MAIL：admin@ddm.org.my
WEBSITE：www.ddmmy.org
ADDRESS：No. 9, Jln 51A/225A, Zon
Perindustrian PJCT, Seksyen 51A, 46100 Petaling
Jaya, Selangor Darul Ehsan, Malaysia

香港道場—九龍會址
Dharma Drum Mountain Hong Kong Center
TEL：852-2865-3110；852-2295-6623
FAX：852-2591-4810
E-MAIL：info@ddmhk.org.hk
WEBSITE：www.ddmhk.org.hk
ADDRESS：Room 203 2/F., Block B,
Alexandra Industrial Building 23-27 Wing Hong
Street, Lai Chi Kok, Kowloon, Hong Kong
（香港九龍荔枝角永康街23-27號 安泰工業
大廈B座2樓203室）

香港道場─港島會址
Tel：852-3955-0077
Fax：852-3590-3640
ADDRESS：2/F., Andes Plaza, No. 323
Queen's Road West, Sai Ying Pun, Hong
Kong（香港西營盤皇后大道西323號安
達中心二樓）

新加坡護法會
Singapore Branch
TEL：65-6735-5900
FAX：65-6224-2655
E-MAIL：ddrumsingapore@gmail.com
WEBSITE：www.ddsingapore.org
ADDRESS：146B Paya Lebar Road#06-01
ACE Building, Singapore 409017

泰國護法會
Thailand Branch
TEL：66-2-013-5651~2
E-MAIL：ddmbkk2005@gmail.com
FB:/www.facebook.com/ddmbathai
ADDRESS：1471. Soi 31/1 Pattnakarn Rd.,
10250 Bangkok, Thailand

■大洋洲Oceania

澳洲雪梨分會
Sydney Chapter
TEL：61-2-8056-1773
FAX：61-2-9283-3168
E-MAIL：info@ddmf.org.au
WEBSITE：www.ddm.org.au
ADDRESS：Room 605, Level 6, 99York
Street Sydney NSW 2000, Australia

墨爾本分會
Melbourne Chapter
TEL：61-4-7069-0911
E-MAIL：info@ddmmelbourne.org.au
WEBSITE：www.ddmmelbourne.org.au
ADDRESS：42 Bridge Street, Bullen, VIC
3150 Australia

【教育事業群】

法鼓山僧伽大學
電話：02-2498-7171
傳真：02-2408-2492
網址：www.ddsu.org
208303新北市金山區法鼓路555號

法鼓文理學院
電話：02-2498-0707轉2364～2365
傳真：02-2408-2472
網址：www.dila.edu.tw
208303新北市金山區法鼓路700號

法鼓文理學院‧推廣教育中心
電話：02-8978-2110轉8011
傳真：02-2311-1126
網址：www.dilatw.blogspot.tw
100002臺北市中正區延平南路77號9樓

中華佛學研究所
電話：02-2498-7171轉2362
傳真：02-2408-2492
網址：www.chibs.edu.tw
208303新北市金山區法鼓路555號

法鼓山社會大學服務中心
（法鼓山社會大學北海校區）
電話：02-2408-2593～4
傳真：02-2408-2554
網址：www.ddcep.org.tw
208001新北市金山區仁愛路61號

法鼓山社會大學新莊校區
電話：02-2994-3755；02-2408-2593～4
傳真：02-2994-4102
網址：www.ddcep.org.tw
242001新北市新莊區新莊路114號

法鼓山社會大學北投校區
電話：02-2893-9966轉6135、6141
傳真：02-2891-8081
網址：www.ddcep.org.tw
112004臺北市北投區公館路186號

聖嚴教育基金會
電話：02-2397-9300
傳真：02-2393-5610
網址：www.shengyen.org.tw
100018臺北市中正區仁愛路二段
48之6號2樓

【關懷事業群】

法鼓山社會福利慈善事業基金會
電話：02-2893-9966
傳真：02-2893-9911
網址：www.harity.ddm.org.tw
112004臺北市北投區公館路186號

法鼓山人文社會基金會
電話：02-2381-2345
傳真：02-2311-6350
網址：www.ddhisf.org
100002臺北市中正區延平南路77號5樓

國家圖書館出版品預行編目資料

法鼓山年鑑. 2019／法鼓山年鑑編輯組編輯企畫. --
初版. -- 臺北市：法鼓山文教基金會，2020.09
　　　面；　公分

ISBN 978-986-98261-3-6　　（精裝）

1. 法鼓山　　2. 佛教團體　　3. 年鑑

220.58　　　　　　　　　　　　　　　　109009498

2019 法鼓山年鑑

創　辦　人	聖嚴法師
出　版　者	財團法人法鼓山文教基金會
地　　　址	臺北市北投區公館路186號
電　　　話	02-2893-9966
傳　　　真	02-2896-0731
編　輯　企　畫	法鼓山年鑑編輯組
召　集　人	釋果賢
主　　　編	陳重光
編　　　輯	李怡慧、游淑惠、楊仁惠、林貞均
專　文　撰　述	釋演曉、梁金滿、胡麗桂、陳玫娟
文稿資料提供	法鼓山文化中心雜誌部、叢書部、史料部， 法鼓山各會團、海內外各分院及聯絡處等單位
攝　　　影	法鼓山攝影義工
美　編　完　稿	邱淑芳
網　　　址	http://www.ddm.org.tw/event/2008/ddm_history/ index.htm
初　　　版	2020年9月
發　心　助　印　價	800元
劃　撥　帳　號	16246478
劃　撥　戶　名	財團法人法鼓山文教基金會